U0741131

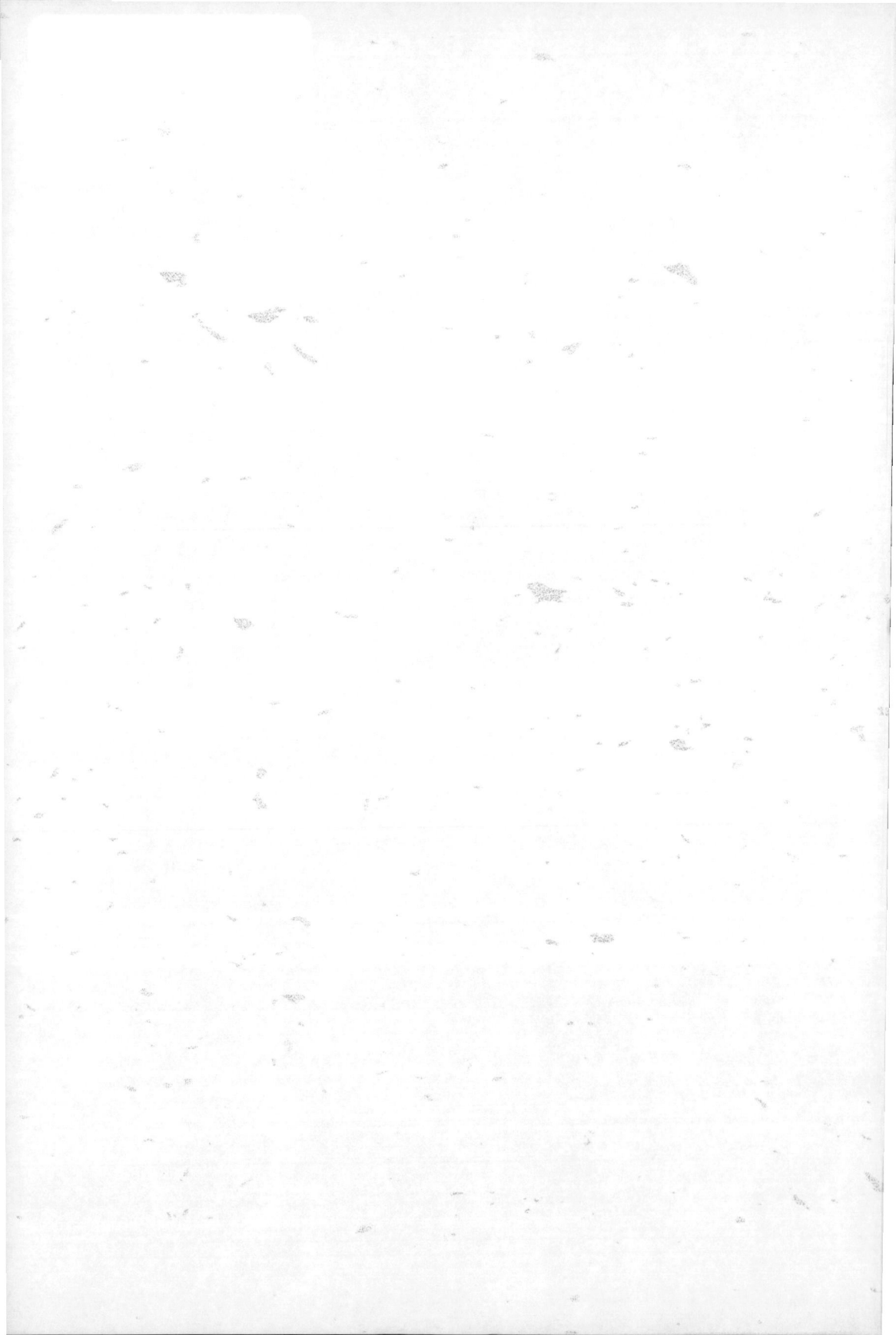

运载千秋：中国大运河传

胡梦飞◎著

新华出版社

图书在版编目（CIP）数据

运载千秋 : 中国大运河传 / 胡梦飞著 . -- 北京 :
新华出版社 , 2025. 6. -- ISBN 978-7-5166-8028-5

Ⅰ . K928.42-49

中国国家版本馆 CIP 数据核字第 2025KU9612 号

运载千秋：中国大运河传

著者：胡梦飞　　　　　　　　　　责任编辑：张程

出版发行：新华出版社有限责任公司

　　　　　（北京市石景山区京原路 8 号　邮编：100040）

印刷：三河市君旺印务有限公司

成品尺寸：165mm×230mm 1/16　　印张：26.5　字数：353 千字

版次：2025 年 6 月第 1 版　　　　印次：2025 年 8 月第 1 次印刷

书号：ISBN 978-7-5166-8028-5　　定价：88.00 元

微店

视频号小店

京东旗舰店

微信公众号

喜马拉雅

小红书

淘宝旗舰店

企业微信

前　言

　　2500 年前，当吴王夫差的青铜工具凿开邗沟的第一抔泥土时，这条河流便注定要改写中国的地理与文明版图。从燕山脚下的白浮泉到钱塘江畔的拱宸桥，大运河水道纵贯南北，串联起海河、黄河、淮河、长江与钱塘江五大水系，在地势西高东低的中华大地上，硬生生开辟出一条横跨纬度带的人工运河。它既是古人的卓越工程，也是地理的奇特景观——一边枕着北国的苍劲山峦，一边沁入江南的温润烟雨，将农耕与商贸、皇权与民力、诗性与实用编织成一幅波澜壮阔的文明长卷。

　　这条河，是隋炀帝龙舟南巡的奢靡水道，也是张继笔下"夜半钟声到客船"的静谧画舫；是元、明、清三朝漕运千帆竞发的动脉，更是今日世界遗产名录中"活着的文化线路"。大运河的故事，早已超越了水利工程的范畴，成为一部镌刻在大地上的史诗，每一段河床、每一块驳岸石、每一座古桥，都是历史长河中的标点符号，标记着文明的兴衰与传承。

　　大运河的传奇，在于它不仅是物质的航道，更是文化的血脉。从春秋邗沟到隋唐通济渠，从元代会通河到明清漕运体系，每一次河道变迁都映照着王朝的兴替与民生的沉浮。它承载着北方的粟米、南方的丝绸、江淮的盐铁，也输送着诗词歌赋、方言曲艺、工匠技艺。运河边的扬州琼花、苏州评弹、临清钞关、杭州拱宸桥，皆是这条水脉滋养的文化基因。

　　那些被流水打磨光滑的驳岸石上，至今镌刻着历代工匠的凿痕；运河船工的号子声，仍在沿岸古镇的街巷中回荡。正如运河畔的百姓所言："运河的水是活的，它流到哪里，哪里就有故事。"这条河流，见证了范仲淹疏浚江淮的忧民之心，也目睹了马可·波罗笔下"东方威尼斯"的繁盛；它既是帝王将相的权谋舞台，更是万千纤夫、窑工、商贾的生存命脉。

2014年6月22日，中国大运河申遗成功，成为世界文化遗产。58处遗产点、27段河道，如同散落的珍珠被重新串联，诉说着"活态遗产"的当代使命。如今的大运河，已从漕运动脉转型为文化长廊：扬州三湾生态公园的芦苇荡中，古闸遗址与智能水网共生；苏州平江路的评弹声里，明清宅院与现代文创店比邻。

然而，保护与发展的张力始终存在。古桥修缮如何平衡原真性与实用性？运河文旅如何避免同质化？这些问题如同河床下的暗流，考验着当代人的智慧。值得欣慰的是，从政府修复古建、学者考证史料，到民间志愿者清理河道，一场跨越时空的文明接力正在展开。

《中国大运河传》是一部旨在全面、系统地展现中国大运河辉煌历史、独特风貌及深远影响的通俗性著作。本书选取具有代表性的历史事件，通过生动的叙述和场景再现，让读者仿佛置身于历史的长河之中；利用地图、图表、照片等多种方式，展示大运河沿线的自然景观和人文景观，全方位展现大运河的独特风貌。其意义和价值主要体现在以下四个方面：

一是详细阐述大运河从春秋战国时期的萌芽，到隋唐时期的形成，再到宋、元、明、清各朝代的繁荣与发展，以及近现代的保护与复兴历程。通过这一时间线的梳理，让读者了解大运河作为中华民族历史见证者的独特地位。

二是介绍大运河在漕运、水利、航运等方面所体现的制度文化和技术创新，展现古代中国人民的智慧和勤劳。

三是分析大运河作为南北文化交流的桥梁，如何促进了不同地域文化的交融与碰撞，深入分析大运河对中国古代经济文化发展的深远影响。

四是提炼大运河所蕴含的精神内涵，如开放包容、勇于创新、团结协作、艰苦奋斗等，通过具体的事例和人物故事，让读者感受到这些精神在运河文化中的体现和传承。

大运河是一部未完成的史诗。它的波涛中，既有夫差开邗沟的野心、隋炀帝龙舟的奢靡，也有郭守敬勘测水位的严谨、林则徐治理漕运的忧思。今日，当游船驶过杭州拱宸桥、光影秀照亮苏州山塘街，我们不禁追问：这条河流将流向怎样的未来？

答案或许藏在那些被岁月浸润的细节里——老匠人捶打金砖的闷响、志愿者清理河岸的身影、少年在博物馆触摸古船木的惊叹。大运河的传奇，终将由每一个珍视它的人续写。这条河流，将继续在中华大地上流淌，带着历史的厚重与未来的希冀，奔向更广阔的海洋！

目 录

第一章

流淌千年的
国家命脉

中国大运河作为世界文化遗产，有着2500余年的历史，包括隋唐大运河、京杭大运河、浙东运河三部分，沟通了海河、黄河、淮河、长江、钱塘江五大水系，其开凿过程体现了劳动人民的伟大智慧与无穷的创造力。它始于春秋时期吴王夫差所开凿的邗沟，在数千年中不断予以完善、发展，逐渐成为了举世闻名的世界性水利工程。大运河对于中国社会的政治、经济、文化交流产生了巨大而深远的影响，在古代起着漕粮运输、京城供给、粮价平衡、市场稳定等功能，促进了沿线市镇的发展与崛起，形成了东部运河经济圈，今天运河依然发挥着航运、排水、蓄水、泄水的作用，对沿线生态环境调节、农业灌溉、旅游开发有着重要价值。中国大运河作为流淌数千年的河流，不仅留下了不计其数的物质、非物质文化遗产，其文化内涵更是弥足珍贵，如开凿运河的奋斗不息、治理运河的坚忍不拔、水工科技的创新不止，勇于担当、团结奋进、大义当先等精神无时无刻不体现在中国大运河的历史变迁之中。一部中国运河的发展史，也是中华民族精神的传承史，这种不断延续，渗透于运河沿线民众血脉之中的精神，既影响了中国大运河、影响了运河区域社会，也铸就了中华民族的优秀传统与不朽精神，代代流传，永无止息。

第一节　隋代以前的大运河

先秦至魏晋南北朝，是中国大运河的萌芽与初步发展期，这一时期中国历史上出现了多次的统一、分裂局面，但总体趋势是统一，而运河对于当时国家的统一、军事供给的维持、经济社会的发展起到了相当大的作用。

一、夫差争霸开运河

先秦时期，诸侯割据，列国争雄。各割据政权或力求自保，或富国强兵，或争夺霸权，纷纷开凿运河，用以运输兵粮与物资。这一时期开凿的运河，虽然在距离上较短，但却如同一条条动脉，流淌在各诸侯国的土地上。各政权在开凿运河的过程中，巧妙地利用自然河道，减少了工程量与人力、物力和财力的消耗。虽然这一时期对运河的管理和维护比较简单，除了军事功能以外，经济和文化交流功能并不显著，但却积累了许多宝贵的经验和技术，为先秦以后运河的进一步开挖打下了基础。

春秋时期首先开凿运河的是位于长江中下游的吴国。吴国地处江南水乡，水网密布，船只众多，具备得天独厚的地理条件与技术优势。吴王夫差在富国强兵后，为争夺霸权，一心想要北上中原，与齐国争霸。于是，在公元前486年，他便从扬州城下就地度量，开挖运河，引长江水北流入射阳湖，于今淮安附近入淮河。因为当时扬州称为"邗城"，这条运河便被称为"邗沟"。邗沟开凿后，吴国的舰队浩浩荡荡地从长江进入邗沟，再入淮河，又经山东泗水，最终在莱芜附近击败齐国，成功确立了霸主的地位。

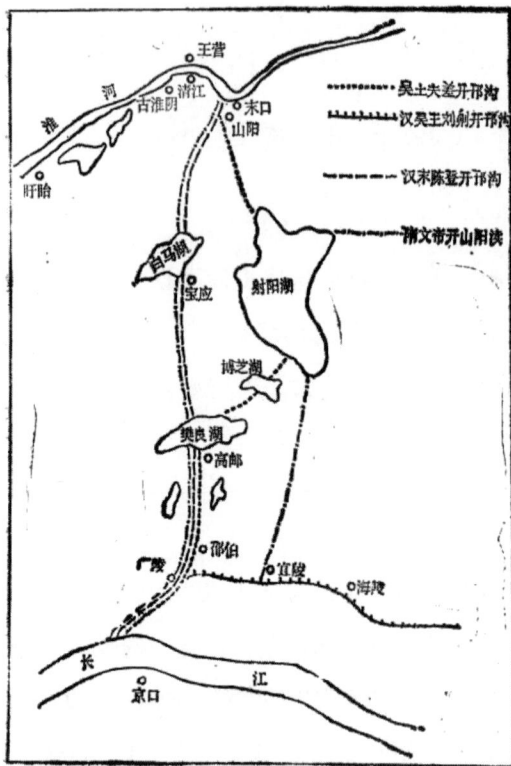

▲ 邗沟历史变迁示意图（《淮阴市水运史》）

邗沟，这条中国有史记载的第一条运河，虽因兵肇始，却充分利用沿线的自然河流和湖泊，减少了人力的耗费，体现了古人的智慧与利用自然的能力，成为中国大运河的重要开端。战胜齐国后，吴王夫差仍旧野心不止，带着其雄心壮志继续扩张霸权，又在山东境内开凿运河，于商、鲁之间"阙为深沟"，这便是"菏水"。这条运河连通了今天山东省的定陶与鱼台，利用大野泽为水柜，保障了运河的畅通。吴国军队于是便可由长江入淮河，经泗水进入菏水，最终到达黄河岸边的黄池，与晋国会盟。菏水作为山东境内最早开挖的运河，如同一条流动的丝带，连通泗水与济水两大河流，促进了山东境内政治、经济、文化的流动。运河利用大野泽含蓄水源、保障运道，开创了水利史上的新局面，为后来水柜技术的成熟奠定了基础。

二、中原水运话鸿沟

春秋之后，中国进入战国时期，当时的局面可谓诸侯林立，战乱不休，强国之间相互攻伐。"三家分晋"后，占据河南、山西、河北、陕西部分地区的魏国发愤图强，为加强与中原诸国的政治、经济、贸易交流，

运载千秋：中国大运河传

同时强化合纵抗秦的战略，魏惠王在都城大梁（今河南开封）附近开凿"鸿沟"。"鸿沟"并不是单一的水道，而是由数条河流构成的水系。主水道自荥阳引黄河东流，入淮河支流颍水，从而沟通黄河、淮河两大水系，使黄淮之间的水路交通得以贯通。鸿沟的建成，如同一条纽带，将淮河的干流颍河、沙河、涡水紧紧相连，编织成淮北平原上一张繁茂的水系网。这张水网，不仅滋养了魏国的经济命脉，也为其军事力量注入了无尽的活力。"鸿沟"宛如一位忠诚的卫士，守护着魏国的疆域，奠定了魏国强大的根基。它让魏国与其他邦国交织在一起，形成了更加紧密的联系。魏襄王七年（前312），越国对魏国表示友好，赠送一批魏国需要的物资，其中除500万支箭杆外，还有300艘船，这些物资都是从"鸿沟"水道运入大梁的。到了秦汉时期，"鸿沟"仿佛经历了一次新的洗礼，经过精心的治理，它蜿蜒成了一条贯通各国的漕运大动脉。"鸿沟"就像一位不知疲倦的使者，源源不断地输送着物资与财富。在它的滋润下，沿岸的城市如雨后春笋般拔地而起，繁荣昌盛，成了这片土地上的璀璨明珠。

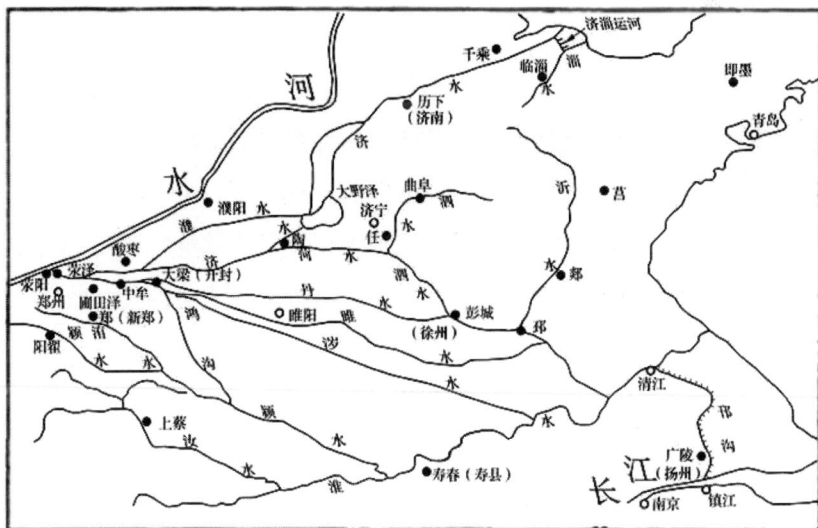

▲ 鸿沟水系示意图（引自傅崇兰《运河史话》）

"鸿沟"运河的开挖，犹如一场人与自然的对话，是早期国人对黄河的利用与开发的典范，体现了民众对水利资源利用的热情与积极性。开河过程中，民众勤劳不息、勇于开拓、不断创新的精神也代代相传，成了运河文化乃至中华文化的重要组成部分。这些运河仿佛是一条条生命之流，穿越历史的长河，连接着古今，讲述着中国大地上那些动人的故事。

三、汉代开渠通漕运

秦汉时期，中国进入了大一统的辉煌时代，国力如日中天，经济繁荣昌盛。在这个时期，开凿运河有着充足的财力作为支撑。为了巩固统一的版图，运河不仅是输送军队、粮食和物资的通道，更成为国家战略的关键一环。再加上秦汉定都关中，有着得天独厚的自然条件，黄河与渭河这两条自然水道守护着都城的命脉。运河则如同精巧的纽带，将这两条自然水道相贯通，使得关中与江淮地区紧密相连，让漕粮得以如潮水般源源不断地涌向京城。通过这条水上长廊，人口、商货、文化纷纷向京城聚集，形成了一个繁华的中心，巩固了国家政权，催生了灿烂的文明。

西汉时期，长安地少人多，难以自给自足。于是，黄河的支流渭河便成了长安的粮食生命线。然而，渭河曲折多沙，时常淤塞，就像一位脾气暴躁的老人，时不时地阻断船只的通行，严重拖慢了漕运的步伐。为了确保京城的粮食供给，大司农郑当时向汉武帝提出了一个大胆的建议：在渭水南岸开凿一条新的运河。这条新运河不仅可以依靠黄河及其支流的水源，还与渭河平行，犹如双轨并行的道路，可以交替使用，大大提升了运输的效率。这个宏伟的工程交由著名水利专家徐伯表主持。他率领数万军卒与民众，历经3年辛苦奋战，终于完成了这条长达300余里的运河——漕渠。施工期间，徐伯表始终坚守在工程一线，顶着烈日与寒风，与百姓们同甘共苦，体现了他作为一名水利专家的敬业精神和浓厚的爱国情怀。漕渠的竣工犹如一条新生命线，将滚滚黄河作为水源，使得沿途产出的粮食能够源源不断地输送至都城，解决了长安的粮食问题。同时，漕渠还连通了黄河，使黄河流域的庞大人口、商货、物资和文化纷纷涌向长安，提升了这座城市的政治、经济地位，为其成为国际性大都市奠定了坚实的基础。除了这条漕渠之外，为了发展农业生产，西汉还开凿了六辅渠、白渠、龙首渠，使土地更加肥沃，粮食产量也随之增加，百姓的生活水平得到了极大的提高。

▲ 西汉汴渠图（引自《山东运河航运史》）

东汉定都洛阳后，政治中心向东转移，随之而来的，是对漕运的迫切需求。为了确保这座新都城的粮食运输，东汉的统治者们将目光投向了汴渠和阳渠的开凿与疏浚工作上。当时，"鸿沟"的主水道在岁月的侵蚀下逐渐湮塞，尽管其中的"汴渠"（又称"汳水"）尚能通航，但黄河的不断冲击使汴渠经常泛滥成灾，淹没田地，迫使百姓流离失所。面对灾情，光武帝刘秀本想修筑"黄汴"工程，但被大臣以节约民力的理由所谏阻，最终导致汴渠东侵，兖州、豫州的百姓深陷苦难之中，正常的农业生产和日常生活都难以为继。汉明帝永平十二年（69），汉明帝痛下决心，决意整治汴渠。于是，他命令著名水利专家王景、王吴负责此项工程。在经过充分的前期规划和勘测后，两人率领数十万军卒和民众，毅然踏上了治河的征程。他们开山凿石、开辟沟涧、疏通淤塞、设置水门，为黄汴分流打下了坚实的基础。在他们的努力下，工程最终顺利竣工。汉明帝亲自沿河巡视，并命令附近郡县设置官员负责加强水利和堤防的管理，初步形成了河政管理制度。除了对汴渠的整治，东汉初期为了改善洛阳城的供给，还开凿了阳渠。这条运河由大司空张纯负责，如同一条新的血脉，引黄河支流洛水为源，巧妙地开挖在洛水北岸，且恰好在洛阳城的南面，方便了漕粮的运输，为新都城的繁荣注入了新的活力。

四、曹操北征开白沟

东汉末年，战火如猛兽肆虐大地，百姓流离失所、生灵涂炭。面对北方大地的混乱局势，曹操这一位雄心勃勃的统帅，为了实现统一的梦想，开凿了一系列漕渠以服务于军事征战。建安七年（202），为了击败冀州割据势力袁绍，曹操在睢阳一带着手疏浚睢阳渠，为大军的进攻铺平了道路，最终在官渡之战中立下了赫赫战功。睢阳渠为汴渠故道的一段，因为曹操此次疏浚的河道仅到达商丘县，当时的商丘被称为"睢阳县"，因此被整治的这一段河道便改称为"睢阳渠"。

随后，曹操还巧妙地将淇水引入白沟，使这条古老的河流焕发新机，助力大军拿下了袁绍的政治中心——邺城。建安九年（204），为了彻底消灭逃奔幽州的袁氏残余势力，曹操再度挥动开河的神笔，沿海开凿平虏渠、泉州渠、新河。这些新生的水道，犹如曹操手中的利剑，直指辽东的公孙康与辽西的乌桓，最终一举击败了他们，实现了北方的统一。尽管曹操所开凿的运河并不长久，且缺乏后续的维护，但这些运河如同北方大地的血脉，激活了河北沿海地区，拉近了中原与东北少数民族地区的距离，成为当时区域开发与民族融合的桥梁。

五、南北争相凿运道

魏晋南北朝时期，分裂与战乱如同无情的刀刃，给无辜的百姓带来了无尽的苦难。经济犹如被风霜摧残的幼苗，农业生产仿佛被践踏的沃土，遭受了毁灭性的打击，社会发展的车轮在泥泞中艰难前行。然而，在这一动荡的时期，运河却得到了大量的开挖，不仅在当时维系了生机，更为后世大运河的诞生积累了宝贵的经验和技术，成为历史长河中的一抹亮色。

魏国建立后，魏文帝曹丕为了征讨南方的吴国，命人在今河南漯河东部开挖了"讨虏渠"，为大军的出征开辟了一条生命线，将汝水与颍水连通，使军粮如涓涓细流般送往江淮前线，助力战事。而后，又命尚书郎邓艾开凿"广漕渠"，通漕运之道，大积军粮于淮南，为战争提供了坚实的后盾，也推动了东南地区的开发与繁荣。除此之外，魏国还在各地开挖了淮阳、百尺、广漕、白马、鲁口、成国、车箱等运渠，为农业开发与经济发展注入了蓬勃的生机。

吴国虽偏安东南，国力有限，但其毕竟为水乡之地，河网如织，天然拥有开凿运河的优越条件。赤乌八年（245），校尉陈勋奉命担起开河的重任，率领3万军士与工匠，开始了一场壮丽的开河征途。面对险峻的山陵，他们斩绝陵垄、披荆斩棘，夜以继日地奋斗，最终打通了常州至丹徒的水道，让这条名为"破冈渎"的运河顺利贯通。这条运河巧妙地利用了沿途土坝控水，成功克服了水位落差的难题。除此之外，吴国还开凿了"运渎"，这条运河从秦淮河北起，直达都城建康（今江苏南京）的仓城。它如一条生命线将漕粮不断地输送至皇宫，满足了皇室的供给需求，为吴国的发展提供了重要支撑。

西晋初建时，为避开三门峡险滩，曾试图凿穿陕南山，引黄河之水东注洛阳，然而面对浩大的工程量，最终无奈折戟。但镇南大将军杜预并未被困难吓倒，他在江淮地区开辟了扬夏水道，这样一来便如同为长江装上了泄洪的阀门，同时也为漕粮运输铺平了道路。而在会稽郡，内史贺循则开凿出了西兴运河，这条运河从绍兴城西出发，蜿蜒百里，直抵钱塘江南岸的西兴镇，成为浙东运河的开端。不仅如此，西晋的陈敏和东晋的哀帝两度对邗沟运河进行改造，巧妙地避开了博芝、射阳、津湖等风浪肆虐的湖泊，为漕船的安全保驾护航。

东晋永和十二年（356），北方前燕政权犯境，徐州刺史荀羡奉命反击，他在山东引汶水开渠至东阿，沟通了济水与汶水的水系，"洮汶运河"由此诞生。太和四年（369），徐州刺史桓温为了恢复中原，在巨野凿河三百里，开辟了"桓公渎"或"桓公沟"。与此同时，北方少数民族政权虽然较少开凿人工运河，却深知漕仓的重要性。后赵在沿河设立了水次仓，储存顺河而来的漕粮，北魏也在小平、石门、白马津、济州、大梁等地设立了水次仓，以备储存租赋和漕

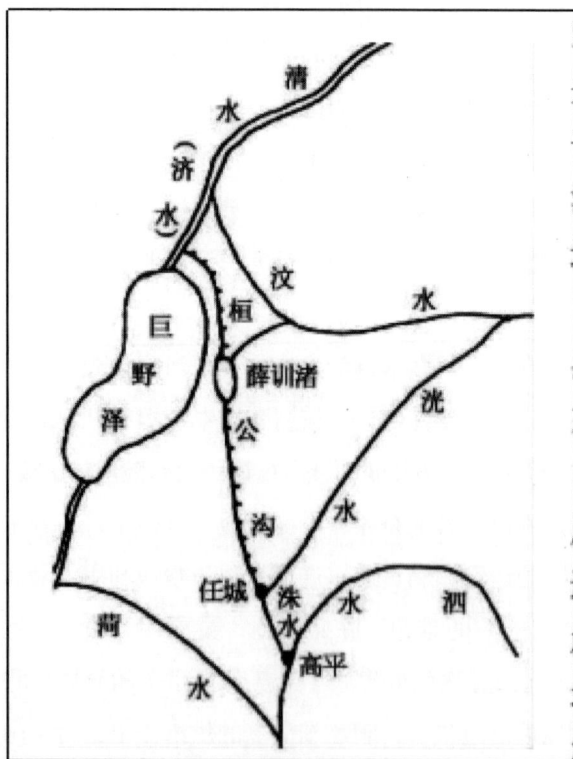

▲ 桓公沟示意图（引自陈桥驿《中国运河开发史》）

运载千秋：中国大运河传

粮。北齐更是设置了司农寺，专门管理梁州水次仓和石济水次仓，使漕粮得以有所保障，为政权的稳固奠定了坚实的基础。

纵观魏晋南北朝时期，运河的命运与时代的动荡紧密相连。为了军事征战、农业灌溉、漕粮运输，各割据政权在棋盘上布置着自己的一条条水路。然而，受国力所限，这些运河大多距离较短，随后因管理不善、维护不足而迅速淤塞、湮没，如同流星划过夜空般沉寂于历史的长河之中。不过，也有一些运河穿越历史留存了下来，成了隋唐大运河的重要组成部分。它们不仅是当时政治、军事、经济发展的见证，更是将不同的地域紧密地连接在了一起，诉说着那段波澜壮阔的历史。

第二节　隋唐至宋元时期的大运河

隋唐至元代是中国大运河开凿与发展的活跃期，这一历史时期相继出现了隋唐大运河、浙东运河、京杭大运河，所开运河不但距离长、分布范围广、涉及自然河道多，而且管理制度、运作机制、功能作用也日益健全，基本上形成了相对完善的河政、漕运系统，在中国运河史上占有重要地位。

一、隋炀帝开凿大运河

隋代建立后，将都城定在了长安。然而，此时关中地区的粮食产量已难以满足京城供给。因此，开挖运河、扩大供需便成了一项紧急任务摆在隋王朝面前。隋文帝开皇四年（584），水利专家宇文恺领命开凿运河。这条运河如同一条灵动的水蛇，蜿蜒300余里，从都城大兴城西北引渭水，沿着西汉漕渠的故道向东延伸到潼关，一头扎进黄河的怀抱。它的出现，让渭河两岸的漕粮能够顺利运往都城，解决了京城的燃眉之急。

隋炀帝大业元年（605），国土广袤，郡县众多，南方潜藏着诸多反叛势力。为了握紧对江南地区的控制权，同时把富庶之地的漕粮、物资运往京城，隋炀帝大手一挥，征发黄河以南郡县的百万百姓，开启了一场震撼天地的运河开凿工程。于是，通济渠就此诞生。它从洛阳引洛水，穿过洛阳城南，到巩县洛口投入黄河，接着又奔赴汴渠，途经宿县、灵璧，最后在盱眙进入淮河。它就像一条纽带，将黄河与淮河紧紧相连，加强了南北之间的联系。三年后，为了北伐高句丽，增强北部边防的物资供应能力，隋炀帝再次下令，征发黄河以北郡县的百万百姓，开凿永济渠。永济渠引

　　　　　　　　　　　　运载千秋：中国大运河传

沁水南下与黄河相拥，向北则直通涿郡（今北京附近）。然而，开河之路充满艰辛，百姓在冬季寒冷刺骨的泥水中劳作，许多人被严寒夺走了生命，他们的汗水与血泪，都融入了这条运河之中。除了通济渠和永济渠，隋代还对邗沟进行了精心的"梳妆打扮"，扩宽、加深，让它焕然一新；对江南运河也进行了疏浚改造，使得大型龙舟能够像优雅的舞者一样，在河面上自由穿梭。

▲ 隋代大运河示意图（引自毛振培《长江水利史》）

　　隋代大运河长达 2500 余公里，宛如一条横卧在中国大地上的巨龙，是中国乃至世界历史上最长的运河。它贯通了五大水系，动用了数百万民工，用人之多、规模之大、气势之恢宏，前无古人，后无来者，堪称世界性的水利工程奇迹。大运河开凿的背后，是古代劳动人民艰苦卓绝的创造精神和集体智慧的闪耀。唐代诗人皮日休在《汴河怀古二首》中写道："尽道隋亡为此河，至今千里赖通波。若无水殿龙舟事，共禹论功不较多。"其实，让运河发挥作用的功绩，不应归于隋炀帝，而应属于伟大的劳动人民。

二、"漕运四渠"入汴京

　　北宋对运河进行一系列整治，运输能力大增，形成以京师汴京（今开封）为中心的运河系统。北宋漕粮分四路向都城汴京运输：江淮之粟由江

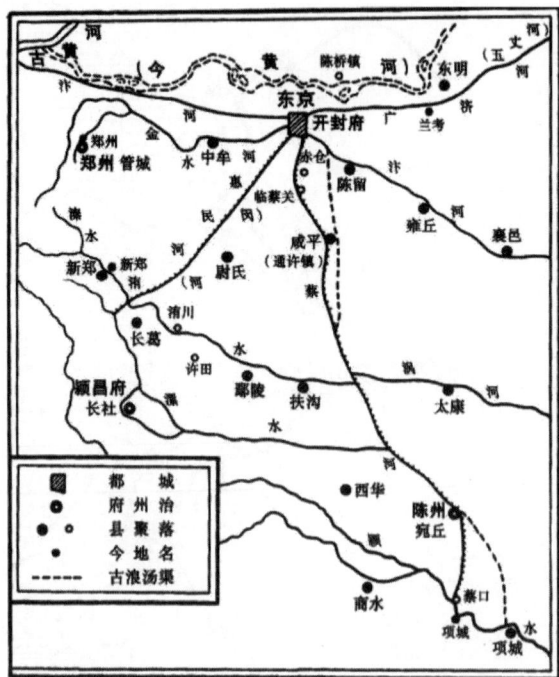

▲ 宋代"漕运四渠"示意图（引自邹逸麟《黄淮海平原历史地理》）

南入淮河，经汴河入京；陕西之粟由三门峡附近转黄河，入汴河达京；陕、蔡之粟由惠民河转蔡河，最终经汴河入京；京东之粟则由山东入广济河（五丈河）到达京城。汴河、惠民河、广济河、金水河这四条河流贯穿城内，以通各地漕运，合称"漕运四渠"。

汴河，即隋"通济渠"，唐时改称"广济渠"，俗称"汴河"。自孟州河阴县（今河南荥阳东北，故址已坍入河中）西汴口引黄河水东流，经郑州、中牟之北，至东京外城西分为两股，由宣泽、利泽两水门入城，合为一股，经里城御街州桥、相国寺前，东南又分为两股，由通津、上善两水门出城，合为一股，经陈留、雍丘（今河南杞县）之北，又经襄邑（今河南睢县）、宁陵（今河南宁陵东南）、宋城（今河南商丘）、下邑（今河南夏邑）、永城、宿州（今安徽宿县）灵璧、虹县（今安徽泗县）、青阳镇（今江苏泗洪）之南，又东南至泗州盱眙县（今已沦入洪泽湖中，宋时与今江苏盱眙县隔淮相对）汇入淮河，全长约600公里。晚唐以后，河道堙塞，漕运不通。五代后周显德年间，曾几次疏浚，修筑堤防，自汴口至淮，舟楫始通。北宋时，东南已成为全国最富庶的地区，汴河则是北宋政府攫取江淮财富的主要运输线。四渠中以汴河最为重要。全国最富庶的东南六路（淮南路，江南东、西路，荆湖南、北路，两浙路）的漕粮百货，均由该渠运往京师，所谓"漕引江湖，利尽南海，半天下之财赋，并山泽之百货，悉由此路而进"。开封城内外数十万驻军、数十百万户居民，仰给在此一渠。所以宋人张方平说："汴河乃建国之本，非可与区区沟洫水利同言也。"

惠民河的前身是战国时的"鸿沟"、西汉时的"狼汤渠"，魏晋时通称"蔡水"，为南北水运要道，唐末堙废。五代后周显德年间导汴水入蔡，重加疏浚，又称"闵河"。宋太祖建隆元年（960）开浚蔡河自都城至通许镇（今通许县），并设斗门以节水流。次年，又自新郑引洧水（今双洎河）凿渠东北流经尉氏西、中牟东，至东京外城南垣广利水门入城，史称"闵河"。入城后东接蔡河，折而南流，由普济水门出城，南流经通许、扶沟、太康、宛丘（今河南淮阳）等地，至项城（今河南沈丘）西注入颍水。惠民河主要输送陈（今河南淮阳）、颍（今安徽阜阳）、许（今河南许昌）、蔡（今河南汝南）、光（今河南潢川）、寿（今安徽凤台）等州所提供的粮食，可是它所沟通的地区却不仅限于此。自开封沿蔡河南下入颍，由颍入淮，可达长江下游地区。自开封向西南经颍、沙等水可与邓州（今河南邓县）、襄阳府（今湖北襄樊）等地相通，是仅次于汴河的另一条南北水运要道。

广济河因河宽五丈左右，又称"五丈河"。其前身是唐朝开凿的湛渠，下接白马沟和济水，可通齐鲁之运，也可分泄汴河的洪水。北宋对它进行多次治理，在漕运中也占有重要地位。广济河主要输送京东路一带提供的粮食和其他物资。乾德元年（963），又疏导了定陶以东的菏水（大致相当今万福河流向），东汇入泗水（又称南清河），以通江、湖漕路。沿线的定陶经济地位由此日臻重要，由乾德元年（963）初置发运务，开宝元年时又升为转运司，太平兴国二年（977）广济也升为军，说明广济河已成为东京开封府与京东路水运交通的冲要。

金水河是北宋初年新凿的一条河道，它以郑州、荥阳间的几条小水，如京水、索水、须水等为水源，凿渠向东到汴京。它除了给广济河补充水源外（从汴渠上架槽通过），还为京师提供较为清澈的生活用水。

上述"漕运四渠"经宋初疏浚和开凿后，形成了以东京开封府为中心的水运交通网。但金水河的主要作用是供给广济河的水源，兼及运输京西木材入都城，并无正式漕运之利。其他三渠则为东京经济命脉所系，连同漕引陕西诸州物资的黄河，历史上又合称"漕运四河"。北宋鼎盛时期，汴河的年运输量高达600余万石，黄河运输量为80余万石，惠民河运输量60余万石，广济河60余万石，总额达800余万石，这个运输数额在中国漕运史上，就像一座难以逾越的高峰，至今令人瞩目。

由于黄河流域自然条件的影响，"漕运四渠"通航上存在着不少不利的因素。例如汴河以黄河为源，故与黄河一样，有着水流量不均，含沙量高的特性。为解决汴河泥沙来源问题，元丰三年（1080），曾在巩县任村沙谷口至河阴县汴口之间广武山北麓黄河滩地上开渠50里，引伊、洛水入汴，堵塞旧汴口，避开黄河浊流。因洛水较清，史称引洛的汴河为"清汴"。元祐五年（1090），因水源不足，又恢复引河为源，汴河依旧淤浅。北宋末年，汴河堤岸多处决坏，战祸频仍，汴政废弛，水流干涸，纲运不通。宋金对立时期，汴河全线埋废，灵璧以上已成陆道。洪迈《过穀熟》诗云："隋堤望远人烟少，汴水流干辙迹深。"为当时汴河的实景写照。数百年中原一巨川，至此埋为废迹。金水河自宋乾德三年（965）被引入皇城，作为宫廷后苑池沼水源。大中祥符二年（1009），又被引入开封城内城，供官寺民居汲用，能提供给广济河的水源显著减少。熙宁年间，有人建议在汴河堤岸上置穴，引水入西贾陂、雾泽陂，补给广济河源，结果也不理想。南宋建炎以后，黄河常东决入泗，广济河亦渐被黄河泥沙埋废。

三、积水潭中千帆泊

元朝建立后，定都大都（今北京）。政治中心与经济中心的分离，让北方的产出难以满足京城庞大人口的需求，皇室、百官、军队所需的物资，"无不仰给于江南"。京城就像嗷嗷待哺的婴儿，急需通过开凿运河、扩大南粮北运，来解决这个难题。

元初施行海陆联运，但海运充满风险，就像在波涛汹涌的大海上走钢丝；陆路运输效率又低下，仿佛蜗牛爬行。在这样的背景下，开凿运河就成为增强漕粮运输多元化的关键。至元十九年（1282），元政府开挖山东济州河。济州河以济州任城（今济宁）为中心，像一条张开的手臂，北经南旺镇、袁家口，到达须城安山镇，投入大清河的怀抱；南至微山县鲁桥镇，融入泗水，全长150余里。为了解决水源不足的问题，人们在兖州泗水上筑起金口坝、宁阳汶水上筑起堽城坝，引汶、泗二水到济宁，注入马场湖后南北分流，南流增加泗水水量，北流至安山进入大清河。可是，济州河使用数年后，因大清河入海处不断淤塞，造成运输效率大幅下降，漕船无法顺利出海。至元二十六年（1286），元世祖忽必烈采纳寿张县尹韩仲晖的建议，派遣漕运副使马之贞与太史院令史边源勘察山东地理环境，测量地理、计算工程费用，准备开凿新运河。实地调查结束后，忽必烈拿出纸币150万缗、米4万石、盐5万斤作为施工用度，命断事官忙速儿、礼部尚书张孔孙、兵部尚书李处巽负责工程施工，同时征调附近民夫3万余人。他们沿着济州河向北继续开挖，经过寿张、东昌，到临清进入卫河，全长250余里，沿途设置了数十座闸，用来调控水源，就像给运河安装了一个个水龙头。元世祖赐名"会通河"，又称"闸河"。因为新开运河与原济州河连为一线，所以统称会通河。这条河在元、明、清三代一直是京杭大运河的重要组成部分，对漕粮运输及山东区域社会的发展，产生了巨大而深远的影响，就像一根强有力的支柱，支撑着区域的发展。

在开凿济州河、会通河之前，元政府还曾在山东半岛尝试开凿胶莱运河，试图缩短海运距离。至元十七年（1280），为了降低海道运粮远绕山东半岛的风险，山东莱州人姚演建言开凿横贯山东半岛的运河。这条河历

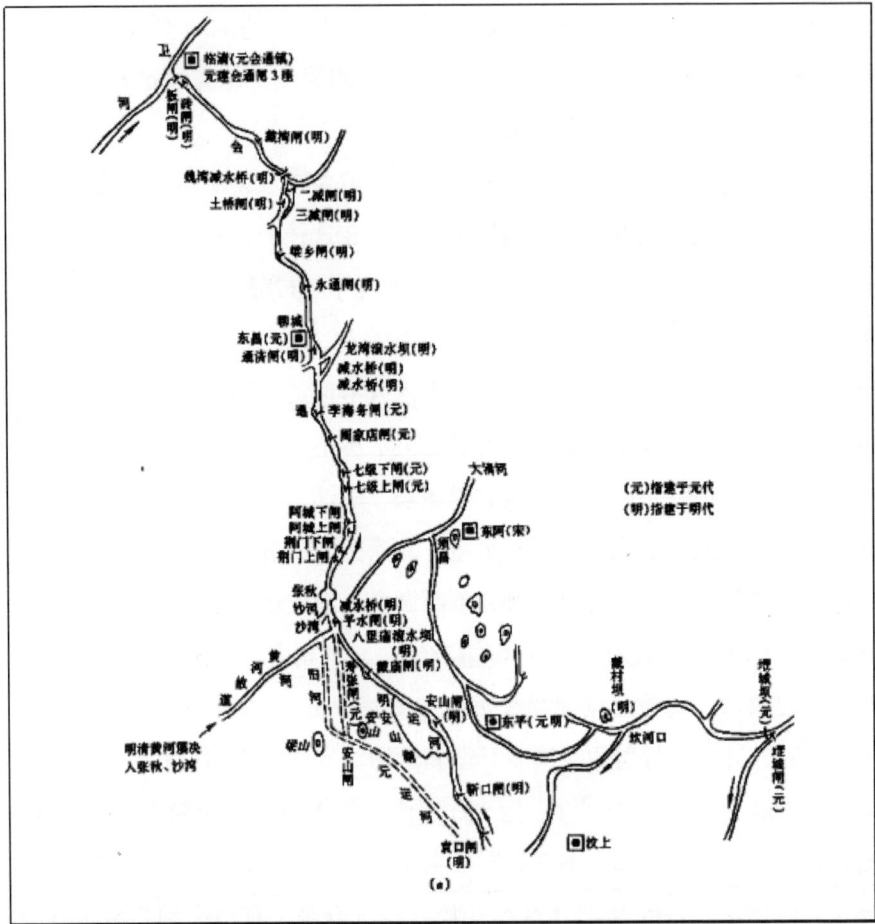

▲ 元代会通河示意图（引自姚汉源《京杭运河史》）

经两年完工，南起黄海灵山海口，北达渤海三山岛，自平度市姚家村为分水岭，南北分流，北流入莱州湾，南流入胶州湾，长度约130公里，称胶莱河或胶莱运河。以姚家村为界，其中北胶莱河约100公里，南胶莱河约30公里。完工当年运粮约两万石。数年后，忽必烈又下令扩张胶莱河，增加河道水量，至至元二十二年（1285），运量已达60万石，过往船只1000余艘，在国家漕运中的地位日益重要。然而，连年开河，耗资巨大，劳民伤财，加上胶莱河沿线地形起伏，多为花岗岩，坚硬得像钢铁一般，难以

　　　　　　　　　　　　　运载千秋：中国大运河传

开凿，只能通过烧热石头浇灌冷水使之炸裂的方式开河。同时，海口处风浪较大，泥沙淤积严重，船只出海、入河困难重重。因此，至元二十六年（1289），元政府罢黜了胶莱河管理机构——胶莱海道运粮万户府，第二年停止运粮，专事海运与会通河运输。胶莱运河的开凿，体现了中国古代劳动人民与大自然抗争的精神，是对海洋的勇敢探索与改造。它积累的丰富开河经验与教训，就像一本珍贵的教科书，为后世提供了有益的参考与借鉴。元代后，明正统、嘉靖、万历年间因京杭大运河频繁淤塞，大臣、民众多提重开胶莱河之议，但由于工程难度大、倭寇之患等原因，胶莱河使用程度较低，清雍正年间经勘查后，决定永不疏浚。

除了开凿胶莱运河，元政府对大都（今北京）附近的漕运建设也十分重视。至元二十八年（1291），著名水利专家郭守敬复任都水监后，制定了京城附近运河的开凿规划。他就像一位聪慧的设计师，在实地调研京城附近水源分布的基础上，自昌平白浮村引神山泉，西折南转，过双塔、榆河、一亩、玉泉诸水，至京城西门入京，汇为积水潭，东南出文明门，东至通州高丽庄入白河，总长160余里的运河开凿工程轰轰烈烈地开始了。至元三十年（1293），运河竣工，称通惠河。由于通惠河沿线落差较大，所以设置了大量船闸来控制水源，保障漕船顺利通行，这些船闸就像一个个忠诚的卫士，守护着漕船的航行。其间，元政府又陆续将通州至直沽（今天津）之间的河道拓宽、疏浚，称白河或潞河，清代称北运河。

元代开凿济州河、会通河、通惠河，实现了京杭大运河的全线贯通。这条运河一直使用至清朝末年，直到咸丰五年（1855）黄河铜瓦厢决口后才中断。在数百年的时间里，它就像一位不知疲倦的使者，对国家漕粮运输、商货转运、城镇繁荣、市场兴盛、文化交流、民族融合起到了巨大的作用。元代京杭大运河长度近1800公里，较隋唐大运河缩短了数百公里，但京杭大运河科技含量更高，沿线闸坝林立，水工设施众多，为明清京杭大运河的畅通与治理提供了丰富的经验。

第三节　明清时期的大运河

明、清两朝是中国运河管理制度与漕运制度最为完善与健全的时期，形成了极为庞大与复杂的系统。在运河管理方面有河道总督，漕运方面有漕运总督，仓场方面有仓场总督，总督下又有大量的官员、兵丁、夫役，所包括内容涵盖漕河、漕粮、漕船、漕仓、漕军、漕夫、漕法诸方面，不同方面既相对独立又密切相关，共同维持着漕运系统的正常运转。在明清500余年间，为保障运河的畅通，明、清两朝不断修建水利工程、治理黄河决口，力图实现漕粮的顺利入京。但随着黄河对运河的冲击日趋严重，河工治理经费巨额消耗，加上清末轮船、铁路及商品粮市场的兴起，1855年黄河铜瓦厢决口，冲决山东张秋运河，夺大清河河道从山东利津入海后，传统漕运便不断没落，而大运河在古代的功能也走向了终结。

一、宋礼、白英重开会通河

明朝初年，元末战乱的阴影还未散去，山东会通河就像一位受伤沉睡的巨人，因严重淤塞而几乎失去了漕运功能。那时，明朝定都南京，漕粮大多通过长江或海道运往京城，所以对运河的治理就没那么上心。就算要往北部边防运粮，也多选择海路，或者先经黄河再转陆路，运输过程困难重重。到了明永乐年间，为了防范蒙元残余势力的侵扰，再加上南京存在不少不服从朱棣的势力，永乐皇帝便打算迁都北平。要实现这个宏伟计划，前期的运输工作至关重要。于是，重新恢复元代就已淤塞的大运河，就成了明王朝的重要国策。

永乐九年（1411），明政府委派工部尚书宋礼主持疏浚会通河的工程。

宋礼不辞辛劳，亲自前往山东运河沿岸地区，仔细勘查地理，还广泛走访当地百姓和德高望重的老人。最终，他采纳了汶上"老人"白英的建议，在东平大汶河上筑起戴村坝。这戴村坝就像一个神奇的水龙头，把大汶河的水引到京杭大运河的最高点——南旺镇，让水流入运河。同时，还借助船闸、斗门、水柜来调节水位、储存水源，如此一来，京杭大运河再次南北贯通，漕船也得以顺利通行。

▲ 戴村坝白英塑像（胡梦飞摄）

南旺，作为京杭大运河的最高点，被人们称为"水脊"。它位于济宁以北90里处，从这里分水，能合理地分配运河的水量，有"七分朝天子，三分下江南"的说法。南旺枢纽工程凭借着众多的闸、坝、堤、堰、水柜，展现出了极高的水工科技含量，运作严密，使用时间长达明清500多年，功能强大，在京杭大运河上十分罕见，堪称"北方都江堰"。这个工程凝聚了中国古代劳动人民的伟大智慧与创新精神，而宋礼敢于担当、尽职尽责、事事亲力亲为的态度，白英一心为国、鞠躬尽瘁、勤于实践的精神，也成为中华优秀传统文化的重要组成部分，一直影响着后世。

二、避黄保运开新河

明代运河恢复畅通后，黄河就像一个调皮捣蛋的孩子，不断冲击和淤塞运河。尽管中央政府先后采取了借黄行运、避黄保运、黄运分离等策略，但由于黄河与运河关系太过紧密，很多治理措施都收效甚微，黄运之间的矛盾纠葛贯穿了明、清两代长达数百年的时间。

明正统年间，黄河频繁在东昌府、兖州府决口，汹涌的河水冲垮堤岸、淹没村落，不仅让漕船受阻，南方的粮食无法顺利运往北方，还对沿岸百姓造成了巨大灾难。明政府多次派遣重臣前去治理，却大多无功而返。景泰四年（1453），左佥都御史徐有贞受命治理张秋决河。他巧妙地采用开支河分泄洪流、筑大堰节制水源、疏浚河道保持畅通的方法，成功堵住了黄河决口，让黄运关系暂时稳定了下来。弘治初年，黄河又多次在张秋镇决口，运河堤岸刚修好就又被冲垮，耗费了大量人力、物力不说，效果还不佳。都察院副都御史刘大夏征调了山东数万名民夫，在运河决口处修筑石堤，并打下木桩加固，还在决口上游修建减水坝，分泄多余的河水。同时，他又征调民夫堵塞河南的决口，在黄河北岸修筑了数百里的防护大堤。工程完工后，黄河安稳了数十年，漕船的通行效率也大大提高。

明中期以后，黄河在济宁至徐州之间泛滥成灾，运道受阻，漕船难以通行，尤其是济宁至鱼台之间淤塞严重。嘉靖五年（1526），黄河在沛县决口，洪水冲进运河，涌入昭阳湖。此后，又多次在曹县、单县等地决口，导致漕船受阻，运河淤塞。在这种情况下，左都御史胡世宁上奏请求开凿南阳新河，将运道向东移至高地势的地方，利用湖泊来接纳黄河多余的水，减轻对运道的冲击。两年后，明政府派总理河道都御史盛应期负责开河工程。盛应期征集了山东数万名民夫，开挖了一条北起南阳镇，经过夏镇，南至沛县东南留城的运河，新河长达140多里。然而，在开挖过程中遭遇干旱，工程进度变得缓慢。再加上朝廷内部对新河的争议不断，矛盾重重，嘉靖帝下令停止工程，并将盛应期撤职查办，南阳新河的开凿就这样半途而废了。30多年后，嘉靖中期，黄运关系进一步恶化，重新开凿南阳新河再次被提上日程。在工部尚书兼右副都御史、总理河漕朱衡的坚持下，明政府下定决心重开新河。朱衡经过实地调查，认为盛应期之前开凿的旧道可以重新疏浚，于是组织了9万民工作业。新河建成后，被称为"南阳新河"或"夏镇新河"。与旧运道相比，新河从南阳闸引水，经过夏镇、沛县、留城，与旧运道相接，还把留城至境山的数十里旧运河也纳入新河范围，向南延伸至徐州与黄河交汇。同时，为了保障水源，新河沿线设置了十多座船闸，用来调控运道，让漕船能够平稳航行。南阳新河开凿后，漕粮运输量大幅增加，运输效率也提高了，还减轻了黄河对运河的危害，缩短了借黄行运的距离。

▲ 南阳新河示意图（引自姚汉源《中国水利发展史》）

南阳新河虽然开通了，但留城以南的运河仍需借黄行运。隆庆三年（1569），黄河再次在沛县决口，2000 多艘漕船被困在邳州，无法北上。总理河道翁大立提议开凿泇河，以避开吕梁洪、徐州洪的危险。泇河本是自然河道，分为东西两支，东支发源于费县，西支源自峄县，两支在江苏邳州汇合，向南在泇口集流入运河。如果对泇河进行疏导，就能开辟成新的运河，减轻借黄行运的压力。但由于当时黄河水患暂时平息，漕运也暂时恢复畅通，这个提议遭到了朝臣的反对，最终没能实现。万历三年（1575），黄河水患日益严重，总理河道傅希挚再次提出开凿泇河，实现黄运分离，可还是因为反对的人太多而作罢。

万历二十一年（1593），汶水、泗水等河水暴涨，黄河水倒灌，会通河决堤 200 多里。总理河道舒应龙打算开渠疏导昭阳等湖多余的水，避免金乡、鱼台等县受灾，同时防止运河再次决口。万历二十二年（1594）正月，舒应龙在勘查实际情况后，开挖了韩庄运河。韩庄运河就像是一条排水通道，"以泄潴水，使不病漕"。它从彭庄至彭河，长 6600 多丈，40 多里，两岸修筑了 8460 丈的堤坝，高三尺，宽一丈，在渠口还建造了石闸，根据河中水量来蓄水或放水。这项工程动用了 1 万多名民夫，耗时 4 个月，花费了 3.3 万多两白银。韩庄运河开通后，虽然把茶城以北各湖的水排到了彭河、泇河，但还不能用于漕运。

万历二十七年（1599），总理河道刘东星继续前人未完成的事业，对泇河进行整治。他在台儿庄、侯家湾、良城等高地势的地方开凿河道，还在微山湖旁开挖了 45 里的新河。然而，工程进行到一半时，刘东星不幸去世，工程只能停工。但此时，已经有十分之三的漕船开始借道泇河航行。万历三十年（1602），总河李化龙提议大规模开凿泇河，以避开黄河水患。这条泇运河支道从沛县夏镇东泇口引水，向东南与彭河汇合，经过韩庄，穿过泇口镇，汇合泇水、沂水等，南下邳河口进入黄河，全长 260 多里。它避开了徐州二洪的危险，而且水源充足。后来，总理河道曹时聘

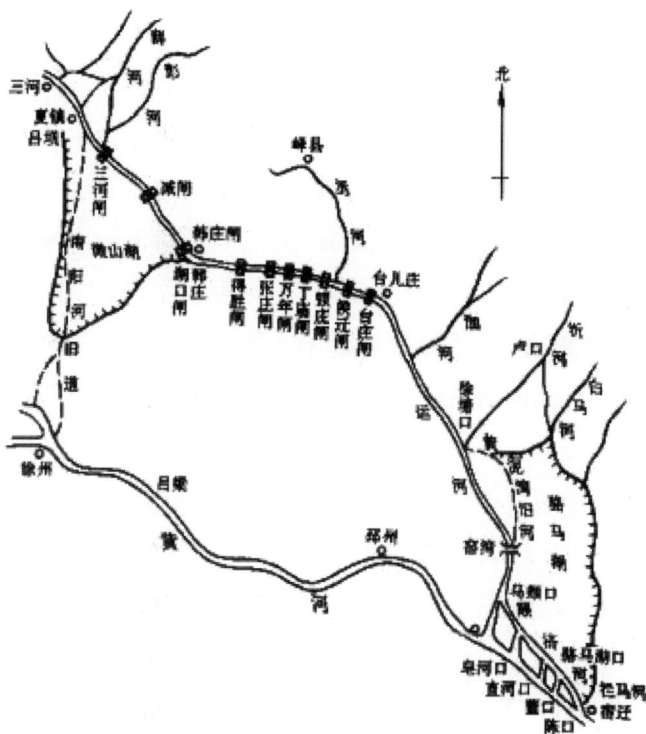

▲ 明代泇运河示意图（引自姚汉源《京杭运河史》）

又进一步完善了泇河运道，至此，漕船基本都改走泇运河了。

泇运河的成功开凿意义重大，借黄行运的河段只剩下邳州至淮安这一段，比以前大大缩短。漕船行驶在南阳新河、泇运河中，安全性大大提高，受黄河的影响也减轻了，漕粮运输效率大幅提升。泇运河从翁大立首次提议开凿，历经舒应龙、刘东星、李化龙，到曹时聘才彻底完工，前后历经五任总河，耗时长达 35 年。这充分体现了他们前仆后继、无所畏惧的精神。正如清代河道总督靳辅所说："有明一代治河，莫善于泇河之绩"，这句话高度概括了这一工程的重要性。

三、黄河改道运日艰

清代继续沿用京杭大运河，并进一步完善了河政管理制度，设立了 3

位河督。其中，河东河道总督驻扎在济宁，负责管理山东、河南境内的黄河、运河；江南河道总督驻在淮安，管理江苏、浙江境内的淮河、运河以及江防工程；直隶河道总督则驻守天津，管理河北、天津以及京畿附近的运河、永定河、子牙河等。清代对黄河、淮河、运河的治理十分重视，不仅安排专人负责，每年还投入大量资金进行整顿。可是，黄河就像一个失控的猛兽，频繁决口，黄运之间的矛盾越来越尖锐。终于，在咸丰五年（1855），黄河在河南铜瓦厢决口，汹涌的洪水冲断了运河，然后改道从山东入海。这一变化让传统漕运遭受重创，一蹶不振。再加上海运和铁路的兴起，河政、漕运机构相继被裁撤，大运河在清代逐渐走向没落。

明代虽然开凿了南阳新河和泇运河，但邳州至淮安段的运河仍需借黄行运。漕船行驶在黄河上，就像脆弱的树叶在狂风巨浪中飘摇，经常遭遇风浪袭击，导致船只倾覆、运丁溺亡、漕粮漂损。在这种情况下，康熙二十五年（1686），为了避开这段黄河的危险，实现运河与黄河彻底分离，河道总督靳辅主持开挖了中运河。中运河北起山东台儿庄与江苏邳州的交界处，与韩庄运河相连，南至淮安杨庄，与里运河相通，全长360多里。为了防止黄河泛滥冲毁中运河，人们在黄河北岸修建了遥堤和缕堤，保护着运河的安全。中运河开通后，船只终于不用再行驶在危险的黄河中，避开了黄河的凶险。自元代以来借黄行运数百年的局面终于得到改变，漕船、民船、商船的安全性都得到了保障，真可谓"有功于运道民生，至大且远"。中运河主要依靠微山湖、骆马湖补充水源，沿途设置船闸来调节水量，让船只能够稳定航行，在京杭大运河中属于水量比较充沛的河段。靳辅开凿中运河的过程并不顺利，多次遭到弹劾，在官场中起起落落。但他始终不忘初心，努力积累治水经验，任用治水名人陈潢为幕僚。他整日奔波在治河工地，不畏严寒酷暑，即使身患重病，也依然废寝忘食地关心河工水利，最终为治水事业献出了生命。靳辅这种实心任事、不避劳怨、百折不挠的精神，充分展现了治河者的大公无私和爱国为民之情，一直激励着后世的治水者。

　　清代的运河一直延续到咸丰年间，治河工作逐渐开始力不从心。当时，黄河频繁冲决运河，而国家又面临着内忧外患的局面，国困民乏，财政上已经难以承担每年上千万两的治河经费。咸丰五年（1855）六月，由于夏季降雨集中，黄河水位暴涨，在河南兰阳县铜瓦厢决口。凶猛的洪水淹没了河南、河北、山东的大量州县，分成数股后，在山东张秋镇穿越运河，截断了运河河道，最后经大清河入海，这给清末的河政带来了巨大冲击。铜瓦厢决口是自南宋末年黄河夺淮入海后的又一次大规模改道，此前黄河夺淮入海的历史持续了661年。决口发生时，正值太平天国和捻军起义，清廷忙于应对战事，根本无暇顾及堵筑决口。随着传统漕运的不断衰落，咸丰十年（1860），朝廷裁撤了江南河道总督及所属河官。光绪二十七年（1901），漕粮改为折银征收后，运河停运。第二年，河东河道总督也被裁撤，山东的河务由山东巡抚兼管。光绪三十年（1904），漕运总督正式被裁撤，漕运彻底废止。至此，自秦王朝以来延续了长达两千多年的运河漕运，缓缓落下了历史的帷幕。

第二章

运河工程里的
科技智慧

京杭大运河，宛如一条雄浑壮阔的巨龙，横跨北京、天津、河北、山东、江苏、浙江六省（市），连通海河、黄河、淮河、长江和钱塘江五大水系，生动展现了农耕文明时代人工水运发展的壮丽篇章，绝对堪称世界运河史上的奇迹。运河从开凿、维护到使用，每一步都离不开水工科技这个坚实后盾。完善的水利体系和宏大的水利工程，是运河水工科技最直观、最集中的体现。历代治河官员与水利专家们，面对不同的水源和地形地质条件，如同心灵手巧的工匠，因地制宜、巧妙构思设计，打造出一个个独具特色、水平高超的水利工程。这些工程综合解决了汇水、引水、节水、行船、防洪等一系列水利难题，成功构建起贯通南北、连通全国的交通网络。它代表着中国传统水利工程技术的巅峰水平，也淋漓尽致地展现出中华民族的勤劳与智慧。

在数量众多、类型多样的运河水利工程中，通惠河闸群、南北运河减河、会通河闸群、南旺分水枢纽工程、清口枢纽工程等，以其多样性、复杂性和系统性，完美体现了具有东方文明特点的工程技术体系，代表着工业革命以前水利工程的杰出成就。汶上南旺分水工程，像一位聪慧的调度师，利用人工河坝截蓄汶水，为山东运河输送源源不断的水源；会通河沿线，一座座河闸如忠诚的卫士，节节矗立，实现了阶梯蓄水与通航；运河减河则像一位冷静的指挥官，合理调度运河分洪，成功避免运河决口，全力保障漕运安全；淮安清口工程拦蓄了当时世界上最大的水库——洪泽湖，综合满足蓄水、供水、冲沙、分水、防洪等多项水利需求，在中华文明发展的漫长画卷中，绘下浓墨重彩的一笔。

第一节　通惠河

通惠河是京杭大运河最北的一段。元代通惠河北起北京积水潭，南至通州。明代通惠河北端移至大通桥（今北京东城区东便门外），现存河道自东城区东便门向东，宛若一道蜿蜒的丝带，穿过了乐家花园、高碑店、普济闸、八里桥、通惠闸，直至通州区北关闸，长约 21 公里。

一、郭守敬开凿通惠河

在首都北京积水潭岸边有一个"汇通祠"，里面供奉着一位科学家——郭守敬。为什么人民对这位科学家如此崇拜呢？

至元三十年（1293）秋天，元大都（今北京）什刹海，垂柳轻拂，碧波荡漾。一支满载江南漕粮的船队，浩浩荡荡驶入城内积水潭码头。"舻蔽海水，仿佛到方壶。"元世祖忽必烈从上都返回大都路过积水潭时，看到运粮船密密麻麻排列在水面上，兴高采烈，欣然挥笔，为大都到通州间这段运河赐名为"通惠河"。而负责这段运河规划、设计、施工的"总

▲ 郭守敬塑像（胡梦飞摄）

工程师"就是元代杰出的水利专家——郭守敬。

当时，元王朝已统一全国十余年。大都城内官府林立，商贾云集。这里成为全国政治、经济、文化的中心。常言道："民以食为天"，不说别的，单说官府用粮，一年就得几百万石。那么这些粮食又从哪里来呢？主要来自产粮大区江浙一带。为完成江南漕粮向首都北运的任务，元朝政府除积极发展海运外，还先后用了十几年时间，开通了南北大运河，使维系元朝统治的粮赋，可以源源不断地通过水运抵达通州。通州至大都50余里，每年几百万石漕粮的转运任务十分艰巨。回想起曾开通的通州到大都的北线运河——坝河，由于运输能力有限，远不能适应迅猛增加的漕运需要，只得依靠陆路运输。陆运不仅花费大，而且一到秋季，阴雨连绵，道路泥泞难行。车夫怨声载道，牲畜死亡不计其数，年逾花甲的郭守敬，经过深思熟虑，便果断地提出了开凿通惠河工程的宏伟规划。

当元世祖忽必烈听完郭守敬关于开凿通惠河工程规划的陈述后非常高兴，立即命令丞相以下文武百官，都要听从郭守敬的指挥，到工地参加挖河劳动。郭守敬长期主管全国的水利工程，他已经意识到，通州、大都之间，没有较大的天然河道，而大都地势高，水流湍急，不易航运，所以要开凿这段运河，必须解决好在大都附近找到足够的水源和合理调节水势的问题。

大都西北郊有一条温榆河，河的上源地区位于潮白河冲积扇中上部，今昌平县百泉庄、亭子庄附近是地下水溢出带，呈东北、西南方向分布。元代这一地区有白浮泉、王家山泉、虎眼泉、孟村一亩泉、灌石村南泉、榆河温汤龙泉、冷水泉、玉泉等许多泉水涌出。郭守敬根据丰富的水利施工经验和对这一带地势勘察，他认为这里是比较理想的水源，但要把白浮泉等水引向大都城，在工程上困难仍然很多。

尽管大都比昌平地势低，但大都和昌平之间的地形是起伏不定的，在其中间还有沙河和清河两条河流，自西向东流，形成一个低洼的河谷槽。

如果直接引白浮泉水南流，那么就会顺着河谷东下，直接流入白河，而不流过大都。为了把白浮泉诸水顺利引入大都，郭守敬设计开凿了一条长64里的河渠。先引水西去，直逼西山山麓，然后顺着平行山麓斜引向东南，汇集诸泉之水，导入作为调节水库的瓮山泊（今北京昆明湖）。在水渠东岸筑成一条土堤，这条土堤就是白浮堰。在沿途与山溪相交处共建十二座"清水口"工程，解决了引水与防洪的矛盾。白浮引水行经的路线和现在京密引水渠基本吻合，这条线路的选取，表明了郭守敬当时已掌握了较高的地形测量技术。

瓮山泊以下，郭守敬利用玉河为引水渠道，从和义门北水关入城，注入积水潭，并把这里辟为泊船终点码头。从积水潭往下，他又重新开挖、疏浚了金朝"旧运粮河"，使引水沿"旧运粮河"，经通州东南至高丽庄汇入白河。在这段主要航道上，为使引水平缓东流，保证漕运的水量，郭守敬巧妙地设置了10处坝闸，共24闸。几乎每10公里设一闸，闸与闸之间，根据需要还增设了斗门，以起到"过舟止水"作用。江南漕运船只逆流而上过船时，先缓缓提升下闸，等到上下闸间水位下降到与下游水位基本相平时，船过下闸，进入上下闸之间，随即关闭下闸，同时，缓缓开启上闸，等到上下闸间水位上升到与上游水位基本相平时，船过上闸，随后关闭上闸。反之亦然。可见，郭守敬在通惠河上设置闸坝，控制了运河的流速，从而避免了因落差较大、水流湍急，导致引水快速东泄现象的发生，使运河水量充足，确保了漕运船只的畅通。这24座闸坝，先为木制，后改建为石制，几百年来，历经沧桑，至今还有广源闸、高碑店闸、庆丰闸等，保存基本完好。每当我们参观这些珍贵的遗迹时，自然就会想到，当年的郭守敬在治水过程中，创造了一个又一个的人间奇迹。

自白浮泉至通州高丽庄，计长164.5里。整个工程历时一年。投资白银158万锭，用工258万名。通惠河与南北大运河胜利衔接，解决了当时

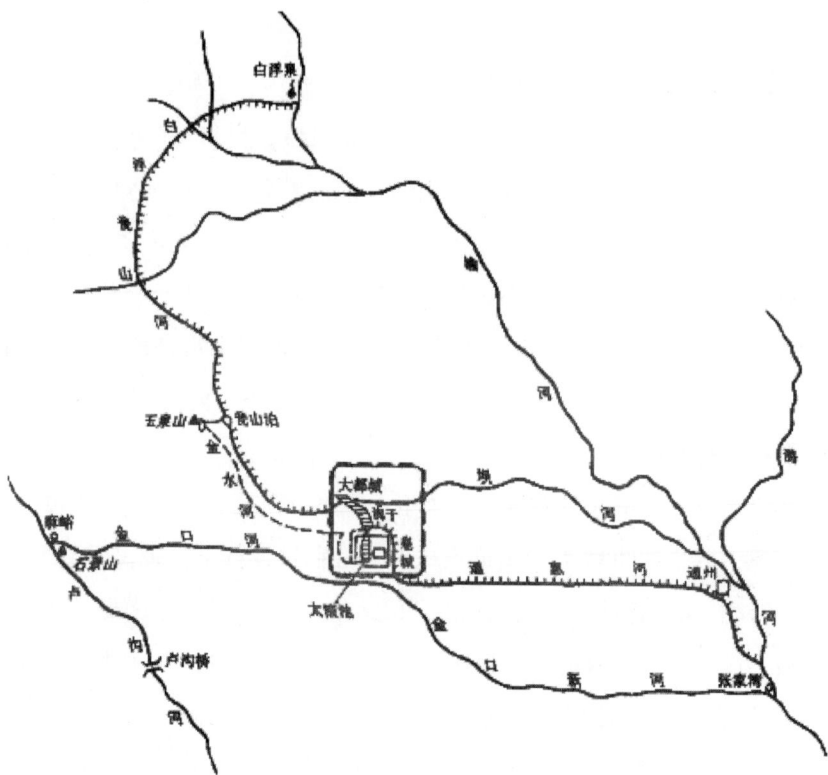

▲ 元代通惠河示意图（引自姚汉源《京杭运河史》）

的"南粮北调"问题。它不仅使漕运粮食数量猛增，促进人口集中，加快大都的城市建设，而且大大方便了南北物资交流，丰富了北京用水资源。

郭守敬去世后，为了缅怀他的治水功绩，人们特意在积水潭岸边修建了"汇通祠"。后来"汇通祠"遭到破坏。1988 年，北京市又在"汇通祠"的遗址上建立了"郭守敬纪念馆"。

二、吴仲重修通惠河

每年的通州"开漕节"，通州坝外一片热闹非凡的景象。帆船云集，等待靠岸。瞧，一位身着明代官服的"官员"，正率领着随从，步伐稳健地走上石坝。他一边仔细巡查，一边不时叮嘱身旁的人。这一幕便是人们口中的"吴仲巡坝"。吴仲，这位因重修通惠河而被通州人尊称为"坝神"的传奇人物，他的故事，还得从通惠河的变迁说起。

通惠河是元代郭守敬为解决大都物资供应而开凿的一条漕河。元朝灭亡后，明朝建都南京，北京没有了庞大的物资运输需要，通惠河随之废弃。明永乐初年，风云变幻，明成祖朱棣决意迁都北京。这一决定，让北京的漕运问题瞬间成为明朝的头等大事。

永乐五年（1407）五月，北京行部急奏：通惠河道淤塞，需要增置闸口，疏浚河道。朝廷恩准后，运粮军士不辞辛劳，疏浚河道70余里。可惜的是，这次整治没有增设水闸。虽然在整治后，南来的漕船可直抵北京城下，但好景不长，没过多久，通惠河船运再次受阻。究其根本原因，是水源问题没有得到妥善解决。随着上游白浮泉引水河道埋没，水量剧减，下游通惠河水浅淤塞，不能行船。

明英宗朱祁镇即位后，着手解决疏通通惠河的问题。正统三年（1438）大通桥闸建成；正统四年（1439）平津闸修复。然而，水源问题依旧像一道难以跨越的鸿沟，成为通惠河全程转运的瓶颈，通惠河仍不能实现全程通航。明正统年间，从通州到北京城的官粮，只能由陆路运输。

然而，陆路运输存在诸多弊端，如道路狭窄、路桥损坏、脚价腾贵等，迫使朝廷多次调拨兵马修路。同时，由于通州的守卫远逊于京城，北方蒙古人的入侵成为通州仓储的最大威胁。另外，运粮官兵携私夹带或玩忽职守，往往导致漕粮不能准时、足额运达。通州车户的抵触、码头官兵的刁难，屡禁不绝。除了漕船外，往来商船也遭到层层盘剥。正统年间，在张家湾一带甚至形成了巧取豪夺、飞扬跋扈的帮派。这些帮派盘踞于上、中、下游码头，欺侮良善，诈骗财物。

鉴于由通州至北京陆路运输存在诸多问题，明初以来一直有朝臣奏议重启通惠河，提高运粮效率。明成化七年（1471），漕运总兵官杨茂认为，当时通惠河的水道通流，水深二尺，不用疏浚，只要以闸蓄水，令运粮卫所根据比例，每25艘运粮船配一驳船，可依次驳运。工部、吏部等合议后，认为此议可行。于是，皇帝令户部尚书杨鼎、工部侍郎乔毅踏勘。

他们勘察后认为：若要启用通惠河，只能放弃元代故道，寻找新的水源和渠道。当时有三处水源可用：一是昌平东南白浮泉水；二是城南三里河；三是玉泉、龙泉及月儿柳沙泉等至西湖汇集。白浮泉因自东往西逆流，经过明皇陵（今十三陵），影响风水不可用。城南三里河因水势汹涌，不能行船，亦不可用。最后，只能使用西山玉泉等处泉水。

明成化十一年（1475），朝廷调动军士、民夫9万余人，启动通惠河大修工程，至次年十月完工，自大通桥至张家湾的河道长60里，宽10丈。然而，由于水源"独西湖一泉，又仅分其半"，河道易淤，未能定期疏浚，以致"雨则涨溢，旱则浅沍不逾"。再加上漕船首尾相接，无处停泊。两年后，通惠河又被废弃。此后，明孝宗、明武宗年间，朝廷也对通惠河进行过治理，但始终未能取得理想的效果。一边是庞大的粮食需求，一边是漕河屡治屡废的现状，供需矛盾日益突出，漕运航道疏浚亟待解决。

明嘉靖六年（1527），巡按御史吴仲再次上奏恢复通惠河的漕运。吴仲（1482—1568），字亚甫，号剑泉，南直隶武进（今江苏武进）人。正德十二年（1517）进士，授江山县令。历任监察御史、浙江处州府知府、湖广布政使司左参政等职，官至南京太仆寺少卿。隆庆二年（1568）卒。著有《通惠河志》《剑泉奏议集》等书。

他为人敏锐阔达，敢于直言，办事能力强。在洋洋千字的奏章里，他力主重开通惠河。为说服皇帝，他没有只算经济账，而是从各方面痛陈利害。他认为：通州的运河，由元代郭守敬创建，当时通航效果已经显著。到本朝前期，漕运名臣平江伯陈锐等也屡次奏请重新开通，如今通流等八闸遗迹尚存，原设官职夫役都在，以此为基础重新开通，所需要的人力、物力都不是很多。然而有权有势并以此谋利的地方势力从中阻挠，或者散布风水之说，或者强调开通运河会断绝张家湾百姓生计，都不足为信。如果真能实现河运，每年可节省脚价银20余万两。此外，汉唐宋时漕粮都是走汴河，所谓直达京师，没听说将国库粮贮藏于50里之外的。如今让京军跑到通州去支取粮食，都觉得不方便。而且密云等处都有小路可通京师，一旦蒙古人找到一些向导以轻骑快速突进，几天内就可以杀到京畿地区，烧毁粮仓，则国储一空，京师坐困。必须尽快疏浚通惠河，把军粮迅速运抵京城。

吴仲的奏章切中时弊，字字珠玑。嘉靖皇帝深以为然，遂下旨令户部、工部调查商议后拿出方案。十月，朝廷批准了疏浚通惠河的计划，下令冬天备好物料，来年春天开工。

吴仲此议得到嘉靖帝和大学士杨一清、张璁等朝廷高官的支持，遂命吴仲与户部郎中尹嗣忠、工部郎中何栋一同主持施工。嘉靖七年（1528）二月初，工程正式兴工，至五月末便顺利完成。修复之后的通惠河，大体仍如元之旧，除保留了庆丰上、下闸，平津上、下闸，普济闸、通流闸等六闸，另在通州北关外新建一座石坝。整个工程共计用银不到7000两，征调军夫、堤夫3700余人，雇用工匠1.14万余人。吴仲随即上疏提出维护通惠河的五条建议：一是大通桥至通州石坝间，地势落差高度为四丈，流沙易淤塞，宜时加疏浚；二是管河主事宜专委任；三是闸夫宜复旧额；四是修船费用宜递岁增拨；五是庆丰上闸、平津中闸今已不用，宜改建于通州西水关外。这些建议都被朝廷采纳。至同年十二月，即有近二百万石漕粮沿运河直接运抵北京城东便门外的大通桥，户部每年得以节省陆运车脚费近11.33万两。吴仲随即奏请暂时将所节省运费的补给运军，其余银两封存入库以备修河及其他公用开支。待一两年后，适当降低民间支付的漕运加耗，以缓解百姓压力。这个建议也得到朝廷批准。

通航当年，大通河转运漕粮近200万石，节省运费11万两白银。嘉靖皇帝龙颜大悦，同意吴仲的建议，把节省下来的运费抽出1/3赏给以前负责运输的军卒。明代诗人周柞赞道："宛宛漕渠天上来，金堤玉垒圣人开。仙槎合傍银河挽，粟米如山绕凤台。"

吴仲因重开通惠河有功，获朝廷嘉奖，官升一级，后出任浙江处州（今浙江丽水）知府。处州之行，遥遥千里。吴仲沿通惠河到通州张家湾码头时，触景生情，奉命重开通惠河的经历一幕幕浮现在眼前，他担心"好事难成而易败，谗言易兴而难遏"。如果自己这样走了，日子久了，物是人非，疏浚经验恐怕会湮没。他暗暗决定，正好利用赴任坐船的时间，将通惠河源流与治理经过整编成册，以泽后世。于是，伴着风声、涛声，他参考以前的文献、地图，复加考订，编撰成上、下两卷两万余字的《通惠河志》。该书详述了元代以来通惠河开凿的情况，并有自己的思考和评价，是研究通惠河最重要的资料。嘉靖皇帝阅览后，下旨送史馆，编入《明会典》，工部颁发刊行。问世后，这部志书成为历任主管通惠河工程官员的案头卷。

吴仲重修通惠河，使漕粮转运京城更加方便快捷。尽管吴仲还在世，通州百姓为感念他的功绩，为他修建了生祠——"通惠祠"。此后，吴仲被奉为通惠河"河神"。每年三月初三，通州百姓举行隆重的开漕节祭祀河神。他编纂的《通惠河志》也成为记述通惠河治理情况的一部重要志书。

第二节 北运河、南运河

北运河北与通惠河相接，南接南运河，是京杭大运河北部的重要河段。北运河始自北京通州北关节制闸，向东南流经河北省香河县，至西王庄进入天津市武清县，经筐儿港、屈家店水利枢纽，至天津市静海县三岔河口入海河，全长148公里。这段河道在历史上名称多变，西汉之前称为"沽水"，东汉至东晋称为"潞水"，元代称为"白河"。直到顺治九年（1652）设北运分司，此后才多称为"北运河"。南运河主要利用卫河河道，其北端在天津市静海县三岔河口与北运河相连，自北向南经过河北省青县、沧州、泊头、东光，山东省德州市，至山东省临清枢纽与会通河相接。

一、分水泄洪开减河

在悠悠的历史长河中，南运河宛如一条灵动却又时而调皮的水龙，它的故事，承载着无数的智慧与坚韧。

回溯到唐开元年间，彼时的南运河，水势时常汹涌，给周边百姓带来诸多困扰。于是，在唐开元年间，南运河东岸开凿了阳通河、靳河、浮河、无棣河等减水河道。据《新唐书·地理志》和《读史方舆纪要》（卷十三）记载，阳通河从清池东南流过，上接永济渠，下入毛氏河（屯氏河）通海。其存在的意义，便是疏导永济渠的水患，让汹涌的水流有了宣泄之处。《新唐书·杜中立传》中也记载，引御水（南运河）到毛氏河，向东注入大海，沧州从此便少有水灾。这说明，自唐代开始，在运河东岸开凿减水河道这一举措，宛如为防治洪涝筑起了一道坚固的防线，发挥了至关重要的作用。

明永乐年间，重开会通河以后，京杭运河却又陷入了新的困境，屡受黄河侵扰，影响漕运。为了让运河水势趋于稳定，一场持续数百年的治水工程拉开帷幕。从明永乐十年至清光绪六年，先后在南运河东岸开挖了四女寺减河、哨马营减河、捷地减河、兴济减河、马厂减河等减水河道。同时，也采取了一些引水济运或限制沿岸用水的措施。数百年来，减水河道几经淤废重开，数量地点及名称无法准确统计。《沧县志》称："捷地镇减水河，一名南减河，明弘治三年开十二小河之一也，出于卫河东，建桥设闸以时启用。"说明当时开凿的减河数量有 12 条之多。

民国时期，时代的浪潮翻涌，南运河的命运也随之起伏。彼时，南运河虽存减河 5 条，却大多已淤废不堪。《直隶河防辑要》中记载，南运河有 5 条减河，它们是恩县的四女寺减河、德州的哨马营减河、沧县的捷地减河、青县的兴济减河、静海的靳官屯减河。因海运日益繁盛，内河停运，河道常年没有清理，日趋淤浅。于是四女寺改建滚水官坝，但泄水不多；哨马营减河、兴济减河两河，因为久经淤垫，几乎不能过水；捷地以下宣泄不畅；唯靳官屯减河，是光绪六年新开的，又以灌溉小站营田，尚能分减南运下游之盛涨。

时光流转至今日，经过无数次的治理，沧州区域内现存减河共 3 条，它们分别是四女寺减河（现漳卫新河）、捷地减河、马厂减河（靳官屯减河）。这些减河宛如历史的守护者，见证了南运河的兴衰变迁，也承载着古往今来人们治水的智慧与勇气。

二、"娘娘河"畔话减河

在历史的长河中，南运河就像一条奔腾不息的巨龙，时而温驯，时而狂暴。而兴济减河，作为南运河的分洪河道，它的诞生与发展，承载着无数的故事与回忆。

兴济减河是南运河的分洪河道，开挖时间说法不一。一说是明成化三年（1467），见清嘉庆年间编纂的《青县志》。另一说法是《畿辅水利集说》中记载为明弘治年间。明嘉靖年间的《兴济县志》称兴济减河为"减水闸河"，清代称为"兴济引河"或"北减水河"，当地人称"娘娘河"。

追溯到开挖之初，兴济减河有"石闸一座，在县北三里，大垺湾东岸"。明嘉靖十五年（1537），重新开挖，至丰台堡以东入海，明朝时，人们认为兴济减河"于漕河大有补益，而于民亦便"。（嘉靖《兴济县志》）这条减河起于兴济镇北3里大垺湾东岸，东北流至歧口，汇捷地减河入海，长96里，并在源头修石闸一座，用来分流防淤。当时，减河从兴济东北流经北蔡家庄，进入沧州东北境地。又经乾符城南，转向东北流经桃园，又东折南转20里，流入小西河，与南减河汇合，流向大海。

据光绪《重修天津府志》记载："兴济减河，俗名北减河，在县南兴济镇北三里大扫湾东岸，东北流至歧口，会捷地减河入海。长九十六里。"因为在运河分水口有一座石闸，所以在《兴济县志》的记载里，它又叫"减水闸河"。它的开挖还有一段故事。据《明史》卷二十八《五行志一》记载："弘治二年（1489）五月，河决开封黄沙冈抵红船湾，凡六处，入沁河。所经州县多灾，省城尤甚。七月，顺、永、河、保四府州县大水。八月，卢沟河堤坏。"其中的顺、永、河、保四府指的是顺天府、永平府、河间府、保定府（当时兴济县隶属于河间府）。当年九月，弘治皇帝心急如焚，委任白昂为户部左侍郎，负责修治河道。弘治三年（1490），白昂调集上万役夫，他们如同勤劳的蚂蚁，上筑长堤，下修减水闸。从南自山东的东平，北至沧州兴济，开凿了12道小河，而兴济减河就是这十二道河中的一条。

相传，兴济减河当时从兴济东北流经北蔡家庄、乾符城南，转向东北流经桃园，又东折南转20里，与捷地减河汇合，流向大海。嘉靖十四年（1535），南运河再次决口，洪水如猛兽般肆虐。当时任右副都御史的刘天和奉命总管河事，他立即命河间府知府杨旦、兴济知县王朝相督工，重修兴济减河闸坝，并且疏凿河道。这项工程历时整整 1 年，人们日夜奋战，终于让兴济减河恢复了生机。然而，兴济减河只在运河水势吃紧时才泄洪排水，而平时河道干涸，所以到明朝末年，河道又严重淤塞，仿佛一位疲惫的老人，渐渐失去了活力。清雍正四年（1726），人们再次行动起来，重挖兴济减河河道，以分泄运河洪水，让它重新焕发出了光彩。

据史料记载，兴济减河当时河面宽九丈，底宽五丈，深六尺至八尺不等。清乾隆三十六年（1771），为减少天津水患，乾隆下旨将兴济闸改为滚水坝，并将坝顶高程降低一尺。但是，坝顶降低后，运河水位变低，漕运受到影响，清嘉庆十二年（1807），又将坝顶增高二尺。

乾隆三十六年（1771）二月，乾隆皇帝沿运河巡幸山东。在天津视察时，直隶总督杨廷璋上奏要在天津城西芥园附近开设一座减水坝，以便泄运河暴涨的水势。乾隆帝听后，眉头微皱，他认为这里离天津太近，容易对天津造成威胁，应该到上游另选分水泄洪的地方。当乾隆的御舟行到兴济时，他眼前一亮，发现兴济减河上的减水闸，底部太高，再加上金刚墙的阻挡，影响泄洪。他心中当即有了主意，不如干脆把闸口拆掉，改成减水石坝，把坝顶降低几尺，使泄洪更畅通。这样，加上捷地减河，天津芥园也就不用再建减水坝。于是，乾隆下诏调工部侍郎裘曰修会同杨廷璋及直隶巡抚周元理进行勘察，以定修建方案。乾隆还诗兴大发，写了一首五言诗《阅兴济减水闸议改为坝》："青县兴济闸，缘减运河水。中流行御舻，高出见闸底。去岁夏霖盛，率已泄由此。"

到了咸丰元年（1851），兴起了太平天国运动，太平军占据了南京、扬州，切断了大运河的航运。后来，黄河在河南兰考铜瓦厢决口，夺大清河由山东利津入渤海，并在东平县腰斩会通河，原河道堤毁坝崩。

由于黄河改道，河运废弛，漕粮改为海运，大运河逐渐全线断航，作为运河支流的兴济减河也失去了它的作用。年深日久，它逐渐淤积吞没，于清末逐渐淤废，那条曾经奔腾的河道，渐渐消失在了人们的视野中。后来，只在青县金牛镇丰台堡村南，还能看到高3米左右、长一二百米的一段"娘娘河"残堤，堤坝上也已经种满了庄稼，掩盖了曾经的辉煌。1963年大水后，兴修海河水利工程，兴济减河为子牙新河取代，彻底湮没了踪影，只留下这些故事在历史的长河中流传。

三、乾隆修治捷地闸

大运河作为世界上历史最古老、里程最长、工程最大的古代运河，几千年来，以悠悠水波为灵动的旋律，以片片桨帆为跳跃的音符，传唱着人类水利发展史上波澜壮阔的壮歌。位于南运河上的捷地减河与捷地分洪闸便是运河人水利智慧的杰出代表。古代劳动人民把闸、坝、减河完美结合，形成一个完整的水利工程，"弱则蓄使壮，盛以减其驶"，使之成为大运河不可或缺的重要组成部分，彰显了中国古代水利技术的高超与绝妙。

据考证，捷地的地名最早见于《明世宗实录》，因"河堤率以草束土累筑而成，故堤善崩"。当地百姓长期饱受洪水侵扰，苦不堪言。朝廷见状，终于痛下决心治理水患。明弘治三年（1490），开挖捷地减河，使洪流经沧州青县、黄骅，从歧口入渤海。长54公里的捷地减河不但约束了桀骜不驯的运河水，保护漕运，还调节了周边地区的水环境。捷地减河开通之后，奇迹发生了，两岸原本贫瘠的盐碱地在河水的滋养下，逐渐变得肥沃起来。而那被苦难深深烙印的"绝堤"，也在人们的美好期许中，逐渐取其谐音改名为"捷地"，寓意着从此地开始，一切都能顺遂如意。

明弘治三年（1490），开挖捷地减河时，在减河与运河连接处建桥设闸。清雍正四年（1726），挑通减河，设立闸口，总宽8丈，安闸五孔，总净宽6丈，运用情况良好。当时的分洪设施精良，能够更加精准地对运河水进行疏导与利用，通过流量控制行船过往，通过蓄水便于农耕灌溉。乾隆三十六年（1771），改闸为坝，撤去五孔闸板，并拆去4堵金刚墙，面宽八丈，龙骨石（即闸底板）未动，分水情况仍较好。后来天津道宋将龙骨石落下三尺五寸，坝口太低，运河水至四分即行过坝，将南运河洪水大量地引入捷地减河，造成减河年年漫溢，给两岸人民带来严重灾害。嘉庆十二年（1807），又起高坝底龙骨石二尺二寸，坝口宽仍留 8 丈。1911 年，将坝改成溢流堰，1933 年，将溢流堰改成迄今为止的八孔闸。

▲ 捷地闸今景（胡梦飞摄）

在捷地水利工程的漫长历史中，清乾隆年间改闸为坝的修缮之举，无疑留下了最为浓墨重彩的一笔。

乾隆六年（1741），鉴于捷地减河屡有溃决，朝廷将其部分堤段拉成坦坡，加大河宽，增加行洪能力，并再筑遥堤，防止漫溢。乾隆二十年（1755），特设风化镇巡检，专司修浚捷地减河。乾隆三十五年（1770），南运河天津城南的侯家园一段堤防发生漫溢，洪水汇于天津城厢西南低洼处，天津城外围紧急填垫堤埝进行拦护。乾隆三十六年（1771）二月，乾隆东巡。直隶总督杨廷璋、天津道道员宋宗元提议于南运河天津芥园处挑挖减河至中塘洼入海。乾隆认为，这里离天津城太近，一旦水势控制不住，便会"惹祸上身"，遂命直隶布政使周元理于南运河上游另择新址。

当御舟行至兴济，乾隆阅视河工后，提议将捷地、兴济两闸改为减水坝，并命工部尚书裘曰修会同直隶总督杨廷璋、直隶布政使周元理同查勘。三月，乾隆回銮。御舟抵达捷地后，他阅示河工，决定将捷地、兴济两减水闸改为减水坝。乾隆在捷地写了七言诗《定捷地、兴济二闸为减水坝因罢芥园减水坝工诗以志事》："泄涨图为坝芥园，近城揖盗虑开门。上游拟减豫则立，众议仍资周度爱。具曰予圣予岂敢，亦因其势其弗谖。年来清口颇收效，例此吾惟慎本根。"他把诗作亲笔写下来，落款"乾隆辛卯仲春月中浣御笔"，刻在捷地御诗碑正面。

"改闸为坝"的方案很快得到实施，捷地减河的五孔闸被改建为减水坝，并将坝身降低一尺二寸，七分运河水可过坝泄入减河。为加大泄量，近坝减河河道被裁弯取直，减河下游河道亦被疏浚。这一系列举措起到了立竿见影的分洪效果，当年"夏秋水势盛涨，独南运河无漫溢之患"。

19年后，乾隆五十五年（1790）夏，乾隆再次来到捷地，看到治水效果甚好，遂题写五言诗《阅捷地减水坝》："置闸缘蓄流，设坝因减水。其用虽曰殊，同为漕运起。弱则蓄使壮，盛亦减其驶。操纵固由人，而要在明理。易其闸为坝，实自辛卯始。忆从河决北，几致运废矣。因之河流微，回空逮冬底。漕川常不满，那更言及此。竭力督饬之，昨秋复旧美。驻舟兹一观，坝上微波酾。是亦见一征，事在人为耳。"该诗以写实的手法，揭示了闸、坝两种工程对于运河漕运异曲同工的保障作用，并表达了治理运河，事在人为的直观感受。

今天，在捷地闸所内，我们还能看到明朝时期滚水坝的龙骨石、民国时期的老闸和新建的捷地分洪闸。古老的建筑、新建的闸坝，沧海桑田，承旧图新，历经多次重大变化，但一直沿用至今，唯一不变的是防洪减灾、造福人民的美好愿望。2023年，捷地减河和捷地闸所在的沧州捷地御碑苑水利风景区被水利部列入第二十一批国家级水利风景区。

四、沧州东光谢家坝

在河北沧州东光连镇运河五街和六街的交界处，南运河东岸静静卧着一座独特的"糯米大坝"。远远瞧去，它就像一弯弯月亮，稳稳地镶嵌在河岸之上，这便是著名的谢家坝。这段堤坝长218米、厚3.6米、高5米，总面积达1175平方米，因为采用了糯米浆拌灰土这一古老的中国建筑工艺，所以大家都亲切地称它为"糯米大坝"。令人惊叹的是，从清末民初开始，这座用糯米筑成的大坝，就一直默默守护着古运河，历经岁月沧桑，直至今日。2014年6月22日，在卡塔尔首都多哈召开的第38届世界遗产委员会会议上，中国大运河成功列入《世界遗产名录》，沧州东光谢家坝也光荣地成为列入名录的58个遗产点之一。

谢家坝建于清末民初，关于它名字的由来，当地流传着一段温暖人心的故事。南运河河北段弯道众多，导致险工险段频发，连镇段便是其中一处"重灾区"。历史上，洪水在此处多次决口，给当地百姓带来了无尽的灾难。清朝末年，一位心怀大爱的谢姓乡绅站了出来，他慷慨捐资，从南方购进万余斤糯米，还组织人力将糯米熬成粥，细心地把糯米过滤出去，留下黏性极大的糯米浆。接着，用糯米浆与白灰、黄土按相应比例混合，开始筑堤。神奇的是，从那以后，洪水再也没有在此处决堤。为了纪念这位乡绅的义举，连镇的这一段大坝就被命名为"谢家坝"。

"糯米浆拌灰土"，这是中国建筑中一项充满智慧的古老工艺。糯米浆的黏性超乎想象，用它与白灰、黄土按一定比例混合砌成的建筑，坚固得如同钢铁堡垒。那糯米做的大坝究竟有多坚固呢？2012年的一次修缮经历，便能让我们一窥究竟。当时，当地政府依照"修旧如旧、不变功能、不改原状"的原则，完全按照原有工艺和材料对谢家坝进行修缮。施工人员用糯米熬煮成浆，提取当地土质，掺入石灰混合修筑。为了让新旧坝体

▲ 东光谢家坝（胡梦飞摄）

更好地黏合，还准备了数以千计用防腐剂和特殊胶水浸泡过的木楔。可没想到，工人用铁锤根本敲不进尖钉，无奈之下改用电钻打眼儿，费了九牛二虎之力才钻一个眼儿，拔出电钻时更是吃力。最后，一共用了约两万斤糯米，才终于完成了对谢家坝的修葺工程。

谢家坝堤坝整体稳定性好，坚固强韧，筑成后，此处再没出现决堤状况，一直留存至今。在过去运河水势汹涌的年代，谢家坝就像一位忠诚的卫士，对防御洪水起到了重要作用，也为下游人民生命财产安全提供了坚实的保护。这种筑坝方法，是祖先的智慧结晶，也是我国考古的一个重大发现。它体现了在古代漕运水利设施中夯筑方法的先进工艺，同时也为研究清末的夯土技术及南运河段险工护岸的发展过程提供了实物资料。现在，随着大运河沧州段的通水、通航、绿化、美化、游览工程的持续推进，谢家坝也持续焕发着蓬勃生机，成为大运河河北段上一颗璀璨的明珠。

五、南运河上弯道多

南运河，它连接着天津三岔口至山东临清段，宛如一条灵动的纽带，串联起沿途的城市与乡村。当我们将目光投向京杭大运河的全线海拔时，会惊奇地发现，自临清迤北到天津，南运河的海拔落差竟高达 20 多米。在元、明、清历代，那些智慧的水利专家在整修南运河时，都精心地设计了众多弯道工程。他们巧妙地通过延长运河里程，来降低比降（即落差与水平距离之比），就如同为奔腾的河水铺设了一条平缓的阶梯，从而确保了通航的顺畅无阻。而在运河的其他地方，面对大落差水位，往往需要借助众多的梯级船闸来助力船只顺利通过。正因如此，南运河这种别具一格的设计，被形象地称为"三弯抵一闸"。

南运河沧州—衡水—德州段北起连镇谢家坝，南至四女寺枢纽三角洲北缘，全长 95 公里，是南运河弯道技术的典型代表。从地表形态来看，蜿蜒曲折，甚为壮观。通过流域图，可以看到这一段河道密密麻麻的都是 S 弯；通过航拍镜头，也可以直观地看到，河道蜿蜒曲折，拐弯很多。

沧州段南运河全长 215 公里，流经吴桥、东光、南皮、泊头市、沧县、新华区、运河区、青县等县、市、区。沧州段运河约占整个京杭大运河总长度的八分之一，也是京杭大运河流经里程最长的城市。之所以会形成单体城市最长流程，是因为运河在沧州很多区域形成弯道。

南运河贯穿沧州主城区，在 20 公里的里程中就有 200 多个弯，运河河湾蜿蜒曲折，不仅渗透着古人的治水智慧，还勾勒出秀美的运河风景。而其中最有名的是：运河公园的"Ω"弯（也叫欧姆弯）、百狮园的大"几"字弯、南川楼处的小"几"字弯、北陈屯"几"字弯等。

大运河湾公园，将大运河多弯的河道特征，直接标记在了地名里。大运河日夜流淌不歇，在大运河湾公园处拐了一个大大的弯，这就是"Ω"弯，这个弯内土地肥沃、植被茂密，千百年来滋养着沧州人。有人形容其如同一个巨大的宝瓶，整个村子处在"宝瓶"的口上，每年一到麦收季节，"宝瓶"里的小麦被风儿一吹，泛起金色麦浪，阳光下这个"Ω"弯又如同古代大秤杆上的"秤钩子"。因此，老百姓还形象地称其为"金秤钩子弯"。如今，随着"大运河文化带"的建设，依托大运河原生态河道修建了大运河湾公园，嫩绿的草坪、繁茂的树木，成为运河两岸居民乃至整个城区百姓青睐的游玩地。

南运河行至南川楼下，出现了一个大大的"几"字型弯道，这就是百狮园的大"几"字弯。著名的南关渡口就在这里。如今，这个"几"字弯的河滩地建成了百狮园，百狮园通过101尊形态各异的石狮雕塑，串起"狮子与史""狮子与运河""狮子与仕""狮子与石""狮子与市"五大文化空间，体现沧州"狮城"特色。百尊石狮造型各异、妙趣横生，与千年运河相呼应，将园内的白狮、黄狮、金狮等多种狮子雕塑与运河景观相结合，运用狮子的威严与河水的灵动，让人感受到独特的文化魅力。

顺运河一路南下，来到了地处冀、鲁两省交界的衡水市。大运河衡水段全长179.05公里，约占河北省全长的1/3。运河并不流经衡水市区，而是一路自北向南依次穿过衡水东部的阜城县、景县和故城县。其中，故城县运河段11公里和景县运河段被列入世界文化遗产段。

由于弯道能较好地阻碍水流，弯道处也成为防洪的重点。为了保护弯道河岸附近的村镇聚居区，弯道附近的河堤被不断加固加高，成为运河沿岸的附属防洪设施。其中景县华家口夯土险工和故城郑口挑水坝是南运河衡水段河堤防洪设施的典型代表。

因南北河道存在高差，为保证运河通航及沿河安全，河北段运河挖出众多弯道，仅在景县就拐了36道弯。但水流在转弯处仍有较强冲击力，易造成决口，华家口段正是这种情况。较近的两次水灾分别发生于1870年和1894年，危害极大，有的村庄被整个儿冲走。而自清宣统三年（1911）险工修成后，百余年来，河水再未跨出弯道一步。华家口夯土险工全长

255米，全部位于这个弯道的圆弧处，顶宽13米，全段高5.8—6.7米不等。下层深色部分为基础，采用坝基抗滑木桩施工工艺，打入浸油的松木梅花桩，上铺毛石作为垫层。上层能看出层次分明的纹理结构，这是用了三七灰土加上糯米浆调制的特别材料，在垫层上逐层夯筑，每层宽1.8—2米，高18—20厘米。奠基、夯叠完成后，再在最外层的外坡、顶部以素土夯实，加上一层"保护壳"，这使得层层夯筑的"糯米坝"非常坚固。华家口夯土险工兼为全国重点文物保护单位和世界文化遗产点，完整保存了当时的施工材料、工艺特征，是中国古代利用夯土技术建设水利设施的实物证据，更是运河文化的重要载体。

大运河到了衡水故城县的郑口镇，划出了一个优美的大弯，这里被称为"河北大运河第一湾"。因郑口镇这段河道地处大运河转弯处，水深流急，多次漫堤决口，从明代开始就进行治理。现存郑口挑水坝共有6处，

▲ 景县华家口夯土坝（胡梦飞摄）

运载千秋：中国大运河传

都是在晚清民国时期重修的，外形呈现锐角、钝角或者是平面，从而缓解水的冲击力。这些坝体巧妙地运用黄土、白灰与糯米汤进行搅拌夯实，外层则用两层青砖进行砌筑，以增强稳固性。郑口这段长约5公里、弯曲度接近180度的大拐弯，在历史上一直是水流冲击的焦点，尤其是在大涝之年，左岸河堤常受到严重威胁，决口溃坝的风险极高。然而，古人对于挑水坝的选址和造型设计却极为考究，他们依据水势流速进行精心布局，旨在达到最优的减缓水速效果。同时，随着河段位置的不同，挑水坝的形态也各具特色，这无不彰显了中国古代人民的卓越智慧。尽管历经多次洪水的洗礼，但现存的6处挑水坝依然屹立不倒，从未发生过漫堤决口的事故。

南运河德州段是全国为数不多的、完整保留了隋唐大运河原始风貌的河道。南运河德州段从四女寺枢纽起始，一路蜿蜒前行，直至最后经过第三店。若以直线距离来衡量，不过短短25公里，然而，现实中的河道却长达46公里。这多出来的21公里，可不是大自然的随意馈赠，而是古代劳动人民凭借着非凡的智慧与勤劳的双手，通过人工造弯增加的长度。在这段河道上，一共精心打造了大大小小39道弯。

事实上，德州卫运河段的弯比南运河段的弯还多、还大。人们常常笑谈的"三望苏家楼"，那一段河道的弯曲程度可谓运河之最。《姚端恪公外集》卷十四《舟行日记摘抄》："自桑园至德州，数十里水路甚曲，每折一大弯，如弓字形，后舟方往，前舟似来，两帆相向，呼声可应，而中隔横沙。去遂数里，舟子曰：'御河十三站，道最迂曲。德州次之，故城为甚，谚所谓"故城县，一窝线"者也。'御河者，卫河也。源出河南卫辉县百门泉西北，经临清下直沽、天津海口入海，今运所从也。又曰：'水性直下，则上游易涸，曲则迟留。故谚曰："三弯抵一闸。"'临清以下无闸，而此十三站（指天津至临清河段的13处驿站）水路最曲，开河者因地形之曲，以代闸也。"

南运河沧州—衡水—德州段上设置了众多的弯道，以达到减缓纵比降，降低河水流速、方便行船的目的。在水量大的时候，弯道可以减缓水势，减轻对两侧岸堤的冲击；在水量小的时候，又不至于下泄太快，保证有足够高的水位供船只通行。事实上，这些弯道发挥的作用就相当于水闸，但是造价成本远比修水闸低。这种"三弯抵一闸"的特殊人工弯道，实现了对航道水力特征的调整，保障了河道航运的畅通，体现了古代劳动人民在运河工程规划方面的智慧。2014年6月，大运河成功申遗，南运河沧州—衡水—德州段被列入世界文化遗产名录。

第三节　会通河

会通河北起山东临清与南运河相接，南至山东枣庄连接中运河，全长350公里。会通河纵贯黄河中游冲积扇及山东丘陵西缘，穿越运河地势最高的山东地垒，是地形高差最大的河段，也是京杭大运河的关键河段。

一、马之贞开挖会通河

马之贞（约1250—约1310），字叔，元代沧州（今属河北）人，一说为汶上（今属山东）人。马之贞青年时期熟读历代水利著作，立下以国计民生为念的抱负，好友商瑭向丞相伯颜举荐，称其熟知水利，家中有许多这方面的书籍。伯颜对其极为重用。世祖至元十七年（1280），马之贞出任泗、汶都漕运副使，负责开凿山东境内运河，实现漕运南北贯通。开河成功后，马之贞又先后担任都水少监、都水大监等，负责全国水利工程及运河的管理。约在武宗至大三年（1310），马之贞去世，葬于汶上县城南3里处，沿河民众感念其功劳，又在墓旁立石碑以记之。

至元十二年（1275），忽必烈询问从江淮抵达大都相关河道之事，马之贞上言道："宋金以来，汶、泗河道是相通的，都水监丞郭守敬通过查看，认为从这里走漕运是行得通的。"至元十三年（1276），伯颜向元世祖建议今南北统一，应该穿凿河渠，使全国各河流相通，使远方朝贡京师的物产，能够经水路到达，这也是国家长远的利益所在。至元十七年（1280），朝廷任命马之贞为泗、汶都漕运副使，与尚监察等考察筹划山东段运河，拟在汶水、泗水等河道上建闸8座、石堰2座，以节制水量。

至元二十五年（1288），时任丞相桑哥也建言开会通河，挖安民山

（今山东梁山小安山）至临清间运河，以避海运之险。此后寿张（今山东梁山寿张集镇）县尹韩仲晖、太史院令史边源又相继建言，要开河置闸，引汶水达于御河，以便利漕运。元世祖经过考虑批准，令马贞与边源等视察地势，商量开河的工程规划，又委任断事官忙速儿、礼部尚书张孔孙、兵部尚书李处巽等负责具体事宜。

至元二十六年（1289），在朝廷支持下，马之贞负责开挖会通河，南从须城的安山镇之南，北到临清御河，全长250余里，在河段中间建闸31座，根据河道的高低、河段的远近，以蓄积、放泄河水。会通河开凿完成后，于当月放汶水济运，水流滔滔，如复故道。河中舟楫往来如梭，中间建堰闸以蓄水、放水，修堤坝以防河中激浪，共用工2510748人。会通河工程浩大，号称"开魏博之渠，通江淮之运，古所未有"。工程从正月三十日开始，至当年六月十八日完工，历时4个多月。但由于施工时间短、工程量大，也存在不少质量问题。至元二十七年（1290），马之贞上奏称大雨导致河岸崩塌，加之河道逐渐淤浅，需要疏浚维护。朝廷命其征调3000输运站户，专供其役，采伐木石等进行施工。会通河主要是引汶水济运，为解决航运水量不足的问题，马之贞建造了沙堰，用梢料和土沙筑堰。这种沙堰大水时允许被冲毁，洪水过后也易修缮。他曾对别人言道："汶水是齐鲁地区的大川，河底为沙，河道宽阔，如果修建石堰，须高出水面五尺，才能放水行运；如果沙涨淤平，就如同没有石堰一样。河底填高，必然溢出为害。况且河流上游宽广，石材也不够使用，纵使竭力完工，大水来时也容易冲垮。"但后来有人不听马之贞的意见，在部分地区建造石堰，不但增加了民众负担，而且大水来时导致闸坏岸崩。对引水济运的闸坝工程，马之贞主持的也很多，最重要的是兖州闸和堽城闸，因为这两闸都属会通河水源之咽喉。他建言："新开会通河与济州河，有汶、泗两水与之相通，两河并非自然之河。当于兖州立闸堰，约束泗水西流；堽城立闸堰，分汶水入河，南会于济州河。同时建六闸调节水势，通过开

　　　　　　　　　　　　运载千秋：中国大运河传

闭来调度往来航船，南通淮、泗两水，北通新开会通河，直达通州。"这一建议被朝廷采纳。

会通河完成后，马之贞又先后担任都水少监、都水大监等，都是负责运河水利的官职。马之贞将毕生心血倾注在运河开凿与维护上，成功地解决了会通河的水源补给及水量分配问题，为元朝运河漕运和商贸做出了重大贡献。会通河完成20年后，因大雨冲刷、河岸变迁等原因，出现了淤塞的情况，马之贞又主持了会通河疏浚工程。此外，他还亲自勘察、修筑了鱼台的孟阳薄石闸，根据河道地形的高下、宽广和广狭，测量河水的浅深，绘制图纸上奏，朝廷予以批准。成宗大德八年（1304），石闸正月动工，5月完成，用工176990人，中统钞103350缗，粮1247石。孟阳薄石闸的建成，使会通河航运更加便利，落成之日，两岸鼓声四起，数百艘船舶往来穿梭，船内饮食谈笑的声音在岸上都能听见。

马之贞总结多年治河经验，认为如果河水聚集不够多，就不能通行大船；蓄积面不够广，不足以供下游补水之用。在工程上，最重要的是立堰以积水，立闸以通舟。堰贵在长度，闸贵在结实，涨水时则使其能够漫流其上，就能保障河水通航了。这一具有减水闸作用的设想，在当时是较为先进的。

后来马之贞在会通河上又设计建造了会源闸，竣工时民众特建祠堂于闸旁，命名"都水少监马之贞祠"。英宗至治元年（1321），都水丞张仲仁改建会源闸，设立"河伯君祠"，以故都水少监马之贞入内奉祀。

二、"运河之心"戴村坝

东平县戴村坝是京杭大运河沿线重要水利枢纽，建于明代永乐年间。它的建成解决了大运河"水脊"缺水的难题，成功地将汶水引导至小汶河南下，直至南旺运河的最高点，然后在此分水南北。戴村坝不仅承载着运河的繁荣与辉煌，更见证了无数历史时刻，成了连接过去与现在、传承与创新的重要纽带。

明成祖朱棣登基后，便为迁都北京做准备，首要考虑的是南粮北运的畅通，以确保京城之需。为此，在元代运河的基础上，对重要河段进行疏浚改造，他令宋礼征调兵丁民夫16.5万人，疏浚会通河，整修节制闸，恢复济宁分水枢纽。永乐九年（1411）六月，疏浚会通河的工程大功告成，虽然此时已是汛期，但南旺以北的运河水量很少，无法通行载重漕船。宋礼忧心忡忡，他微服出访时，在汶上县白家店遇到一人，帮他解决了这一难题，此人便是白英。

宋礼看到白英长年奔波在运河河畔，又是运河民夫的领班，便向他谈了自己治理运河的情况，寻求解决问题的办法。白英便将自己思考多年的想法和盘托出，提出了"引汶济运"的建议，即拆除元代的堽城坝，让汶水不再流入洸河，而是向西改道，并在汶水下游、大清河东端的戴村附近，建造一座拦河大坝，拦截汶水，使其流入小汶河南下，再流向南旺运河的高点，补充水量，南旺地势较高，可南北分流，大运河则畅通无忧。宋礼闻之恍然大悟，宋礼与白英又进行实地勘察，写成奏章呈报皇帝，这就是历史上著名的"白英策"。

在当时科技不发达的年代，设想在一个河面宽阔、水流湍急的地方建造一座拦水坝，并非易事。皇帝批准后，宋礼聘请白英为技术顾问，选调众多技艺高超的工匠，组织了大量民夫，克服了重重困难，最终建成了这座长达5里的全桩型大坝，命名为"戴村坝"。大坝修成之后，拦汶水顺小汶河南下，流向南旺运河最高处，再分水南北。一般情况，三分南注，七分北流，即所谓"七分朝天子，三分下江南"。从此，妥善地解决了丘陵地段运河断流的问题，使船只畅通无阻。明成祖迁都北京之后，大运河便成了交通大动脉，每年从东南运粮米等物资数百万石，接济京师。

以后的封建统治者，从未放松大运河的治理，对大运河供水枢纽工程戴村坝更为重视，不断对其进行维修和加固。由于土坝经不住大水冲刷，明万历元年（1573）开始，逐渐加固成石坝。在加固过程中，不断完善原有设计，逐渐形成现在规模的戴村坝。现在我们所看到的戴村坝主要由主石坝、窦公堤和泄洪坝三部分构成。泄洪坝是长 260 米的三合土坝，当主石坝漫水位超过两米时，此坝即自行漫水，起到泄洪保坝作用。在主石坝与泄洪坝之间，是一道呈东北、西南走向的千米堤防——窦公堤，窦公堤的迎水面为石砌，当水量过大过猛时，水头至此碰壁南流，从而降低水流速度，确保主石坝安全泄洪；主石坝自南往北分为滚水坝、乱石坝、玲珑坝三段，构成小型的“三位一体”，形成“中间高、北端次之、南端最低”的阶梯状。三坝段既各自独立又相辅相成，大汶河水根据水量大小自选其道。这种分级漫水的设计，既保证小汶河持续供水，又能在汛期排洪防溢。整个大坝为石结构，巨大的石料镶砌精密，石与石之间采用“束腰扣榫结合”法，并用铁扣紧锁，使其坚固如铁石。戴村坝设计如此巧妙、造型之美观，是我国水利史上的一大创举，充分显示了我国古代的治水科学成就。

▲ 东平戴村坝（胡梦飞摄）

戴村坝自明代修成以来，已有600多年的历史，其主要作用是"遏汶济运"，是明清时期保证航运畅通的重要工程，在京杭大运河近500年的航运史中起到了重要作用。清咸丰五年（1855），黄河自河南兰阳（今兰考）铜瓦厢决口北徙，冲溃运河，戴村坝失去济运保漕功能，但洪水仍分水南流入小汶河，以减轻对下游大清河的洪水威胁。1959年春，小汶河堵截，汶水全由大清河流泻，戴村坝失去分水功能。同时，在拦沙缓洪、稳定水势、蓄水灌溉等方面，仍然发挥重要作用。如今，它更是成了世界文化遗产的一部分，被誉为"运河之心"，吸引着众多游客前来观赏这一水利奇观。

三、南旺分水有妙招

"七分朝天子，三分下江南"，在山东济宁汶上县的南旺枢纽，是大运河上的"关键工程"，由于地势最高，也被称为大运河的"水脊"，再加上几十公里外的戴村坝水利工程，合起来成了一套完整的治水体系，也被人们称为北方的"都江堰"。

元朝建立后，建都于大都（今北京）。至元十三年（1276），丞相伯颜即向朝廷建议："今南北混一，宜疏浚河渠，令远方贡献京师者，皆由此而达，诚万世之利。"此建议引起忽必烈的重视。元朝著名水利专家、都水监郭守敬受伯颜之命，在山东、河北和江苏一带的古运河道做过大面积的地形考察。据《新元史·郭守敬传》载，郭守敬"自陵州（今德州市）至大名，又自济州（今济宁）至沛县，又南至吕梁（今徐州市东南），又自东平至纲城（今宁阳堽城镇），又自东平清河逾旧黄河至御河，自卫州（今河南汲县）御河至东平，自东平西南水泊至御河，乃得汶、泗与御河相通形势，为图奏之"。在济州至东平间往返6次之多，做了重点考察，大体上规划设计了北方漕运路线，为运河改道济宁做了技术上的准备。

大运河北段普遍缺乏适当水源，需要引水济运。元代大运河的"首席专家"郭守敬设计会通河时，认为运河"水脊"在"济宁"，于是采用了"遏汶入洸"的办法，在大汶河上筑堽城坝，引汶水到济宁，分流南北济运。可因为黄河决口，济宁以北的南旺遭侵淤，成为京杭大运河的制高点。济宁地势比南旺低，往南旺方向分水，造成"水往高处流"。结果，会通河"常患浅涩"，漕船过大则经常搁浅，造成堵塞。因此，元朝会通河的效率非常低下，每年用运河运输的粮食仅数十万石而已，不得不主要依靠海运。运河的"水脊"如果选择不准确，就无法从根本上解决会通河的水源问题。

明初漕运，河海兼行。不过，河运由于明洪武二十四年黄河决口，使得会通河淤塞了；海运则因为海贼、倭寇猖獗，又兼风浪之害，致使粮船屡有亡失。明成祖时，明朝虽然已经迁都北京，但经济基础仍在江南，宫廷百府之需、官俸军食之用都由南方供给，再加上当时营建北京所需大量木材均由南方采办，漕运越发显得重要。

为了解决迁都北京带来的南北运输问题，永乐九年（1411），明成祖采纳济宁州同知潘叔正浚通会通河河道的谏言，命工部尚书宋礼等人主持疏浚会通河。同年，宋礼调发青州、兖州、济宁等民工 20 余万人，历"二十旬而工成"。会通河虽然重开了，但河道水源不足影响漕运，宋礼担忧有杀头之罪，日不能食，夜不能寐，微服寻访良策，这时他遇到了白英。

白英（1363—1419），字节之，明初著名农民水利家。山东汶上颜珠村人，后迁居汶上彩山。白英是运河上的一位"老人"（10 余名运河民夫的领班，不是指上年纪的人），治水、行船经验相当丰富，十分熟悉山东境内大运河及其附近地势、水情。当白英看到宋礼"布衣微服"，态度诚恳，深入民间调研治运良策时，被其"礼贤下士，治河心切"所感动，便将他多年思考的"借水行舟，引汶济运，挖诸山泉，兴修水柜"等治水通航想法全盘告诉了宋礼，宋礼大喜，采纳他的建议，并诚邀白英参加治运工程。

由于济宁分水点不是运河最高点，元朝常因济宁以北的运河缺水而影响漕运。白英经过测量后发现，南旺才是运河的制高点，要解决元代引汶至济宁后难以北流的难题，要把分水处"水脊"设置在南旺。而把水引到这个制高点，又必须选择比它地势更高的汶水河段建坝拦水。白英建议借用大汶河水，在东平戴村筑戴村坝，戴村地势两岸夹山，地基比较稳定，

▲ 南旺分水示意图（引自姚汉源《京杭运河史》）

运载千秋：中国大运河传

又距南旺较近，是"引汶济运"的最好分水点，通过戴村坝截拦大汶河水，经过人工开挖的小汶河蜿蜒南下，直达运河的"水脊"汶上南旺。于是就有了戴村坝"引汶济运"工程，开创了大运河历史上的新纪元。

不过，由于南北地形高低不一，不同季节来水量又有多少区别，所以对来水进行科学分配就是更为复杂的问题了。所谓"南旺分水，最宜斟酌。如春月重运盛行之时，南边浅阻，则多放水往南；北边浅阻，则多放水往北。若遇伏秋水长，运河水大，重运在北则水往南放；重运在南，则水往北放。盖使水势常平（即平衡），粮船易行也"。

为了控制南北水量的分流，"老人"白英在南旺制高点建造了一个科学而合理的分水口，被后人称为"龙王分水"。该分水口的建造，先是在小汶河与运河合流处建造石坝抵挡汶水冲击，此后在河底部建造了一个鱼脊形状的"石拨"。改变"石拨"的形状、方向和位置，即可调整运河南北分流比例，民间所传的"七分朝天子，三分下江南"便是当时分流的比例。

▲ 南旺分水口遗址（胡梦飞摄）

在宋礼与白英共同修筑时，南旺分水枢纽工程并不完善。除了用"石拨"调节分水量外，没建任何控制工程。直到明成化十七年（1481），南旺分水口上下才建闸，控制南北分流水量，在分水口南五里建南闸（上闸）叫柳林闸，北闸（下闸）叫十里闸，建在分水口北五里处。此外，在南旺湖、马踏湖、蜀山湖和马场湖的湖堤上都建有涵洞、斗门，通过引水渠与运河相通，必要时可引水济运。

宋礼、白英在"引汶济运"工程方面的独创业绩，书写了京杭大运河这条国家黄金水道平稳运行近500年的辉煌历史，受到后人的高度评价和赞扬。宋礼能"上体国忧，下悯民困，劳心集私，广询博采"；白英则"身处岩穴而心在天下，行在一时而及万世"。清朝康熙皇帝说："朕屡次南巡，经过汶上分水口观遏汶分流处，深服白英相度开复之妙。"

四、运河水柜济漕运

山东运河宛如一条灵动的水脉，穿行于独特的自然地理环境之中。为了确保自身水源充盈，它巧妙地结合了一定的人工手段，主要采取引河水、设水柜、浚泉源这三种行之有效的措施来补给水源。在这之中，设置水柜堪称是补给水源的关键且重要的举措。

山东运河沿线湖泊在明代有"水柜"与"水壑"之分，运河之东诸湖称水柜，而运河之西诸湖称水壑。山东诸泉及诸河多位于运河东侧的州县，河流自东向西流，需先经过诸湖再入运河，故而运河东侧的湖具有蓄水济运的功能，而运河西侧的湖不受泉河之水影响。

山东运河水源不足，季节不均，难以保证河道水量，为克服这一问题，除大量疏浚泉源以外，还沿运河设置水柜调节水量。"运道有源，疏沦是亟。顾水之为物，恒雨则溢，恒阳则干，伏秋常有余，春夏常不足，蓄盈济绌，此水柜之所由设也。"精准地论述了山东运河设水柜的原因。明人潘季驯则指出了水柜对山东运河的重要意义："运艘全赖于漕渠，而漕渠每资于水柜，五湖者，水之柜也。"明永乐年间宋礼恢复会通河时即设立昭阳、马场、南旺、安山四大水柜。"水柜"即为湖。除这四大水柜以外，沿线还有马踏、蜀山、苏鲁、南阳、独山、赤山、吕孟、武家、张王等湖，根据位置及济运范围的不同，可以济宁为界分为两大部分：济宁以南的独山、微山、昭阳、吕孟等湖，主要补给济宁以南的运河；济宁以北的安山、南旺、马踏、蜀山、马场等湖，主要补给济宁以北的运河。

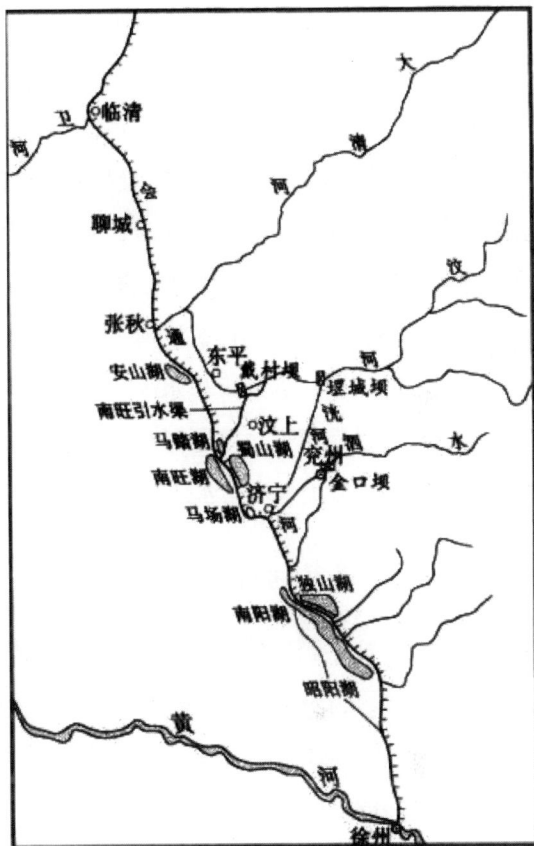

▲ 明代山东运河水柜分布示意图（引自《山东运河航运史》）

水柜不设专官，亦无专门管理机构，一般由相应河段的河道官管理。清乾隆时，山东运河河道划分为四段，分别由四名河道管理，水柜由所处河段的河道管理，泇河厅河道，"由江南下邳梁王城至黄林庄入山东峄县境，为兖州府泇河厅通判所辖，其地当运入境首程，事务颇繁，兼以一湖潴泄事宜，经理不易"；运河厅河道，管"山东全省运河之上流，其水则汶、泗、沂、洸，其潴泄则蜀山、南旺、马踏、马场、南阳、独山、微山、昭阳诸湖"。

水柜的运作原理非常简单："漕河水涨则减水入湖，水涸则放水入河，各建闸坝，以时启闭。""漕河水涨，听其溢而潴之湖，漕河水稍，决其蓄而注之漕。"这两句话准确地概括了水柜运作原理，即当运河水量多时，通过闸坝等设施放运河水入水柜；而当运河水量少时，则泄湖水入运河，运河保持通船的水位。《两河清汇》中对四水柜的管理运作有过概括：南旺与安山二湖遇运河水位上涨时，开通各个斗门，使水入湖，这样可以减少运河水势保全运堤，同时可以避免泥沙沉淀淤积河道。蜀山、马踏二湖，在遇大小挑时，筑坝拦截汶河之水，使水分别流入两湖，疏浚后仍打开汶河使南北流通；遇到天旱水少，南北两湖相机放水济运。马场湖，遇天旱水微，通过启闭安居等水门相机节宣调节运河水位。独山、昭阳两湖相机调节水位。以上各湖蓄水或杀水皆听由河官管理，以济运道。

五、引泉济运通国脉

鲁中至鲁南泰沂山脉自古多泉，"引泉济运"是明初整修运河的重大工程之一。永乐十七年（1419），在漕运总兵官陈瑄的建议下初浚泉源，泰沂山脉西侧所能利用的泉源几乎都被引入运河。明人胡瓒撰《泉河史》说"自会通河成，而涓滴皆为国家助矣"。张克文在其《泉河纪略》"序言"中说："国家雄据燕都，漕河为之命脉。转输东南粟，岁计四百万奇。"

为解决山东段运河水量不足的问题，明代重开会通河后，便在抓好"引泗汶济运"工程的同时，把"引泉济运"的工程也作为大事来抓。

首先是搜集引导泉源。为了保障冬、春水量，自明代中期以后越来越重视泰沂山脉西麓泉源的搜集和引导。明代搜集泉源始于永乐十七年（1419）。其时，陈瑄命顾大奇遍历山川，疏浚泉源，以济漕运，但时间不长，正统四年（1439）疏浚工作就停止了。成化年间，南旺分水地位确定后，为增加南旺水源，又重新进行泉源疏浚的工作。成化十四年（1478）有泉源120多处。成化十六年（1480），都水司主事乔缙任管泉主事，此时汶、洸、沂、泗四水有泉170余处济运。他清理出湮塞的400余处泉、被侵占的 200 余处泉，共 600 余处泉汇于上述四水。此后，泉源数量时有增减。弘治六年（1496）有 161 处，嘉靖四十二年（1563）增加到 244 处，万历二十五年（1597）达到 311 处，乾隆四十年（1775）达到 478 处，道光十一年（1831）达到 484 处。

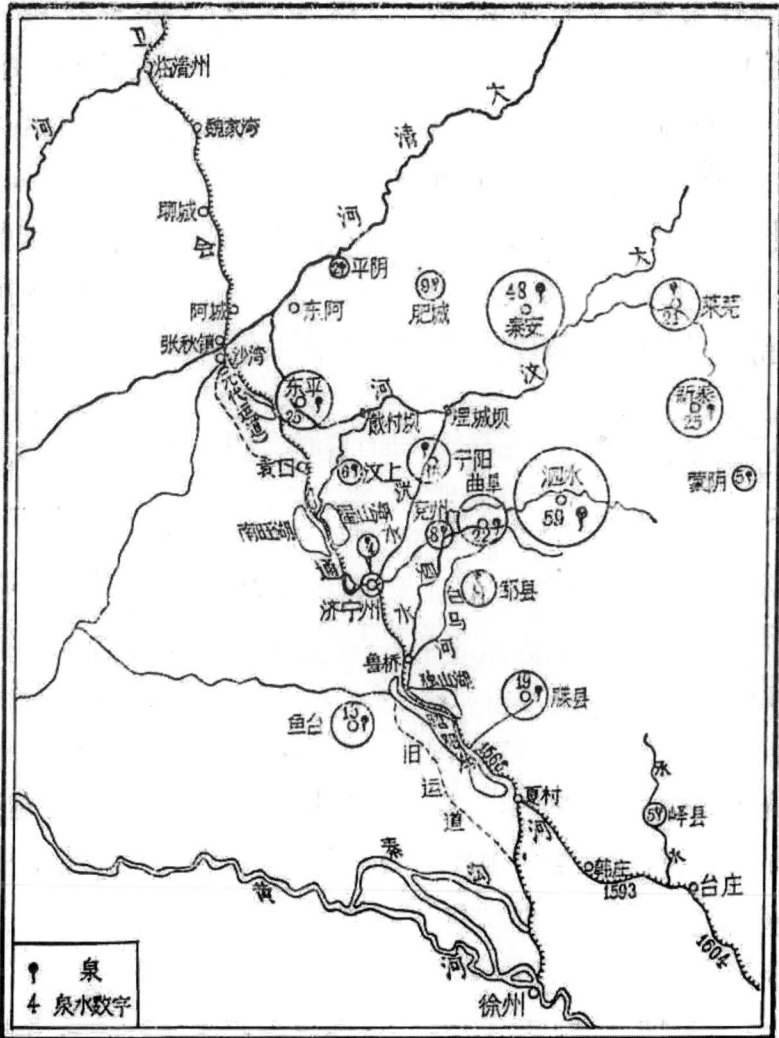

▲ 明代会通河泉源分布图（引自《山东运河航运史》）

其次是管理疏浚泉源。山东泉水"五派"中的汶河派经由汶河西流，在汶上县境内南北分水。为保证运河水源，明代开始在汶上县增设水利管理机构，主要管理会通河及泉源等水利工程。这对"引泉济运"、确保漕运畅通发挥了一定作用。永乐十六年（1418），工部主事顾大奇在宁阳设置工部分司，管理泉源。宣德四年（1429），陈瑄请令官吏修浚徂徕等山泉源和停蓄水源之湖塘，以便济运。在顾大奇之后分司宁阳管泉的右通政王孜、郎中史鉴、主事侯晖等皆有成绩。正统四年（1439），裁宁阳分司，泉源缺官管理。正统六年（1441），漕运右参将都指挥佥事汤节上奏称运河漕运不畅，请选官疏浚山东之徂徕、金沟等泉，此后在山东差主事二人疏导泉源。此后专官时有废置。后遂定例差主事一员，三年一任，负责疏浚泉源等事务，成为定制。弘治十三年（1500），各泉源均设立碑碣，以便管理。清代汶上县设有主簿，并在南旺设立都水司，专管运河工务。于乾隆四十六年（1781）改主簿为县丞，专司修防和管理河道，湖、河、闸、坝、泉均设有夫役，对建筑物进行修治，其中：十里闸设闸夫18人（由柳林闸官兼管）；开河闸设闸官1人、闸夫26人；袁口闸设闸官1人、闸夫26人，专管启闭。到光绪二十八年（1902），上述官夫便全部撤销，其河务由当地州县兼管。

运河漕运和农田灌溉均需要水源，"引泉济运"对泉源所在地的农事、民生也产生了深远影响。明嘉靖乙丑（1565）科进士、滕县人王元宾在万历《滕县志》卷三《山川》中记载："元时滕州有稻�，称饶给；国朝十八泉，则一切规之以济漕。而行水者奉法为厉，即田夫牵牛饮其流，亦从而夺之牛矣。一害也。"他接着又说道因济运开渠、筑坝对当地造成的二害、三害。因泉水济运，竟然连田夫饮牛也不可以。对此，王元宾感到非常气愤，可国事大于民事，也只能在所编志书上记它一笔。

清初，滕县人黄兰森以诗的形式记有管泉之事，寓意委婉，不知泉事的人大约很难明白黄先生的诗意。黄兰森是清康熙十五年（1676）进士，他写有《缴沟泉野居》诗六首，其一是："涓滴泉流济会通（原注：运河名会通），官蒲官柳长春风。居人若得溪边水，会种芙蕖万顷红。"《泉河史》载，缴沟泉为滕县济运之泉，距县城西南三十里迎仙乡。居民虽住在泉边，那水也不是随便动用的，因此"芙蕖万顷红"只是他的美好向往，或者说是一种无奈情绪的表现，身边的泉流只有滋润"官蒲官柳"（济运）而已。

六、聊城运河船闸寻踪

在山东运河的悠悠历史长河中，"闸河"是其最鲜明独特的标志，而聊城枢纽，无疑是这"闸河"世界里一颗璀璨的明珠，散发着迷人的魅力。聊城枢纽的地势南高北低，沿途没有大的河流，主要依靠自南旺分流的汶河补给水源。聊城运河在开凿与使用过程中，结合地形地势与河道状况，沿线设闸，分段节水，以时启闭，最大限度保证运河水位，实现漕船的正常通行。至今，京杭大运河聊城段上仍然保存着周店船闸、张秋上下闸（即荆门上下闸）、辛闸、梁乡闸、土闸、戴闸、临清二闸等船闸及其他大量的码头、桥梁等水利设施，它们分布在运河途经的阳谷、东昌府及临清境内，较好地保持了"闸河"的原貌。

在阳谷境内，运河经张秋镇入境，北与东昌府区李海务段贯通。当年因运河水量不足，运河河道南高北低，落差较大，所以在张秋、阿城、七级三个码头分别建有荆门、阿城、七级上、下闸，以节制水源，调节水位，保证漕船畅通和停泊。

在阳谷县城东部，有一处别具历史韵味的地方——张秋镇。荆门上闸就坐落于张秋镇政府驻地北 5 公里处，而与之相呼应的下闸，则在镇政府驻地北 6 公里处。荆门上闸始建于元代大德六年（1302），坐落于历史上的荆门镇，因运河在该段为南北流向，南为上游，北为下游，故得名"荆门上闸"。该闸是运河进入聊城后的第一座节制船闸，位于现阳谷县张秋镇南上闸村西首，又名荆门南闸，今或称张秋上闸，由闸口、绞关石、迎水燕翅、跌水燕尾（迎水燕翅和跌水燕尾又统称雁翅、翼墙）、裹头、墩台、闸底板、护桩、荒石等组成。《元史·河渠志》载："北至北（下）闸二里半。"明、清两代曾重修。运河废弃后渐趋残破崩塌，2013年进行过发掘修复。闸由青石垒砌而成，雁翅上附4尊镇水石兽。现为全国重点文物保护单位，2014年被公布为世界文化遗产。荆门下闸始建于元代大德三年（1299），因在荆门上闸下游且同在荆门镇而得名。该闸位于阳谷张秋镇下闸村西，又名荆门北闸，今或称张秋下闸，构成、长宽、大小、形制和荆门上闸相同。《元史·河渠志》载："北闸南至荆门南闸二里半。"明《漕河图志》载："荆门下闸北至阿城上闸十里，元大德三年建，永乐九年重修。"清康乾时期重修。2013年为配合大运河申遗，组织过发掘修复。闸由青石垒砌而成，除雁翅上亦附4尊镇水石兽外，东侧闸墩上现存高1.2米石狮一尊。现为全国重点文物保护单位，2014年被公布为世界文化

▲ 阳谷荆门下闸（胡梦飞摄）

遗产。

　　从张秋镇往北是阿城镇，这里设有阿城上闸和下闸。阿城上闸始建于元代大德二年（1298），该闸位于阳谷县阿城镇东南的运河故道上，又称阿城南闸，北距阿城下闸1.5公里，其构成、长宽、大小、形制和荆门上、下闸相同，但当前地表裸露高度明显低于荆门上、下闸。据《元史·河渠志》载："南闸南至荆门北闸一十里。"闸由青石垒砌而成，雁翅上亦附4尊镇水石兽。现为全国重点文物保护单位，2014年公布为世界文化遗产。阿城下闸始建于元代大德三年（1299），位于阳谷县阿城镇西北运河故道上，又名阿城北闸，北距七级上闸6公里，其构成、长宽、大小、形制和阿城上闸相同。《元史·河渠志》载："北闸，南至南闸三里。"明永乐九年（1411）重修，清康乾时期进行过维修。2013年阳谷县文物管理所牵头组织过发掘修复。闸由青石垒砌而成，雁翅上亦附4尊镇水石兽。2013年

▲ 阳谷阿城下闸（胡梦飞摄）

公布为山东省第四批省级文物保护单位，2014年公布为世界文化遗产。

　　自聊城向南20余公里，有一座七级古镇横跨在古运河两岸。在这里，还留存着运河七级古闸的遗址。其中七级上闸始建于元代元贞元年（1295），因坐落于七级镇，且运河南北流向，故得名"七级上闸"。该闸位于阳谷县七级镇南上闸村附近的运河故道上，又名七级南闸。明永乐九年（1411）重修，运河废弃后渐趋残破崩塌，今地表已不见踪迹。七级下闸始建于元代大德元年（1297），该闸位于阳谷县七级镇北运河故道上，北至周家店闸6公里，南至七级上闸1.5公里，又名七级北闸。明永乐九年（1411）重修，清康乾时期在使用时进行过维修。清末裁撤闸官后废弃，20世纪60年代改建为桥。2006年被国务院公布为全国重点文物保护单位。

　　从阳谷七级镇，沿聊位路北行6公里即是"周家店"，也称"周店"，现在是东昌府区凤凰办事处的一个行政村。运河上的好多船闸都由南闸、北闸和月河组成，目前周店闸的这三部分保留得都比较完整，这在运河故

▲ 聊城周家店船闸（胡梦飞摄）

道上并不多见。南北两闸之间的河道东岸，曾设有三个码头，码头台阶均是方石砌成，当年运河通航时，多在此装卸货物。周家店船闸还有记事碑刻三通——清乾隆四十七年的通济桥碑记和重修周家店闸悬桥碑记，另一通内容无法考证。从碑文记载可知，周店闸建于元朝大德四年（1300），民国二十五年（1936）曾对船闸进行加固和局部维修。

在东昌府境内，还有李海务闸、通济闸、辛闸、梁乡闸、梁水镇土桥闸等。其中位于聊城东关的"通济闸"名气最大，闸上建有一座桥，人们都亲切地称它"闸口桥"。新中国成立之前，运河还能通航，"通济闸"的闸板可以灵活提升，如此一来，桥下的船只便能顺利通过，呈现出一派繁忙的水运景象。

而在聊城市城北嘉明工业园处的古运河畔，坐落着辛闸。辛闸，又名永通闸，始建于明代永乐十六年（1418），因运河积水行船困难而增置，故名"永通"，今称辛闸，位于今聊城市东昌府辛闸村。北至梁家乡闸 10

▲ 聊城辛闸（胡梦飞摄）

公里，南至通济桥闸9公里。明、清两代进行过多次维修。2013年东昌府区对该闸进行过修复，同年被列为山东省第四批省级文物保护单位。

在东昌府区梁水镇梁闸村中部偏南的古运河道上，梁乡闸静静矗立。梁乡闸始建于明代宣德四年（1429），因临近梁家乡村而得名，又名"梁水镇闸"，或简称"梁闸"。该闸现位于今东昌府区梁水镇闸村中部偏南的运河故道上，北至土桥闸7.5公里，南至永通闸10公里。明、清两代进行过多次维修，为配合申遗，2013年东昌府区对该闸进行过修复。2006年被国务院公布为全国重点文物保护单位。

▲ 聊城梁乡闸（胡梦飞摄）

土桥闸位于东昌府区梁水镇土闸村京杭大运河段上，始建于明代成化七年（1471），因临近土桥集而得名，又名"土闸"。北至戴湾闸24公里，南至梁家乡7.5公里。明、清两代进行过多次维修，2010—2011年山东省文物考古研究所对该闸进行过考古发掘，取得丰富实物资料，并被评

▲ 聊城土桥闸（胡梦飞摄）

为"2010年度全国十大考古新发现"。为配合大运河申遗，2013年东昌府区对该闸进行了维修，同年被公布为全国重点文物保护单位。

从沿运河向北就到了临清境内，临清位于会通河与卫河的交汇处，闸坝设施重重，现在保留下来的主要有戴湾闸、砖闸、会通闸、临清闸等。

戴湾闸建于元皇庆二年（1313），与明代永乐十五年（1417）所建的二闸相距104年，但两闸的形制及规模大致相同，都由墩台、雁翅、石防墙（已毁）组成。闸门长6.7米，闸墩长13.4米、宽10米，闸高5.6米，闸墩上下游两侧筑雁翅13—17米长，闸墩与雁翅分别砌成锐角，左右向上下游展开，使闸孔与正河之间从收缩到扩展形成一个过渡，使水流的流线不致紊乱，尽量减少水流对闸墩的破坏力和保障舟船航行安全，非常符合流体力学的原理，具有科学性。闸体由1.3米×0.4米青石砌筑而成，条石与条石相接处凿以燕尾槽，槽内由铁汁浇灌相牵，浑然一体，坚固持久。闸槽由8块杉木闸板提落调节水位，以节蓄泄，保障运河漕运。戴湾

▲ 戴湾闸遗址（胡梦飞摄）

闸今仍矗立在临清市戴湾乡戴闸村的运河之上。

临清砖闸位于临清小运河上，始建于明永乐十五年（1417），正德八年（1513）重建，砖闸改砌石堰，与小运河入卫南板闸（头闸）上下互联，前后启闭，形成漕河前后两座船闸，是小运河入御河（卫河）漕船转漕的管控枢纽，是明、清两代运河转输卫河的咽喉闸涵。明嘉靖五年（1526）工部督水分司裁撤后，以砖闸漕闸为务管收短载，纸价而税，世称"工部关"。直至清乾隆元年（1736）归并户部钞关，征税210年。

会通闸位于临清市先锋街道办事处福德街北首会通河之上，始建元代大德二年（1298），明永乐九年重修（1411），元运河废弃后，改闸为桥以利两岸交通，与临清闸、隘船闸合成"运环闸"。闸口宽6.2米、高6米，四向雁翅长14.5—21米不等，是会通河北端入御河漕运的枢纽所在。

临清闸位于临清市先锋街道办事处白布巷西首运河之上，始建于元代至元三十年（1293），始会通河、入卫河的端是船闸，与会通闸、隘船闸

　　　　　　　　　　　　　　　运载千秋：中国大运河传

▲ 临清砖闸（胡梦飞摄）

三位一体，管控漕输。《元史》称"运环闸"。闸口宽6米、高8.2米，四向雁翅10.5—12米不等。明代弘治三年（1490），闸墩、四向雁翅加高叠砌2.2米城砖金刚墙，使其更趋牢固。万历年间闸河废弃，在两闸墩间砌筑双孔拱桥，临清闸易名"问津桥"。这座桥不仅是一处交通要道，也是历史文化的见证。2006年6月，临清闸被列为第六批全国重点文物保护单位。

聊城境内运河河道上大大小小的船闸，见证着运河当年漕运的繁华，也成为聊城段运河的独特魅力所在。

第四节　中运河及里运河

中运河，也称中河，是在明、清两代开挖的泇运河和中河基础上拓浚改建而成。上起山东台儿庄区和江苏邳州市交界处，与韩庄运河相接。东南流经邳州市，在新沂县二湾至皂河闸与骆马湖相通，皂河闸以下基本上与废黄河平行，流经宿迁、泗阳，至淮阴杨庄，全长 179 公里。中运河开通后，京杭大运河就无须借道黄河行漕，结束了元朝以来京杭大运河因为借道黄河而引发的种种不便，使京杭大运河成为真正意义上的人工运河。

里运河位于淮阴与扬州之间，也称淮扬运河。里运河北起淮安（淮阴）接中运河，南至扬州与长江相接，全长约 160 公里，是沟通长江与淮河的一段大运河。里运河是京杭大运河各段中开凿时间最早的一段运河，它的前身是春秋时期吴王夫差所开的邗沟。作为国家漕粮运输的重要水上通道，历代不断对里运河进行修治，形成了今天河湖并行的独特景观。

一、乔维岳首创二斗门

北宋时，船闸、复闸开始出现，逐步取代了河道上过船的堰埭。北宋雍熙年间，任淮南转运使的乔维岳发明了世界上最早的船闸。

乔维岳（926—1001），字伯周，北宋陈州南顿（今河南项城）人，精通《春秋》三传。后周世宗显德初，登进士及第，担任太湖（今安徽太湖）主簿，后迁平舆（今属河南）令。宋朝建立后，历任高邮、扬州、常州、泉州、楚州等地通判。雍熙元年（984），担任淮南转运使。他在淮南转运使任上，主持开凿沙河，并首创"二斗门"，对后世产生了深远影响。

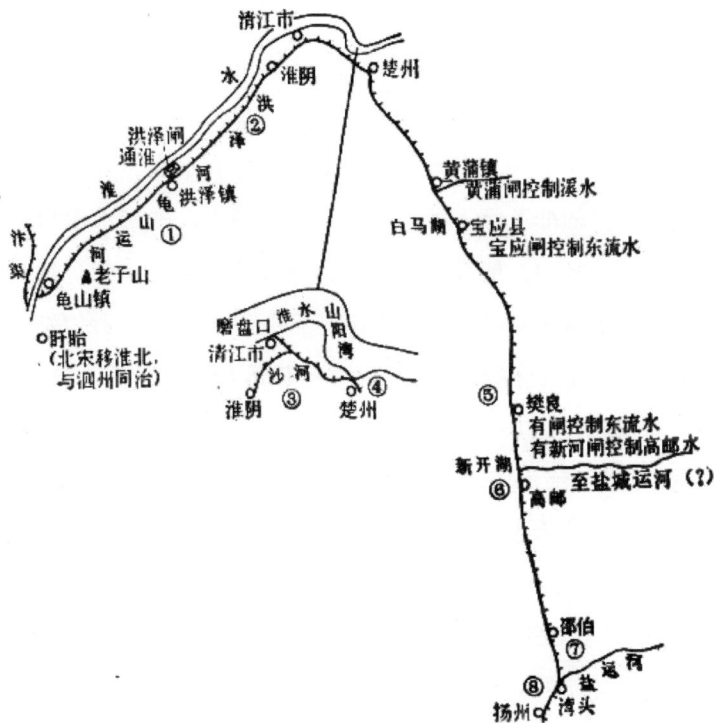

▲ 宋代淮扬运河示意图（引自姚汉源《中国水利史纲要》）

北宋雍熙元年（984）二月，乔维岳任淮南转运使之初，目睹江淮运河经淮水一段的山阳湾水势湍悍，导致运舟多覆的险状后，规划度量，主持开凿了自楚州山阳末口（今淮安市淮安区北）至淮阴磨盘口（今淮安市淮阴区码头镇北）入淮的沙河。沙河长40里，使山阳湾水流湍急给行船带来的困难得以解决。

但当开挖沙河到清江浦河段的时候出现了新情况：这一河段地势逐渐升高，怎么办呢？为延缓河床比降，保证河道正常水位，也为解决粮船被劫问题，乔维岳发明了运河复闸，当时称为"二斗门"，也就是连建两个闸门，两个闸门与两边河岸形成密闭的"厢形船闸"。两闸间隔大约50步（约等于83米），闸门垂直升降，交替启闭，两闸之间的水关闭起来，形成一个缓冲段。这就是说，利用两端闸门来升降闸室内的水位，水涨船高，船舶随着闸内高水位顺利通航。自此以后，过往船只常年顺利通行，不再因为水位太浅而遭受货物搬上搬下的盘坝之苦。有了复闸，船只上行时，先将闸室泄水，等室内水位与下游水位齐平时，开启下游闸门，让船只进入闸室，随即关闭下游闸门，向闸室灌水，闸室水面与上游水位齐平时，打开上游闸门，船只驶出闸室，进入上游航道。下行时顺序相反。这样既提高了运河的河运能力，又解决了船只经过时缓慢和危险的问题。

随着这一船闸技术的应用，漕船载运量大幅提升，因此北宋漕运量比唐代有大幅度增加，至北宋大中祥符元年（1008），经过泗口的漕米运输高达700万石。沈括在其《梦溪笔谈》中记载乔维岳和他的继任者们经过长达100年建设的大运河运力："旧法：舟载米不过三百石。闸成，始为四百石船。其后，所载浸多，官船至七百石，私船受米八百余囊，囊二石。"而且每年节省"冗卒五百人，杂费百二十五万"。

乔维岳发明的复闸，就是现代船闸的前身。世界科技史专家李约瑟博士对乔维岳的这一创新有着极高的评价："中国古代创建的二斗门，可称是世界上最早的船闸，它的出现，不仅在中国内河航运史上有着划时代的意义，在世界科学技术史上也无不占有重要的位置。"今淮安市清晏园内立有乔维岳铜像，以示对他治水功绩的纪念。

二、陈瑄开凿清江浦

明代著名水利著作《行水金鉴》称："宋礼之功在会通，陈瑄之功在淮南。"这是对陈瑄在淮南一带治理大运河、淮河等的功绩的一种高度赞赏。陈瑄，字彦纯，安徽合肥人。他是明代的首任漕运总兵，同时也是著名的水利专家。自朱棣即位之后，一直致力于漕粮运输，先是海运，后是漕运，前后达30余年。宣德八年（1433）十月于淮安去世，死后追封平江侯。陈瑄一生中最大的成就便是他在淮安一带进行的水利建设，最著名的就是处于淮安城与淮河之间的"清江浦"。

春秋时期，吴王夫差为战争运粮开通由邗城（今扬州）至末口（今淮安河下古镇）的邗沟，沟通了长江与淮河两大水系，淮安和扬州开始兴起。隋代，邗沟成为贯穿大运河的重要部分，称山阳渎。隋唐运河泗州（在今盱眙境内）至山阳（今淮安区）段利用了天然淮河河道，航行艰难且危险，而此段河道中的山阳湾段（今淮安古淮河段），由于泗水的汇入，水流尤为迅急，更被往来舟楫视为畏途险境。

到了宋代，淮南转运使乔维岳沿淮河右岸开凿复线运河——沙河，沟通磨盘口（今淮阴船闸附近）至古末口，使得来往船只可以绕开水流凶险的山阳湾段。从雍熙元年（984）到元丰七年（1084），复线运河分期施工，陆续完竣通航，从此"免风涛覆溺之患"。沙河在宋代承担了重要的漕运作用，元朝后逐渐淤塞。

明永乐元年（1403），明成祖命陈瑄为总兵官，总督漕运。当时海运会遭遇倭寇的骚扰。为了保证京师的供应和漕运的安全，把京师和南方经济中心有力地连接起来，陈瑄把疏浚大运河提上了日程。当时江南运河到淮安后，不能直接通淮河，水运要改用陆运，经过仁、义、礼、智、信五坝后，才能入淮河而达清河，劳费巨大。陈瑄走访当地百姓后得知，城西管家湖西北，距淮河鸭陈口20里的地方，是宋代乔维岳所开沙河的旧渠，宜凿为河，可引湖水通漕。

明永乐十三年（1415）春，陈瑄动用民工疏浚沙河，用5个月的时间开凿河道，由城西管家湖导水，至鸭陈口入淮。他还由北向南依次修建新庄、福兴、清江、移风四闸，加上后来修筑的板闸，合为"五闸"。五闸相当于现在的船闸，既利于漕船通过，又利于调节水势。其中清江闸位于淮水与运河交汇处，当黄河水涨时，就关闭清江闸。江南漕船可以直接到清江浦，既免除陆运过坝之苦，又降低许多风险。后新庄闸淤塞，又在下游筑仁义坝（今淮安水渡口），北上漕船均经此过石码头，盘驳入黄河，再由王家营换车马，起程登通京大道。

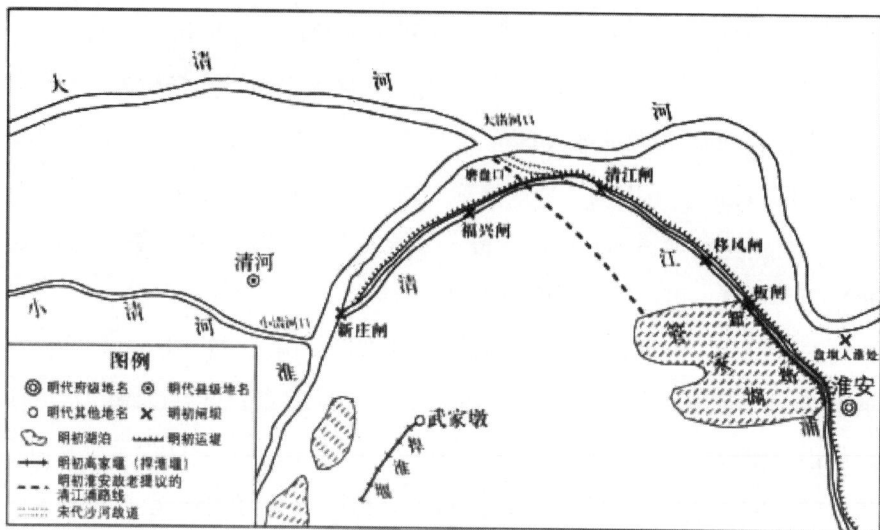

▲ 明初清江浦运河示意图（引自袁慧《江淮关系与淮扬运河水文动态研究（10—16世纪）》）

经过陈瑄对运河，尤其是淮河一带河道的修浚，明朝的大运河算是真正畅通无阻。《明史》称陈瑄"凡所规划，精密宏远，身理漕河者三十年，举无遗策"。终明之世，漕粮便一直沿着这个通道直达北京。而这一河道同样为清朝所沿袭。这条河道不仅保证了漕运的通畅，还让清江浦逐渐成为运河上的重要枢纽。明、清两代，清江浦成为长江以北重要的商业城市、交通枢纽和漕粮储地，被誉为"南船北马，九省通衢，天下粮仓"。

三、潘季驯"蓄清刷黄"

黄河是我国的第二大河，也是我国古代灿烂文化的发源地。就是这条养育了中华民族的河流，也曾给中华民族带来过深重的灾难。从古至今，黄河安危，事关大局。黄河治理成了治国兴邦的一件大事。历史上，为了把黄河治好，有官员为君主宵衣旰食，河工和百姓舍生忘死。一部治黄史，就是中华民族的奋斗史、智慧史。

治黄的历史最早可追溯到传说中的鲧、禹，西汉的贾让、东汉的王景、元代的贾鲁、明末的潘季驯和清代的靳辅、陈潢等，都对防洪的理论和实践做出了重要贡献，其中潘季驯的"束水攻沙""蓄清刷黄"的治黄策略更是对后世产生了深远影响。

潘季驯（1521—1595），字时良，号印川，浙江乌程（今浙江湖州）人。他的先祖在河南荥阳，东晋时期迁居到湖州。到了明正德年间，潘夔家族兴旺起来，四个儿子皆中举入仕，潘季驯是他的第四个儿子，生于明正德年间，先后任九江府推官、江西道监察御史、大理寺右丞。

明代永乐年间迁都北京以后，北京的大量居民、守军所需的粮食，差不多全要通过运河从南方运来，不算其他各种必需的补给品，光是每年运输的漕粮就能达到四百多万石。因此，大运河可以说是明王朝的生命线和主动脉。可是，当时黄河主流走的是"南道"，即经今河南开封向东而去，经江苏徐州流入泗水，再经淮安汇入淮河，再一路流入黄海。一旦黄河泛滥，河床抬高，泥沙淤塞，漕运就告中断，造成举国不安的灾难性后果。因此，明朝政府一直把保证大运河畅通作为治理黄河的根本方针，采取"北堵南疏""分流杀势"的方略。

明嘉靖四十四年（1565），黄河再次在江苏沛县决口，形成一场特大水灾，苏北平原成了一片汪洋，更为可怕的是，穿过沛县的京杭大运河被泥沙淤塞，长达200余里。灾情空前严重，南方物资无法运往北京，朝廷上下焦急万分，嘉靖皇帝接连撤换了六任河道总督，依然无济于事。这时，朝廷任命佥都御史潘季驯总理河道，治理黄河，他受命于危难之际，开始了他一生中最为艰难的治黄工程。

潘季驯上任后，十分注意汲取群众的治水经验。为了能真正防止河患，他亲自到入海口踏勘，虚心向黄河、淮河、运河岸边的官吏、居民、船工、嵩师请教。一次，他乘坐小船到河中勘测时遇上风浪，小船颠簸在涡底浪尖，处境十分危急，最后小船挂在树上，才幸免于难。

通过艰苦的深入调查，潘季驯充分认识到"分流杀势"的方略是不可行的，要根治黄河水患，根本出路是要使终年不息、源源不断的水中之泥沙随河水排入大海，不在河道中淤积起来，如果泥沙没有一个顺畅的通道，新开河道再多，黄河与大运河仍永无宁静之日。

这种做法与传统的"分流杀势"论背道而驰，因此，许多人认为用这个方法治理黄河风险太大，不见得能成功，可是后来的历史事实却向人们证明了潘季驯的理论是正确可行的。

明万历六年（1578），潘季驯开始大规模治理黄河与大运河工程。他的治水理念，就是"筑堤防溢，以堤束水，以水攻沙，以清刷黄"，他实施了全新的治水方略，就是不挖新河，全面恢复黄河故道，以黄河之水冲刷黄河之沙，使得黄河干流统一，"水归一槽"。

他在黄河两岸筑起遥堤。"遥堤"就是防洪大堤，又宽又阔，遥遥相对，以防洪水溢出堤面，泛滥成灾。再在遥堤中间筑缕堤，束水冲沙。"缕堤束水"就是建较窄的缕堤将河水束成一股急流，利用湍急的河水裹挟泥沙奔腾向前，沙随水走，不致沉淀。湍急的流水还可以冲刷河床，水流越急，河床冲得越深，容水的能力就越大。潘季驯的创见终于获得了成功，黄河分流混乱局面宣告结束，下流的 13 支分流终于"归于一槽"，黄河之水经今河南兰考、商丘，安徽砀山，江苏徐州、宿迁，直奔淮安市清河口，经淮河流入黄海。

潘季驯在主持治黄工程中，采取了一系列行之有效的监督措施：他规定取土宜远，切忌堤旁挖取，以防止堤旁挖土积水成洼，自损堤基；必须选取有黏性的泥土，而不能有掺杂着沙尘的虚松之土。为了检验大堤的质量，潘季驯可谓煞费苦心。他事先准备了一批"铁锥筒"，这种"铁锥筒"能插入堤坝十几米深处，钩出深处的泥土。在漫长的堤坝建设过程中，他不辞辛劳，亲自手持"铁锥筒"，一处一处地试掘，逐段横掘至底。从徐州到淮安，那长达 500 里的大坝，每一处都留下了他亲自监督的身影，使得这一黄河河道稳定了 300 年。潘季驯死后，清代治水专家靳辅、陈潢继承了他的治水方略，"束水攻沙"，保证了黄河安澜，运河畅通。

明万历二十三年（1595），这位为治黄事业奉献了一生的有功之臣，在自己家中悄然病逝。由于他生前得到张居正的赏识与重用，受"张居正案"的牵连，死后连个谥号也没有。但他一生献给了治黄，留下了许多行之有效的治河方略，特别是"束水攻沙"思想，对明朝之后的治河工作影响颇深。这样一位水利大家，他的光环永远不会因时间而褪色。

四、靳辅治黄保运道

清代治河名臣辈出，他们凭借智慧、勇气和决心，为黄河的治理做出了卓越贡献。其中，最有代表性的莫过于康熙年间靳辅对黄河、运河的治理。他在担任河道总督期间，提出了"治河之道，必当审其全局"的核心理念，强调河道与运道的紧密结合，通过全局性的规划来确保治河效果。在实际操作中，他采取了疏浚与筑堤并重的策略，既解决了河道淤积的燃眉之急，又通过修筑坚固的堤防来提高河道的防洪能力。经过他的努力，黄河在长达40年的时间里保持了相对平稳的状态，运道也得以畅通。

清朝初年，黄河经今河南兰考、商丘，山东曹县，安徽砀山，江苏丰县、徐州、宿迁、淮阴，在云梯关入黄海。但明末那连年不断的战乱，让黄河的堤防无人照料，就

▲ 靳辅画像（图片来自网络）

像年久失修的老房子，变得破败不堪。黄河时不时就决口泛滥，加上黄、淮、运三河相互交织，局势变得越发复杂，洪水为害的局面也越发险恶。从康熙元年（1662）到康熙十六年（1677）的16年间，黄河下游决口多达45次。康熙十五年（1676）夏，黄河洪水倒灌洪泽湖，湖堤决口34处，洪水冲决运河堤防近1000米，淮扬地区一片泽国，清口以下300里黄河淤积加剧，漕运被迫中断。要知道，漕运可是关乎国家命脉的大事，如此一来，对清王朝的统治构成了严重威胁。

一封封告急文书像雪花般纷至沓来，摆在康熙帝的案头。康熙帝看着这些文书，眉头紧锁，深知治河这件事已经刻不容缓。于是，他把"平三藩、河务、漕运"三件重大国事，郑重地镌刻在金銮殿的柱子上，作为治国座右铭，时刻警醒自己，不能有丝毫懈怠。

治理黄河，疏通漕运，关键在于得力人才。康熙十六年（1677）二月，康熙皇帝选调安徽巡抚靳辅任河道总督，加授提督军务兵部尚书兼都察院右副都御史衔，并予以节制河南、山东巡抚之职权，希望他能挑起这副重担，解决黄河和漕运的难题。

康熙十六年（1677）四月，靳辅到任后，即带着府中幕僚陈潢等人深入实地，详细了解黄河、运河河道堤防工程与水患成因，并向当地有经验的人士虚心征询治河建议。夜晚，则不顾鞍马劳顿，秉烛研究前朝治河名臣著述与史籍，思考下一步的治河方略。他不辞辛劳，沿着河道四处勘察，拜访当地百姓，查阅各类典籍，终于对黄河、运河之间错综复杂的利害关系有了深入的认识。他意识到，过去只盯着漕运，却忽视了黄河治理，根本无法从根源上解决问题。"治河之道，必当审其全局，将河道、运道为一体，彻首尾而合治之，而后可无弊也。"于是，靳辅满怀热忱，连续向康熙皇帝呈上八道奏章。在奏章里，他大胆主张将黄河、淮河、运河视为一个整体，提出了五项治理工程与六项保证措施。从全面整治河道，到协调三河的水系，再到维持运河水位，事无巨细。甚至连治河官员的选派、工程费用的来源，以及如何杜绝治河工程中的贪污浪费现象，都进行了详细的论述。该奏章，即著名的《经理河工八疏》。

《经理河工八疏》的主要内容是"审其全局，将河道、运道为一体，彻首尾而合治之"。一则，治河须由下游而上溯源头，此工程浩大，跨越豫、皖、苏三省，需万众一心，方可成功。二则，清理青口淤积，借此疏通淮水，使之成为冲刷黄河的得力助手。三则，加固洪泽湖畔堤防，以固其根本。四则，修补黄河屡遭决堤之处，固其防线。五则，疏浚清水潭运河，畅通青口至高邮湖之要道。六则，调整运河口，力求水利与漕运之和谐共生。七则，于黄河上游建减水坝，此举虽争议不断，却系其战略之关键。八则，工程既竣，设守河之兵，以明确管理之责，确保河道长治久安。

康熙帝看完这些奏章，大为赞赏，全力支持靳辅的治河主张。当时，"平三藩"的战事吃紧，军费开支庞大，国库紧张，但康熙皇帝毫不犹豫，甚至一再削减后宫开支，也要为河工提供支持。康熙十七年（1678）正月，一场涉及黄河、淮河、运河的大规模治河工程拉开帷幕。

靳辅主持的这次黄河运河治理工程，规模宏大，头绪浩繁，在几百里治河战线上，各项工程全面铺开。人力征调、材料筹运、工匠配置、质量管理，一个环节套着一个环节。靳辅往来奔波，日夜操劳，心力交瘁。在治河工程的实践中，靳辅探索采用"测水法""淤滩固堤法"等，推动了河工技术的进步。经过 5 年综合治理，漕运"飞挽迅利，而地方宁息，军民实庆永赖"，此后数年，黄河与运河出现安稳局面。

然而，靳辅所取得的治河成就，却引起了一些朝臣的忌恨。康熙二十一年（1682），黄河在宿迁徐家湾、萧家渡发生溃决，尽管靳辅及时组织进行了抢堵，但遭到朝中官员的攻击而被罢官，并以戴罪之身监修尚未完成的治河堵口工程。半年后，康熙帝首次南巡来到这里，目睹漕河航道水流平稳，行舟通畅，来往船户盛赞，喜从心生，遂命靳辅官复原职，并挥墨赋诗《阅河堤诗》御赐靳辅，作为对这位治河功臣的嘉勉。诗曰：

"防河纡旰食，六御出深宫。缓辔求民隐，临流叹俗穷。何年乐稼穑，此日是疏通。已著勤劳意，安澜早奏功。"

就在这次巡河中，康熙帝还了解到有180里漕运河道行经黄河，风大浪急，河势变幻莫测，特别是骆马湖浅滩激流，即使纤夫拼力拉纤也很难涉渡。康熙皇帝遂指示靳辅另开中运河，即利用黄河北堤作为运河南堤，以黄河遥堤作为运河北堤，上接张庄运口，经宿迁、桃源、清河、山阳、安东等地，直至黄河入海口，以此避开黄河天险。

康熙二十五年（1686）中河工程动工，历经两年竣工。经过治理，漕运不再借用黄河河道，基本实现了黄河与运河的分离，漕船避开了多沙游荡的黄河河段，大大提高了漕运效率。

靳辅在治河的这条道路上，一走就是十余年。他凭借着坚定的信念、卓越的智慧和不懈的努力，成功改变了清初以来河患严重的局面。曾经泛滥成灾的黄河，在他的治理下趋于安稳，漕运也得以畅通无阻。然而，在复杂的官场中，治水政见不合与土地利益分配等问题，却如暗礁般潜藏在他前行的道路上，引起官员对他的频频攻讦和诽谤。康熙二十七年（1688），靳辅第二次被革职罢官，以福建总督王新命代替他为河道总督。他的得力助手陈潢也受累入狱，不久病死狱中。

康熙三十一年（1692），运河同知陈良谟告发河道总督王新命勒取库银六万零七百两，康熙帝经过慎重考虑，决定罢免王新命，重新起用靳辅为河道总督。怎奈此时的靳辅已年老体衰，复任当年，这位为治理黄河、疏通漕运建立功勋的一代能臣因劳累病逝，终年60岁。

靳辅去世后，被追赠为太子太保、工部尚书，谥号"文襄"。康熙帝曾对其高度评价道："朕今年南巡阅河，沿河百姓无不称颂靳辅所修工程极其坚固。至今河堤略不动摇，皆其功也。且开中河而粮船免行一百八十里之险，此可以寻常目之乎，前后总河皆不能及。"康熙三十五年（1696），应江南人民的请求，在黄河岸边为靳辅建祠。

第五节　江南运河

江南运河北起江苏镇江，绕太湖东岸经常州、无锡、苏州，南至浙江杭州，贯穿长江、太湖和钱塘江三大河湖水系。江南运河于前3世纪已经出现雏形，隋炀帝大业六年（610）在沟通大运河过程中对这段运河进行整治拓宽，形成了南抵余杭的运河，是大运河形成时间较早、连续运用时间较长、自然条件最好的河段之一。从隋代至清代，作为大运河的主要通航河段的江南运河，一直是中国历代政府通过大运河从江南地区收集和汇聚漕粮的主要通道，其间历经多次疏浚、整治，但主要运河线路一直保持相对稳定，反映了古代高超的工程勘察、设计、施工以及后期管理技术和能力。

一、寻根探秘京口闸

镇江地处长江与运河交汇处，是江南运河的起点。镇江段运河跨岗阜丘陵，为江南运河之"屋脊"，因此，是历代运河治理的重点河段。京口闸是古代江南运河第一闸，是重要的标志性水工设施。历经唐代至清代，直到民国时期将这里填埋成了道路，才结束它的历史使命。

镇江以南的江南运河开凿很早，在战国时就开了南起云阳（今丹阳）北由丹徒入江的丹徒水道。秦始皇三十七年（前210）开凿了京砚山一直向南与夫差、范蠡所开沟渠相连的河道，直达苏杭，隋朝时又将这一段河加宽。因此清乾隆《镇江府志》载："京口有渠，肇自始皇，非始于隋也……炀帝除非创置，不过使宽广耳。"

由于镇江到常州一带是长江和太湖的分水岭，南北低而中间高，形如乌龟壳，难以自然导入水源，只有靠江潮上涨补充水，江潮内灌时才可以通航，干旱或长江水位低时，河道无水只好断行，船舶要通过这个高地必须借助工程措施。自晋朝开始，为解决丹徒至常州之间的水位问题曾经修建了练湖、新丰塘等水库，蓄水济运，但是水库水量有限，一般情况下通小船尚可，大型漕船仍有困难，还要等江潮入河才能通航。

为了调节运河水位，从三国时期镇江段运河就开始修筑堰埭，使长江涨潮时潮水越过堰埭进入运河，退潮时堰埭将水拦在运河里，唐《建康实录》中记载：东吴赤乌八年（245），孙权"使陈勋作屯田，发屯兵三万，凿句容中道，至云阳西城，以通吴会船舰，号破岗渎。建上、下埭，通会市，作邸阁……其渎在句容县东南二十五里，上七埭入延陵（今句容春城），下七埭入江宁县（今南京），于是东郡船舰不复行京江矣"。破岗渎上的"埭"是中国最早有文献记载的埭，其梯级的布局形式还是现今苏北大运河梯级船闸的鼻祖，它比东晋时期谢安所建的邵伯埭早了近100年，充分展示了当时镇江河工技术的巨大成就。

公元317年，东晋车骑将军司马裒所建的"丁卯埭"，不但解决了当时古丹徒水道淤浅干涸，难以航运的矛盾，还保证了徒阳运河正常的水位标准，以利农田灌溉，这是记于文献中江南运河最早的"埭"。南宋嘉定年王象之编纂的《舆地纪胜》卷七记载："晋元帝子裒镇广陵，运粮出京口，为水涸，奏请立埭，丁卯制可，因以为名。"自三国后期吴后主孙皓立埭蓄水、开湖济运起，"埭"已从原有单一的助航功能逐步拓展成为集航运、水利于一身的复合水工建筑。

随着时间的推移，江南运河上的堰埭越来越多，唐朝时仅北段就有京口堰（在今镇口）、吕城堰（在今丹阳、常州之间）、奔牛堰（在今常州、望亭堰（在今无锡、苏州之间），利用这些堰埭分段挡水，虽然保持了水位可以通航，但是船只过堰埭时需要通过人力或畜力拖曳，即所谓的"盘坝"，通航效率极低。据北宋熙宁年间来华日本僧人成寻记录，奔牛堰有

5个辘轳，用16头水牛拖船过堰。后来，上述4个堰埭全部改建为闸，用木排挡水，将水逐段保留在河道中，船只通过时分段开门，免去了盘坝的劳顿，但是开闸要放走河水，闭闸蓄水过程又长，过往船只仍要等待。

隋唐时期，大运河以洛阳、长安为中心，北达通州，南接杭州，逐步形成了中国南北交通的大动脉。江南河全线贯通使太湖流域丰富的粮食、丝绸、茶叶等特产源源不断运往北方，但是由于当时长江入海口东移至海安以下，潮水影响大大减弱，江南运河枯水期水源严重不足。因此，在江南运河丹阳段首个由"埭"演变而来的堰闸"练湖闸"应运而生，它能在长江丰水期充分蓄水，以补充运河水源，调节运河水量，不仅确保了枯水期运河水位足够船舶航行，还保证了丹阳以南长江中下游平原的农田灌溉。

到宋朝时，长江江岸继续向南淤涨，镇江历史上比现代钱江潮有过之无不及的"广陵潮"已完全消失，长江河口已东移至海陵（今泰州）。江南运河的水源更加枯竭，"护闸置堰"成为当时漕运之根本。北宋治平四年（1067），正式修建京口闸。闸室南端为埭埔，北端为闸，可以引潮和通船。元符二年（1099）改建为复闸。崇宁时废，南宋嘉定间再次复建。

京口闸自北而南由潮闸、腰闸、下中上三闸、水澳、澳堤及澳闸组成。水澳是蓄积潮水的水库，闸、澳、渠与闸门起闭配合，引潮、蓄水、输水，这样便形成了类似船闸的运行机制：船只由长江入运河南行时，等候潮至，开京口潮闸，船入塘河；闭潮闸，开下闸，船入第1级闸室并等待继续向最高的2级闸室攀升；此时，闭下闸，由归水澳向1级闸室供水；待1级闸室与2级闸室水位相平时，开中闸，船只进入2级闸室；接着闭中闸，由高程较高的积水澳向2级闸室供水；待2级闸室水位与运河水位相平时，开上闸；船只由上闸顺利越过分水岭，进入江南运河南行。通过闸、澳、渠的巧妙布置，配合以闸门启闭，实现引潮、蓄水、节水和输水功能，使运河中保持充足的水量，从而确保漕船得以长期顺利通航。

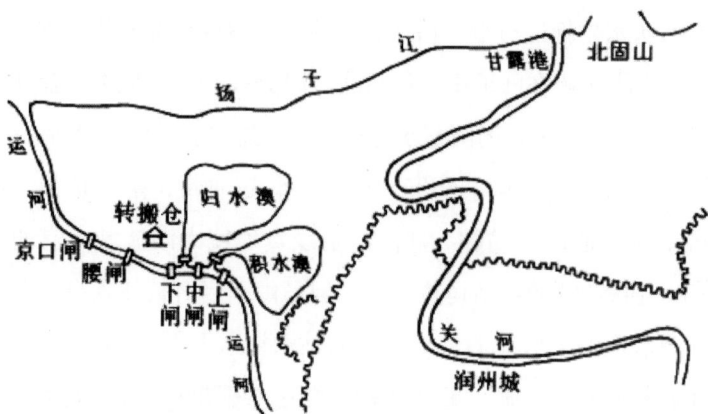

▲ 北宋京口闸示意图（引自毛振培《长江水利史》）

　　此外，为保障江南运河航运畅通，这一时期还先后修建了吕城堰、丹徒闸、越河口闸。南宋嘉定年间修建的吕城中闸已经是复杂的三门两室多级船闸结构，代表了当时运河水工建筑的最高水平。而在水利方面，经过反复修缮的丹阳练湖堰闸，其蓄水、灌溉、防洪等综合作用日益凸显。在此期间，还对江口和沿线堰闸均进行了大规模的修建和完善，开凿了小京口（今平政桥）为入江口门，从而使江南运河在镇江形成了多口入江的格局。南宋末年，经镇江中转都城临安（今杭州）的漕粮占全国的68%，镇江逐步成为全国粮食的仓储、转运中心和南北货物集散中心。

　　元世祖定都大都（今北京）后，将隋炀帝开凿的古运河改道拉直，形成了北起北京、南至余杭的京杭大运河。为巩固和强化镇江水运枢纽的地位，仅元朝就疏浚丹徒运河7次，其中全线大规模疏浚6次，疏浚练湖堰5次。元代初年，长江入运河的京口闸废坏，闸外1里的江岸全部淤塞，只好利用江口原有的其他3座坝闸（实为土埂）东灌运河，引船入河。后来，每逢干旱便丧失水源。天历二年（1329），本路达鲁花赤明里答失提出开掘淤泥，拆去土埂，复建京口闸，以时启闭，通行运舟。经奉准开工，于当年十月九日竣工，"民甚便之"。

明初时，城西南的护城河与京口闸所控制的运河被连通起来，并分别建造了北水关和南水关，清代时这段河道改称为关河，其中一部分也作为镇江古运河河段保存至今。明代中期，城西南的护城河段便成为漕运的主流，在明清时极为繁荣。清代为确保当时京口闸至丹徒老运河口19.6公里的镇江古运河航道畅通，在今南水桥附近还修建了南水关石闸，并在丹徒老运河口修建了青龙港石闸。据史料记载，由于练湖闸"开湖济运"，清道光十五年（1835）三月二十二日一天就过往漕船1026艘。民国时，由于漕运逐渐被取代，京口闸及其河道逐渐被填平，后来又在上面建起了道路，而其余许多河道也逐渐淤积直至湮没。

中华人民共和国成立后，在此建立了京口闸水利枢纽，此后又多次升级，由节制闸、灌排两用潜水泵和管理辅助设施组成，具备防洪、排涝、冲污等功能，从而使传统的京口闸以新的方式发挥作用。2013年，考古人员发掘出京口闸遗址，发现了京口闸东闸体、码头、石岸、碑亭等遗迹，出土历史遗物数百件，其中不乏珍贵文物，2019年被列入江苏省第八批省级文物保护单位。如今的京口闸遗址，已经成为市民休闲锻炼的遗址公园，条石砌筑的闸墙、字迹斑驳的石碑、青砖铺就的道路、层层叠叠的石阶，已经融入人们的日常生活，也无声诉说着当年帆樯往来、百货云集的繁华。

二、千年水柜话练湖

练湖位于太湖流域西北部的江苏丹阳，是一处根据地势建造而成的人工湖泊。其在建成之初主要发挥着灌溉蓄水的作用，唐以后开始充当运河"水柜"，成为集灌溉、防洪、济运功能为一体的综合性水利设施。然而，如今在丹阳的地界，已难觅其踪。它究竟经历了怎样的变迁，又为何会从历史的长河中彻底消失？

练湖的诞生可追溯至西晋永兴二年（305）。当时，西晋大臣陈敏因在张昌叛乱中屡立战功，后占据江东吴越之地，意图割据自重。他深知丹阳百姓深受水患之苦，田地常被淹没，于是派其弟陈谐前往丹阳治理水患。陈谐巧妙地利用丹阳北靠宁镇山脉余脉的地形，通过阻遏马林溪成湖，成功灌溉了丹阳地区。这一壮举不仅解除了当地百姓的水患之苦，更带来了鱼米之利，使练湖成了当时丹阳的宝贵财富。

自隋朝开通京杭大运河后，北方政治中心与南方经济中心之间的联系越发紧密，江南地区逐渐成为国家财赋的主要来源。然而，当大运河行至江南运河镇江至常州段时，由于丹徒、丹阳地势高，运河水浅，通行受阻。为此，有人提出引练湖水入运河的建议，练湖因此又承担起了"济运"的重任。这一新使命使得练湖的地位越发重要，历朝历代都对其给予高度重视，管理也越发严格。

练湖蓄水是唐朝治理江南运河的一项重点工程。当时从丹阳到今镇江段的运河，河谷浅狭而水流不足，必须依靠丹阳附近的练湖来补充水源。到了唐朝，当地百姓拦截部分练湖湖面并改作农田，使练湖湖面变得狭窄，而运河的水源也因此难以得到补充。唐永泰年间，润州刺史韦损"废塘复置，并作斗门，以节其流"，通过这些工程措施恢复了练湖湖面，运河水源也重新得以补给。韦损对练湖的治理取得了良好的效果，一直到唐朝末年，这一段河道都保持了顺畅通航。

宋朝是运河漕运功能最发达、最繁忙的年代，也是练湖济漕功能发挥最大效能的年代，对练湖多次进行整治，北宋 167 年间修浚 3 次，南宋 152 年间修浚 8 次。宋绍圣中，宰相苏颂之子苏京做丹阳知县，因见练湖岁久湮塞，又逢旱年，招募民工疏浚练湖，根据地势，修斗门数十，依据具体情况控制水量和水的进出。"靖康之变"后，江南运河成为行都临安与各地联系的重要交通线，而练湖乃江南运河重要水源，所以这一时期南宋政府对练湖进行了一系列浚治。绍兴七年，转运使向子諲曾因练湖"堤岸弛禁，致有侵田冒决，不能潴蓄，故湖水舟楫不通，公私告病"，而令丹阳知县朱穆等增置斗门、石砝，修筑堤防。又派湖夫十名，巡视其间。

淳熙十六年，南宋政府又组织人力对练湖进行了一次较大规模的修治，不但加厚加高了堤防，在湖堤上植树种柳，以防溃决，而且将斗门的木柱换为石柱，石涵的管数也增加了数倍。这样既有利于蓄水，也有利于排洪。此后，嘉定元年（1208）、淳祐二年（1242）、景定三年（1262）对练湖也都有过疏浚治理，使练湖得以济运与灌溉并重。但南宋后期，练湖逐渐淤浅，"奸民侵田"之事时有发生。

元定都北京后，也要依靠运河漕运江南物资。至元三十一年（1294），元政府将原被豪民侵占的湖田全部重新疏浚成湖。至大三年（1310），更设立湖兵100名随时修筑。至治三年（1323），镇江路总管毛庄言练湖淤浅，建议用取湖泥筑堤的方法来疏浚练湖，达到了较好的效果。泰定三年（1326），镇江路达鲁花赤兀鲁失海牙又命设立练湖关防，进一步控制练湖水量，以保证漕运通达。

明朝时期，对南方财赋依赖越来越重。明代继承唐宋遗法，借练湖蓄水济运，对练湖多次叠加修治。明建文三年（1421），镇江知府刘辰主持全面整治练湖，严禁豪民侵吞湖滩。弘治、嘉靖年间，多次处置侵湖活动，退田还湖。万历年间，郡守吴伪谦，在练湖中修埂一座，隔湖为上下，埂上建闸三座，以领上湖之水渐达下湖。下湖与运河连接处，又建闸三座，石硪一座，用以调节运河之水，并立"钦依湖禁"石碑。

清代中期以后，练湖的水利设施已经严重老化，尤其是四座用于蓄水以辅助航运的石闸，其中头两座更是被水流冲毁，导致湖水根本无法有效蓄积，练湖蓄水济运的"水柜"功能已经丧失殆尽，进而对航运通道和农田灌溉造成了严重的不利影响。嘉庆十三年（1808），黎世序担任镇江知府。他发现镇江练湖年久失修，水患频发，老百姓深受其害。他认真查阅了有关练湖的各种史志图经，广泛征询了当地父老乡亲的建议，拟订了治理练湖建造三座防汛大闸的方案。他亲自写出了数千言关于浚治练湖的公牍，其中包括呈报上级的《请修练湖闸堤启》等重要文牍。但由于工程较大，一时难以筹齐经费。为了不使群众因修水利而增加负担，他带头捐出全工程费用的一半——白银2000多两。嘉庆十五年（1810），全工程竣工，共建新闸4座、涵洞12座，并加宽加高了堤埝。至此，湖水可灌田4万余亩，水患得到根治，淹没区农田开始受益，百姓拍手称赞。

道光七年（1827）十一月，江苏巡抚陶澍大力整顿丹阳练湖。他在《奏为筹议练湖水利事》中说，早在康熙年间（1662—1722），上练湖已经改为民田升科（按照普通田地收税条例征收钱粮）。幸存的下练湖周长40里，由于淤浅，只能灌田不复济运。所有涵洞、滚坝形同虚设。为保证运艘通行，必须年年动员丹阳、丹徒两县百姓兴工挑挖，工程繁杂，工费庞大。陶澍动用国帑2.4万余两，修复了黄金闸、移建黄泥闸，在一定程度上缓解了徒阳运河的浅阻问题。道光十四年（1834），升任两江总督的陶澍与江苏巡抚林则徐再次治理练湖，疏浚河道，新筑黄金坝，并在上下练湖之间，建设上下2闸，在吕城改建新闸。从此，练湖不再淤塞，蓄水1.4尺，足可济运，且可灌田40万亩。

民国时期，国民政府和江苏省政府也十分重视练湖这一历史上江南最重要的水利工程。1936年，由省水利厅主持修建了练湖五孔闸。练湖五孔闸的修建对练湖的蓄水灌溉和济漕及丹阳城边水系的维护都起到了重要作用。1947年，由于铁路、公路的发展，大运河黄金水道在交通运输中的重要性逐渐下降，练湖济漕功能全面退化，又由于湖面日益萎缩，中纺实业总公司束云章先生申请垦殖练湖，建起了江南最早的农场。1949年以后，练湖周围的农田水利得到了整治，开发建设为综合发展的国营练湖农场。

在中国历史的长河中，练湖承载着丰富的历史记忆。它曾是中国南方历史上的重要水利工程，对丹阳及周边地区的社会经济发展起到了关键作用。它所留下的独特江南河湖风光和田园风景，曾吸引无数士子才人乃至帝王将相前来游览，留下了众多风流诗篇和佳话轶事。作为运河文化带上的瑰宝，练湖以其优美的江南水乡风光，提升了丹阳的知名度，使其在江淮地区乃至全国范围内广受瞩目。它不仅是地理上的湖泊，更是历史文化的象征。

三、风华绝代长安闸

"斗门贮净练，悬板淙惊雷。黄沙古岸转，白屋飞檐开。是间袤丈许，舳舻蔽川来。千车拥孤隧，万马盘一坏。篙尾乱若雨，樯竿束如堆。"南宋绍兴十四年（1144），在大运河水道上，一艘从苏州赶往临安（今浙江杭州）的客船途经海宁长安，乘客便是南宋著名诗人范成大，当他看到千舟竞渡长安闸的景象时深受震撼，挥笔写下了脍炙人口的诗篇——《长安闸》。

在全长 3200 公里的大运河上，星罗棋布着众多船闸和水坝，古人巧妙地突破自然设下的重重障碍，让船只实现"翻山越岭"，通行无阻，其中最为出名的船闸之一当数范成大笔下的长安闸。作为大运河上唯一以实物形态留存至今的"复闸"，长安闸不仅是运河重要的水利工程遗产，更是古代中国水利水运技术领先世界的标志性工程。千百年来，长安闸不仅为大运河沿线区域经济社会发展、改善人民生活立下了"汗马功劳"，更直接造就了繁华千年的运河名镇——海宁市长安镇。

长安闸始建于唐贞观年间，为江南大运河交通和军事上的枢纽。管振之《海昌胜迹志》载："三闸在长安，上、中、下三闸也。相传始于唐，盖自杭而东，水势走下，故置以节宣也。"《浙江水利志》记载，长安闸始建于唐贞观年间，原称"义亭埭"；南宋《咸淳临安志》也称，该闸"相传始于唐"，在"县西北二十五里"，"即旧义亭埭"。当时凡北上之船只，都要拔船过坝。因过坝不太方便，尤其是大吨位船只，故建闸通航。

北宋时，长安闸与嘉兴杉青堰、常州望亭堰齐名。熙宁元年（1068），改单闸为上、中、下三闸（又称复式船闸），并保存原有的长安拔船坝。崇宁二年（1103），长安闸旁开挖两澳以蓄水，上澳 89 亩，下澳 132 亩，旱时作为船闸储水之柜，可随时放水过船。南宋绍兴八年（1138）将"椤木"易以"石埭"。此后，船闸与拔船坝并存，大船或载货船经长安闸出入，小船或空船则过长安坝上下塘河。

长安闸是上、中、下三道闸门与"两澳"组成的复闸系统。"三闸"以闸门的次第启闭，调节闸室水位，形成上下河之间的"平水"，实现通航。"两澳"即"水多则蓄于两澳，旱则决以注闸"的上澳、下澳。上澳，是位于上闸与中闸之间西侧的水柜；下澳是位于中闸与下闸之间西侧的水柜。通过三闸与两澳的配合运用和严格管理，达到顺利通航、水量循环利用的多重工程目的。当上河向下河过船时，关闭下闸和澳闸，开启上闸，上河水放入闸室，水平，船进，关闭上闸，开启澳闸。这时闸室的水流向水澳，待闸室和水澳水平后关闭澳闸。开启下闸，让闸室的下半部分水进入下河，水平，船出。反之，当下河向上河过船时，让船进闸室，关闭下闸，打开澳闸，把水澳的水往闸室放，待闸室和水澳的水平位后，关

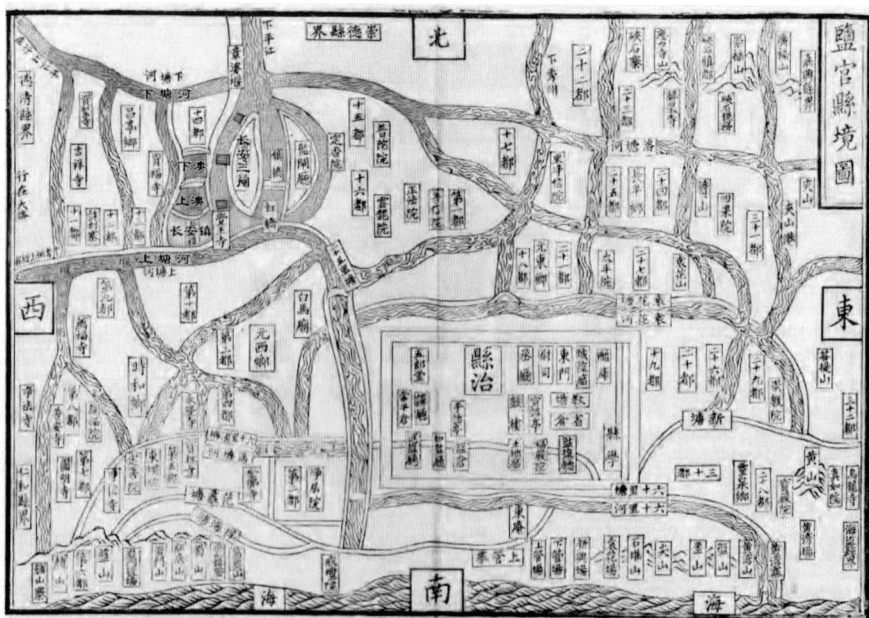

▲ 北宋长安闸示意图（引自毛振培《长江水利史》）

闭澳闸，打开上闸，让上河水进入闸室，水平，船出。此外，复式船闸与
拔船坝并存，大船或载货船经船闸出入，小船或空船则过坝，出入上下塘
河。对于长安闸的具体运行过程，日本僧人成寻在《参天台五台山记》一
书中有着详细的描述："申时，开水门二处，出船。船出了，关木曳塞了，
又开第三水门，关木出船。次河面本下五尺许，开门之后，上河落，水面
平，即出船也。"

元至正七年（1347），在旧坝之西增建新坝。元朝末年，张士诚凿通
杭州北新关至余杭塘栖的水道，运河嘉兴段主干道北移至桐乡。"长安三
闸"水运逐渐衰落，可长安坝依旧是镇上的水运要冲，等着过坝的舟船络
绎不绝。明代仍相当重视长安闸的维修管理。明崇祯二年（1692），撤坝
官，拔船过坝开始由堰坝脚夫经营。至清代中期，闸已废弃，但长安堰依
然存在，往来船舶过坝有盘车上下。民国时，称"长安坝"，上闸首改为
滚水坝，上闸桥以下成为下河水系，并成为上塘河地区泄洪通道。现今原
复式船闸亦已改建为桥梁，上闸桥 1964 年 5 月重建，中闸桥 1983 年 6 月
改建；下闸桥今称"解放桥"，1979 年 3 月重建。

长安闸是连接京杭大运河和上塘、下塘河水系的重要水利枢纽工程
之一，也是江南运河上最重要的水运设施。如今，历经沧桑的长安闸在航
运的历史舞台已退出，但其在水利工程中的伟大发明创举，至今仍造福后
代，它所蕴含的运行原理，至今仍在长江三峡、葛洲坝等大型现代水利工
程中广泛使用。它不仅是连接过去与现在的桥梁，更是江南古运河的繁荣
与发展的见证。2013 年 3 月，长安闸被列为全国重点文物保护单位。2014
年 6 月，中国大运河成功申遗，长安闸入选世界文化遗产名录。

四、千载烟波话顿塘

顿塘是太湖流域开凿最早的运河之一，至今已在江南大地上流淌了
1700 多年，是湖州与嘉兴、苏州、上海等地水路交通之主要航道，有"中

国小莱茵河"之美称。

頔塘西起浙江省湖州吴兴区朝阳街道的城南闸，向东经塘南、东迁、南浔等地，至江苏省苏州吴江区平望镇，全长58公里。其中浙江省境内长37公里，江苏省境内长21公里。江南运河自平望至杭州分东、中、西三支，其中西支由平望镇经湖州向南过菱湖到杭州，頔塘即为西支的一段。

頔塘河的修筑，始于西晋太康年间（280—289），那时的吴兴太守殷康为了利用水利改善民生，主持开凿河道修筑塘堤，灌溉良田千顷。因沿塘芦荻丛生，人们将这一水利工程称为"荻塘"。

唐贞元八年（792），由于頔塘河年久失修，湖州刺史于頔再次组织民工大规模修筑，此次修治疏深河道，加高堤岸，两岸植树，上可驰马，更加巩固。于頔重筑荻塘后，"民颂其德，改名为頔塘"。明代诗人"当年于頔刺湖州，曾筑长堤捍逆流。两岸晓风杨柳绿，王孙得意骋骅骝"。自此頔塘河的名字便流传至今。北宋庆历年间，"诏有司修頔塘，通湖州，凡九十里"。北宋治平三年（1066），将頔塘土堤岸改为垒石堤岸。元天历二年（1329），江南运河大修，又以巨石重筑頔塘堤岸。

明、清两代继续维修加固，石岸纤道，日趋完善。明万历十七年（1589），乌程知县杨应聘筑东塘。万历三十六年（1608），湖州地区大水成灾，頔塘塌损，田禾全没，那时的刚从内阁首辅高位离任返乡的朱国祯致书巡抚，力请救荒，重修頔塘（一名东塘）。同时湖州知府陈幼学洞察民隐，同心区划，頔塘大修，朱国祯撰《修东塘记》以纪念此事。清顺治十二年（1655），修邮塘。雍正六年（1728），湖州知府唐绍祖重修东塘（邮塘），总督李卫"动帑委员修石塘，自东门起至江南震泽县七十里，并集民备土筑塘"。道光十二年（1832），邑侯杨绍霆"奉檄劝修圩岸"，"经始于三月甲子，工成五月乙亥，资费万金"。同治年间，又有重筑石桥的记载。

民国十二年（1923）、二十四年（1935）、三十六年（1947）曾3次整修頔塘，其中以民国十二年（1923）规模较大。这次大修有一位重要的南浔人物参与，他便是南浔富商、著名收藏家庞元济。庞元济，字莱臣，南浔人。父庞云鏳为南浔镇巨富，"四象"之一。在那次頔塘修建过程中，庞元济不仅参与发起修塘倡议，还积极捐资以助建设。此外，他还对修塘之材料提出了自己的建议："全用石，不如兼用水泥之黏且固。由此可知，此次对頔塘的修筑，已采用了当时的新材料——水泥。

此次頔塘重修工程，比预期提前一年多时间完成。頔塘重修计长度67里，平均每里费银近1万元，加上购买民田代价、工程材料两处，暨沪、湖、浔三所的开支、公债及借款、息金等，总共支银82.37万余元，大部分由浔湖商界和群众资助。除实收银74.53万余元，工程款透支银7.83万余元，费用缺口"悉由庞元济捐助"。在这次修筑中，塘岸两边的广大群众和众多的工程技术人员也做出了重大贡献。为褒扬此举，民国18年（1929）在今晟舍乡旧馆建立了頔塘碑亭。亭中立《重建吴兴城东頔塘记》碑石，高约3.5米，宽1米，石碑正面刻碑文，北面列捐款单位、姓名、金额、收支等。现此碑石砌在亭的北墙之内。

頔塘故道既是南浔古镇的组成部分，也是南浔古镇连接运河文化的一条重要水道。时至今日，頔塘故道通津桥至洪济桥段已是古镇主要旅游景点，两岸仍保留有刘氏通德堂、庞氏旧宅、金绍城旧宅、张雪庄旧宅、邱仙槎旧宅等名宅大院。如今，頔塘故道已成为南浔古镇重要的文化景观。

第六节 浙东运河

浙东运河位于大运河最南端，是大运河内河航运通道与外海连接的纽带，是古代海上丝绸之路的重要端点之一。浙东运河西起杭州市钱塘江南岸，跨曹娥江，经过绍兴市，向东汇入宁波市甬江入海，与海上丝绸之路相连，包括西兴运河、绍兴城内运河、绍兴护城河、山阴故水道、虞余运河、慈江、刹子港等河段。浙东运河的兴建始于春秋越国的山阴水道；至南北朝时以渠化天然河道为主的运河体系已初步形成。唐代的浙东运河在绍兴以西有局部改建。宋代是浙东运河的形成时期，其工程设施和管理制度更加完善，至此，浙东运河自钱塘江经绍兴、宁波通海的完整水运体系已经形成。相比其他河段，浙东运河面临的问题较少、运行较为稳定，一方面与浙东地区优越的自然地理环境有关；另一方面就是运河线路规划的科学性，这也是浙东运河能够长期稳定运行的基本条件。

一、千年沧桑话鉴湖

鉴湖，又称为镜湖、庆湖、长湖、大湖、南湖等。此湖系东汉顺帝永和五年（140），会稽太守马臻在任内利用发源于会稽山的数十条溪河与越国时期的山阴故水道，以及山会平原上一些零散湖堤，重新围筑新堤，汇聚"三十六源"之水造就的人工大湖。鉴湖既是古代人工所筑最大的水库之一，也是浙东运河绍兴段的重要组成部分，不仅见证了江南地区从荒服之地到鱼米之乡的转变，更成为中国古代水利工程中的一颗璀璨明珠。

会稽之地，山灵水秀，自然资源十分丰富。经考证，仅仅流入古鉴湖的溪流中，面积 0.38 平方公里以上的就有 43 条，其中面积在 0.8 平方公里以上的溪河有 36 条，也就是史籍中记载的"三十六源"。然而，如此丰富的水资源，却因为缺乏完备的水利体系，反而成了一把双刃剑。山会平原湖田地势低洼，又濒江临海，每到山洪暴发或者海潮倒灌的时候，就会引发洪涝灾害，让百姓苦不堪言。而且，由于没有大型蓄水设施，山间的水流只能白白排入大海，一到旱季，粮田就会干涸，旱灾接踵而至，百姓的生活陷入水深火热之中。

马臻初到任时，目睹百姓的困境，心急如焚。他不辞辛劳，四处实地考察，深入了解情况后，顺应民意，决心兴利除弊。他一边聚合库银一边发动郡内民众，采用以工代赈的方式，开启了大规模的筑湖工程。

鉴湖工程主要包括筑堤和建立排灌设施。首先，马臻加高了历代修筑的湖堤，并增筑新堤，使之连成一体，共长 16 里。大堤以会稽郡城为中心，分为东西两段，东段长 72 里，西段长 5 里。这条人工大堤与南边会稽山麓围成了周长 358 里、宽约 5 里的鉴湖。鉴湖包围了众多大小湖泊，水面高出堤外农田丈余，形成了自流灌溉的水势。

其次，马臻还建立了排灌设施。据记载，鉴湖共有斗门、闸、堰、阴沟等 76 处涵闸设施。这些设施在调节水位、排洪灌溉以及通航方面发挥了重要作用。在干旱时，可以通过开启闸门放水灌溉农田；在山洪暴发时，则关闭放水设施将洪水蓄入湖中；当湖水蓄满时，则打开下泄斗门将水泄入钱塘江。通过这些巧妙的工程设计和管理措施，绍兴地区终于摆脱了水旱灾害的困扰，变成了稻浪滚滚的万顷良田。

《宋史》对鉴湖的功用有客观记载："越州水：鉴湖之广，周回三百五十八里，环山三十六源。自汉永和五年，会稽太守马臻始筑塘，溉田九千余顷，至宋初八百年间，民受其利。"修建这一伟大的水利工程的马臻虽被冤杀，但他身后的鉴湖却遗泽千年，造福后人。鉴湖"湖水高平畴丈许，筑塘以防之，开以泄之。平畴又高海丈许，田若少水，则闭海而泄湖水，足而止；若苦水多，则闭湖而泄田水，适而止。故山阴界内，比畔接疆，无荒废之田，无水旱之岁"。嘉泰《会稽志》中这段文字，将汉代鉴湖集蓄水、防洪、灌溉、防潮、抗咸于一体的工程作用表述得淋漓尽致。

然而，修筑鉴湖这样宏伟的水利工程，难免会触及一些豪强的利益。极少数奸徒心怀不轨，与朝中外戚相互勾连，他们想出了一个恶毒的计策，虚列大批死人的名字，写出所谓的"群体性"诬告信。鉴湖刚刚大功告成，昏庸腐败的汉顺帝刘保却听信谗言，下诏将马臻拘捕到京。他们根本不容马臻辩解，也未经任何核查，就草率地将其处死。

马臻被冤杀后，越人思其功德，冒死将其遗骸从千里外的洛阳运回山阴，厚葬于鉴湖岸边，建墓立祠，并世代祭祀。北宋嘉祐初年（1056），宋仁宗赵祯下敕为马臻平反昭雪，赐封马臻为"利济王"。今天的绍兴，将鉴湖畔的一条道路命名为"马臻路"。2019 年，水利部公布第一批历史治水名人，马臻与大禹、李冰等 12 位治水英雄榜上有名。

二、贺循开凿西兴运河

浙东运河自萧山西兴至上虞曹娥江一段，以绍兴古城为界，以西史分为东、西两段；东段称"山阴故水道"，西段名"西兴运河"。西兴运河，又称萧绍运河、官河等，是浙东运河的源头，也是大运河的重要组成部分。该运河由会稽（今浙江绍兴）内史贺循在西晋永嘉元年（307）前后主持开凿，自会稽郡城西郭门（今迎恩门）出发，经过柯桥、钱清、萧山，直到钱塘江边的西兴渡口（古称西陵）。它沟通了山阴故水道、曹娥江及通往宁波的河流，从而形成浙东运河的雏形。

会稽郡自东汉郡守马臻兴筑运河、建造湖堤后，经过近 200 年的沧桑变迁，山会平原逐步形成，但因受潮汐侵害，影响垦殖。于是孙吴时期也大力兴筑水利工程，使平原得到了一定程度的开发，但仍有海水倒灌，使庄稼受到损害，农民的收成不保，生活水平也一直难以提高。西晋时期，随着江南经济日趋繁荣，政治地位日益重要，运河的修建迫在眉睫。正在此时，贺循挺身而出，据清乾隆《绍兴府志》记载："晋司徒贺循临郡，凿此（运河）以溉田，虽旱不涸，至今民饱其利。"

贺循（260—319），字彦先、邵子，晋山阴（今绍兴）人。好学博闻，尤善三《礼》。历任阳羡令、武康令、会稽内史、军咨祭酒、太常寺丞、左光禄大夫（专掌宫廷杂务之官）等职。元帝建武元年（317），司马睿继位为元帝后，拜贺循为太常（晋代掌宗庙礼仪之官）。当时朝廷若遇疑滞之事，皆咨于贺循，由此他被奉为当朝"儒宗"，与顾荣、纪瞻同为支持司马睿的江南士族领袖。大兴二年（319）卒，时年60岁。

晋怀帝永嘉元年（307），贺循出任会稽内史。作为西晋江南士族首领，他熟悉家乡的山水，深知河道与农田水利、百姓生活的密切关系。古代，江南地区由于地势低洼、河流阻隔，陆上交通相当困难，与外界的联系主要靠水路。会稽属水乡泽国，地势南高北低，河道湖泊自然形成，东汉马臻造鉴湖之后，山会平原上的河流依鉴湖涵闸排灌的设计多为南北流向，因此，以一条东西向的运河连接南北向的河流，扩大内河交通，显得尤为重要。

贺循世居山阴，对会稽地区的山川形貌、风俗人情比较谙熟，曾撰地方志《会稽记》。他了解到山会平原的水道多为南北流向，东西不得贯通。这是一个大问题，既影响了东西交通，又不利于两边进行经济往来和文化传播。贺循决定疏凿一条东西走向的水道，方便山会平原水路交通，以促进物流和经济发展。考虑到修筑运河需要大量人力，贺循又在民间发动群众，因他本就受人民爱戴，又是事关百姓利益的好事，大家纷纷响应，人群开始壮大，修筑运河这个大工程也终于动工了。

经过很多日子的艰难劳动，他们突破重重困难，用数不尽的汗水，开凿了一条西起西陵，经萧山、钱清、柯桥到郡城的人工运河。但是这还没完，贺循又考虑到如果这条运河能和其他河道相连，就能互通有无，对农

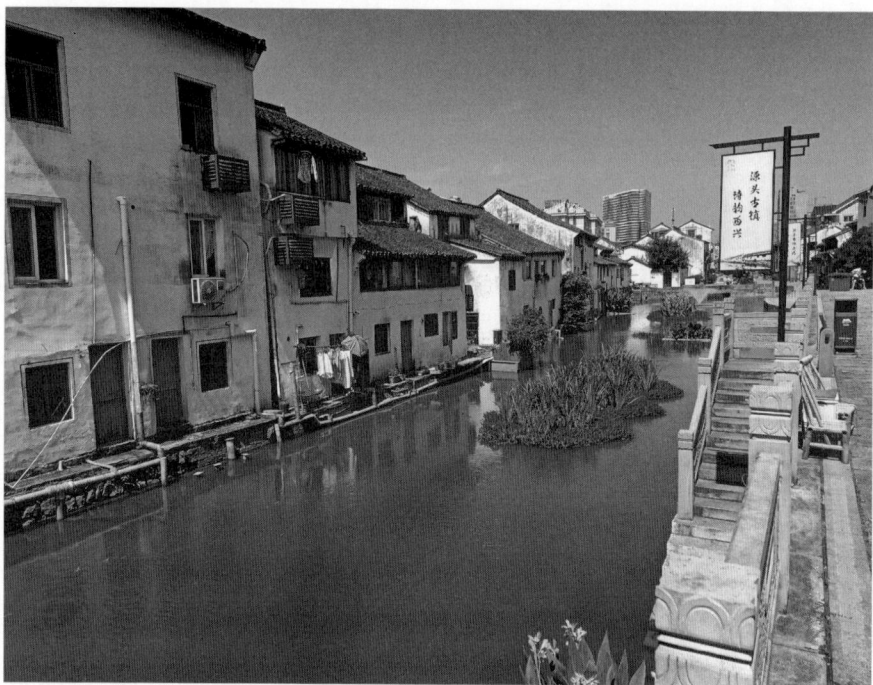

▲ 西兴镇古运河（胡梦飞摄）

业发展有很多益处。于是，贺循又组织群众修治与这条东西向运河相连接的其他河道，在山会平原上形成了纵横交织的水网，使原来各平行河道能互相流通、调节水位，保证了农田灌溉的需要。在他力倡并主持下，一条以钱塘江边西兴渡口为起点，穿经萧绍平原直通会稽城的西兴运河开通。因此，贺循应是西兴运河的"凿河之祖"。

在贺循所开西兴运河的基础上，后人又将其延伸至钱清与西小江汇合，通达曹娥江，再与曹娥江以东运河连接，直达明州（今浙江宁波），成为著名的"浙东运河"。南宋乾道年间，西兴运河与山阴古水道连通，形成"萧绍运河"。这样，一个以西兴运河为东西主干、沟通南北大小湖泊与众多河渠网络的运河水系形成了。千百年来，运河为适应新的需要，进行了多次的疏浚整治、拓展、改造，但其主干河道一直基本稳定。

运载千秋：中国大运河传

三、"白玉长堤"运道塘

古纤道，这条位于浙江省浙东运河绍兴段的古老通道，自东向西穿越整个绍兴，是古代人们行舟背纤的重要通道。它也被称为纤塘、官塘或运道塘。这条纤道始建于唐元和十年（815），是为了萧绍运河而建。《唐地理志》记载："元和十年，观察使孟简筑。"

孟简（？—824），字几道，德州平昌县（今山东省临邑）人。德宗贞元七年（791）登进士第，又登博学宏辞科，累官至司封郎中。工诗，善行书。《全唐诗》录诗 7 首，《全唐文》收文 3 篇。他曾作为浙东观察使皇甫政的从事，协助皇甫政在山阴凿山以蓄泄水利以及做朱储斗门。元和九年（814）至十二年（817）担任越州刺史兼浙东观察使，任上廉洁奉公、勤于政务、发展生产，政绩斐然，尤其着力于兴修水利。

作为唐代著名的水利专家，他曾前后两度来山阴治水。第一次在贞元九年（793），作为浙东观察使兼越州刺史皇甫政的副手，他先对玉山斗门进行改建，将原来的二孔斗门改为八孔闸门使洪水流入海中。第二次在元和十年（815），孟简再赴越州担任浙东观察使，他采用截弯取直的方法，将鉴湖段的山阴古水道与贺循开凿的西兴运河连通。疏浚原本堵塞的相关河道与地段，在原先河堤的基础上重新垒筑，最终形成了早期的运塘堤。

《新唐书·地理志》载："越州山阴县，北五里有新河，西北十里有运道塘，皆元和十年观察使孟简开。"运道塘从城西迎恩门起直至萧山县的运河，也就是现浙东运河绍兴至萧山段。当时修筑的纤道多就地取材，取河塘里的泥沙垒筑。南方气候湿润，一遇雨天，纤道上一片泥泞，纤夫走在湿滑的泥道上连身体平衡尚难保持，更遑论奋力背纤拖船前行。直到明弘治年间，山阴知县李良重修纤道，在原先的土堤上铺砌青石板材，石材采自山阴柯山，纤道变得更加坚实耐用。会稽、萧山两县的沿运河官塘也先后采用当地产的青石材铺砌纤道，形成了现在的"白玉长堤"。

▲ 绍兴古纤道（胡梦飞摄）

清代以来，官塘修缮由官府负责摊派到地方，多由地方乡贤和慈善人士发起。如康熙年间山阴秀才余国瑞召集僧人一起商讨纤道修缮，地方乡贤及善男信女为了功德，纷纷出钱资助，总共筹集到钱款万元左右，历时8年完成了纤道的修缮。

古纤道，古人喻其为"白玉长堤"，不仅是古代交通的重要通道，也是历史文化的见证。它见证了古代人们的智慧和勤劳，是绍兴乃至整个浙江地区历史文化遗产的重要组成部分。如今，在鉴湖上、柯岩景区内，古纤道得到了经典的再现，"白玉长堤路"成为绍兴水乡最独特的风景线。

四、汤绍恩兴建三江闸

在钱塘、钱清、曹娥三江汇合处，有一座桥闸结合的明代建筑——三江闸。距离堤坝不远处有一个宣传栏，介绍了明代绍兴知府汤绍恩的功

　　　　　　　　　　　　　　运载千秋：中国大运河传

绩。值得一提的是，汤绍恩是四川安岳县陶海村人，他和苏轼一样，都是从蜀地走向全国的治水专家。他在绍兴主持建设三江闸，修建了绍兴古纤道，提高了浙东运河（绍兴段）的航运能力，有着"绍兴恩公"的美誉。

古代的山阴、会稽、萧山三县地势低下，上承千山万壑的水，一遇淫雨连绵，山洪暴发，泄水不畅，淹没农田庐舍，又因钱塘江水位较高，每年八月大汛，怒潮似排山倒海，狂澜倒灌，无数良田沦为沧海，待到潮退水落，留下一片茫茫荒野。为了阻挡钱塘海潮的侵袭，古代劳动人民便在萧、绍两县的东、北筑起海塘。从马溪桥至西兴一段称"西江塘"，再从西兴至宋家溇一段称"北海塘"，由宋家溇至高坝一段称"东江塘"。沿塘共建立 20 余处水闸。但由于钱塘江潮猛水急，流沙严重，闸基不稳，这些水利设施往往不能很好地发挥作用。

明代嘉靖十四年（1535），汤绍恩出任绍兴知府时，三江口淤沙十分严重，内水不能外泄，积涝成灾，旧塘损毁，不能蓄水。次年又遭大旱，田无颗粒之收，民有易子而食。汤绍恩到任以后，决心建闸治水。他遍察山会平原地理水道，"见波涛浩渺，水光接天，目击心悲，慨然有排决志。"时隔 1 年，他毅然决计在钱塘、钱清、曹娥三江汇合处——彩凤山与龙背山之间建造三江闸。从当年 7 月备料筑坝，到次年 3 月闸成竣工，历时不足 9 个月，而闸体实际施工仅"六易朔而告成"，共费银 5000 余两。大闸左右岸全长 103.15 米，28 孔，净孔宽 62.74 米。孔名系应天上星宿，故又称"应宿闸"。三江闸的启闭依据水则（古代水尺）。水则有两个，一个设在闸址，一个设在绍兴城里，后者有校核水位的作用。水则分金、木、水、火、土五划。水至金字脚，全闸开启；水至木字脚，开十六孔；至水字脚开八孔；至火字头，全闸关闭。闸门由三江巡检代管。"启闭唯看水则牌"，平时按水则督促闸夫开闸、闭闸。全闸结构合理、建造精密、设施完备，具有较好的整体性和稳定性。

《郡守汤公新建塘闸实迹》这样记载了汤绍恩的功绩：三江闸建成后

"潮患既息，闸以内无复望洋之叹"。对于浙东诸地而言，三江闸可谓开创了水利新格局。三江闸的建成不仅平息了当时绍兴地区的水患，还开创了通过河口大闸全控平原水利的崭新格局，为之后修建曹娥江大闸等水利工程提供了有益探索和经验。

除了兴建三江闸外，汤绍恩还主持了海塘修筑、新塘开掘、鉴湖改造、碛堰恢复、纤道维修、航道疏通等水利工程，首次完整地构建了绍兴古代水利工程"拒潮、抗旱、排涝、灌溉、供淡、交通"六位一体的价值体系。为了纪念汤绍恩的功德，当地人建立了"汤公庙"，后改为"汤太守之庙"。明代著名书画家、同为绍兴人的徐渭，有感于汤太守的治水功绩，题写了一副对联："凿山振河海，千年遗泽在三江，缵禹之绪。练石补星辰，两月新功当万历，于汤有光。"

三江闸后经历代维修，发挥效益近400年，至今仍然保存完好。1979年，绍兴人民又在三江闸北5里处，另建成了正常泄水流量为每秒528立方米的大型现代化水闸新三江闸，三江闸遂完成了它光辉的历史使命，成为重要的历史文物长期保存下去。

第三章

跨越千年的
漕运往事

运河泱泱，悠悠千载，万千船只在这里往来不绝。中国大运河连通南北，是我国古代重要的漕运通道。"漕者，水转谷也。"漕运是利用水道调运专门物资的专门运输体系，粮食则是漕运调配的主要物资。漕粮运输关系国家命脉，对维持国家政治、军事、经济的正常运转有着巨大的意义。"漕运是经济，也是政治。漕运是历史，也是传说。漕运是制度，也是生活。漕运是一个民族行走在水上的智慧和故事。"

第一节　秦汉至隋唐时期的漕运

秦汉时期，开始出现了涉及漕运的官员，负责粮食的征收、运输等，在中央层面上，秦朝有治粟内史、西汉有大司农，掌管国家租税、钱谷、盐铁，漕运也为其所管，在地方层面上西汉郡县有"漕曹掾"一职，将郡国所产粮食或运往京城，或调往所需之处，运输方式多为水路。魏晋南北朝时期的北齐设有司农寺，主管官员为司农卿、少卿，掌管园池、钩盾、典农、藉田、水次仓诸事，其中水次仓就包括漕粮运输、入仓等事宜。

隋唐是中国漕运迅速发展的一个时期，漕运官制逐渐严密化与常设化，转运使、发运使等官职的设立，对增强政令统一、强化京城供给起到了巨大作用。特别是中央官员往往兼任地方漕运职官，这对于集中地方财赋，强化中央集权也有着重要意义。正是隋唐大运河的开挖及漕运官制的逐渐确立，为后世漕运系统的完善提供了丰富的经验。

一、裴耀卿创立转般法

裴耀卿（681—743），字焕之，绛州稷山（今山西稷山），仕睿宗、玄宗二朝。历秘书正字、国子主簿、考功员外郎、兵部郎中、济州刺史、户部侍郎、京兆尹、黄门侍郎、尚书仆射等职，卒于天宝年间，谥"文献"。

开元二十年（732）裴耀卿升任京兆尹。转年，天降暴雨，雨量过多，京城粮食储备陷入匮乏的困境。唐玄宗为此忧虑不已，甚至打算前往东都洛阳，就食以解燃眉之急。临行前，玄宗皇帝询问裴耀卿救灾之策。裴耀卿说："陛下要东巡洛阳，那长安所有的官员都要追随您前去，那么太仓及三辅以前所积蓄的粮食，可以让重臣分领去救济灾民，另外洛阳地区富裕，可以通过运河将粮食漕运到长安与关中地区，等到都城积蓄充实了，陛下再从洛阳回长安。并且国家的政治中心在长安，但关中地区地理位置狭窄偏僻，收取的粮食不是很多，一旦遇到荒年，粮食就会匮乏，以前贞观、永徽年间，朝廷官员数量少，每年只需漕运 20 万石粮食就足够了，现在国家用度庞大，需粮孔亟，漕运量增加了数倍都不够用。陛下此次东巡洛阳，那里积蓄丰实，从国家的长远角度考虑，我认为应该扩广长安附近的运输通道，使京城日常有 3 年的积蓄，那么即使发生灾荒也就不会恐慌了。"罢黜艰难的陆运，而在河口设置仓储，"使江南漕舟至河口者，输粟于仓而去。县官雇舟以分入河洛。置仓三门东西，漕舟输其东仓，而陆运以输西仓，复以舟漕，以避三门之水险"，唐玄宗听后，连连点头，认为此计甚妙。

裴耀卿早在任宣州刺史时就上书称：江南地区人口稍多，出产的粮食较多，平时只出租庸，没有征防之劳。但是水陆遥远，如果将粮食转运到洛阳非常艰辛，即使耗费大量的精力去做这件事，对仓储也是无益的。平时各州输送各种赋税，一般都二月份开始上路，运到扬州进入斗门，如果碰到水浅的时候，就会有很大的阻碍，需要停留一个月以上，到四月份以后，才能由淮河进入汴河，汴河多数时间因干旱而水少，船只又必须停留，一直到六七月份才能达到黄河口，如果遇到黄河水涨，船只又不能入河，又要停留一两个月，等到黄河水小的时候，船只才能行运。由黄河进入洛河，洛河水少干浅，船只经常挤在一起不能通航，不断停滞逗留，异常艰辛。计算从江南到东都洛阳，耽搁在路上的日子非常多，真正水路航行的时间少，粮食在途中大量亏损，另外江南的百姓不熟悉黄河、汴河水路，运粮的时候必须雇用附近的水手，又要花费大量的钱财。应考虑前代旧章制度，根据实际情况做出调整，选择最便宜的实行，这样才能使用长久。河口原先曾置武牢仓，江南的船只不需要进入黄河，就可以在仓内存储。巩县置洛口仓，从黄河行运而来的漕粮无须进入洛河，漕粮全部放置在洛口仓中，其他如河阳仓、柏崖仓、太原仓、永丰仓、渭南仓，全部按照这样设置，如果水路通畅，就从近便的地方转运，不通畅的地方就放置在仓里，不会使远方的来船滞留，不用担忧长时间耽搁而产生的耗损，比整年长运，便利一倍有余。现在如果按照古法设置武牢、洛口等仓，江南漕船运送漕粮至河口，即回归本地，然后用这些船只和省下来的钱在江淮地区运粮与修建义仓，这样国家漕粮与地方仓储都能积蓄充实。

开元二十二年（734），裴耀卿任黄门侍郎，玄宗才开始采纳他的建议，置河阴县及河阴仓、河西置柏崖仓、三门东置集津仓、三门西设盐仓，开三门山 18 里，以避开湍急的河段，江南漕粮自江淮溯流至"鸿沟"，全部收纳入河阴仓中，从河阴仓转运至含嘉仓，再从太原仓进入渭河，运至关中。裴耀卿"转般法"的实行使漕运效率大增，京城粮食市场得以充裕，仓储的赈灾功能扩大，开元二十四年（736），唐玄宗从洛阳返回长安，因京城粮食积蓄过多，朝廷不得不停止江淮之运，在京畿附近收购粮食数百万斛，防止粮价下跌打击种粮百姓的积极性。

裴耀卿是中国漕运史中的重要人物，他对唐代漕运的改革，不但对唐王朝政权的稳固起到了重要作用，而且对于后世宋、元、明、清等朝的漕运与仓储建设也具有启发意义。清人郑日奎说："漕运事始于秦，详于汉。然于时转输之粟，止山东、河北而已，未尝远及江淮也。唐都关中，以地狭费繁，于是岁漕东南之粟，以给京师。永徽以后，渐致增多，江淮漕运，于斯称剧。顾始终三百年间，治漕称善者，前唯裴耀卿，后唯刘晏，然晏实祖述耀卿而增美者也。"裴耀卿的漕运改革，犹如一颗璀璨的星星，在历史的长河中闪耀着独特的光芒。

二、韦坚开渭水漕渠

在西安城东北的灞河东岸，有一个历史悠久的港口——广运潭。这个港口在唐代由韦坚设计建造，曾是长安水上交通的重要枢纽。灞河和浐河自古以来就是舟楫之利，是长安的水上交通要道。汉武帝时期，为了保障京都的供给，曾开挖"漕渠"。然而，到了唐代，"漕渠"已经淤塞。由于关中土地有限，长安人口不断增加，粮食供应成为问题。唐玄宗任命韦坚为水陆运使，负责长安的物资供应。

韦坚（？－746），字子金，京兆万年（今陕西省西安市）人。唐朝大臣，兖州刺史韦元珪之子。韦坚出身于京兆韦氏家族，以门荫入仕，起家秘书丞，拜长安令，颇有才干。天宝元年（742），升任陕郡太守、水陆转运使、勾当缘河及江淮南租庸转运处置使。开凿广运潭，便利物资运输，利国利民，得到唐玄宗的嘉奖，授银青光禄大夫、左散骑常侍。天宝三载（744），韦坚又兼任御史中丞。

韦坚上任后，先在咸阳蓄渭水建造兴成堰，又拦截灞水、浐水，将其引向东流，与渭水相合，开凿了一条沟通长安与永丰仓的水渠。这条漕渠西起禁苑（在长安宫城北）之西，引渭水的水东流，中间横断灞水和浐水（二水均南北流），东至华阴永丰仓附近与渭水汇合。渠成后，又在长安望春楼下凿广运潭，以通漕舟。这样一来，在永丰仓和三门仓存贮的米，都可用船一直运往长安，不必再像以前那样用牛驾车来运送了。关中运道既然大为改进，粮食的运输量自然有激剧的增加。《新唐书》卷五十三《食货三》载："岁漕山东（事实上以江淮为主）粟四百万石"，超出裴耀卿时漕运量将近一倍，运费也进一步减少。

不仅如此，韦坚又"请于江淮转运租米，取州县义仓粟，转市轻货，差富户押船。若迟留损坏，皆征船户"。按江淮各地的义仓粟，自裴耀卿改革漕运时起，曾经大量地变造为米，运往关中。如今韦坚更进一步地把江淮义仓粟转买轻货，令富户负责北运，以增加关中的财富。这样，运往关中的物资，不限于粮食，其他物资也大量增加了。

作为隋唐第一流门第的韦氏家族成员，韦坚了解达官贵人追奇猎异的心理。天宝二年（743），广运潭修成。韦坚事先在洛阳、汴州、宋州等地筹集了两三百只小斛底船，藏于潭侧，每只船头上都插牌写上郡名，然后装上该地的名特产。署名广陵郡的船只上，堆积着广陵所出的锦、镜、铜器、海味；署名丹阳郡的船只上，是让人眼前一亮的京口绫衫缎；署名晋陵郡的船只上，是工艺精美的绫绣；署名会稽郡的船只，载着吴绫、绛纱；署名南海郡的船只，载着玳瑁、珍珠、象牙、沉香；署名豫章郡的船只，载着名瓷、酒器；署名宣城郡的船只，载着空青石、纸笔、黄连；署名始安郡的船只，载着蕉葛、蚺蛇胆、翡翠；署名吴郡的船只，载着三破糯米、方丈绫。所有驾船的人都如吴楚之地的人们头戴斗笠，身着宽袖衫，脚穿芒屦，一派江南水乡的风光。

广运潭落成典礼这一天，玄宗兴致勃勃地与百官、宫女前往望春楼观看。数百艘船只，头尾相接，"连樯弥亘数里"。四周围观者人山人海，盛况空前。陕郡尉崔成甫亲自坐首船领唱，诸多女子齐声应和并载歌载舞。许多京师百姓从未见过"驿马船樯竿"，当看到广运潭上汇聚的浩浩荡荡的漕船船队时，"人人骇视"，极为惊叹。唐玄宗见此，更是欢悦异常，对韦坚及其僚属吏卒并船夫等大加赏赐。

韦坚之开凿广运潭，历来被史家指责为诏媚之举。然而，我们更应该看到，由于长安至华阴永丰仓漕河的贯通，使京城长安可以通过华阴、陕州、洛阳一线，与以大运河为主干的全国漕运网有机地连成一个整体，无论在经济上、军事上，还是在政治上，都具有重大的意义。大运河沿线的河北、河南以及江淮，是唐代最重要的经济区域，是全国经济的中心所在。由于长安与全国漕运网的进一步连接，使得作为政治中心的京都长安，与山东、江淮地区的经济中心，更为紧密地联系在一起，使唐王朝经济实力更为雄厚，军事实力也更为强大。随着唐帝国的衰败，广运潭的水面上不再漕船如梭，不久漕运也因为战乱无人管理而致使运河淤塞。随着2005年以来广运潭项目的正式开工，昔日"灞上烟柳长堤"的胜景画境也基本得到恢复。2011年西安世园会的主会址即设在此处。

三、刘晏改革漕运

在秦汉时期，漕运这一关乎国家经济命脉的重要事务逐渐有了专门的官员负责。那时，在中央层面，秦朝设置了治粟内史，到了西汉，这一职位演变为大司农。他们掌管着国家的租税、钱谷、盐铁等重要事务，漕运自然也在其管辖范围之内。而在地方层面，西汉的郡县设有"漕曹掾"一职。这些官员肩负着将郡国所产粮食运往京城，或者调配到其他急需之处的重任，并且运输方式大多依赖水路。时光流转，到了魏晋南北朝时期的北齐，出现了司农寺这一机构，其主管官员为司农卿和少卿。他们的职责涵盖了园池、钩盾、典农、藉田以及水次仓诸事，其中水次仓所负责的事务就包含了漕粮的运输以及入仓等关键环节。

到了唐代，漕运的管理更加细化，出现了专管官员。比如裴耀卿，他曾担任黄门侍郎、同中书门下平章事兼江淮都转运使，主要负责将江南各道的漕粮转运至洛阳、长安。还有李杰，身为陕州刺史、水陆发运使，专职管理都城的粮食运输事务。天宝年间，韦坚出任陕郡太守、水陆转运使。当时，江淮漕粮经水路抵达永丰仓后，还需从渭河转运至长安。然而，渭河多沙，漕船常常受阻。韦坚便在前朝漕渠、广通渠的基础上，重新开凿新运河，并且在京城广运潭建造码头。这一举措使得各地的漕粮、物资能够直接运输到京城。韦坚也因这一功绩，被封为左散骑常侍，还兼任江南、淮南租庸转运处置等使，一时间权倾朝野。

然而，唐朝遭遇了"安史之乱"这一巨大变故，整个王朝遭受了极为严重的破坏，交通运输领域，尤其是漕运，受到的冲击更是巨大。要知道，交通运输可是大唐的经济命脉，恢复漕运迫在眉睫。"安史之乱"平定后，宝应二年（763），唐代宗任命刘晏为转运使，期望他能恢复漕运，为大唐的战后重建注入新的活力。

但是，恢复漕运谈何容易。面对重重困难，刘晏上任后开始了大刀阔斧的改革。他亲自乘船考察淮河、泗水、汴河、黄河等各漕运河道的水情，并疏通运河水道，使之恢复通航。

当时，劳力短缺问题十分突出。为解决这一难题，刘晏想出了一个妙招，他用朝廷专卖食盐的收益，作为漕运的费用。此外，还雇人从事运输生产，而"不发丁男，不劳郡县"，减轻了地方的负担，在一定程度上减少了中间剥削，漕丁漕夫的收入也有所增加，对恢复漕运起到了一定的作用。

为了保障安全，除由政府在运河沿岸分别派遣军队驻防外，还把漕运船只和人员组织起来，规定"十船为纲，每纲三百人，篙工五十人"，从扬州派遣军队护送到河阴。同时，对漕丁漕夫的驾船技术，根据各条河道的特点，进行专门训练。更重要的是，刘晏积极改革漕运制度，其中最主要的是实行"分段运输法"。

在这之前，由于一直采用直运的办法，把江南的粮食集中到扬州，然后从扬州装船，经过大运河、淮河、汴水、黄河、渭水，直接运到长安。这种运输方法，使大江大河的运输能力不能充分发挥。而且运输时间过长，一船粮食，往往需要八九个月才能到达长安，途中损耗也很大，效率低。另外，由于长距离运输，船工对各不同河道的情况难以全面掌握，因此常常发生事故。

针对这些问题，刘晏一方面在清口（淮河、汴水汇合处）、河阴（汴水入黄河处）、渭口（渭河入黄河处）等处，建造粮食仓库；另一方面又根据各江河水位高低和水流缓急情况，制定"江船不入汴，汴船不入河，河船不入渭"的运输规定，使"江南之运积扬州，汴河之运积河阴，河船之运积渭口，渭船之运积太仓（皇室仓库）"。如此一来，漕粮分别由各河系的船分段接运，运输时间大大缩短。而且船工们都各自在自己熟悉的水道行船，事故也大大减少。这种按各区段运输的方法，能充分发挥运输潜力。直到今天，这种方法仍然是组织水上运输的重要方法之一。

为了让"分段运输法"更加完善，刘晏还根据长江、汴水、黄河、渭水的水力不同，精心打造了许多不同类型的船只。在汴水航行的，是一种"歇艎支江船"。这种船平底浅舱，装载量大，每船能载1000石之多，而且装卸方便，适合在江面开阔、水流稳定的河道里航行。在黄河三门峡险滩航行的，又是另外一种船型，叫作"上门填阙船"。这种船载重在1000石左右，以坚牢著称，适于在水流湍急、礁多滩险的河道里航行。

经过刘晏的不懈努力与改革，大唐的漕运终于逐步恢复生机。刘晏也因此被载入史册，成为后世敬仰的漕运改革先驱。

第二节　宋元时期的漕运

　　北宋在借鉴隋唐漕运制度的基础上，建立了相对独立与稳定的漕运官制，每年运输漕粮达数百万石，有力地支撑了王朝的统治与军事方面的开支。立国初期，北宋设江淮水陆发运使一职，负责东南漕粮输京事务，但因距江淮遥远，难以做到政令统一，不久裁撤。数年后，宋政府于淮南设置江淮发运司，就近转输江淮与两浙漕粮，后随着机构的健全及转运规模的扩大，又将两湖漕运也纳入江淮转运司管辖范围之中，全称江淮浙荆湖六路都大发运司，管理机构设于长江与运河交汇处的真州，并在沿河地区设置了分支机构。在中央，兼管漕运的机构则为三司，分别为盐铁、度支、户部，掌全国财政，各司主管官员为三司使，"三司制"是宋代强化君权，削弱宰相权力的一种措施，三司直接对皇帝负责，相互独立与制衡，从而强化了中央集权。北宋灭亡后，南宋偏安江南，都城临安距江淮、江南地区距离较近，湖广、四川漕粮也可顺长江直接输往临安，漕运管理继承北宋，通过设置发运司转运漕粮，但随着大规模漕运的消失，最终这一机构于乾道六年（1170）废除。

　　元代开通了京杭大运河，加之海运发达，漕运制度进一步健全，设置了完善的内河、海运、陆运管理机制。中统二年（1261）设置军储所、寻改漕运所，至元五年（1268）改为漕运司，主官为五品，数年后再改为都漕运司，主官升为四品。至元十九年（1282）设江淮都漕运司、京畿都漕运司，分别负责各地漕粮的运输工作，并设提举司予以辅助。元代漕运管理机构完善程度远超前代，会根据不同水域、不同时期调整管理机构，分设不同官员，在时空上呈现不同的特点，深刻体现了元代漕运的特色。

一、萧太后开挖运粮河

萧太后河位于北京城东南方向的朝阳区和通州区界内，是北京最早人工开凿的河道，始建于辽代，比元代漕运的坝河早 280 多年，比元、明、清三朝漕运的通惠河早 300 多年。我们今天看到的萧太后河，已和辽代时期的河道无论长度、宽度、深度及走向都有了很大的变化。如今的萧太后河段始自朝阳区西大望路附近，往东南方向穿过小武基、十八里店、黑庄户、台湖等地，并在通州文化旅游区附近一分为二，原先的河道成了环球影城景区的内河，最后在通州区的张家湾镇汇入了凉水河。

对"萧太后河"最早的记载出现在明人所写的《帝京景物略》一书，书中有"西南五六里，为萧太后运粮河"字句，因此这条河应该与古代运粮有关。此后，在清代一些文人作品中也有一些"萧太后运粮河"的记载或描述。如清代咸丰年间震钧所著的《天咫偶闻》一书中描述道："八里庄之西二里，有河名十里河，又名萧太后运粮河。"而康熙版的《通州志》写道："与牧羊台相近，在州城南，俗传苏子卿牧羝处，或云即萧太后运粮河。"在明清时候的这些说法，也并未提及此河是由萧太后主持开凿的。

至于这条运河为何会罕见地以"萧太后"来命名，目前主要有流传于民间的两个说法，未见正史。一是辽国的萧太后当年率军征战北宋的时候，扎营在今天的北京，曾经一度缺水，差人寻找水源，后来终于找到了一条小河。萧太后喝后觉得水很清甜甘冽，便问起河水名，找到水源的人说这条河没有名字，于是萧太后遂降旨以她的名号来命名。还有一种说法是在萧太后当政的时候开挖的，后人便尊为"萧太后河"。早前经过专家考证，这是一条人工运河，从这个角度来看，第二种说法似乎更真实可信一些。

萧太后，名萧绰，乳名燕燕，生长在一个契丹贵族家庭。在辽景宗耶律贤即位之前，萧绰的父亲萧思温与汉人重臣韩匡嗣就是他的得力助手。

起初萧绰与韩匡嗣的儿子韩德让有婚约。辽景宗即位后想通过联姻的方式与萧氏贵族结盟。萧绰只好放弃与韩德让的婚约，16岁时被辽景宗选为贵妃，不久被册立为皇后，与辽景宗育有三子四女。由于辽景宗经常生病，直到后来他无法处理国事，常年卧病在床，便由皇后萧绰主持朝政，"刑赏政事，用兵追讨，皆萧皇后决之，辽景宗拱手于床榻而已"（《契丹国志》）。公元982年辽景宗驾崩，长子耶律隆绪（辽圣宗）继位，由于耶律隆绪只有11岁，时年30岁的萧太后便挑起领军治国的重担，一直到1009年去世，临朝听政长达27年。

自938年契丹政权占据"幽云十六州"后，便将"幽州"（今北京）升格为"南京"，当时的"南京"扼控南北，无论军事位置还是经济文化都要远胜漠北草原，因此辽政权将大批官员和军队迁来此处。后来南京逐渐成了辽与宋对抗的前沿重镇，不仅有大量驻军，而且皇帝、官员和贵族也经常过来居住。但当时该地生产能力不足，物资给养的供应极为匮乏，无法解决大规模迁移过来的军民粮食和物资的供应，因此每年要从北方的草原和辽东等地筹措运送大量牛羊、粮食和其他用品。

当时的物资运输主要靠水路，即由东京辽阳府（今辽宁辽阳）装船运送到北塘海口（在今天津市宁河县境内），再转入内河运输。先进入白龙港河，然后沿七里海（在今天津市宝坻县境内）逆流而上，沿大龙湾河和小龙湾河在今香河县西南进入白河（潞河），然后继续向西北逆流而行几十里到达潞县（今通州）南的张家湾。但是张家湾距离当时的南京城还有几十里路要走，因此为了彻底解决物资运输问题，决定从张家湾开凿一条通往城里的人工河道。

对于萧太后河的起始点和具体长度，史上并无详细记载，但根据后来挖修水利时出土的古河道判断，它当时的西端源头应该是在辽南京迎春门外的护城河（现在西城区的烂漫胡同附近），上水源有两个，一个是来自西北的古高粱河，另一个是来自西部古永定河。河水出迎春门后，一路汇聚众多湖泊、沟渠之水，蜿蜒向南流入陶然亭湖，然后东进龙潭湖，过左安门到十里河村北。因萧太后河从迎春门到十里河村北恰好十里地，故得名"十里河"。东端应在张家湾东与潞河的汇流处。据新中国成立后发现的旧河道测量，萧太后河床宽约 31 米，底宽约 8 米，全长约计 20 公里，河底都是用黄黏土铺垫，历经千年的冲泡和地质变动，仍然基本保持了原来的基础构造，被后人称为"铜帮铁底运粮河"。

二、张方平治汴通漕

张方平（1007—1091），字安道，北宋南京（今河南商丘）人。张方平少年时异常聪明，被视为天下奇才。仁宗时，考取茂才中异等，担任校书郎、知昆山县。又考中贤良方正科，升任著作郎、通判睦州。西夏赵元昊侵扰宋朝，张方平献上《平戎十策》，任直集贤院，不久知谏院。英宗时，出任三司使，掌管国家财政，擅长理财。神宗时，官至参知政事（副相）。

自中唐时期开始，江淮地区所贡献的赋税便占据了朝廷财政税收的绝大部分，高达 90% 以上。汴河，这条连接黄河与淮河两大水系的重要河流，不仅突破了南北航运的束缚，更成了汴梁与南方经济联系的纽带。北宋之所以选择定都东京开封，一个重要的因素是，东京城占据交通和漕运优势。《宋史》载："宋都大梁，有四河以通漕运，曰汴河，曰黄河，曰惠民河，曰广济河，而汴河所漕为多。"另据宋人笔记记载，吴越王钱俶曾向宋太祖进献宝犀带，未想到太祖却说"朕有三条带，与此不同"。钱俶请求拿出来看看，太祖笑着回答他说："三条带是汴河一条，惠民河一条，五丈河一条。"钱俶听后惭服（五丈河于太祖开宝六年改名为广济河）。由此可见都城东京水路交通的地位，其中的汴河又是重中之重。

关于朝廷对汴河的重视以及汴河对于北宋尤其是对于京师的经济意义，有很多史料可以证明。汴河从外城西水门入城，过内城流向东南，从外城东水门而出，穿东京城而过。《宋史》载，太宗淳化二年（991）六月，汴河在浚仪县决口，太宗乘步辇出乾元门亲自去视察，并对迎谒的宰相、枢密院官员这样说："东京养甲兵数十万，居人百万家，天下转漕，仰给在此一渠水，朕安得不顾！"这是因为汴河"岁漕江淮湖浙米数百万石，及至东南之产，百物众宝，不可胜计。又下西山之薪炭，以输京师之粟，以振河北之急，内外仰给焉。故于诸水，莫此为重"。

为确保汴河的安全和运输顺畅，北宋政府采取种种措施对汴河进行整治。北宋中期以前，每年开春之际，政府都要征调民力开挖"引黄入汴"的河口，以确保汴河的水量，这是为了"于河口均调水势，止深六尺，以通重载为准"，河水过浅无疑影响重载运输。"引黄入汴"无疑也引来了泥沙，对此北宋政府同样要在冬春征调民夫清淤。加上狭河岸、束水势以加快流速，引洛河清水入汴等措施，汴河的运输能力大大提高，以至于"江淮扁舟，四时上下，昼夜不绝"。在开宝五年（972），汴河的漕运量仅为数十万石。然而，到了太平兴国六年（981），漕运四渠的总运量激增至550万石，其中汴河便承担了江淮米食300万石和菽100万石，运量大幅攀升。至大中祥符初年，漕运更是猛增至700万石，充分展现了汴河作为黄金水道的实力与地位。

英宗在位的时候，张方平任三司使，建议朝廷疏浚汴河，发展漕运，保障京师物资供应。他上奏说："国家以陈留一带为中心，处于四通八达的枢纽地位，不像雍、洛等地有山川险要地形可以依靠，而士兵要吃饭，粮食依赖漕运，漕运以汴河为主。在天圣以前，国家每年调集百姓疏浚，因而水流通畅。其后，浅薄者争着请求裁减役费以哗众取宠，汴河日益堵塞。现在河在天上，必须仰望，这是得不偿失的举措。"宰相富弼在读他的奏章时，计时的更漏都过了10刻，也不知疲倦，皇帝也加以称赞。富弼夸奖说这是关系国家生计的重大建议，不是寻常奏章，并全部采纳了他的建议。

神宗即位后，张方平任参知政事。当时王安石推行新法，尤为注重农田水利，发展运河漕运。张方平对此持支持态度，他上奏朝廷发展汴河漕运。在宋代汴河每年漕运江、淮、湖、浙米数百万石，以及东南方的物产，又运输西山的薪炭，运输送往京师的粮食，供应河北边防军需物资，所谓内外都仰仗汴河，相比于其他水道，没有比汴河更重要的。然而汴河以黄河为水源，春冬水势无常，时而淤塞，时而泛滥，耗费朝廷大量人力、物力，有些官员建议停止运输。张方平极力呼吁朝廷重视汴河漕运，他在给皇帝提交的奏章中言道："国家漕运以汴河为主，北宋建立之初疏浚河渠 3 道，以通京城漕运，自后定下地方的上供年额，汴河每年漕运粮食 600 万石、广济河每年 62 万石、惠民河每年 60 万石，然而广济河所运粮食，仅仅供给太康、咸平、尉氏等几县作为军粮而已；唯有汴河专运粳米，兼以小麦，才是充裕国家粮仓的重要保障。"他认为漕运对国家而言，乃是至急至重的事情，汴河是国家巩固的立足之本，非可与其他沟洫水利同日而语。漕运现状是广济河的漕运被罢掉，而惠民河漕运粮食又不入国家粮仓，京师大众生计所需的粮食，只有依赖汴河这一条水道。张方平认为如果不对汴河加以重视，制定的漕运政策屡作更改，必然致使汴河日益淤塞，不再畅通。

除农田水利法外，张方平对王安石推行新法整体是持反对态度的。他曾上书皇帝极论新法之害，言道："百姓如同水，水可以载舟，也可以覆舟，如果新法得以推行，必有覆舟之祸。"他见王安石推行市易法，开辟渡口、码头为市场，作为商贾交易之地，也上书加以反对。这些都招致神宗的不满，于是几次请求退休，后以太子少师的身份退职。哲宗即位后，加封张方平为太子太保，不久便病故。

张方平为人直率豪爽、有气节，退休后评论时事仍很尖锐，尤其对于用兵、判案等项，反复辩论。晚年受神宗赏识，当时王安石执掌新法，他亦不屈服，由此名重一时。著有《乐全集》40 卷传世。

三、蒋之奇开龟山运道

蒋之奇（1031—1104），字颖叔，北宋常州宜兴（今属江苏）人。以伯父蒋堂任枢密直学士，得以恩荫得官。仁宗嘉祐二年（1057），中"春秋三传"科，赐进士及第，官至太常博士；随后又选拔贤良方正，在廷对中深得英宗赞赏，提升为监察御史。神宗即位，任殿中侍御史、道州监税、宣州监税等职。熙宁年间，王安石推行新法，蒋之奇任福建路转运判官，不久改任淮南东路转运副使。哲宗即位，蒋之奇担任直龙图阁，后升发运使，再任天章阁待制、潭州知州等职。徽宗即位，蒋之奇回朝担任翰林学士，不久又升为同知枢密院事。崇宁元年（1102），蒋之奇任观文殿学士、杭州知州。崇宁三年（1104）病逝，终年74岁。

蒋之奇善于理财，精通漕运、水利，为官以干练著称。神宗元丰中，他担任江、淮、荆、浙发运副使，负责沿运地区漕粮征调。时值年饥，他招募民众兴修水利，以工代赈，组织流民整治、灌溉农田90余顷，解决民众生计问题。蒋之奇在任期间，兴修的较大水利工程有扬州天长36陂、宿州（今安徽宿县）临涣、横斜、三沟等，当时这些工程共用工百万人，灌溉农田9000顷，养活百姓8.4万人。但其中贡献最大的还是开凿龟山运河，当时国家漕粟沿运河至汴京，途经淮河风浪很大，时有倾覆之患。朝廷曾多次开河治理，先前发运使许元自淮阴开新河至洪泽，共长49里，然而日久逐渐浅涩。蒋之奇上任后，由龟山左肘开凿至洪泽为新河，又称龟山运河，这段水域在楚州（今江苏淮安）之北，内以山阳湾最为迅急，漕船至此多有沉溺之患。熙宁四年（1071），皮公弼曾上书对这段水域请求浚治，从11月开工，至明年正月完工，便利了行船往来。元丰中，发运使罗拯上奏想自洪泽而上，凿龟山里河直接通达淮河，深得神宗赞赏。时值蒋之奇进谏，对神宗言道："淮河上有清汴，下有洪泽，其风浪之险只有百里，往年在此翻船沉没的公私船只货物不可胜算。各路转运而来的漕粮，经过江河湖泊至此，已经行程达数千里之遥，如果在此百里长的地方遇险沉没，实在是可惜；应该在龟山蛇浦下属的洪泽湖，开凿左侧水道为运河，取淮河为水源，不用设置堰闸，这样就可以避免风浪打翻船只。神宗于是派都水监丞陈祐甫前往勘察，陈认为开凿运河工费巨大，如不建闸蓄水，而是根据淮河水面的高下，挖深河底，引淮河水通流，这样也非常便利航运。神宗认为这项工程花费虽然很高，但好处也很大，与损失人命相比，开河的费用不算很大，同意在龟山开挖运河，并由蒋、陈二人负责。从元丰六年（1083）正月开始，调集民夫10万开挖运河，至2月告成，开龟山运河全长57里，阔15丈，深1丈5尺。

龟山运河完工后，蒋之奇绘图入京奏告，神宗询问龟山运河是否利用故道。蒋对答是凿山为渠，非原来河道，并介绍刚开始挖河时，在河底得到钱币14枚，上有文字为"开通"，认识的人都以为这是开河成功的吉兆。就像唐代李泌在三门峡开凿砥柱石，获得一件铁戟，上有"平陆"二字，以应平陆吉兆一样。神宗听后大喜，下诏进行赏赐，认为龟山运河开凿成功，使漕船航行此百里间免于风涛沉溺之患，这是让人人都感到欣喜的事情，对开挖龟山运河的主持者蒋、陈二人各升官两级，其他辅助官员也各有奖赏。

龟山运河通航后，神宗又命蒋之奇写了一篇撰记，刻在龟山石壁上，以纪念这次开河的功绩。运河的开通，大大改善了淮河下游的航运条件，当年江淮等路发运司运京漕粮便增加到620万石。神宗再次让蒋之奇入京进行慰劳，并赐蒋紫章服，将漕运方面的事全权交其负责，寄予充分信任。蒋之奇借机向神宗提出了很多有关漕运利害的建议，都被采纳。

徽宗建中靖国初，蒋之奇官至同知枢密院，仍上奏要求及时疏浚龟山运河，称"淮水浸淫，冲刷堤岸，渐成垫缺，请下发运司及时修筑"[1]。此

---

① 脱脱等：《宋史》卷96《河渠志六》，北京：中华书局，1977年，第2382页。

后，每年修浚龟山运河成为常例。时人苏迨称赞蒋之奇为江淮发运副使非常有才智，不易被蒙蔽，管理漕运井井有条。蒋之奇对气象非常精通，主持漕运时曾经在所居衙门前竖立一旗，名为"占风旗"，使人每日观察，记录天气变化。他要求漕运诸纲日程中也要记载风向的变化，认为雷、雹、雾、露等并不是时时都有，然而风则天天常见。漕船行至，则取其行程历进行查验，对行动迟缓的则加以惩罚。如此，纲吏畏服，无投机取巧的机会。

蒋之奇一生长于理财，尤其善于治办漕运，在北宋混乱的政局中，显得稳健、干练，当官为民，勤勤恳恳，做了不少有益百姓之事，是当之无愧的一代名臣。同时，他一生善经学、工诗文，勤学钻研，经、史、子、集无所不通，儒、道、佛无一不精，著有《尚书集解》14卷、《孟子解》6卷、《老子解》2卷、《老子系辞解》2卷、《华严经解》30篇、《逸史》20卷、《荆溪前后集》89卷、《北扉集》9卷、《西枢集》4卷、《厄言集》5卷、《蒋氏日录》1卷、《刍言》50篇、《三径集》1卷、《广州十贤传》1卷、《蒋之奇集》1卷、《蒋之奇别集》9卷、《蒋之翰之奇遗稿》1卷。蒋之奇还工于书法，尤工篆书，明代著名学者王世贞称其作品有苏轼、黄庭坚笔意，传世墨迹有《随往法济帖》《辱书帖》《北客帖》等。

四、朱清、张瑄开创海运

朱清（1236—1303），字澄叔，元代崇明姚沙（今属上海）人。据载，朱清母集合亲属四十余家，以芦苇搭成棚屋，捕鱼为业，勉强度日。朱清相貌异常，"身长八尺、貌如彪虎"。后因贩私盐入吴淞江，至新华镇易米，遇张瑄结为兄弟。张瑄（？—1303），嘉定八都新华村（今属上海浦东新区高桥镇）人。从小随母乞食。长大后膂力绝人，贪吃好赌，乡人视为恶少。二人由于结合无赖之徒，多行不法之事，为巡盐史所获，被关押于平江军狱之中，共18人。浙西提刑洪起畏对他们说："今中原大乱，汝辈皆健儿，当为国家立恢复之功"，将他们释放。朱清等放归后，仍结群为盗，劫掠一方，当时沿江一带，深受其害，崇明尤甚。不过朱清、张瑄等所杀掠都是富商巨舶，从不侵犯穷苦百姓，因而获得贫穷百姓的拥护与支持，一时为盗的有数千人、海舶500多艘。他们长期往来海面，熟悉海中礁石和积淤江沙的情况，能建造宜于在这种海面上行驶的平底船，有着丰富的航海经验，为后来开创漕粮海运奠定了基础。

时元朝大军南下，朱清等带全家老小，由海道至胶州降元，元世祖授朱清为管军千户。至元十三年（1276）冬，伯颜率军分三道侵宋，董文炳一路则由江海趋临安（今浙江杭州）。此时张瑄等仍横行海上，就命招讨使王世雄及董士选招降。董士选乘单船招降张瑄，得海舶500和数千之众。

至元十三年（1276），伯颜准备将南宋的皇家图籍、文书、祭器等运往元朝京师大都（今北京），由于当时淮东地区仍为南宋军队驻守，元军所掠夺的这些物资无法取道运河运往京师大都。而通晓沿海水情、长于海运的朱清、张瑄已经归降元朝，遂令他们由海路北上。朱清、张瑄欣然应命，自临安装船入海，考虑到图籍轻而船吃水浅，经不起风吹浪打，所以傍岸北行。一路上凭着积累的航行经验，终于完成了漫长航程安全抵达大都，得到元世祖的赞叹和奖赏。

元朝建立之初，由大运河将江南漕粮运至大都（今北京），因水道多涸，劳费无成。至元十九年（1282），丞相伯颜请于朝廷，准备海运漕粮，遂命上海总管罗璧及朱清、张瑄等，造平底海船60艘，运粮4.605万石，从海道赴京师。初次海运漕粮，朱清指挥船队从刘家港出发，他亲自在前开道，由张瑄殿后。绕过崇明西沙，经海门东岸的黄沙滩，沿海岸线北上，经淮安、盐城，转过山东半岛最东端之成山角，进入渤海湾，入海河口，于次年春天到达目的地直沽港。漕粮海运创始成功，国用有了保障。至元二十年（1283），朝廷决定罢河运，行海道，立万户府二，以朱清为中万户，张瑄为千户，忙兀鲟为万户府达鲁花赤。至元二十二年（1285），朱清再接再厉，海运粮食10万石到京，翌年增至43万石。至元二十三年（1286），朝廷以朱清海运漕粮有功，朱清以明威将军管军万户兼管海道运粮，张瑄以昭勇大将军任沿海招讨使，并为海道运粮万户，仍佩虎符。从此，海运代替河运，"终元之世，海运不废"。

至元十九年（1282），从刘家港入海，向北经崇明州之西，循海岸北行，再北上绕过海门外的"黄连沙头""万里长滩"，沿山澳而行，再经密州过灵山岛放洋，投东北过月余，抵成山，过渤海南向西行，可达直沽杨村。这条航线"沿山求岙，风信失时"，沿着弯曲的海岸线走，行程7个月，极为费时。且这条航线风高浪急，漕粮漂损严重。至元二十八年（1291），虽然海运漕粮150余万石，但有24.5万石粮食被海浪吞没，损失率约15%。于是，寻找和开辟安全、便捷的海上漕运航线成了当务之急。朱清通过经年累月探索，努力寻找从浏河到直沽的最佳航线，心里有底后，于至元二十九年（1292）上书朝廷，以其路险恶，奏请复开生道，元世祖准其奏。

至元二十七年（1290），朱清根据海道都漕运千户殷明略的建议，对海运航道加以修正。从刘家港入海，至崇明向东，入黑水大洋，直奔山东半岛东端的成山，至登州沙门岛，于莱州大洋入界河（海河）。这条航线离海岸更远，不仅避开许多浅滩，而且航程缩短，顺风时10余天便可抵达大都。即使逆风，也不过1个月左右。由于航线缩短，年运漕粮一增再增至330余万石之巨，且整个航程安全了许多，海运粮食损失降低至2%左右。

经过十几年的不断实践、探索、总结，朱清终于开辟了航程短又安全的新航线。他令将航行途中所经的方位、地点、时日、风向、水情、地貌，以及险情一一详细记载在日志中。这条航行路线被收录在《大元海运记》一书中，得以流传后世。据专家学者考证，朱清开辟的这条航线，已基本上接近于近代以来的北洋航线，即今津沪航线。朱清开辟津沪航线北运漕粮，朝廷得以将江淮地区的稻米源源北调，大大有利于国计民生，《元史·食货志》评价漕粮海运："民无挽输之劳，国有储蓄之富，岂非一代之良法欤！"

朱清、张瑄开创海运，改写了数百年来运河漕运为南北唯一水上通道的历史，直接推动了当时国家造船业、航海业的发展，促进社会经济繁荣，稳定了元朝经济、政治大局，当时留下的造船技术、航海经验更对后来的郑和七下西洋的伟大壮举产生了积极影响和有益启发。从明清、民国时期直至现代，上海与天津间的海上往来，基本上还是按这条航道运行。

五、来阿八赤开胶莱运河

来阿八赤（？—1288），元代宁夏（今宁夏银川）人，党项族。蒙古宪宗即位后，在侍卫中挑选才能出众的人，来阿八赤入选，被派往元帅纽璘军中任监军。世祖至元十四年（1277），朝廷设立尚膳院，任命来阿八赤为中顺大夫、同知尚膳院事。至元十七年（1280），任通奉大夫、益都等路宣慰使、都元帅。至元二十一年（1284），来阿八赤调任同金宣徽院事、征东招讨使，次年任征东宣慰使、都元帅。至元二十四年（1287），任湖广等处行中书省右丞，随军征交趾，中毒箭而死。

至元十七年（1280），忽必烈任命来阿八赤为通奉大夫、益都等路宣慰使、都元帅，征调民夫及兵丁万人开挖胶莱运河。此前有莱州（今属山东）人姚演针对朝廷漕运艰难的现状，提议开凿胶莱运河以通海运。当时元朝漕粮主要来自东南，北运路线有两条，一是海运，二是河运兼陆运。海运风险极大，每年均有不少漕船在海上失事。河运兼陆运也很艰难，从浙江等地通过长江、邗沟等水道进入淮河，往北运至黄河，由黄河逆水上行到中滦镇，再走陆路到淇门，从这里入御河，最后走水路达到京师。这条漕运路线，水陆交替，线路曲折，费时费力。姚演认为如果开通胶莱运河，不仅能够避开山东半岛海域，缩短路程和漕运时间，而且能够将河运与海运结合起来，减少运输成本，节约人力。忽必烈在听取其建议后，决定予以采纳，并筹划开凿胶莱运河。

当时朝廷征调的民夫主要来自山东益都、淄博、宁海等地，兵丁合计共万人，拨给钱钞 1 万锭为经费，免除益都、淄莱、宁海 3 州当年租赋，并给河夫支付工钱。来阿八赤担任监工，姚演为益都等路总管，二人具体负责胶莱运河的开挖事宜。来阿八赤办事认真负责，每天按时前往查看工程进度，即使寒暑也不休息。因工程催促过急，遭致士兵们的反对，有两个士兵甚至自伤其手以表示不肯服役。来阿八赤将其斩首以警告其他人，但因工程极为艰难，后来施工人员的伤亡不断增加。至元十九年（1282）七月，自胶州陈村海口至掖县海仓口的主体工程初步完成。至元二十年（1283），忽必烈下令对胶莱运河拓宽，仍由来阿八赤与姚演负责指挥。为增加水源，工程从北边引平度白沙河，从南边引平度南村东沽河，向西导入运河，来扩大水量。历时两年，胶莱运河终于竣工，开凿河道 300 余里，从胶西县东陈村河口开始，向西北抵达胶河，最后出海仓口入海。胶莱运河贯通黄、渤二海，以平度地区为水脊，河水南北纵向分流，南流入胶州湾，北流入莱州湾，运河名取两湾首字而成。胶莱运河的开凿，使漕粮海运避开了风高浪急的山东半岛海域，大大缩短了运输距离，节省了时间。

胶莱运河开通后，来阿八赤被任命为胶莱海道漕运使，管辖漕运水军两万人、漕船千艘，专司负责漕粮海运。当年经胶莱运河运输的粮食达到了两万余石，次年达到 4.6 万余石，第三年达到 29 万余石，呈逐年递增的趋势。然而此后因水源减少，河道开始逐渐淤浅，疏浚运河花费巨大，不断遭到朝臣的反对，这些因素使运河的漕运量迅速下滑。尤其来阿八赤和姚演在开河过程中盗用官钞，后来被发现，遭到弹劾，导致二人主持运河之事在朝堂上不断遭到攻击。当时来阿八赤等人在开河时，没有向上级汇报，私自动用官钞2400锭、粮米73万石。忽必烈得知大怒，先是命令他们偿还，后来交由相关部门议罪。虽然最后来阿八赤等人被免罪，但直接影响到皇帝对胶莱运河的态度。至元二十六年（1289），因胶莱运河水浅难以行舟，每年漕运耗资巨大，朝廷停止胶莱海道漕运，胶莱运河也由此被废弃。尽管开挖胶莱运河失败了，但元代对多元化转输途径的探索是积极的，为后世发展内河漕运与海漕接运提供了有益的借鉴。

　　　　　　　　　　　　　　　运载千秋：中国大运河传

第三节　明清时期的漕运

　　明、清两朝是中国古代漕运发展的鼎盛及衰落时期，漕运管理制度不断完善，漕运机构不断健全，构建了庞杂的漕运系统。在漕运管理上，明、清两朝经历了由不成熟到成熟的过程，往往会根据漕运的实际状况进行调整，针对不同的机构、不同的人员设置相应的章程与措施，以保障相关人员专注于自身的工作，同时上级机构与下级机构之间往往会通过制度进行约束与制衡，通过监督、协调以维持漕运系统的正常运转。

一、陈瑄督漕三十年

　　陈瑄（1365—1433），字彦纯，安徽庐州府（今合肥）人。历仕洪武、建文、永乐、洪熙、宣德五朝，自永乐元年（1403）起担任漕运总兵官。从永乐元年（1403）开始，一直到宣德八年（1433）去世，陈瑄为明朝的漕运事业奋斗了30年，是明代漕运的开创者和奠基者。他身为总兵官，总督漕运各项事务，不仅重视漕运工程的建设，而且也重视漕运工程的管理，为明代漕运事业的发展和漕运管理制度的创立做出了杰出的贡献。

▲ 陈瑄画像（图片来自网络）

永乐元年（1403），明成祖仿照元代海运万户府旧制，设总兵、副总兵统领官军督海运。陈瑄被任命为明朝第一任总兵官，总督海运，当年就从江南向北京及辽东运输漕粮49万余石。之后他在直沽（今天津）建立了百万仓。那时，漕船多走海路，可海上岛屿的百姓因惧怕漕军，都躲了起来。陈瑄深知这不利于商贸往来，便积极招徕他们互市，让双方贸易交流顺畅起来。运舟返程途中，遇上倭寇来犯，陈瑄毫不畏惧，率领众人一路追击到金州白沙岛，还放火烧了倭寇的船只，狠狠打击了倭寇的嚣张气焰。永乐九年（1411），明成祖命陈瑄与丰城侯李彬统领浙江、福建士兵追捕海盗。后因海浪冲垮大堤，改命以其45万兵士修筑堤坝，共修了1.8万余丈。

因海上气候变化多端、风大浪急，漕船多有漂失沉溺，故朝廷在海运外，还有内河运道，江南米粮北运可由淮河入黄河，至阳武陆运至卫辉，由卫河入白河至通州。然而"海运多险，陆挽亦艰"，二者运输的代价与风险都比较大。鉴于此，永乐九年（1411），明成祖采纳济宁同知潘叔正的建议，由宋礼总负责，重浚会通河。永乐十三年（1415），会通河全面通航，遂罢海运，以陈瑄为漕运总兵官，专理运河河道和漕粮运输。

明朝初年，漕运事务管理并不完善，由一般官员兼管。陈瑄担任总兵官后，扛起了运河治理、船只更新、人力调度等诸多重任。永乐二年（1404），因"以海运抵直沽"，需要"别用小船转运至京"，为减少漕粮在转搬过程中的损失，陈瑄"命于天津置露囤千四百所，以广储蓄"，两年后，又"建百万仓于直沽尹儿湾城，天津卫籍兵万人戍守"。运河全线贯通后，陈瑄又奏请在淮安、徐州、临清、通州等，建立粮仓50处。收储各地交兑的漕粮，在必要时也用作粮价的平籴和灾民的赈济。

罢海运走内河后，由于运河河窄水浅，原来海运的遮洋船不再适用。陈瑄上奏朝廷，造平底浅船2000艘用于内河漕运。之后清江浦因"清江督造船厂"成为明清时期的漕船制造业中心。虑及漕船搁浅的意外，陈瑄又"沿淮扬运河分设浅铺,额造浅船,编设浅夫,责令浅夫常年捞浅",从淮河至通州运河沿岸,建房舍 568 所,舍置卒,用来导舟避浅。并沿堤岸凿井植树,方便挽夫和行人。由此漕运运力及效率逐年提高,从起初年运 200 万石粮食,很快增加到年运 500 万石。

明朝前期的漕粮运输实行"支运法",又称转运法,《明史·食货志》记载:"时淮、徐、临清、德州各有仓。江西、湖广、浙江民运粮至淮安仓,分遣官军就近挽运。自淮至徐以浙、直军,自徐至德以京卫军,自德至通以山东、河南军。以次递运,岁凡四次,可三百万余石。"按规定,农民参加运粮即免除当年税粮,纳当年税粮则免除运粮,其运费计算在支运粮内。其中,民运的比重约占支运的四五成。"支运法"实行一段时间后,陈瑄发现大量农民参与远距离的运输,经年往复在路,送纳上年粮米,及至归家,下年秋粮又当启程,以此不得及时耕种,非常贻误农业的生产。况且湖广、江西、浙江及苏州、松江、安庆的军士,每年都以空舟赴淮安载粮,是对于人力、物力的很大浪费,于是上奏建议"令江南民拨粮与附近卫所,官军运载至京,量给耗米及道里费"。因"兑运法""军民两便","于是兑运者多,而支运者少矣……更民运为兑运,自此始也"。此后,江南各州府及山东、河南的百姓,不必再运粮至指定的粮仓,只要在附近的水次将税粮兑与运军,另加耗米若干即可。"兑运法"虽然解决了江南驾空舟赴淮安运粮的问题,但苏、松等处的民众仍需运粮至淮安、临清等交兑,漕运的压力仍然很重。是以沿用 40 年后,至成化年间被"长运法"取代。

明朝行驶在运河上的漕船,约为 1 万艘。每艘漕船约运输 500 石的货物,约由 10 名船工运送。在运行到闸坝、堤堰、淤浅之处时,除留一二人撑篙掌舵外,其余的八九人都要在岸上用纤绳挽船。遇有风大浪急之处,运军还有生命危险,而国家给予运军的运费却很低廉。陈瑄体谅运军劳苦,准许其附载一定数量的土宜,沿途贩卖,以补充运输开支。此前虽然也有运军从事商业活动的，但得到朝廷的认可，却是从陈瑄起。此后，漕船夹带土宜成为定制，一直延续至清代。

宣德八年（1433），69岁高龄的陈瑄，拖着病体还在淮安一带勘察水利，最终倒在了任上。宣宗皇帝听闻噩耗，悲痛不已，停朝一日，为他举行国葬。追封陈瑄为平江侯，赠太保，谥"恭襄"，命工部营葬于南京映龙山，立祠于清河县。正统中，命有司春秋致祭。陈瑄历仕洪武、建文、永乐、洪熙、宣德五朝，"凡所规画，精密宏远，身理漕河者三十年，举无遗策。"（《明史·陈瑄传》）上至皇帝大臣，下至平民运丁，都对其交口称赞。陈瑄死后，运河沿线百姓立祠祀之，其后代陈锐、陈熊、陈圭、陈王谟嗣位平江伯，直至明亡，其爵方绝。时至今日，淮安里运河文化长廊中，还建有陈、潘二公祠，纪念明代两位治河名家陈瑄和潘季驯。

二、三督漕运的陶琰

陶琰（1449—1532），字廷信，别号逸庵，谥号"恭介"。陶琰一家世居绛州城内，他22岁时乡荐第一，32岁登进士，授刑部主事，弘治元年升本部员外郎，随后历任大司寇特简公典章疏、陕西按察司金事、本司副使、福建按察使、浙江右布政使、户部尚书、工部尚书、兵部尚书加太子太保等19个职位，官至三公，位极一品。陶琰为官42年，刚直不阿、疾恶如仇，政绩卓著、朝野多美誉，一生勤于政事，三督漕运，两归田里，家风严谨，教子有方。奉身无长物，适口无兼味，民间赞其为"青菜陶""陶三杠"。新绛将其所居之巷命名为"陶家巷"以永志纪念。

陶琰的父亲陶铨是明英宗正统乙丑进士，历升陕西参议，为官清正。陶琰为陶铨五子，自小受父亲儒家正统教诲，立志忠君报国。

明宪宗成化七年，陶琰在乡试中脱颖而出，荣获第一名的佳绩。十年后，即成化十七年，他又成功登进士第，被授予刑部主事一职。明孝宗弘治元年升本部员外郎、大司寇特简公典章疏。初入官场的他，虽然职位不高，但肩负的责任却十分重大。他秉持正义，认真审理每一个案件，为许多蒙冤的人平反昭雪。有一次，他更是凭借着自己的智慧和勇气，让50多条生命得以保全，一时间声名远扬。很快，他便被提升为陕西按察司佥事。到任后，陶琰清正廉洁，对邪恶势力疾恶如仇。经过一番深入的调查讯问，他果断地罢免了一批贪官污吏，这一举措让军民们拍手称快，大快人心。弘治六年升任本司副使，并受命整顿西部重镇固原（今宁夏固原）。到任后，便立刻投入到工作中。他严格训练士卒，精心修缮军用器械，广泛囤积粮草，时刻保持高度警惕。在他的努力下，固原的边防得到了极大的巩固，他在这里坚守了长达8年，边境安宁，百姓安居乐业。弘治十四年升调福建按察使。他官虽然做大了，但俭朴的生活作风丝毫未变，每顿饭仅上一盘清淡的素菜，坚持不食荤。福建百姓尊称他为"青菜陶"。弘治十七年调任浙江右布政使。来到这富庶的鱼米之乡，他除却官场的许多繁文缛节，坚持节操，半年之内就节约盈余各项官费3000余两，全部存入国库。朝廷评价各省布政使及按察使政绩时，御史们共同推荐陶琰为第一。弘治十八年，陶琰升任福建左布政使，明武宗正德元年因不服南方之湿，调任山东左布政使，同年又升都察院右副都御史（正三品），巡察河南。

他每到一地访民间疾苦，黜属吏贪婪，减轻百姓税役负担，民心大顺。正德二年，陶琰任刑部右侍郎。在此期间，陕西游击将军徐谦诬陷奏御史李高，企图置其于死地。陶琰受命调查此事，经过一番深入的查勘，他终于弄清了事情的真相，秉持公正为李高申冤。然而，他的这一正义之举却触犯了权倾朝野的宦官刘瑾。后来，刘瑾因叛逆被处死，朝廷恢复了陶琰的诰命，让他官复原职，并免去了之前的罚米。陶琰的高风亮节得到朝野一片赞赏，遂改任左副都御史、漕运总督、兼抚凤阳。

正德八年，陶琰已经年过六旬，在仕途上奔波了30多年，常年的劳累让他积劳成疾，常常感到力不从心。于是，他因病请求辞官回乡。然而，皇帝却舍不得这位贤能的大臣，没有批准他的请求，还两次派他担任漕运总督。陶琰还未到任，漕运沿途的权贵土豪们便听闻了风声，一个个吓得胆战心惊，有的收敛了自己的恶行，藏匿起来；有的则纷纷逃窜。而陶琰督漕的工作也因此进行得十分顺利。他在淮浙一干又是 5 年，先后 7 次提出辞职，终于获准归里。居家 7 年后，明世宗登基欲征用德高望重的老臣，朝廷内部连连推举，要求陶琰再次出任漕运总督，陶琰只好以 73 岁高龄再次赴官就任。不久陶琰升任户部尚书，兼左副都御史。嘉靖元年改任工部尚书。临别之日，淮民倾城出送，涕泪号泣，留恋难舍。

嘉靖三年（1524），陶琰已 75 岁，连续上奏要求告老还乡，10 次才得以批准。诏加太子太保（正一品）驰驿归里。

陶琰担任漕运总督时，漕运体系已相当败坏，作为漕运指挥中心的淮安，更是矛盾尖锐、纠纷复杂。为维系边关用度、保证京城日常开支而设立的漕运制度乱象纷呈：有的官员利用漕船、运道转运私人物品，有的官员胡乱征用负责漕运的漕兵，甚者一路敲诈勒索，利用公权满足个人私欲，给漕运增加了很多不必要的负担。面对以上种种贪腐现象，陶琰一律秉公执法、铁面无私，遇到骚扰地方、假公济私之辈，他杀一儆百毫不留情，并且以身作则，严令手下人也必须遵照执行，否则一旦发现违法事实，将从重处理。在他的管理下，漕运状况得到很大程度的改善。

漕运最开始选取的征粮区都是水土丰茂、物产丰富的产粮区，但漕运沿线民众长久承担过重的负担，生活竟越发困苦。陶琰看在眼里，急在心里，于是对漕运沿线展开调研，了解到因为仓储条例等方面的缘故，需要沿途的军民进行很多并不必要的工作，这些额外的任务对他们的生活造成很大影响。

陶琰决心改变这种不合理的现象，他多次就上述问题上奏朝廷，为民众争取了不少实际利益，并且从制度入手，努力根据当时的实际条件，将漕运制度修改完善。在他的努力下，漕运秩序得到了有效的恢复和维持。

对待民众，陶琰始终实心实意；但对自己的生活，他非常简朴，日常饮食、穿着、出行以勤俭节约为原则。到了致仕的年纪，他反复申请告老还乡，朝廷都不批准，考虑他实在年老体衰，朝廷才批准了他的退休申请。他将自己的大部分俸银用于救济灾民，也赢得了生前身后名。

三、王宗沐试行海运

有明一代，漕运总督数十位，隆庆、万历时的漕运总督王宗沐不是最著名的，却是首位试行海运的漕运总督。

王宗沐（1524—1592），字新甫，别号敬所，浙江临海（今属浙江台州）人。嘉靖二十三年（1544），年仅22岁即考中进士。次年（1545），授刑部主事，三年后升员外郎。历任广西按察司佥事、广东布政使司左参议、江西提学副使、江西左参政、江西按察使、山西右布政使、山东左布政使、都察院右副都御史、南京刑部右侍郎、工部右侍郎。官至刑部左侍郎兼都察院右佥都御史阅视宣大山西边防。万历九年（1581），因京察时被言官拾遗弹劾致仕。万历十九年（1591），病逝家中，享年69岁，朝廷追赠其刑部尚书。

海上漕运为元代创行，元代漕运以海运为主，河运为次。明代则以河运为主，海运很少，在明初太祖和成祖时期，曾向辽东进行过多次海运，运量从几万石到几十万石不等。明成祖登基之后，还向北京进行过几次海运。明初的海运最终以易发事故和运输成本高等原因，在永乐十三年罢海运，只行河运。但在河运的十三总中还保留遮洋一总，算是保留明初的海运"遗意"。遮洋总有海运之名，却无海运之实，运输全程中真正海运的行程只有短短八九十里，占总运程的不到十分之一。就是这唯一行海运的遮洋总也在嘉靖时被裁撤。

嘉靖末年，由于年久失修、黄河屡次改道等原因导致运河不断淤塞，其航运功能大大降低，严重影响了正常的漕运。隆庆时，有多名官员上书试行海运，时任山东左布政使的王宗沐是主要倡议者之一。宗沐认为在当时运河不畅的情况下应该采取河海两途并输的方法，才能保证每年漕运任务的完成。他并且认为只要认真总结元代海运和明初海运的经验，再组织得当、管理得法的话，海运是可以成功的。明朝廷于是破格提用王宗沐为漕运总督。王宗沐一上任就着手准备海运，最终在隆庆六年（1572）三月，运米12万石从淮安入海，历经3300余里的海道于五月抵达天津，初试海运取得了成功。王宗沐组织的这次海运无论是运输距离、运输时间还是运输规模都远远超过以往的遮洋总海运，称得上是真正的海运。明朝间断160余年的海运得以恢复，明朝廷也以宗沐"复海运功"而奖他晋俸一级。事后，却有人上疏称王宗沐的这次海运有8艘粮船沉没，损失漕米3200石，王宗沐对朝廷蓄意隐瞒。王宗沐上疏抗辩，称无漂没事故。此事查无证据，最后也不了了之。

初试海运的成功使王宗沐认为海运确实可行，于是在万历元年（1573），他又组织300条船海运，但在即墨福山岛遇飓风，沉没7船，损失米数千石，军丁溺死15人，言官纷纷奏议其失，最终明廷决定停罢海运。明代统治者不愿涉海险遭舟毁粮漂之灾，其实当时河运的漂没事故一点不比海运轻，且维持河运的成本大大高于海运。从这也反映了明统治者实在是迂腐、保守，眼光短浅。

王宗沐无奈服从朝廷的决定，将海运停止，同时他又把《海运详考》谨缮成册，进呈御览，并上疏要求仍保留遮洋总，保留海运"遗意"，以图以后需要时重新启动海运。王宗沐在三年的漕运总督任上考满合格，升任南京工部右侍郎。虽然王宗沐倡行的海运由于当时统治者对海运的轻视以及制度的因循腐朽而最终没能继续，但他比较先进的海运思想和敢于尝试的勇气在众多的漕运总督中是独树一帜的，值得后世学习。

除了提倡和主持漕粮海运之外，王宗沐在总漕任内对内河漕运管理亦多有建树。如隆庆六年（1572）六月，王宗沐上疏条陈漕运事宜九款，就漕运期限、运军佥选、漕船修造、督理漕运、修筑船闸、漕运仓储等事宜，提出了自己的意见和建议。同年十月，又条陈漕宜诸事：一是体恤边远要地。湖广永州、衡州、长沙、江西赣州四府漕运极远且险，宜将漕粮每岁坐准改折。其他粮数过多的五府如直隶苏州、松江、常州、浙江嘉兴、湖州等，分摊改折十万石。另派拨无单无船的卫所，轮流歇运，以显优恤之态。二是颁布"预兑"之令。各旗军剩米三石以上的允许纳于太仓，即可以充当来年运米的数额，各把总等官也应当不论多少一并上纳，是为"预兑"即预先交兑之意。此外，对于上纳过多者也有相应的奖励措施。三是矜运官之情。针对运官与军监出现的一些问题，议定除了侵犯盗卖、挂欠数多以及私逃避运之外，对那些无船交粮延期者或挂欠不及百石以上者，予以处罚再行运送，如果能及时办理完毕，则免除上一年度的罪责。

万历元年（1573）三月，王宗沐推荐本境之内的人才侍郎陈尧绩、参议常三省二人以协漕运。同年五月，王宗沐又奏请申饬运务二事：一为疏浚河渠，以利于边运。王家浅、银鱼厂一带河道，浅涩难行，应开挖疏浚拓宽，并对堤岸进行加高加厚。二是建造官船，以方便民运。由于运输途中白粮民船大小不一，容易横塞河道，宜依据漕船的式样建造官船。朝廷认为此二事可行，遂批准了王宗沐的奏议。随后，王宗沐又上陈关于遮洋总的问题。早在国朝之初施行海运，每年往辽海地区运输70万石粮食。开通利用会通河后，海运便逐渐废弃，只留遮洋一总。至嘉靖末年，给事中胡应嘉建议裁革遮洋总，并入山东江北诸总。胡应嘉以乡土之缘故改变既成之法，有识者未尝不扼腕叹息。海运二年，道路逐渐熟悉，恢复遮洋一总，改海运把总为遮洋把总，领兑河运北粮。同年，王宗沐进呈《海运详考》，以供御览。

万历二年（1574），王宗沐上疏陈述几件漕运要务：一为定期限，以图善后事宜。每年漕船于正月终悉数抵达镇江，议定以三月终尽数过淮，因为一月份为黄河逆溯的时期，那么四月终即可悉数过洪，以此不与黄河之水相直。二为禁止军士，以防不虞之情况。朝廷每年把12万军士运往中原，当然自有深意，但是，群聚容易起争执，不免祸害地方社会。凡是军船到水次仓领兑的时候，只允许一旗一网跟同运官赴仓，其余军士不准私自上岸。一概清理所担之责，以便处理旧日所欠。前运挂失，新运扣留，用守法之人之米，为先年盗卖之资，不平不足矣。三是恢复军船，以解决疲乏困劳的问题。衢州所原来额定运粮船49只，后来添置代运海宁卫3只，又增加代温州卫10只，因而连年受累，实在是苦不堪言。如今查验海宁卫相对来说比较殷实，而且已经恢复运船12只，可再将衢州所10只调往该卫领运。四是改折脚米，以济修船。先将军船寄泊瓜州、仪征两地，议定脚米六升征本色给军船，同时将各个军船行粮折现银以抵销修船的费用。如今瓜州已建运闸，运粮船直接到达水次仓听兑，必须先修理船只、预办什物等必需品，粮完后即可继续行进。自万历二年（1574）作为实施时间，将脚米折征银两给各个运官，公同有司修理船只并置办所需什物。上述之议下达户部，后户部覆王宗沐所奏之事，其中议定三月过淮者，仍限于二月。

王宗沐不但为官有才干，自身的文学素养也颇高，著有《宋元资治通鉴》《敬所文集》《海运志》《十八史略》《巡视三边纪略》等书，还参与纂修《江西大志》等。他还十分重视教育，在他任职的很多地方都重修和创建了书院，如任漕运总督时就在淮安创建正学书院。《明实录》评价王宗沐"学有渊源，才长经济"。共生有四子，分别为王士崧、王士琦、王士昌、王士业，其中前三子和侄子王士性皆中进士，传为"一门四进士"之佳话；又因王宗沐巡抚凤阳、王士琦巡抚大同、王士昌巡抚福建，故又有"一门三巡抚"之美誉。

四、施世纶清廉奉公

漕运，古代中国的大动脉，承担着钱粮运输的重要功能。江苏淮安，凭借其得天独厚的"南船北马"的地理优势，成为明、清两代漕运中心。

从明代第一任漕运总督王竑到晚清最后一任总督恩寿，漕运总督部院共走出了262任总督，而施世纶无疑是其中政绩卓越、深得民心的典范。

施世纶，字文贤，曾任泰州知州，扬州、江宁知府，漕运总督。他为官清正廉洁、秉公执法、勤于民事，《清史稿》记其"聪强果决，摧抑豪猾，禁戢胥吏，所至有惠政，民号曰青天"。

康熙五十四年（1715），施世纶出任漕运总督。"如世纶者，委以钱谷之事，则相宜耳"，这是康熙对施世纶的评价。漕运相关的差事，向来是众人眼中的"肥差"，与钱财谷物打交道，极易滋生腐败。而康熙认定施世纶适合管理此类事务，足见施世纶清正廉洁的品质早已深入人心。漕运是清王朝的命脉，国库7000万两纹银中有5000万两要从漕运过，八成的漕粮需经漕运抵达京师，漕运的护卫部队近10万人，造船厂绵延几十里。漕运也是贪污腐败的"重灾区"。哪怕是漕运线上的一个小小兵卒，都能通过克扣漕粮、藏匿私货、索要好处等手段谋取私利。

施世纶上任后，大力解决漕运系统内的腐败问题。他深入一线，倾听来往漕船上船员和兵丁的诉求，了解哪些环节、哪些官员经常克扣漕米、敲诈船丁，然后采取相应的对策加以避免。他不惧劳苦，亲自坐在运输水道边，等漕米过来时，独自一人上船开仓检查米色好坏和分量多少。民言道"三年清知府，十万雪花银"，言下之意为再清廉的官员或多或少都有灰色收入，施世纶却真正做到了分文不取，仅靠俸禄过日子。他对犯案者毫不留情，"立杖辕门，耳箭示众"，以充分发挥警示作用，严肃整顿风气。不过三四年，原本混乱不堪的漕运政务便被彻底肃清，漕运秩序焕然一新，船丁不再遭受盘剥之苦，百姓不再被欺凌压榨，漕船能够按期往返，官员们也都安分守己。

施世纶如此清廉奉公，必然会触及一些人的利益，但施世纶坚守"不侮鳏寡，不畏强御"的为官之道。他在漕运总督任内去陕西赈灾，发现陕西的仓储账目亏空严重，就准备上书弹劾。陕西总督鄂海知道他儿子在会宁（陕西总督辖区范围内）当知府，便故意提到此事以"微词要挟"。然而施世纶笑道："吾自入官，身且不顾，何有于子？"意思是自从自己当官以来，连自己的性命都置之不顾，又怎会害怕对方拿自己的儿子做文章呢？施世纶坚持上疏，鄂海最终以失职被罢官。

康熙六十一年（1722），施世纶因身体抱恙，萌生了告老还乡的念头。康熙皇帝下旨挽留，希望他能继续为朝廷效力。同年五月，施世纶还是病逝在了淮安任上，享年64岁。《清史稿》记载，康熙"诏奖其清慎勤劳，予祭葬"。施世纶的清正廉洁几百年来一直为人所称颂，根据他的事迹创作而成的《施公案》等作品一直流传至今，充分表达了人们对施世纶秉公无私、刚正不阿品格的尊崇。

五、杨锡绂治理漕弊

杨锡绂（1701—1769），字方来，号兰畹，清江县（今江西樟树）人。雍正五年（1727）进士，始任吏部主事，后任贵州道御史、署广西布政使、广西巡抚、礼部尚书、署山东巡抚等。乾隆二十二年（1757），任漕运总督。乾隆二十八年（1763），加封太子太保。乾隆三十三年（1768）十二月卒于任，赐祭葬，谥"勤悫"。著有《漕运则例纂》《四知堂诗文集》等。

乾隆二十二年（1757），杨锡绂任漕运总督。刚一到任，他便上疏请求豁免兴武、江淮二卫旗丁所欠缴的漕运款项。这本是出于对旗丁艰难处境的考量，可乾隆帝却误以为他是在沽名钓誉，还命他用自己的养廉银代为偿还。乾隆二十三年（1758），杨锡绂上疏奏请将屯田赎金放宽限期收取，价值在100两以上的，允许3年之内交清，价钱交够土地所值，就归还所扣漕船；旗丁交兑不足，名曰"挂欠"，应由坐粮厅限期追补惩治，督运官以下有一丁挂欠，即停其议叙，旗丁改金；新金旗丁只需交纳篷桅杠索的价值，旧旗丁公私欠项，不得强迫新丁接受。水次兑漕，应令仓役拿斛，旗丁手持刮平斗、斛用的小木板共同量取。江淮、兴武二卫运丁运粮，快丁驾船，应按照惯例同时佥发，不得厚此薄彼。乾隆帝认为此奏很有道理，下部议行。自从开通中河以后，漕运船只可以避开黄河之险，唯有江北、长淮等帮，因要在徐州交兑，不能避开黄河之险。乾隆二十五年（1760），杨锡绂奏请将以上两帮漕船改泊皂河，让押运官员和旗丁至徐州交兑，州县代为雇船，转运漕粮过坝。这一建议切实可行，得到了乾隆帝的同意。

乾隆二十六年（1761），杨锡绂又一次上疏，指出从事漕运的蓟州粮船，从宁河转入宝坻，再由白龙港、刘家庄到达蓟州，这条水道已经淤塞变浅，急需责成有关官员进行疏通清理。此外，淮安、临清、天津3个榷关，一直沿用明朝旧制，给漕船发放限量单，杨锡绂认为此举不妥，奏请裁革。他还提到，州县收纳的漕粮，若掺杂潮湿米粒，一旦被粮道官员查出，该府知府应按徇私庇护官员罪论处。军丁兼充书吏的现象，应全部加以替换。对于那些雇来的头舵水手，领到钱后就逃之夭夭的情况，应将其发往边远之地充军。乾隆帝认为他的上奏很可行，加封其太子少师衔。乾隆二十八年（1763），加封太子太保。

乾隆二十九年（1764）七月，杨锡绂奏言：军、民户籍各不相同，军籍应听从分配，办理漕运。可富家子弟却千方百计逃脱，被佥用的都是无权无势的穷苦百姓。他建议以后若佥发之后发现有虚假现象，应立即论罪判刑。乾隆帝觉得杨锡绂此奏，根治了瞻徇恶习，应照此施行，并下部议叙。按规定，漕船不能夹带私盐。漕船经过扬州时，漕运总督、盐政等方面的官员派人专门检查，淮扬道、扬州游击、守备以及江都、甘泉两县亦各自派遣兵役进行搜查，粮船阻留很多。江广漕船最为靠后，过扬州时已是冬季，对漕运的正常运行造成诸多不便。杨锡绂认为事权应该统一，由总督、盐政派人督察即可，其余的应全部停止。乾隆帝认为其所言甚是，下部议行。

乾隆三十年（1765）七月，杨锡绂再次上疏，骆马湖蓄水，专门为江广重运漕船提供水源。今年粮船阻滞严重，应先开柳园堤口，运河水量增加，江浙漕船才得以通行。次开五家沟口，江广运船到达，湖水未尝枯竭，正好用于济运。每年沂河之水由湖而下，造成海州、沐阳两地的水患。如果在四五月间，引湖水接济运河，这样也可以减轻海州、沐阳的水灾，可谓一举两得。乾隆帝览奏后，采纳了杨锡绂的建议。山东省漕船共有10帮，所兑漕粮的水次仓一半在临清闸内，一半在临清闸外。运河每年都要闭坝挑浚，自十一月至次年正月才能完工，故临清闸内各帮都要等到次年二月初才能受兑起行；其在闸外者，仍按照冬兑冬开的惯例，十月之内，赴德州、临清一带受兑。兑粮结束后，即报守冻，至来年惊蛰之后，冰冻融解，才能起行。漕粮装载于船，守候达4个月之久。假如遇到火烛之灾，河冰像石头一样坚固，漕船移动极为困难。旗丁所雇觅之水手，亦白白耗费4个月的工食。杨锡绂认为，临清距离通州甚近，即使立春之后受兑开行，仍然不会耽误抵通之期。与其因循冬季开兑之虚名，不如改为春季开兑更为便利。他主张自乾隆三十年（1765）新运开始，定为春兑春开，与临清闸内各帮船统一办理。乾隆帝览奏后，采纳了他的建议。

乾隆三十一年（1766）六月，杨锡绂奏言：徐州卫江北帮漕船一直在江宁府（今江苏南京）修造，造完之后，即用于运输漕粮。但从该帮兑粮地到江宁往返路程需要一千六七百里，每次遇到冻阻，不能及时到达水次仓受兑。他建议，将船厂改于距徐州较近的夏镇，船只所需银两和工料可以提前由江宁运到此处，按照河南前后两帮成例办理。各州县征完漕米，兑与漕船，每府例委同知、通判一员监兑，同时令其押船过淮，然后再回原任。杨锡绂认为，江西、湖广押船过淮官员，之前已经奏准停止派遣，现今只有安徽仍循旧例，也应停止这一惯例。得旨允行，并下部知之。

乾隆三十二年（1767）三月，漕运总督杨锡绂奏言：每年二进粮艘过淮，按惯例于江南江安、苏松二粮道内，轮流委派官员督押。原以为船帮过多，必须有大员进行弹压；而江南有漕省份道员中，又以江安、苏松二道距离最近，故有此例。但粮艘行走迅速，并不容易滋事，再加上沿途有催攒之官约束，不必再专门委派江安、苏松二粮道官员督押。以后如果遇到运河水小，需要大员前往筹水接济，并办理漕船起剥等事宜，漕臣可以临时加以委派，仍于二道之内选派一人前往办理；如水势充足，即可毋庸派遣专员押解。

杨锡绂的另一个贡献是《漕运则例纂》的编纂。《漕运则例纂》共20卷，是杨锡绂以雍正十二年（1735）御史夏之芳所纂辑的《漕运全书》为蓝本，在此基础上，将全书例案逐加校对，删其繁冗，归于简明，补其缺略，务臻详备而写成。该书分类列款编排事例，仍沿《漕运全书》体例，计分17类、113款，涉及漕粮数额、漕船运艘、漕粮运输、漕运职掌、漕运河道、通漕禁令、京通仓储等内容。该书是杨锡绂数十年领导漕运实践经验的积累，较之于乾隆朝《户部漕运全书》更具有实践性和可操作性，成为后世理漕者的必读书。

杨锡绂担任漕运总督的12年，他与河务官员共同办理河工事务，并努力剔除漕弊。他为人淡泊宁静，抚恤疲困，运丁们对他感恩戴德，还在运河边为他建生祠祭拜。乾隆二十七年（1762），乾隆帝在御制诗中，对其治理漕政的功绩给予了高度评价："转漕由来大政关，得人久任谓卿闲；四星储蓄天容与，千里南北岁往还。革弊深应体民隐，董偷兼欲恤丁艰；奉公尽职诚斯在，戞訸仪文尽可删。"后人将其治理漕政的功绩，与康熙年间治河名臣靳辅相提并论，称赞其"数十年来，论漕政者，必举先生第一"。

六、阮元治漕美名扬

有清一代，先后总共有95位漕运总督，阮元是漕运总督中唯一的扬州人。相对于其三朝阁老、九省疆臣的50年宦海生涯，阮元任漕运总督的时间非常短暂。阮元是在清嘉庆十七年九月接任漕运总督的，虽然在任只有短短的两年时间，但他在运河河道的修缮、水利工程的实施、漕粮的计量改革等方面做了不少工作，强化了漕运的管理，提高了漕运效率，为大运河漕运文化书写了华丽篇章。

嘉庆年间，漕运事务陷入了一片混乱的泥沼，积弊犹如顽疾，深深扎根在各个环节，中饱私囊、营私舞弊的现象屡禁不止。前任漕务总督许兆椿年逾古稀，因年老体弱，对漕运的管理力不从心。嘉庆皇帝见状，谕命阮元接任这一重任。在上任之前，嘉庆皇帝特意将阮元召至河北张三营行宫，当面郑重地要求他为革除漕运弊端、清朗风气，竭尽忠诚与智慧。

像很多富有魄力的臣子一样，阮元对此首先采取霹雳手段，严厉打击不法行为，雷厉风行整肃漕务。上任伊始就饬令所隶漕官及漕军、漕丁、水手等，不得营私舞弊，不许玩忽职守，并且明确表示，一旦发现违纪违法行为，必将严惩不贷。他紧紧抓住江北长淮四两帮漕船亏短漕粮的案件，一查到底。经过一番深入调查，揪出了运丁李祁运等 12 人，他们共短缺 570 余石漕粮。阮元毫不留情，按照惯例，让这些人受到了应有的惩处。经过这一番大刀阔斧的整治除弊，漕粮短缺这一长期以来的顽疾得到了极大的改善，漕运的风气也焕然一新。

一踏上漕船，他便发现漕粮测量用的是造船所用的尺，计算用的是"三乘四因"法，每船仅仅记录米数，复查时却没有任何依据，这无疑留下了极大的管理漏洞，成为滋生不法行为的温床。阮元看在眼里，急在心里，凭借自己精通的数学知识，决心发明一种新的丈量简明法。他先创制一种特别的新尺，其长度是一石米堆成六面立方形后一边之长；再创测量盘粮新法，即用新尺"以量船舱，得其宽长二数，初乘之，得丈尺寸分之数，再以初乘之数与深者之数乘之，得丈尺寸分之数，是此再乘所得之即米之石斗升合之数"。简便易操作。阮元自己也很满意此法的便捷，这一年的十一月底就写诗告诉京城的翁方纲说："古今度数无二理，适于世用斯为便。测量粟米创捷法，一尺算遍船五千。"

他还借用清朝数学家方中通《度数衍》一书介绍的"铺地锦"方法，也就是欧洲曾流行的"格子乘法"，将测量的数据填入格子中，不用珠算便能口头算出结果，更适合不习珠算的儒生为官者，不但方便，而且笔笔有据，使漕督等监管者"有实知其多、实知其少之据，则营卫军吏皆不敢欺矣"，堵塞了管理上的漏洞，为杜绝营私舞弊创造了条件。

尤为令人称奇的是，一个小小的测量新尺，竟是清朝两位大儒共同研制的成果。1812年11月21日，阮元为研新尺曾派专使拜谒焦循，焦循当即提出了"小尺""大尺"二法。焦循《易余龠录》记载，第二年春，阮元当面对他说用"小尺"之法。扬州学派的这两位代表人物，都精通数学，并且都追求经世致用。尤其是阮元，一直善于运用科技之学来解决涉及国计民生的实际问题，毕生都注重实学精神，重视实用之事，力行实践之道。清人诸可宝就将"立粮艘盘粮尺算捷法"看作阮元在自然科技研究上的三大成果之一。

为使新法行之长久，阮元将施行1年多的"立粮艘盘粮尺算捷法"撰成《粮船量米捷法说》，并于嘉庆十九年夏将之刻石，嵌在漕院显目墙壁处。新建的大运河文化博物馆应该将此碑石与图谱进行复制，开放展示，因为它们身上闪耀着大运河文化中的科技之光。

嘉道年间的漕运，还面临着一个棘手的问题，那就是河道经常淤塞梗阻。不是因为天旱导致水浅，就是因为调水混乱，使得朝廷上下一直在为漕运是否改走海运而争论不休。1804年，阮元时任浙江巡抚，就曾暗中计划筹办海运。当时，筹集的海船都已经聚集在浙江，然而，就在这时，北上的运河又能够通行了，商船海运的计划只能半途而废。阮元之所以不敢轻易启动海运，在《海运考跋》的开篇便一语道破天机：他是担心重蹈明末裁撤驿卒的覆辙，当年李自成等上万失业驿卒就是因此而起事造反的。

阮元任漕运总督的这几年旱情加重，保障河道的畅通成为他竭智尽忠的又一大重头戏。1813年2月，阮元至瓜洲督四千余船运粟，此时日照大江、千帆竞发，一进入山东河道，却水浅船慢，令人头疼。阮元深入调查后发现，山东运河水道依赖微山湖引水济运，而微山湖水绌已经年复一年，其原因不光是上年雨水太少，还由于淤积致使湖底不断加高，但管闸的官员还是沿用以前微山湖收水一丈二尺高度的旧例，没能随着湖底的加高而增高闸门与堤坝，湖水"任其漫越减泄"，"甚为可惜"。他立刻上折奏请增高石闸至一丈四尺，"沿接运河各堤岸"一律同步加高，这样可多蓄二尺湖水，嘉庆立即准奏从之。

阮元在保障河道畅通的过程中，最让他感到无奈的，大概就是两江总督百龄了。阮元经过调查发现，邳宿运河阻滞最为严重，年年都需要转驳。他分析原因，在于建闸太少。山东境内"东境七十余里之中递建八闸"，而江苏境内"三百余里只有六闸"，"水势不能停蓄，是以逐处浅涩"。于是，在五月的时候，阮元向嘉庆皇帝上折奏明此事。估计是阮元察觉到了反对的风声，在六月中下旬，他又上了一疏，详细陈述建闸虽然一时耗费较大，但是从长远来看，节省的费用更多。比如，一年可省转驳费用约 10 万两、转驳折耗 10 万两以及年年的筑草坝费用，而且建闸后漕运速度更快，米质更高。尤其为了防止有人以地面系浮沙为由反对，他还特意告诉嘉庆皇帝，"下掘即皆坚土"，完全能够建造闸。七月初，嘉庆皇帝下旨称赞阮元"所论甚为通畅"，责成百龄"勘估兴工"。然而，令人意想不到的是，在这样的情况下，百龄仍然上折反对，居然推翻了阮元的建闸主张，使得阮元畅通漕运的方案无法得以实施。

第二年春，即嘉庆十九年，旱情更甚，漕运重运甚至无法成行。阮元想方设法调水保运，可与河工等方面的矛盾也日益尖锐。以至于他的部下被参劾，阮元自己也因为坚持开闸引骆马湖水的主张，被嘉庆皇帝责备为固执己见，旋于三月被调为江西巡抚。

七、陶澍整顿漕务

陶澍（1778—1839），字子霖，号云汀，湖南安化人。嘉庆七年（1802）进士，授翰林院庶吉士。散馆，授编修。后任监察御史、山西按察、改福建按察使、安徽布政使。道光三年（1823）授安徽巡抚。五年（1825），调江苏巡抚。道光十年（1830），任两江总督。道光十九年（1839），卒，谥"文毅"。

嘉庆二十年（1815）三月，陶澍调任陕西道监察御史，自此开始多次奉旨巡视地方事务。这一年的九月，他奉命巡视江南漕务。十月，他郑重地向江南士民发布了《巡漕告示》。告示的主要内容围绕裁革陋规展开，其中包括裁撤衙门使费，严禁委员借机索贿，严禁粮头、伍长对百姓勒派苦累，同时严厉查办运弁的骄奢淫逸等行为。在巡视漕务的过程中，陶澍敏锐地察觉到与漕运紧密相连的运河治理问题的重要性。嘉庆二十一年（1816）二月，他就镇江运河治理，提出一系列建议，包括浚治练湖、挑深甘露港、整理闸座、起除积土等。奏上，嘉庆帝深以为是，下旨令两江总督照办。

道光四年（1824）秋，洪泽湖大堤的高家堰突然决口，湖水如猛兽般一泄而尽。此时身为安徽巡抚的陶澍，开始将目光聚焦在洪泽湖的蓄水问题上。他上奏认为，淮河水流旺盛，洪泽湖蓄水才足，才能收蓄水敌黄济运之效。因此，当务之急是扩充淮河水量。经仔细勘察，认为寿州（今安徽寿县）境的城西湖、凤台县境的焦冈湖、凤阳县境的花源湖，均可采取抽水入淮，补充下游洪泽湖库容。怀远县新涨沙洲，阻碍河流，必须再开引河数道，保证河水畅流。此外，他还就淮河治理提出总体设想。认为淮河河道迂回，每逢夏汛，汪洋一片，横溢民田。只有坚筑河堤，河流方能畅流，进入洪泽湖。这样既能蓄清敌黄又能使两岸民田借堤保护，免于大水侵灌。对此，他建议责成地方官，随时督劝百姓设法筹费，随时办理，自然会有成效。

道光五年（1825）五月，陶澍调任江苏巡抚。调任此职，道光帝对其寄予厚望。在履职的第一年，陶澍的施政举措中，推广丰备义仓和筹办漕粮海运最为引人注目。

推广丰备义仓，陶澍借鉴了在安徽的经验，于每乡、每村社义仓，发动民间捐谷，再由民间选殷实老成之人负责管理，不经官吏之手，充分调动民间力量，救助民间，以防荒年。

在漕粮海运这件事上，陶澍更是倾注了大量心血。当年洪泽湖决口，运道梗阻，道光帝决心试行海运。他撤换了反对海运的地方大员，将此事交由两江总督琦善、江苏巡抚陶澍、漕运总督穆彰阿等人负责。陶澍一直都是漕粮海运的坚定支持者。在从安徽巡抚调任江苏的路上，他就迅速向道光帝呈上了《筹议海运折子》，坚决反对折漕。他认为，一旦推广漕粮改折，势必谷贱伤农，有粜无售，民间骚动。他与意见相同的两江总督琦善，开始着手制定海运章程。道光五年（1825）十一月，陶澍上奏海运具体章程，主要包括：验米应责成粮道负责，会同苏松太道监兑；海船至天津交米，江南应分别委员前往；交米委员到天津完成交接，无须再至通仓；协济天津、通州仓银两，由江苏筹款解办；押运委员，当遴选武职大员。

道光六年（1826）二月，清朝历史上首次漕粮海运正式启动。巡抚陶澍亲自赶赴上海督办海运事宜，他急切地催促下属赶紧斛兑漕粮，要求随兑随开。在此期间，他接连上奏，及时向道光帝汇报海运的进展情况。最初，他上奏海运具体路线，海船从吴淞口出十漖，东向大洋，至佘山后，北向铁槎山，过成山后，西转芝罘岛，稍北抵达天津，总计水程4000余里。为了形象直观，他还命人绘制图贴，上交御览。关于海运安全，他上奏建议由水师营汛带兵防护。在如何调动船户积极性方面，他提议发给船户一定数量的耗米，等沙船抵达天津，兑交足额漕米后，剩余的十余万石漕米，可以交由粮户卖给官员，以此作为对船户的补偿。道光六年（1826）的漕粮海运，除运当年漕粮外，历年积欠漕粮也连同运往天津，直接导致江南地区市场上粮米缺乏，米价上扬。对此，陶澍建议留存部分漕米粜卖，稳定米价，救济百姓。陶澍提的这些建议均获允准施行。

同年六月，第一批运粮商船从天津返回，陶澍又赶赴上海督办第二批漕粮的运输。两次海运统计装载正耗米163.3万余石，前后用船1562只，漕粮悉数解交完竣。事后，陶澍主持编辑《江苏海运全集》，共12册，并亲自撰写《海运全案序》。他还专折上奏，总结海运中所遇困难，主要包括以下方面：一是海运初行，人情观望，商船既担忧被官吏苛索，又顾虑漕粮难交，畏缩逃避；二是河运弁丁沿运照料，尚不免风火沉失，海运初行，章程不成熟，又由素不相识的委员负责，难保漕粮疏损；三是各州县漕粮，运抵上海，同时雇募拨船，一时难以凑齐，等等。对此，道光帝下旨褒奖。

同时，陶澍开始大力整顿江南漕务。道光六年（1826）十月，上《申禁帮船加索津贴并酌拟调剂旗丁折子》。他着重指出江南漕务存在诸多弊端，百姓深受浮收之苦，而官吏也因州县花费巨大而苦恼，不得不占用官吏津贴来进行贴补。有些奸猾之徒，借此将责任推给州县，说州县不能体谅百姓的困苦，而百姓却不知道州县的难处。造成这种困局的，有一种既坑害百姓、困扰官员，又成为收漕祸害的，便是那些包揽漕务的无良之徒。他们利用陋规，肆意逞凶闹事，联名捏造事实进行控告。在人数最多的州县，生监竟多达三四百名，他们无端闹事，包揽词讼，瓜分漕规所得，有时数额竟多达二三万两。因此，必须严厉打击这些无良生监，力挽颓风，让他们无法兴风作浪，如此一来，漕务陋规自然能够革除，费用得以节省，百姓的负担也就随之减轻。道光帝对他的观点深表赞同。

对于运河河道的疏浚，陶澍同样不遗余力。道光七年（1827）二月，他就徒阳运河的治理发表了自己的见解。此前，他亲自前往镇江丹徒至丹阳一段运河进行勘察，发现西闸门外至江口一带，由于没有闸口拦蓄水流，一旦江水退去，运道就会无水，漕船根本无法前行。陶澍建议在江口用沙囊进行堵塞，等到江潮上涨时再启去沙囊，并且设置活水板闸，潮来的时候开启一板，收蓄江水。这样一来，在小汛期内，漕船也能够依次通行。在设置板闸的同时，陶澍还将徒阳运河挑切得更加宽深。值得一提的是，徒阳运河有一段著名的古浅猪婆滩，下面堆积着活沙软泥，传说有神灵之物潜伏其中，一直被认为不能治理。但陶澍破除迷信，力排众议，最终成功开挖。在治理徒阳运河工程中，陶澍发现该段运河无法保证有充裕的水源补给，于是建议恢复练湖，收蓄长骊诸山84汊之水，春夏蓄水，秋冬则用于接济漕运。

道光十年（1830）八月，加太子少保衔，升任两江总督，兼署江苏巡抚。在新的职位上，陶澍将主要精力放在调整盐务、改革盐政方面，他大力提拔办理盐政的人才，积极稽查私盐，提出了淮北试行票盐的改革方案。同时，他收集历年治理江苏水利及处理新涨沙洲的文书，编为《水利七案》，又名《东南七郡水利》。

道光十八年（1838）十一月，陶澍身患疾病，次年，病逝于两江总督任所，终年62岁。魏源为陶澍写行状、神道碑、墓志铭，在《陶文毅公行状》总结他一生的政绩："公自任督抚以来，如漕务之创海运，三江之修水利，淮南之裁浮费、截粮私，淮北之裁坝杠，皆恒情所动色相戒，公奋不顾身，力排众议，卒能创始善终，可久可大。"

第四章

大运河漂来的城市

中国古代城镇的形成和发展，与大运河有着密切的联系。隋唐以前，中央政权依赖关东与关中平原两大经济区，形成了以长安与洛阳为中心的城市格局。隋唐大运河开凿以后，经济重心南移，建立起以东都洛阳为中心的大运河体系。元明清时期，南北贯通的大运河解决了南北之间人口与农业生产地域不协调的矛盾，沿线城市也因之发展起来。咸丰五年黄河北徙后，尤其是鸦片战争战后铁路、轮船等新式交通的工具出现，代替了运河成为新的运输途径，沿岸依河而兴的诸多城市亦随之衰落。

第一节　京杭大运河城市

京杭大运河，这条世界上里程最长、工程最浩大的古代运河，承载着深厚的历史底蕴。它南起杭州，一路向北，直至北京，穿越了浙江、江苏、山东、河北四省及天津、北京两市。京杭大运河沿途滋养了众多城市，如浙江的杭州市、湖州市、嘉兴市，江苏的苏州市、无锡市、常州市、镇江市、扬州市、淮安市、宿迁市、徐州市，以及山东的枣庄市、济宁市、聊城市、德州市，河北的沧州市，天津的武清区和北京的通州区。这些城市，都在大运河的见证下，留下了无数历史的痕迹与文化的瑰宝。

一、运河漂来北京城

北京，这座古老而又充满魅力的城市，曾经有燕京、北平这样的别称。它稳稳地坐落在华北平原的北部，东边与天津紧紧相依，其余部分则和河北相邻。境内有多条主要河流奔腾而过，如永定河、潮白河、北运河、拒马河等，它们就如同大地的血脉，滋养着这片土地。而京杭大运河的北京段，更是气势不凡，主体横跨昌平、海淀、西城、东城、朝阳、顺义、通州这7个区，以通惠河和白河作为大运河的主线，仿佛一条巨龙蜿蜒其中。

说起北京地区运河的开发，那可追溯到久远的东汉末年。建安十一年（206），曹魏政权为了妥善解决北方地区军粮运输这个大难题，毅然开凿了平虏渠和泉州渠。时光流转到隋唐，北京成了运河北端的边防重镇。隋炀帝开通永济渠，将北方边境连接起来，这一伟大举措，为北京地区跨流域、跨地区的交流奠定了坚实基础。从那时起，漕粮就能够顺着水道一路

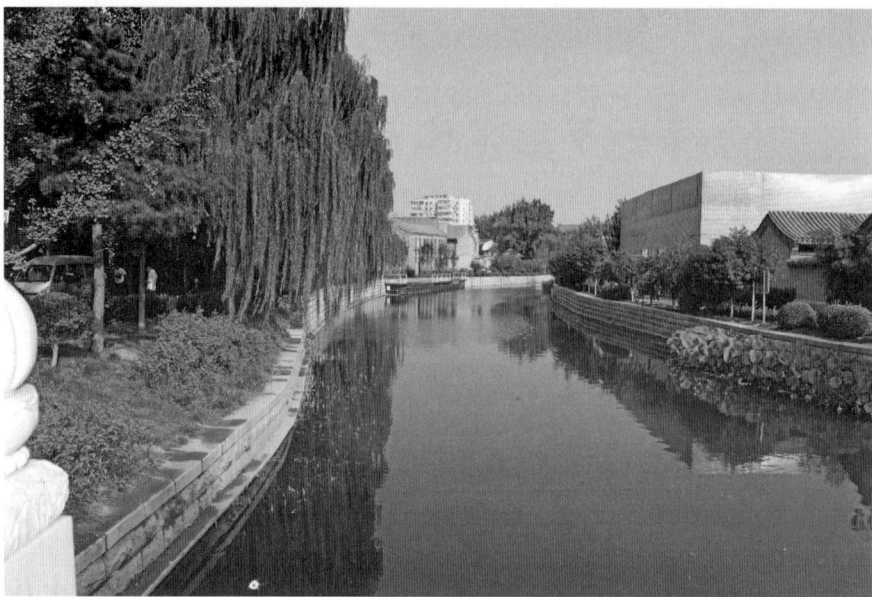
▲ 北京城区玉河故道（胡梦飞摄）

畅行，抵达北京。到了金代，他们以隋唐运河为根基，开凿了以北京为中心的人工运河，只可惜当时技术有限，运河通航之路并不顺遂。元代，北京确立了全国政治中心的地位。为了解决南粮北运的棘手问题，郭守敬大显身手，开凿了从大都至通州的运河，还重新恢复并巧妙改进了金朝的闸河，成功引来了白浮泉水，并且独具匠心地设计城内的积水潭作为漕粮进京的水路终点。明清时期，北京主城区和通州分别建起了京仓和通仓，专门用来储存漕粮，这两处仓廪合称为"京通仓"。明嘉靖七年（1528），吴仲主持开浚通惠河，此后城内不再通航，南来的漕粮先运至大通桥，然后采用分段递运的方式，最终抵达北京。清康熙年间，人们疏导通惠河上源的玉泉山水道，开始利用东护城河接运大通桥的漕粮，送入京仓。后来漕运停止，北京段运河逐渐淤积荒废，通惠河则转型成为北京的排水河道和景观河道。

北京城的历史与运河密不可分，至今民间仍有"漂来的紫禁城"之说。自元代定都大都"百司庶府之繁，卫士编民众，无不仰给江南"，漕运和海运也直接影响了大都商业的繁荣和城市布局。北京的老商业街区的形成与分布与运河的疏通与走向有密切关联。元代的街市分为三个核心区，基本都以运河为中心。一是朝后市，即积水潭所在之处。二是顺承门里的羊角市（今西四牌楼一带），这里有米市、面市、羊市、马市、牛市、骆驼市、驴骡市等。三是枢密院角市（今东四牌楼南灯市口大街一带）及十市口（今东四牌楼），这里有杂货市、柴草市、车市等。这三处均为市场密集区。其中，以钟鼓楼的朝后市最为繁盛。明初，成祖迁都北京，修建京城，砖木石料——产自四川的金丝楠木、临清贡砖等——都是通过运河运抵北京。除漕粮外，京师所需的其他物资开销也大多来自江南，如蔬果、茶叶、纸张、瓷器、丝绸、手工制品等都通过运河输送。南来北往的漕船、商船，促进了京城商业经济的繁荣。清代从城市区域划分来看，有"东富西贵"之说，所谓"西"，是指积水潭、什刹海、北海、中南海一带，尽为深宅大院、王府官邸、花园。在京的巨商富豪则多居住在东城，尤其是东四附近。除此之外，明、清两代外城商业亦发展迅速，特别是前门、崇文门、宣武门等内城城门外，甚至超过了朝后市的鼓楼。

两千多年来，大运河以其沟通南北漕运货物的强大功能，孕育了沿岸各城市。对于京杭大运河的终点北京来说，有着特别重要的意义。大运河见证了北京从古至今的变迁。从元代的通惠河到明清时期的漕运管理，大运河一直是北京的生命线。如今，大运河不仅是一条历史遗迹，更是一条活态的文化遗产，继续滋养着北京这座古老的城市。

二、因漕运而兴的城市：通州

通州，这座拥有悠久历史的城市，有着路县、潞县的古称。到了金代，它改名为"通州"，取"漕运通济"之意。它处在京杭大运河的最北端，与西边的北京近在咫尺，因而被称作北京的"东大门"，享有"一京二卫三通州"的美誉。

通州的城市发展，与北运河（旧称潞水）紧紧相连。随着漕运的兴盛，在元明清时期，通州逐步演变成漕运、仓储以及京东行政中心。元代时，郭守敬奉皇帝旨意，开凿了从通州至大都的运粮河道，河道建成后，被赐名为"通惠河"。明朝初期，通州城进行了扩建，也就是如今的通州旧城。后来，永乐皇帝迁都北京，通州便成了南漕北运的终点。据明代《通州志略》记载："通州上拱京阙，下控天津。潞、浑二水夹会于东南。幽燕诸山雄峙于西北。"明正统年间，朝廷为保卫设在通州西城垣外的大运西仓、南仓筑通州新城，并设管漕衙署。清雍正朝，自北京朝阳门至通州北大街修筑石道，改善陆路交通，方便漕粮运往京师。

漕运极大地推动了南北经济文化的交流，而作为漕运最北端的通州，从中获益匪浅。南方各省份的漕粮直接运抵通州，漕运水手携带的土宜在当地进行交易，这促使当地商业蓬勃发展，城市规模也不断扩大。明嘉靖年间，在通州城东垣外形成了私营米、麦的聚销场所。到了万历末年，通州城内的街巷已增加到 50 余条。清代通州商业进一步发展，有诗形容曰："漕艇贾舶如云集，万国梯航满潞州。"外国来华使臣也多沿运河前往京师，至通州后弃舟乘轿。清代外国使者曾记载通州的商业盛况："市肆丰侈，杂货云委，或聚在床上，或积至路边，车运负担，不可尽数。"江南及海外货运通多汇集于此，通州城内外形成了众多货栈和市场。

通州至今还留有许多因漕运而新建的村庄，诸如北码头、土桥、杨堤等，这类村庄数量约占通州乡村总量的三分之一。通州现存运河遗址有元代管河公判署遗址、仓场总督衙门、张家湾镇、通州燃灯塔等。此外，通州还在古运河的影响下积淀了宝贵的民俗文化遗产，流传着大量的民谣、童谣，并形成了独具特色的运河船工号子。

三、河海交汇的运河名城：天津

天津，有着津沽、津门等别称，它稳稳地坐落于华北平原东部，处在海河流域下游，是北方首屈一指的港口城市。京杭大运河的天津段，南起静海的九宣闸，北至武清的木厂闸，由南运河段和北运河段构成，长度约71公里，一路流经静海、西青、南开、红桥、河北、北辰、武清这7个区。天津位于海河五大支流的汇合处以及入海口，向来有着"海河要冲"的名号。

天津的运河开发历史极为悠久，长达1800多年。曹魏时期，曹操为解决北方地区军粮运输的难题，开凿了平虏渠，其位置就在今天津市区中心的三岔河口（这里是清河、泒河、笥沟诸河交汇之处）。隋大业四年（608），隋炀帝修筑永济渠，基本沿用了曹魏时期的旧渠道。唐朝中叶以后，天津摇身一变，成了南方粮、绸北运的水陆码头。从元代开始，随着国家政治中心向北方转移，以及漕运的蓬勃发展，天津逐渐成为漕粮运输的枢纽城市。

天津作为北方重要的漕粮集散地，南来的漕船在天津港口停靠，大量南方的土宜顺势进入天津市场，有力地推动了天津商业的发展，南运河三岔口更是成了南北货物交流的核心地带。在这一区域，逐渐形成了以商品或手工业命名的街市，如估衣街、针市街、粮店街等。众多漕运兵丁、运军水手在天津码头停留，极大地带动了天津服务业、餐饮业和娱乐业的发展。鸟市、茶院、戏楼成了当时漕运人员消遣的好去处。运河沿岸还冒出了商品买卖行栈，比如杂粮行、米行等。天津的集市众多，康熙年间，天津共有十集一市，集市地点大多分布在天津城的中心区以及东、西、南、北门内外。商品经济越发发达的天津，成了北方仅次于京城的繁华都市。

▲ 天津城区段运河（胡梦飞摄）

天津现存与运河相关的建筑、遗址数量颇丰。大运河天津段遗产包括 28 处运河遗存，其中运河水工遗存 12 处、附属遗存 4 处、相关遗产 12 处。位于古文化街道的天后宫，始建于元泰定三年（1326），是天津现存最古老的建筑群。运河也孕育了天津独特的非物质文化遗产，如杨柳青年画等。

四、运河之水润沧州

沧州，静静卧于河北省东南部，东部与渤海深情相拥。京杭大运河的沧州段，是海河流域漳卫运河系下游河道南运河的重要组成部分。它悠悠地在沧州地区蜿蜒穿行，途经吴桥、东光、南皮、泊头、沧县、沧州市区、清县这 7 个县区。

沧州段运河的开凿历史，最早可追溯到东汉末年。当时，曹魏为了

▲ 沧州城区段运河（胡梦飞摄）

北征乌桓，开凿了平虏渠。时光流转到隋大业四年（608），隋炀帝开挖永济渠，引沁水作为水源，一路向北连通涿郡，沧州境内的运河河段便由此正式形成。在唐宋时期，沧州运河被称作御河或卫河。明弘治年间，朝廷对沧州水道展开治理，一口气开凿了 14 条减河，以此来调节水源。清朝建立后，沧州地区的河政治建置比明代更为完善，水道治理的力度也大大加大。官府屡次在沧州运河的险要地段加固缕堤，还添建了闸坝等水利工程，只为全力保障运河的畅通无阻。在清代，临清至天津的这一段被称为南运河，沧州段运河正处于南运河下游，承担着内河航运中极为繁忙的运输任务。然而，漕运停止后，运河逐渐淤塞，内河航运规模不断缩小，沧州段运河也渐渐失去了往昔的繁华盛景。

明清时期的沧州"北拱幽燕，南控齐鲁，东连渤海"，是运河沿岸重要的商业中心与漕运码头。沧州地近海滨，盐业较为发达。早在宋、金、元时期就有大量官私人员从事盐的晒制与贩卖。沧州长芦盐场生产的海盐，大多通过运河等运输线路运送到各地。据雍正《长芦盐法志》记载，长芦盐运销路线如下：以北河（北运河、蓟运河等）系、淀河（大清河）系、西河（子牙河）系、御河（南运河及卫河）系为骨干，辅以陆路，覆盖了整个直隶省和山东、河南的部分地区。盐的运输，也加强了河北燕赵之地与其他区域文化的交流，形成了以盐为载体的文化互动。

沧州优越的交通位置，不仅为食盐的生产与销售提供了便利，更如同一股强劲的东风，刺激了本土农业、手工业和商业的蓬勃发展。沧州地区商业城镇星罗棋布，仅漕运码头就有桑园镇、连镇、东光、泊头、兴济、青县等十多处。这些码头，既是漕运水手和运军出售夹带土宜与私货的地方，也是各地商人纷至沓来的会集之所。到了清代，沧州的经济进一步繁荣昌盛，枣、鸭梨、御河棉、花卉的种植已粗具规模。在沧州的城市建设方面，形成了一批以产品或经营内容命名的繁华街道，如竹竿巷、盐厂、锅市街、书铺街等。在这些街市之中，既有通过运河从南方运来的竹子、瓷器、绸缎等精美商品，也有本土商人开办的店铺与金融机构。沧州地处京、津、冀、鲁、豫商品流通的必经之路，也是商品集散中心，同时还是官府、巨富走镖的要道，正因如此，沧州的镖行、旅店、装运等行业得以兴盛一时。

五、"神京门户、九达天衢"：德州

德州，位于鲁西北平原黄河下游北侧，北以漳卫新河为界，与河北省沧州市为邻；西以卫运河为界，与河北省衡水市毗连；西南与聊城市接壤；南隔黄河与济南市相望；东临滨州市。因德州为水、陆北上必经之地，因此又有"神京门户、九达天衢"之称。

京杭大运河的德州段，由卫运河和南运河共同构成，全长141公里，一路悠悠流经夏津、武城、德州城区等地方。隋炀帝时期，开挖永济渠，从馆陶县进入山东境内，途经德州后，再进入河北境内。到了唐代，在德州段永济渠以东（也就是如今四女寺的位置），开挖了减河，目的是减轻德州地区的水患压力。元初的时候，运河因为年久失修，多处淤塞荒废，漕运不得不采用陆运的方式，先从东阿陆运至临清，然后再进入御河北上。德州段运河的水源，主要来自卫河和漳河。漳卫之水"流浊势盛"，虽说为漕运提供了充足的水源，可也常常带来决口的危害。为了减少这种危害，人们在沿途修建了减水工程，防止水量过多对运河造成损坏。明代，在运河东堤上开凿了四女寺减水闸。清代，依然延续了对德州段运河减水防患的治理思路。民国时期，德州至天津的运道，能航行吃水较浅的汽船。

明清时期，德州借漕运之利，连通境内多条河流（卫运河、漳卫新河、徒骇河、德惠新河和马颊河），逐渐发展成为运河沿线重要的商业城市之一，实现了由军事重镇向商业城市的转变。明会通河疏浚后，德州的交通枢纽作用日益显著。永乐十三年（1415），明廷在德州建水次仓，以

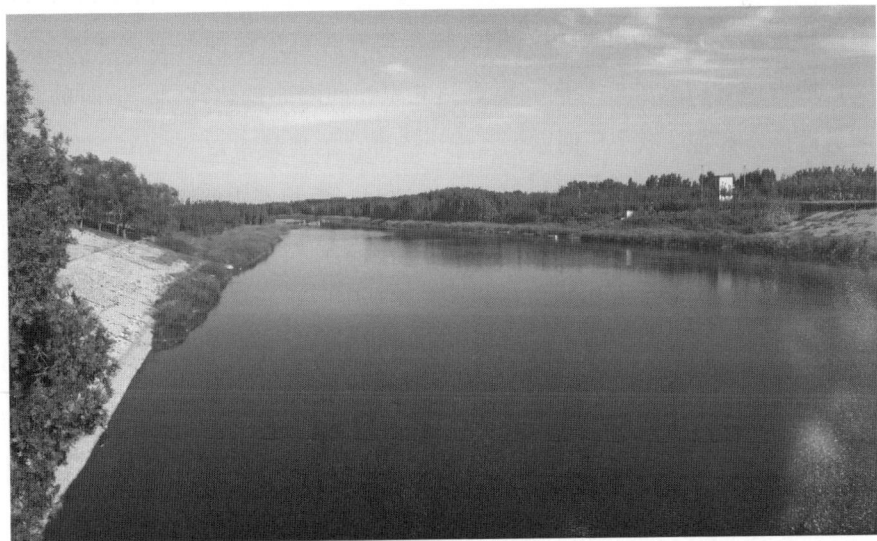

▲ 德州四女寺古运河（胡梦飞摄）

此来保障漕粮递运，其间军丁携带货物沿途贸易，促进了德州食宿、娱乐、服务业等行业的发展。清代德州商业主要以粮食、棉花、杂货交易为主。其中，粮食、棉花以本地商品集散为主；杂货行主要以纸张、海味、火腿、板鸭、锡箔、红白糖等为交易对象，它们大部分是经运河而来。德州商业区多依运河而建，形成了如北厂街、桥口街等繁华街市。然而，漕运停止后，临清南段运河渐渐淤塞，沦为平地，德州也因为丧失了交通优势，商业再也无法重现往日的繁荣景象。

德州如今还留存着不少与运河相关的古迹遗址，比如四女寺减水闸、九达天衢坊、苏禄国东王墓等。这些古迹遗址，宛如岁月的使者，静静诉说着德州往昔因运河而兴的辉煌故事。

六、运河古城的千年风华：临清

在历史的长河中，临清这座城市的名字由来颇为独特，它因傍清河而得名，在往昔还曾被称作清河郡和清渊县。临清全境都处在黄河下游冲积平原，地势平坦开阔，境内漳卫河、运河、马颊河等多条河流奔腾交汇，水网纵横。尤其是到了明清时期，临清地处京杭大运河与卫运河的交汇处，地理位置得天独厚，向北可直达北京，向南能抵达杭州，彼时的它，声名远扬，有着"繁华压两京，富庶甲齐郡"的美誉。

临清段运河历悠久。元代开凿的会通河，南起安山西南，北至临清卫河，由于地势原因，临清境内修建有会通闸、临清闸、隘船闸等多个闸座用以节水。明永乐十五年（1417）由于鳌头矶以北的元代会通河故道与卫河落差较大不宜行船，遂废除其入卫河道及上游的 3 座水闸，重新开挖了鳌头矶以南的入卫河道，新建了南板闸及新开上闸。明正统年间，以广积仓外缘为城垣修筑临清城。到了清代，又对临清段运河进行了多次修缮。不过，清中叶之后，运河的运输功能大幅下降。咸丰五年（1855）黄河改道，使得临清以南的河段逐渐淤塞，最终断航。

临清，宛如一颗璀璨的明珠，镶嵌在运河沿岸。它绾毂南北，水陆交通皆十分便利，是全国屈指可数的流通枢纽城市。明初临清"置三仓"，明宣德四年（1429）设钞关，由御史或户部主事督收船料商税之课，大约每年4万金。到明嘉靖年间，临清已经成为一个"延袤二十里，跨汶卫二水"的较大城市。在临清的市场上，来自全国各地的商人往来如织，热闹非凡，徽商、晋商、闽商、粤商、赣商、苏商等齐聚于此，他们带着各地的特色商品，在此交易，促进了临清商业的极度繁荣。

进入清代，临清的繁荣程度虽不及明代，乾隆之后，其地位更是进一步下降。但即便如此，一直到咸丰年间黄河改道，张秋以北运河逐渐淤塞之前，临清依旧是华北平原最大的商业城市之一。商业的繁荣，也如同一股强劲的东风，带动了本地手工业的蓬勃发展。临清本地的手工业涵盖了砖窑业、纺织业、皮革业、食品业、竹器业、五金业、木业、鞋服业等多个行业。其中，临清烧制的临清贡砖品质上乘，是专供北京城修建的主要石料，这些贡砖顺着运河，源源不断地运抵北京。

临清的运河文化不仅历史悠久，而且至今仍然影响着当地的生活和经济发展。2014年6月22日，中国大运河成功申遗，会通河临清段、临清运河钞关分别作为重要的遗产河段和遗产点入选世界遗产名录，继续在世界的舞台上闪耀着独属于它的光芒。

七、闻名遐迩的"江北水城"：聊城

聊城位于山东省鲁西平原，毗邻河南、河北两省，属于黄河下游外积平原。聊城的历史源远流长，自秦朝设县起，便在岁月长河中留下足迹。不过，由于频繁遭受水灾，其治所时常迁徙。到了宋熙宁年间，聊城筑起了土城，元明清时期，这里一直是东昌府府治的所在地，拥有悠久的建城历史。"无大川名山之阻，而转输所经常为南北孔道"，地形四通，凭借漕运带来的便利，聊城摇身一变，成了运河沿线赫赫有名的"江北一都会"。

▲ 聊城城区段古运河（胡梦飞摄）

聊城与运河的缘分，起始于元代会通河的开凿。至元二十六年（1289），元世祖一声令下，征发了250多万劳工，开启了会通河的开凿工程。会通河起自东平路须城县（今山东东平）安山西南，北至临清达御河，全长250多里。明洪武初年，聊城隶属山东布政司，是联系南京与北京的中枢地带，朝廷设平山卫和东昌卫驻扎于东昌。明永乐十二年（1414），会通河疏浚，在聊城修建龙湾护堤。朝廷先后修龙湾减水闸、官窑口减水闸、东昌驿北侧减水闸等。清雍正六年（1728），改聊城龙湾减水闸为滚水坝，重修周家店闸、李海务闸、通济闸和永通闸。清中期以后，运河淤塞情况越发严重，朝廷每年都不得不投入巨额款项进行维修和挑挖。漕运停止后，聊城以南到黄河的河道无法通航。

运河的开通，极大地促进了南北经济与文化的融合和发展。穿城而过的运河，更是给聊城带来了长达400年的繁荣昌盛。聊城城内运河全长5公里，南起龙湾，北到北坝。万历《东昌府志》记载："聊城为府治，居

运载千秋：中国大运河传

杂武校，服食器用竟崇鲜华。"城内主要码头有崇武驿码头、小码头、启
秀楼码头。崇武驿码头又被称为聊城大码头，是东昌境内最早的官用码
头。会通河从聊城东关流过，南北往来的商人看准商机，在东关菜市场设
立总栈，大量收购聊城及其他各县所产的乌枣、棉花和烟叶等特产，然后
通过运河运往天津、镇江等地。一时间，各地商帮纷纷会聚于此。活跃在
聊城的商帮包括辽东商人、安徽商人、山陕商人、江苏商人、江西商人、
浙江商人、闽广商人外等，以通济闸（今称闸口）为中心，在运河沿岸建
立了"山陕""苏州""浙江""江西"等八大会馆。清中期，聊城境内的
商行、商号主要经营棉布、典当、衣饰皮货、印刷、毛笔制作、酿酒、药
材等行当。

　　直至今日，聊城依然留存着众多与运河相关的名胜古迹，像山陕会
馆、光岳楼、海源阁、周家店船闸以及运河大小码头。这些古迹就像历史
的见证者，默默诉说着聊城往昔因运河而兴的辉煌故事。

八、济水安宁、运河中枢：济宁

　　济宁，这座历史悠久的城市，古称任城，到了元朝改称济宁，这一
名字一直沿用至今。它坐落于鲁西南地区，为"五方之会，骛于纷华，与
邹鲁间稍殊"，热闹繁华，与其他运河城市相比，有着些许独特之处。而
这独特之处，就在于它与其他运河城市相较，竟带着几分江南的特色。有
《竹枝词》曰："济宁人号小苏州，城面青山州枕流。宣车门前争眺望，云
帆无数傍人舟。城中阛闉杂嚣尘，城外人家接水滨。红日一竿晨起候，通
衢多是卖鱼人。"

　　元至元二十年（1283），兵部尚书李奥鲁赤奉了皇帝的旨意，开启了
一项浩大的工程——开凿济州河。这条河从任城出发，穿越洸水，导引汶
水和泗水，一直延伸到安民，长度约75公里。到了至元二十六年（1289），
又开挖了从东平北至临清的会通河。之后，人们还在宁阳堽城筑起堤坝，

拦截汶水，让它流入济宁天井闸，以接济运河的水流。就这样，京杭运河全面畅通，成为连接南北的交通大动脉。由于济宁地处京杭大运河的中枢河段，地形高低悬殊，在运河开凿和航运过程中所面临的水源不足以及黄河决溢造成运道淤塞等问题大都集中于此，因此，济宁段运河经常成为廷议和实施河工工程的重要区域。明清两代，围绕济宁段运河修进行了多次整治改造，建立了一系列工程，如南旺分水枢纽工程、漕运新渠工程和多处闸座。

早在运河贯通之前，济宁就已经是一座重要的区域性城市了。唐代的大诗人李白和杜甫，都曾到访过济宁，为这座城市留下了不少诗篇。明代中期，大运河畅通之后，济宁迎来了飞速发展，一跃成为一座商业性都会，城市规模也在不断扩大。在城南靠近运河码头的地方，逐渐形成了一片周长长达 16 公里的郭城商业区。作为转运贸易的主要码头，济宁当之无愧地成为鲁西南地区最大的商货集散地。当时兖州府地区所用的江南之材、服饰器用等商品货物，全由济宁转输而来，而鲁西南生产的烟草、苘麻、棉花、梨枣、毛皮、药材、粮食等，也都运集济宁，通过运河转输江南等地。济宁城区主要有粮食业、皮毛业、药材业、食油业、杂货业、北果业、竹器业、茶叶业、布业、百货业、文具业、陶瓷业、食盐业、金融业、饮食服务业等近 20 个行业，产生了许多著名商号，例如人和粮行、源成皮行、玉堂酱菜等，它们在济宁的商业舞台上熠熠生辉。

如今，济宁申报的大运河系列遗产颇为丰富，其中包括南旺分水枢纽工程遗址（涵盖十里闸、邢通斗门遗址、徐建口斗门遗址、运河砖砌河堤、柳林闸、寺前铺闸、南旺分水龙王庙遗址）、会通河南旺枢纽段、会通河利建闸、会通河微山段（微山南阳镇—利建闸河段）、小汶河等 11 处。这些遗产，就像历史的珍贵记忆，承载着济宁因运河而繁荣的辉煌过往。

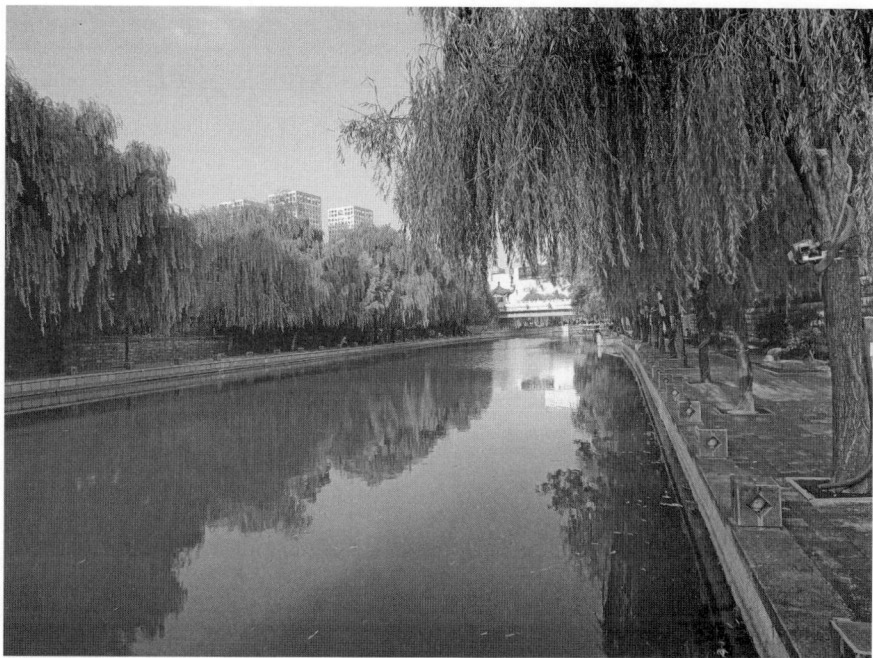

▲ 济宁城区古运河（胡梦飞摄）

九、胜似江南的江北水乡：台儿庄

在苏、鲁两省的交界处，有一个特别的地方叫台儿庄。这里的地势西高东低，南、西南部有不少山丘，北部是一马平川的平原，中部和东部则地势低洼。台儿庄堪称山东运河的"南大门"，境内河流纵横交错，交通十分发达。大运河与伊家河就像两条并行的巨龙，由西向东贯穿其中；大沙河与陶沟河也不甘示弱，分别在台儿庄的中部和东部，自北而南欢快地注入运河。从明清时期起，台儿庄就成了南北货物的重要集散地，素有"鲁南重镇"的美誉。

台儿庄与运河的缘分，得从明末泇河的开凿说起。泇河，又称韩庄运河，呈东西走向，为南北走向的京杭大运河最大的一段弯道。万历三十二年（1604），京杭大运河改道由济宁经微山湖向东经韩庄、台儿庄南下。

伽河开通后，朝廷于台儿庄段运河沿岸"置邮驿、设兵巡、增河官、立公署"。三十四年（1606）台儿庄设巡检司后，领韩庄至邳州运河段260余里的河务，兼理地方治安。从那时起，台儿庄摇身一变，成了峄县的经济中心、军事中心，甚至是次政治中心。

自从伽河开通，台儿庄可就热闹起来了。原本只是个荒凉的小村，转眼间，发展成了运河上的水旱码头和商贸重镇。人口像雨后春笋般急剧增加，城镇规模也迅速扩大。到了清代康乾年间，台儿庄迎来了它的鼎盛时期。那时候，它不但是运河上的漕运枢纽、水旱码头，沟通着苏鲁豫皖乃至江淮浙沪地区，还成了鲁南苏北一带农副产品的重要集散地，人流、物流空前活跃。康、乾二帝各自"六下江南"巡视，每经水路，必在台儿庄停泊登岸下榻或巡游。乾隆在第四次南巡经过台儿庄时，龙颜大悦，挥笔留下了"天下第一庄"的御笔，让台儿庄的名气更上一层楼。

▲ 台儿庄古运河（胡梦飞摄）

运载千秋：中国大运河传

在台儿庄，商业十分繁荣。有不少规模较大的商号，如同仁百货店、复兴杂货店、恒之兴棉布店、中和堂药店、孙家酒店、裕康酒店、徐家瓷器店、协兴东铁货店、曹家棒场、豫祥酱园和彭家饭店等，生意都十分红火。除了这些，那些没有字号的私商小店和摊铺更是遍布大街小巷，热闹非凡。到现在，台儿庄还留存着越河街、丁字街等古运河商业街，仿佛在静静诉说着往昔的繁华。

2013年8月5日，台儿庄古城重建项目竣工。这座古城面积两平方公里，包括11个功能分区、8大景区和29个景点，集"运河文化"和"大战文化"为一体，成了山东运河段极具人文魅力的旅游胜地，也是大运河世界文化遗产重建城市，吸引着无数游客前来探寻它的魅力。

十、汴泗交汇处、黄河映带流：徐州

在华北平原的东南部，有一座历史悠久的城市——徐州，它还有个古称叫彭城。它处在京杭运河中段，东有沂、沭诸水及骆马湖，西有大沙河及微山湖，黄河和运河在此交汇，有"五省通衢"之称。

徐州段运河的历史，那可真是源远流长。自南宋建炎二年（1128）黄河夺泗入淮，黄河流经徐州长达700余年。元代将原来的济宁至徐州泗水河道和徐州至淮安河道作为漕运的一部分，纳入南北漕运系统。明代前期延续了徐州段"黄运合一"的特点。直至正德年间，徐州运道不断受到黄水冲击。为避黄保运，明、清两代相继在徐州及其附近地区开挖了南阳新河、迦河和中河等运道。其中以迦河的开凿对徐州影响最大，自明万历年间迦河通航以后，经由徐州北上的漕船数量大为减少，徐州的漕运中心地位略有降低，但徐州运道仍发挥着一定的作用。天启四年（1624）徐州城遭遇了一场空前的灾难，迎来了历史上最严重的水灾。那场大水过后，整个城市被埋在了地下十几米处，也因此形成了如今徐州"城下有城"的奇特景观。

▲ 徐州城区的古运河（胡梦飞摄）

运河的畅通以及漕运的中转，极大地推动了徐州经济的发展。城内商业发达，店肆林立，街巷交错，有街十四、坊二十一。城内聚集大批外地商贩，"一切布、帛、盐、铁之利，悉归外商"。明代中期，许多百姓搬至城外滨河而居，促使徐州城市规模扩大，总体呈现出稳中南迁、沿河交通干线拓展的趋势。崔溥在《漂海录》中对于徐州的记载为"物华丰阜，可比江南"。明永乐十三年（1415），政府在徐州建广运仓、设彭城驿站、吕梁洪工部分司、钞关等机构。伽河开通后，徐州商业受到一定影响，外地商人纷纷撤离，以前从事码头服务业、搬运业的人员或是失业或转移他处，流动人员大量减少。

现存明清时期水利工程建筑包括故黄河护城石堤、荆山桥遗址、《疏凿吕梁洪记》碑、韩坝闸、周庄闸、广运仓遗址等30余处。这些建筑就像历史的见证者，静静诉说着徐州往昔因运河而繁荣的故事。

十一、南船北马、运河之都：淮安

在江苏省的中北部，江淮平原的东部，有一座重要的城市——淮安。它上通齐鲁，下接江淮，稳稳地处在京杭大运河的中枢位置，是南北水陆的通衢要道。淮安段留存着不同时期开凿的运河航道，像邗沟北段、泗水故道、龟山运河、盐河、太平河、张福河、老涧河、六塘河、通济渠（汴河）、沙河运河、洪泽新河、山阳等，每一段都承载着岁月的痕迹。

在漫长的历史变迁中，运河淮安段与淮河、泗水、黄河形成了交汇之势，洪泽湖为运河航道提供了丰富的水源。春秋时期，吴王夫差开邗沟，南起扬州，北至近淮安市淮安区古末口，成为沟通长江、淮河与长江流域的重要水道。隋炀帝开江南运河后，在淮安设立漕运转运署，唐、宋两代设江淮转运使。永乐十三年（1415），漕运总兵官陈瑄循北宋沙河故道开凿清江浦，即今淮安市区古运河，并在河道上递建移风、板闸、清江等5座节制闸。明、清两代均在淮安设漕运总督衙门，使其成为全国漕运指挥和河道治理中心。由于水环境复杂，明清以来朝廷治水的重点在清口，历代治河名臣留下了诸如"束水攻沙""分黄助清"等治河方略，清代康熙、乾隆两代皇帝多次南巡清口阅视河务，可见淮安在运河中具有极其重要的地位。

淮安作为漕运枢纽、漕船制造及淮北盐散中心，是区域内乃至整个运河航运的重通要道和水陆码头，衙署林立、河官员众多。明永乐年间，朝廷在清江浦设立常盈仓，后改为丰济仓，是全国囤积漕粮的四大名仓之一。淮安的商业十分发达，农产品、棉纺织、丝织品、油类酒类、干鲜果品、纸张、铁铜器等各类商业市场一应俱全。随着商业规模不断扩大，城内渐渐形成了许多专业性的商业街巷和市场，如铁钉巷、罗家桥市、茶巷、千鱼巷、西湖嘴市等，热闹非凡。

淮安现存运河相关遗址有漕运总督府、末口遗址、古运河石堤、淮安钞关遗址、勺湖碑园、矶心闸、板闸、龙光闸、萧湖、月湖、盘粮厅遗址、龙光阁遗址等，它们默默诉说着淮安往昔的辉煌。

十二、"中国运河第一城"：扬州

扬州，这位古称广陵、江都的水乡佳人，优雅地坐落于长江三角洲，在江苏省中部的怀抱中，与长江、京杭大运河深情相拥，享有"中国运河第一城"的美誉。

春秋时期，吴王夫差开凿邗沟，沟通江淮水系，邗城是位于邗沟节点处的重要堡垒，楚广陵城由邗城的基础上向西扩建而成，汉广陵又在楚广陵的基础上加筑而成。隋炀帝时期疏凿邗沟，并疏凿江南运河，扬州成为全国最重要的水陆交通中心之一，沿着运河向北，能抵达中原大地，感受厚重的历史气息；向南则是温婉的太湖流域，领略江南的柔美风情；沿江溯流往西，可到荆楚、巴蜀，探寻神秘的文化底蕴；顺流往东就是长江口，海外的船只也能慕名而来，扬州成了四海通衢之地。唐代江南各地由水路运来的物资，抵达扬州后再换船北运，促使其成了江南各地北运物资的水路转运中心，也是唐政府财富聚集地。明朝对运河进行了大规模整治，弘治至万历元年，为避邵伯湖及高邮湖之险，高邮湖旁新开多条人工河道，至此，淮南运河成为一条南北直通的运道，而古运河扬州段附近的河道变成了扬州地区和运河干道联系的一条支流，但清代扬州地位依然显赫，兼有漕、盐、河三者之利。

隋朝通济渠和邗沟开通后，洛阳到扬州的水路十分便利。唐代扬州成为国际性都市与国内最大的商业都市之一。刘晏改革盐法后，盐业是扬州商业繁荣的重要支柱，并带动了其他行业的发展，诸如茶叶、丝绸、药材、瓷器、手工业等。扬州是唐代的"特大"城市之一，时人称"扬一益二"，其繁华程度甚至比长安和洛阳还略高一筹。明清时期扬州依然是南漕北运的咽喉和国家中部各省食盐的供应基地和集散地，经济繁荣，至乾隆朝达到"四方豪商大贾，麟集糜至，侨寄户口居者，不下数十万"，尽显盛世繁华。

2014 年大运河申遗成功，扬州共有 10 个遗产点、6 段运河河道列入《世界遗产名录》。遗产点包括刘堡减水闸、盂城驿、邵伯古堤、邵伯码头、瘦西湖、天宁寺行宫（含重宁寺）、个园、汪鲁门宅、卢绍绪盐商住宅、盐宗庙，像历史的勋章，见证着扬州的荣耀；六段河道分别是古邗沟故道、高邮明清大运河故道、邵伯明清大运河故道、里运河、扬州古运河、瓜洲运河，宛如岁月的脉络，串联起扬州的往昔与今朝。

十三、长江与大运河交汇之地：镇江

镇江，古称京口、润州，位于长江南岸，地处长江与京杭大运河的交汇十字路口。镇江不仅是江南运河的北起点，也是沟通北方和苏浙的重要城市节点。大运河在镇江境内有两个分支，一段是穿城而过的古运河，它如同一条灵动的丝带，缠绕着城市；另一段是苏南运河，仿佛是城市的另一条发展脉络。

运河镇江段历史极为悠久，宛如一部古老的史诗。早在春秋时期，吴王通过修治、利用天然水系形成了早期运河丹徒水道。孙吴定都建业，凿破冈渎以通船只，梁武帝时期废破冈渎增上容渎，两渎的开通沟通了秦淮河与太湖水系。隋炀帝时期为加强对三吴地区的控制开江南运河，自此镇江水运交通更为便利。宋代随着江南经济的发展，镇江段运河进入了修建密集时期，建有大京口、小京口、甘露口、丹徒口、谏壁五个入江口。北宋时在镇江设置转搬仓，南宋时设置大军仓。江南运河的形成与发展，提高了镇江在江河水运中的枢纽地位，"自是以后，南北渡者皆以京口为通津"。

镇江作为江南运河的入江口，具有得天独厚的江运、水运优势，是大江南北农副、土特产品和手工业品的集散地和商品转口城市。宋唐时期镇江造船业最为发达，成为手工业的支柱产业。造船业的发展又带动了其他相关产业，形成了如剪子巷、簸箕巷、篾篮巷、胭脂巷等专业化市场和特色街道。

镇江古运河畔现今仍存有多处运河文化遗址，如江河交汇处、宋元粮仓遗址、昭关石塔、练湖闸等，它们就像历史的记忆碎片，见证了镇江与运河的深厚渊源。

十四、宜居之城、常乐之州：常州

常州，又名毗陵、中吴、延陵，宛如一位温婉的江南女子，静卧在长江下游平原，位于江苏省南部、长江三角洲腹地，东与无锡相邻，西与南京、镇江接壤，南临无锡、安徽宣城，素有"江左名区，中吴要府"之称。京杭运河常州段由西向东横穿市区，长约 23 公里，如同一条蜿蜒的玉带，缠绕着这座城市。

常州城"因运而兴"。春秋时期，吴王夫差开邗沟，初步构建了常州运河的主要框架。秦汉以来修建堰埭等水利建筑，保证了漕运与通航。隋朝增设奔牛闸、京口闸和吕城闸，又辟练塘作为练湖，一定程度上改善了常州运河的水况。北宋时期，开辟了澡港河、顾塘河等新河，使得常州城内水系畅通无阻。明代开通了孟渎、德胜河两条通江支流引水，或作为替代航道，与常镇运河相互配合使用，并修建闸座，治练湖水柜。一直到清朝后期实施漕粮海运政策之后，常州运河的漕运转输工程才宣告终结。

常州城内运河西段的石龙嘴地区，是常州府的西门户，也是重要的商业区，还是江南地区豆、米、木、钱、典的主要交易中心，热闹非凡。青果巷紧挨着运河，是全国各地果品贸易的集散地，满是果香与交易的喧闹。常州固有的习俗与运河文化相互交融，衍生出了当地特有的民俗，芙蓉荡湖船、划龙舟、打春和舞龙灯等，充满了欢乐与活力。此外，常州还保存了与运河相关的传统技艺，如常州梳篦、孟河医派、留青竹刻、浦河风筝等，如同珍贵的文化宝藏。

常州现存重点保护运河河道有老运河市区段（明运河）、南市河（古运河）、东市河（古运河）以及古桥、码头、闸坝等水利工程遗存，它们就像历史的守护者，见证着常州的变迁。

十五、从运河之城到"太湖明珠"：无锡

无锡，这座古称梁溪、金匮的江南名城，优雅地坐落于长江三角洲腹地，南依太湖，北近长江，境内以平原为主，宛如一幅宁静的山水画卷。京杭大运河无锡段穿境而过，全长40多公里，如同一条灵动的巨龙，为这座城市带来了生机与活力。无锡自古就是鱼米之乡，处处洋溢着丰收的喜悦。

无锡运河的开发史可上溯至300多年前的"泰伯渎"，正式的运河雏形出现在公元前486年，吴王夫差疏浚了包括泰伯渎在内的江南运河。秦统一六国后，将江南运河入长江的入口西移至今镇江。三国东吴政权在无锡五里湖与太湖之间开凿了一条名叫"长广溪"的河道。东晋南朝时，对无锡运河通往太湖的梁溪河进行了较大规模的疏浚。隋朝在原有的河道的基础上进行疏浚和拓宽，开凿江尖经过羊腰湾至跨塘桥的老运河，形成无锡环城古运河的基本形态。唐代疏浚泰伯渎，沟通了无锡、苏州交界处的鹅肫荡和漕湖（蠡湖），无锡经济日趋繁荣，成为江南名城。北宋时，太湖地区水灾频发，于是采取了沿湖筑堤的办法，同时对芙蓉湖、阳湖等运河边的小湖进行了围垦。皇祐三年（1051），江阴知军葛闳对芙蓉湖通向黄田港的九里河进行了疏浚。熙宁八年（1075），因运道干涸，无锡县令焦千之引梁溪河水济运。南宋时期，镇江京口闸废，江南漕运经无锡锡澄运河至江阴入江，无锡运河成为江南运河的主要航道。随着全国经济重心的南移，无锡所在地区成为全国最大的产米区，有"苏湖熟，天下足"的谚语。

元代无锡运河穿越城区，可通载重700石的大船。明宣德年间，周忱

围垦芙蓉湖、重建黄田港、蔡泾河水闸，锡澄运河正式形成，改善了无锡的水运交通条件。嘉靖三十三年（1554），无锡知县王其勤率众建造砖城，在通向城内的运河两端设置了水关，使穿城而过的运河主航道改为绕城而过。城内的运河两岸则不断繁荣，店铺民居分列两旁，形成了狭长的水弄堂景观。天启二年（1622），无锡知县刘五纬修筑运河北塘堤岸，称"刘公塘"。崇祯元年（1629），无锡知县陈其赤疏浚洛社至无锡南门锡山驿运河，长5213丈。清乾隆五十年（1785），无锡知县张曾太派人疏浚运河4000余丈。1932年，对城区竹场巷至莲蓉桥以及黄泥桥至游山船浜两处运河进行了疏浚。1935年，对五牧至洛社河段加以疏浚。

　　无锡因河设市，由河而兴。明代无锡已是重要的运河水路枢纽和漕粮转运中心。明代中叶，无锡运河码头林立，居民枕水而居，前店后坊、临水码头成为无锡运河两岸居民建筑特色，孕育了独特的运河城市景观和码

▲ 无锡城区古运河（郑民德摄）

头文化。清中期，无锡已然成为四通八达的内河航运中心和重要商品集散地，形成了无锡著名的米、丝、布、钱四大码头。清末民国初，漕运停止但无锡古运河依旧畅通，凭借运河航运的优势，促进和带动无锡民族工商业的崛起。无锡运河两岸工商业聚集，形成了鱼、柴、酱、陶等货物交换的工商业码头。1958年，无锡运河改道，从下甸桥至老鸦浜开凿新河道；1976年，从老鸦浜到黄埠墩一段开凿新河道。1983年，新河道全部通航，运河航道从此不再穿城而过。

无锡现存的文化遗址众多，古运河沿岸是文化保存最完整、元素最丰富的地区，清名桥、惠山两大历史文化街区就是很好的证明。城区运河故道保存着大量的米码头、布码头历史遗迹和20多处工业遗产，成了大运河独特的工业遗产长廊和城市文化景观，诉说着无锡的往昔与今朝。如今的京杭大运河无锡段，航运繁忙更胜往昔，来自山东、安徽、浙江、上海等地的煤炭、钢材、矿石、粮食等大宗物资，依托通江达海的水运体系运往各地，黄金水道的综合效能延续至今，流转来往，夜以继日。

十六、一河渔火尽姑苏：苏州

在华东地区的版图上，江苏东南部、长江中部的怀抱中，静静地卧着一座有着千年古韵的城市——苏州，它还有着姑苏、平江这样富有诗意的古称。京杭运河苏州段宛如一条灵动的丝带，西北起于苏州与无锡两市交界的沙墩港，一路蜿蜒向南，直至江、浙两省交界的王江泾，长度约82公里，为这座城市勾勒出一道独特的风景线。

苏州运河的历史，最早能追溯到春秋末年。吴王夫差利用自然水系，开经过苏州望亭、无锡至常州的河道。汉武帝时期，苏州以南沿太湖东缘的沼泽地带，又开挖苏州至嘉兴之间长百余里的河道。三国时期，为便于米粮运输，孙吴开凿了建业至吴郡、会稽间的破冈渎运河。隋大业六年（610），隋炀帝的一声令下，江南运河诞生了，苏州也因此华丽转身，成了江南运河中段的交通枢纽。它好似一个交通路口，通过胥江可直至太湖，沿吴淞江可达东南沿海，沿长江而上又可通内地州县。由于苏州地处江南运河中段，地势低洼，是太湖泄水之地，自唐便开始架桥筑堤。宋代以后，苏州成为提供国家赋税最多的地区之一，素有"苏湖熟，天下足"的谚语。

凭借着以运河为主的四通八达的水陆交通优势，苏州如同一块强大的磁石，吸引着各地的商人和货物，成了全国工商业中心和商品集散中心之一。商业的繁荣如同盛开的繁花，涉及丝绸业、棉花棉布业、染料业、烟草业、皮业、麻行等各行各业。这些行业的发展，不仅带动了本地城市商业的繁荣，而且也吸引了大量外地客来此经商，徽商、晋商、齐商、闽商等商帮来苏州进行贸易，经营丝、棉、豆、麦、杂粮、盐、木材、纸墨、金融、裘皮、南北货等。明清时期，苏州也是全国重要的文化中心，城市

▲ 苏州古运河上的宝带桥（郑民德摄）

运载千秋：中国大运河传

生活如同绚丽的画卷，繁荣而多彩，大量文人墨客、鉴赏家、古董商及手工匠人如同璀璨的星辰，聚集于此。他们生产出了各样的产品，被赋予了苏造、苏式、苏样、苏派等独特的标签。例如苏州生产的家具、刺绣、玉器、乐器、戏剧戏服和桃花坞木版年画等都盛极一时。这些产品通过运河运往北方，进入宫廷，决定着上层社会的审美取向，甚至引领了全国的时尚。

大运河苏州段的山塘河、上塘河、胥江、护城河以及盘门、阊门等与苏州内城水系连为一体。大运河流入苏州城，形成三横四直水网，也成为城市居民重要的生活水源。苏州是运河沿线唯一全城受到运河水滋养的城市。这种紧密的关系使得大运河在苏州的文化和历史中占据了重要的地位。无论是古城的建筑风格，还是市民的日常活动，都深受大运河的影响。这种影响不仅体现在物质层面，更深入苏州人的精神世界中，展现了人与自然和谐共处的理念。2024 年 6 月，苏州以其 14.2 平方公里的古城区域成功申遗，成为大运河沿线城市中唯一以古城概念申报世界文化遗产的城市。

十七、古运河创造新奇迹：湖州

湖州是一座具有两千多年历史的江南古城。楚考烈王十五年（前248），春申君黄歇徙封于此，在此筑城，始置菰城县，以泽多菰草故名。隋仁寿二年（602），置州治，以滨太湖而名湖州，湖州之名从此始。大运河（湖州段）是中国大运河世界文化遗产的重要组成部分，也是扬州以南江南运河的重要组成，由西线的頔塘、中线的大运河以及东线的古运河组成，其中，西线和中线主要集中在湖州境内，全长 43.9 公里，其中，南浔区段 19.7 公里，德清县段 24.3 公里。西线即頔塘运河，又名"东塘河"，流经湖州城区、吴兴区织里镇及南浔区南浔镇等地，也是江南重要的交通航道、漕运通道；中线是京杭大运河正河，途经南浔区练市镇、德清县新市镇等地。大运河在湖州境内流经的距离虽然不是很长，但是运河及其衍生的运河水系对湖州区域文化的发展以及沿岸城镇的崛起都起到了重要作用。

欧洲的莱茵河举世闻名，是著名的国际航运水道。在湖州，也有这样一条"黄金水道"，那就是被誉为"中国小莱茵河"的长湖申线航道。长湖申线航道是太湖流域东西向的水上大动脉，它的前身就是湖州境内的"频塘故道"。它从湖州出发，往东连接上海黄浦江，走向世界。

作为太湖流域开凿最早的运河之一，频塘距今已有 1700 多年的历史。西晋时期，吴兴太守殷康为了"障西来诸水之横流，导往来之通道"，率先从湖州东门二里桥起，经升山、塘南、晟舍、苕南、东迁各乡至南浔镇开凿运河。由于沿岸芦获丛生，最初名为"获塘"。获塘与苏杭古运河联通，承担着航运通道和水利的重要功能，与南北走向的数十条溇港构成了密集的水网，把湖州主城区与织里、旧馆、南浔等水乡连为一体，为周边市镇提供了便利的水运交通。频塘故道还是南浔以辑里湖丝为代表的蚕丝业走向世界的重要通道，同样，西方先进的文化思想也是由频塘故道传入南浔，南浔因故道而生，因故道而兴。

如今的频塘全长 59 公里，其中湖州至南浔段长 37 公里，河底宽 40米。为解决汛期防洪与航运的矛盾，20 世纪 80 年代末，在频塘进口处建成首座 300 吨级的船闸。90 年代，在老船闸北面新建千吨级新船闸；后又将老船闸拆除，扩建为新的千吨级船闸。以频塘为主干的长湖申运河，全长 225.4 公里，远超全长 173 公里的苏伊士运河和全长 81.3 公里的巴拿马运河。2002 年，长湖申航道年水运量超越京杭运河（浙江段），跃居浙江省第一。2010 年，经过多年建设，湖州港完成货物吞吐量达到 1.44 亿吨，一度与苏州港、南通港、南京港并称为"全国四大内河亿吨大港"。2016年，湖州成为全国首个内河水运转型发展示范区。

南浔古镇地处美丽富饶的杭嘉湖平原腹地，北濒太湖，东接江苏省苏州市，频塘运河与长湖申航道穿境而过，距上海、杭州、苏州等城市各约

▲ 南浔古镇内的頔塘故道（胡梦飞摄）

100 公里，区位和交通优势十分明显。南浔古镇于南宋淳祐年间（1252）建镇，距今已有 700 多年历史，是"江南六大古镇"之一。

　　明朝万历年间至清朝中叶，由于蚕丝业的兴起和商品经济的发展，南浔经济空前繁荣鼎盛，一跃成为江浙雄镇。1851 年，南浔"辑里丝"在英国伦敦首届世博会上脱颖而出，一举夺得金银大奖。由此，南浔牵起了中国与世博的第一根红线，并诞生了一批俗称"四象八牛七十二金黄狗"的大贾巨富。20 世纪初，南浔巨富们采集中西方文化之精华，建造了一座座集"大气、洋气、财气"于一体的豪门名宅、私家园林，留下了南浔古镇这道中西合璧、令人叹为观止的人文奇观。这里既有"曲径通幽处，禅房花木深"的小莲庄；又有收藏 18 万册 60 万卷藏书，为我国古籍保护做出了重大贡献的嘉业藏书楼；还有采用花格门窗、彩色玻璃和法国地砖的张石铭旧宅，它们无不诉说着南浔古镇昔日的繁华盛景。凭借独特的历史地位和人文景观，南浔古镇荣膺"中国历史文化名镇""中国十大魅力名镇""世博金奖故里"、国家5A级旅游区等诸多美誉。

新市古镇的兴起和发展也跟运河关系密切。新市古镇位于大运河畔、杭嘉湖平原中央，北接上海、南连杭州，有着独特的桑蚕文化、运河文化和商贸文化，它是古运河畔的"泽国水乡"、是鱼米农桑的"人间仙潭"，古宅成群，古桥林立，绘就了"小桥、流水、人家"的诗意画卷，是江南水乡古镇群中风貌保存较为完整、风俗民情富有特色的一个典型代表。

西晋永嘉三年（309），这一年的夏天，淫雨一月，洪水大发。古镇附近的"陆市"受灾严重，人们失去了赖以生存的家园。一位名叫陈廷肃的长者，带着人们迁徙至目前古镇的位置，为了纪念曾经的家园"陆市"，迁徙而来的人们就把新家园称为"新市"。他们沿河而居，傍水而市，开始在这里繁衍生息。北宋太平兴国三年（978），朝廷正式立名"新市镇"。

新市自古就是一个商业重镇，商贸文化可上溯到两晋，是中国古代丝绸之路的发源地之一。明嘉靖年间的《德清县志》记载，宋明时期新市即有"琳宫梵宇之壮，茧丝粟米之盛"之誉。明代时，居民日益增多，商业日趋繁荣。民国，抗战爆发之初，沪、杭、嘉、湖等地市民来新市避难，经商者大增，时有工商企业500余家，职工3000余人。市场之繁荣，为当时杭嘉湖一带所罕见，曾被人们称为"小上海"。

新市处于运河与苕溪两大河流相遇的地方，有着得天独厚的水文条件，更是将江南水乡的特色发挥到了极致。新市古镇上现保存有直街、南昌街、南汇街、朱家弄、觉海寺路、寺前弄、胭脂弄、甘河弄等20余条传统街巷，民居多为清代建筑，部分为民国时期建筑，古建筑总面积8万多平方米。另有12座古桥梁，3座寺庙，明清驳岸1500米，保留较完整的古河埠码头130个。古运河与传统街弄、古桥梁、古民居，以及古刹、驳岸等共同构成了古色古香的江南水乡古镇。

在漫长历史中，经由频塘，南至杭州乃至绍兴宁波、北经苏州直达北京，曾留下无数文人、客商、官员往来的帆影，见证了江南经济和文化的繁荣。作为江南运河名城，湖州承载着深厚的历史文化底蕴，又沐浴着现代文明的春风。大运河如同一条蜿蜒的丝带，将湖州的过去与未来巧妙地串联在一起，展现出一幅历史与现代交织的美丽画卷。

十八、"大运河入浙第一城"：嘉兴

在浙江省东北部，那片长江三角洲航嘉湖平原的腹地，江河湖海交汇之处，有一座充满魅力的城市——嘉兴，它还有着"禾城"这一别称。京杭运河嘉兴段位于太湖东南的水网地带，北起嘉兴秀洲区王江泾长虹桥，南到桐乡崇福镇，流经秀洲区、秀城区、桐乡境内，全长80余公里，它如同一条纽带，巧妙地沟通了太湖和钱塘江两大水系动脉。

京杭大运河嘉兴段最初开凿可追溯到春秋时期越王勾践开挖的百尺渎，后秦始皇修筑陵水道，开河筑堤形成了水陆并行的通道，至西汉武帝时，为便于征调闽南贡赋，于太湖东缘的沼泽地开挖百余里河道。隋大业六年（610），隋炀帝开江南运河从沙渚塘口到长安镇，通过长安三闸，连接陵水道到杭州黄家堰一段。经过唐宋的发展和开发，嘉兴运河水网体系逐渐完善，八条主要河道分别通向杭州、苏州、松江、海宁、海盐、桐乡、嘉善、平湖。元末起义军对江南运河南端进行动工改道，形成了由桐乡崇德经余杭塘栖至杭州的走向，这一河道基本留存至今。明清时期，因吴淞江淤滞日益严重，朝廷曾数次对河道进行整治，沿河道植树、修筑闸坝、减水涵洞、修筑运河塘堤岸。

运河水利交通网的形成，如同为嘉兴的发展插上了翅膀，确立了嘉兴"左杭右苏""南北通渠"的地位。粮食加工业、修船造船手工业、蚕桑业等本土商业发展迅速。运河所带来的南北文化交流，如同一场盛大的盛宴，与嘉兴本土文化不断地碰撞融合，形成了独具特色的嘉兴运河文化。如王江泾镇附近莲泗荡的网船会、南戏四大声腔的海盐腔。嘉兴城市的布局也同运河密不可分，具有"临水而建立""沿水成街"等特点，如月河历史文化街区、长安镇历史街区等，充满了水乡的韵味。

现存嘉兴运河遗迹有青衫闸、长虹桥、落帆亭、长安坝、长安桥、北丽桥、西水驿、三塔、大运河水城门及古纤道等，它们见证了嘉兴与运河的深厚渊源，也成了人们探寻历史的重要窗口。

十九、运河沿岸的"天堂之城"：杭州

在钱塘江下游，有一座如诗如画的城市——杭州，它有着临安、钱塘这样富有诗意的古称。杭州位于江南运河的最南端，同时又是浙东运河的北起点，在大运河航线上占据着极其重要的位置，宛如一颗璀璨的明珠，镶嵌在运河的脉络之上。京杭大运河杭州段，北起塘栖，南至三堡，长39公里，贯穿杭州市余杭、拱墅、下城、江干四个城区。

▲ 杭州城区古运河（胡梦飞摄）

大运河杭州段的开凿史，如同一条蜿蜒的长河，可追溯到春秋时期，是吴国阖闾、夫差在太湖地区陆续开凿的运河之一。秦始皇统一六国后，疏通由姑苏（今江苏苏州）至钱塘（今浙江杭州）的水运通道，"治陵水道到钱塘越地，通浙江"（《越绝书·吴地传》）。隋代开凿大运河的过程中，加宽了江南运河河道，从镇江绕太湖东边直达杭州。自此，杭州成为运河南端，政治地位得到提升和巩固。此后历代朝廷都注重对杭州运河的开发和治理。明宣德四年（1429），朝廷在北新桥附近设立钞关，以收取运河上的船料钞，后兼收商税。

运河的畅通，如同为杭州的发展注入了一股强大的动力，带动了杭州地方经济的蓬勃发展。唐宋时期，杭州已是著名的对外贸易港口，城北武林门一带成为货物的集散地。城东南江干一带，日本、朝鲜、大食、波斯等海外商人来往不绝，杭州成为东南一大名郡。宋代漕运鼎盛，形成了以杭州为中心的东南水运枢纽。元、明、清三代定都北京，京师百货供给皆仰仗江南，杭州为南北贸易中心。杭州传统手工业以纺织、造船、印刷为主，并逐步呈现出规模化的特点。在外运货物中，除本地生产的丝织、锡箔、纸品及其他日用杂物外，还有来自湖州的绉纱、毛笔，嘉兴的铜炉，绍兴的老酒等源源不断地抵达杭州，通过运河或海运向各地转贩。明清时期，杭州形成了独具特色的码头和市镇，如夹城巷市、归锦桥市以米市交易为主；德胜桥市、拱宸桥市以百货为主；松木场市、昭庆寺市以香市为主。

杭州列入大运河文化遗产名录的遗产点，就像一颗颗璀璨的星星，闪耀着历史的光芒。遗产点有拱宸桥、广济桥、富义仓、凤山水城门遗址、桥西历史文化街区、西兴过塘行码头以及杭州塘、上塘河、杭州中河、龙山河和西兴运河等5段运河。

第二节　隋唐大运河城市

隋唐大运河以洛阳为中心，分为永济渠、通济渠、邱沟、江南河四段，沟通五大水系，穿越 8 省、市，全长 2700 公里，其开凿之早、规模之大、里程之长在我国交通史、政治史、文化史、经济史、社会史上均具有举足轻重的地位。隋唐大运河不仅促进了南北经济、文化、政治的联系，还在历史上发挥了重要作用。它沟通了海河、黄河、淮河、长江和钱塘江五大水系，成为沟通亚洲内陆"丝绸之路"和海上"丝绸之路"的枢纽，极大地促进了沿线城镇经济的繁荣和发展。其中，最有代表性的当数洛阳、郑州、开封、焦作、柳孜、宿州等。隋唐大运河，这条流淌了千年的河流，不仅是一条连接南北的交通要道，更成为沿岸城市发展的生命线。

一、繁华千年的运河之都：洛阳

在河南省西部，黄河中游南岸，有一座承载着厚重历史的城市——洛阳。它宛如一颗闪耀的明珠，先后有夏、商、西周、东周、东汉等 13 个正统或中原王朝在此建都。在我国八大古都中，洛阳堪称元老，它建都最早、建都朝代最多、建都时间最长，居住过的帝王也是最多的"昔三代之居，皆在河洛之间"。早在夏商周时期，以洛阳为中心的河洛地区，就如同中华文明的摇篮，孕育出了最初的文明曙光。隋炀帝即位后，于大业元年（605），下诏"发河南诸郡男女百余万，开通济渠，自西苑引谷、洛水达于河，自板渚引河通于淮"。大运河以洛阳为中心，南达余杭，北通涿郡。

唐代的几位皇帝，如唐高宗、武则天和唐玄宗，对洛阳都格外关注，

　　　　　　　　　　　运载千秋：中国大运河传

尤其是武则天，对洛阳偏爱有加。她不仅将东都洛阳改称为"神都"，更是在洛阳生活了49年之久。他们如此关心洛阳，很大程度上是因为洛阳与运河的紧密联系。只有确保运河的通达，洛阳才能资源充足，进而保障国家的安定。"安史之乱"前，唐代对关中漕渠、汴河山阳渎、永济渠、江南运河等，都进行了精心整修。一直到天宝十四载（755）"安史之乱"爆发，洛阳始终稳稳占据着大运河中心的重要位置。为了储备通过大运河运来的粮食，隋唐王朝在洛阳附近相继修建了洛口仓、回洛仓及含嘉仓等大型官仓。这些粮仓承担着为关中地区供应粮食的重任。

政治中心地位的巩固和漕运中心的形成，使洛阳成为当时全国商品贸易的中心。每年有大量来自河南、河北以及东南地区的租税以及丝绸等商品通过运河源源不断地运输到这里，洛阳成为重要的粮食布帛的贮藏地、瓷器的集散地和茶叶的转输地。史籍记载："天下之舟船所集，常万余艘，填满河路，商旅贸易，车马填塞，若西京之崇仁坊。"在洛阳城内，洛水南北，如雨后春笋般相继出现了丰都、通远、大同、新潭等商业区。全国各地的富商大贾，以及沿丝绸之路从事商贸活动的中外商人，纷纷来此推销货物和采购商品，让洛阳的商业氛围越发浓厚。

洛阳也是国际商品贸易的中心和东方丝路起点。胡人东来不仅带来了西域的物产，也将大量经运河汇集于洛阳的江南物资转运到西域。东亚、东南亚的多国使者、商人通过海上丝绸之路和大运河交流把海外物产运输到洛阳，也将西域物产、中原特产带回本国，使洛阳成为沟通中亚和欧洲的桥梁与枢纽，成为连接"一带一路"的关键节点，在世界贸易的舞台上，闪耀着独特的光芒。

二、通济渠畔的运河名城：郑州

郑州，这座位于淮河上游和黄河中原中心腹地的城市，西依雄伟的中岳嵩山，北临滔滔黄河，东接广袤的黄淮平原。它有着辉煌的历史，曾有夏、商、管、郑、韩5朝在此建都，在隋、唐、五代、宋、金、元、明、清8代，又是重要的州城。隋唐大运河，从洛阳出发，经过巩义，来到郑州北部的荥阳故城。在这里，大运河如同一条巨龙，向北以永济渠通向北京，向东南经通济渠、邗沟、江南河，可达杭州。

公元前361年，魏国改造"鸿沟"，自黄河引水经荥泽、圃田泽至大梁，构成黄淮之间的水上交通网络。隋唐时期是中国运河体系发展过程中的重要阶段，是大规模开挖、修缮、疏浚大运河的时期，也是大运河航运的繁荣时期。大业元年（605）三月，隋炀帝发河南诸郡男女百余万，开通济渠。通济渠的开凿，直接沟通了黄河、汴水、淮河、长江四大水系，成为运河的主体部分，当时的郑州恰好处于"人"字形的中心位置。到唐代，郑州段运河漕运越发繁忙。唐贞观元年（627），管州改为郑州。唐贞观七年（633），"自武牢移郑州理所于管城"。漕运景象从唐代诗人的诗句中可窥见一般，王维在《寒食氾上作》中写道："落花寂寂啼山鸟，杨柳青青渡水人。"张祜在《登广武原》里写道："地盘山入海，河绕国连天，远树千门邑，高樯万里船。"唐朝迁都洛阳（史称东都）后，唐高宗越加重视漕运，在扩大中央机构的过程中，发现关中的生产力不能满足百官的俸禄，于是更加依赖运河。据史料记载，每天都有大批商船运送货物到京都，通济渠郑州段就成了货物中转的枢纽；江南与冀北的物资交流，也通过这里传输，通济渠郑州段所处的荥泽一带，更是成为全国水陆的交通中枢。唐代郑州曾建有管城驿，"漕船往来，千里不绝"。郑州既是运河的起点又是陆路驿站，不同地域的文化在此交流汇聚，商旅、信使往来不断。

北宋王朝更加重视汴河，认识到运河是国家经济的命脉和政府的生命线。宋天禧三年（1019）的汴河，运送粮食达800万石，创北宋时期漕运最高纪录。那时的汴河是贯通南北，连接经济中心和政治、军事中心的重要纽带。"宋都大梁，有四河以通漕运：曰汴河、曰黄河、曰惠民河、曰广济河。"以京城为中心的"四大漕渠"——汴河、黄河、惠民河、五丈河，其中有三条经过郑州，从此奠定了郑州在水路交通中的枢纽地位。

元朝定都北京，为方便南粮北运，把运河绕到洛阳的那一大段"弯路"去掉，弃弓取弦，走直线。至此，通济渠逐渐废弃，但巩义洛河段航运一直延续至明清。由于中原地区河水泛滥，元末至正十一年（1351），总治河防使贾鲁疏浚北宋漕运故道，引京、索、须、郑四水向东流入淮河，命名为"贾鲁河"。贾鲁河疏浚之后，这条水上通道不仅承担了中原地区与东南沿海的水上联系，而且造就了贾鲁河流域商业城镇的繁荣，开封朱仙镇成为华北地区最大的水运码头，郑州惠济镇也成为车水马龙的商业重镇。

历经黄河泛滥、朝代更迭和战乱烽火，如今，郑州境内的大运河古道仅存索须河部分河段，长约15公里，其余均埋于地下。不过，沿着通济渠郑州段的古河道遗址两岸，仍保存有惠济桥、荥阳故城城址、古荥冶铁遗址、纪信墓及碑刻、荥泽县城隍庙等文物遗产。2014年，中国大运河申遗成功，通济渠郑州段正式列入世界文化遗产。

三、大运河造就"东京梦华"：开封

在河南东部、中原腹地，有一座古老的城市——开封，它古称汴州、汴梁、汴京，汴河如一条灵动的腰带，东西横贯城池。开封的历史源远流长，先后有夏朝，战国时期的魏国，五代时期的后梁、后晋、后汉、后周，宋朝以及金朝在此定都，素有"八朝古都"之称。

公元前361年，魏惠王迁都大梁，引黄河水入圃田泽（今郑州圃田）开凿鸿沟联结黄河与淮河。大梁（开封）成为四通八达的水陆要冲，在短短十几年间，一跃成为经济发达、人口众多、富甲中原的商业大都市。在大梁作为都城的百余年间，诸侯各国的学者名人，如同璀璨的星辰，纷纷聚集于此，使大梁成为战国中后期独特的政治、学术中心。

秦统一六国后，大梁的地位一落千丈，被降为浚仪县。公元534年

东魏孝静帝时，设立梁州，辖陈留、开封、阳夏三郡。北周武帝建德五年（576），改梁州为汴州，是为开封称汴之始。隋炀帝继开凿通济渠后，位于汴河要冲的汴州借运河之利又迅速发展起来，西通河洛，南达江淮，是维系隋王朝东都洛阳与西都西安沟通江淮的"东大门"。

至唐代，汴州发展成为水陆便捷的大都会，史载："当天下之要，总舟车之繁，控河朔之咽喉，通淮湖之运漕。"唐德宗建中二年（781），时任汴州刺史的李勉组织扩筑汴州城，把汴河圈入了城内，从此运河和开封城的关系更加紧密了。唐代诗人王建在《汴路即事》一诗中曾这样写道："天涯同此路，人语各殊方。草市迎江货，津桥税海商。"诗中的"津桥"即指汴河上的州桥，位于当时汴州城的正中心，这首诗描写的正是州桥附近的汴河两岸商业贸易一派繁荣景象。

五代时期的后唐、后梁、后晋、后汉、后周都先后定都于此，称之为"东都"或"东京"。后晋天福元年（936），石敬瑭一开始选择洛阳为都，但在再三对比洛阳与开封两地的利弊后，于次年下诏迁都汴州，在迁都的两封诏书中，均强调汴州"水陆交通，舟车必集""乃万庾千厢之地，是四通八达之郊"。后周时期，汴州作为东京"华夷辐辏，水陆会通，时向隆平，日增繁盛"。世宗于显德三年（956）重新规划、扩建了东京外城，为北宋在开封的定都奠定了坚实基础。

北宋依托发达的汴河水运定都开封，汴梁城内河流系统发达，史称"四水贯都"。这四条河流分别指汴河、蔡河、五丈河和金水河。外城、内城和宫城的城墙外都有护城河，以上四水相对独立，又通过护城河相互沟通，水运网络非常科学和便捷。当时的开封，人口繁盛、经济富饶，经济水平达到当时世界的高峰。《东京梦华录》载："以其人烟浩穰，添十万众不加多，减之不觉少。"张择端的名画《清明上河图》也对都城东京（今开封）的河道货船、街市店铺、市井民俗等进行了细致的描摹，画面中汴梁城内运载东南粮米财货的漕船正在通过汴河桥涵，汴河上店铺林立、市民熙来攘往；家家满座的楼茶肆、听曲看戏的瓦舍；生活于其间的东京市民，悠然自得又紧张忙碌，整个城市充满了诗酒宴乐、娱情适性的情调。

北宋灭亡后，受战火影响，汴河作用大减。后来南宋与金朝南北对峙，汴河从此被双方分占。绍兴四年（1134），宋高宗为了"务要不通敌船"，下令开决汴河，并烧毁所流经地区的汴河诸堰。随着汴河的断流和废弃，金代之后，开封无可挽回地走向了没落，其作为都城的历史也彻底终结。元朝时期，汴水因严重的淤积和黄河的改道而逐渐被遗忘，但它曾经为开封带来的繁荣与记忆，却深深烙印在了这座城市的历史之中。比如唐宋时期的州桥遗址，仍深埋在今开封城正中心的中山路之下；州桥遗址两侧汴河故道附近的街道，仍然保持着唐汴州城时期的位置和走向；甚至于今天开封城墙上的宋门、曹门和大梁门，其名称和位置也均源自唐汴州城。从这些历史遗迹中我们依稀可以一窥往昔汴河的繁华盛影。

四、商旅重镇、运河码头：柳孜

隋唐大运河在安徽境内流经淮北市和宿州市，其中柳孜属宿州临涣县，史书载为"柳子"，俗称"柳江口"。柳孜西接睢阳，东近宿州，北通徐州，南控亳州，地理位置重要，是通济渠上的重要市镇，也是淮北地区运河岸边上的政治、军事、经济、文化、交通、商旅重镇。

唐代柳孜为驿所和军事重镇，因位于运河沿岸，"公家运漕，私行商旅，舳舻相继"。宋代的"柳子"地位更加重要。北宋时期，汴河沿岸的州城、县城都有码头，其中较大者为泗州、宿州、柳孜镇。宋朝"纲运"规定：汴河里航行的大船一般不进入上游，上游适宜用较小的船只装运。这样就增加了宿州和柳孜镇的装卸量。作为货物集散地，宋代柳孜设有监押、巡检和税务官，方圆百里的物资通过柳孜码头沿大运河分销到南北方；全国各地运来的各种新奇物资商品，又通过柳孜镇辐射到周边州县集镇。

从柳孜运河遗址出土的瓷器来看，其有黄釉、白釉、青釉、黑釉、酱

▲ 柳孜运河遗址（胡梦飞摄）

釉、白地黑花、影青等珍贵种类，多为隋、唐、宋时期所产，这些瓷器，就像无声的历史见证者，为唐宋陶瓷业的生产、运销及外销，提供了珍贵的实物例证。柳孜亦因地理位置的重要与经济的繁荣而屡遭兵燹。唐代庞勋兵变、北宋末年皖北一带战事、金元红袄军起义都曾波及这里。南宋时期黄河夺淮入海，淮北段运河被泥沙堵塞，失去了通航的能力，柳孜逐渐失去淮北地区商业重镇的地位，如同一颗逐渐暗淡的星星。

五、被遗忘的运河名城：宿州

宿州，简称"蕲"，又称蕲城、宿城、埇桥，地处淮北，东邻宿迁、徐州，西连商丘。隋炀帝所开通济渠（汴渠）如一条奔腾的巨龙，横穿宿境，并于汴水上建埇桥，连通南北驿道，埇桥遂成重镇。宋代宿州也是汴河上重要的码头。宿州城内沿古汴河的走向——西关大街、（连汴门）大河南街（望淮门）、道东大街——分布着宋代码头遗址、埇桥遗址。

宿州随汴水漕运的兴盛逐步发展起来，并成为兵家必争的战略要地，史称这里"扼汴水咽喉，当南北要冲"。唐贞元四年（788），李泌上言德宗"江淮漕运以埇桥为咽喉，地属徐州，邻于李纳，刺史高明应年少不习事，若李纳一旦复有异图，窃据徐州，是失江淮也，国用何从而致！"可见埇桥在当时地位极其重要。至元和四年（809）正月，以徐州符离置宿州，于大和三年（829）又罢宿州治，但于七年又恢复，州治改为埇桥，盖"以其地南临汴河，有埇桥为舳舻之会，运漕所历，防虞是资"。唐末庞勋起义，夜袭埇桥，劫掠宿州城中满载粮资的货船 300 余艘。

埇桥不仅是军事要地，也是较为繁华的商业城，临河的街道上布满客栈和酒楼、店铺，是客商云集、南北货物的集散地。时人谓"江淮漕运，以埇桥为咽喉"。白居易、韩愈、皮日休等均曾寓居宿州，留下众多诗篇。唐后期由于藩镇割据、战乱等因素导致汴河严重失修，宿州也随之衰败，如同一位迟暮的英雄，渐渐失去了往日的光彩。

第三节　浙东运河城市

浙东运河，又名杭甬运河，西起杭州市滨江区西兴街道，跨曹娥江，经过绍兴市，东至宁波市甬江入海口，全长 239 公里。作为大运河的重要组成部分，浙东运河沟通南北，贯通古今，是润泽百姓的水脉，更是传承历史的文脉。浙东运河沿线的城市主要包括绍兴、宁波等。其中绍兴作为浙东运河的重要节点城市，拥有丰富的历史文化遗产和独特的地理优势；宁波则是重要的港口城市，拥有繁忙的水运和贸易活动。这些城市通过浙东运河的连接，形成了紧密的经济和文化联系，共同推动着区域的发展和繁荣。

一、千年水乡的运河记忆：绍兴

在浙江省东北部，会稽山北麓，有一座宛如江南水乡画卷般的城市——绍兴。浙东运河如一条灵动的水龙，从钱清镇潜入绍兴境内，接着悠悠地向东蜿蜒，途经柯桥、绍兴城、陶堰。过了曹娥江后，分为南北两支，南支潇洒地穿过梁湖、丰惠，一头扎进宁波余姚的怀抱；北支则从容地经过百官、驿亭，也踏入了余姚的地界。这一路，浙东运河在绍兴境内绵延了 101.4 公里，滋养着这片土地。

大运河（绍兴段）的历史，就像一部厚重的史书，最早能翻到春秋晚期。那是，于越民族以今绍兴一带为中心建立越国，成为春秋列国之一，都城即为会稽（因会稽山而得名）。越国首先开通了山阴故水道。东汉永和五年（140），会稽郡太守马臻主持修建鉴湖，又沟通周边地区的重要水道。西晋永嘉元年（307），会稽内史贺循开凿了从西陵（今萧山西兴）至

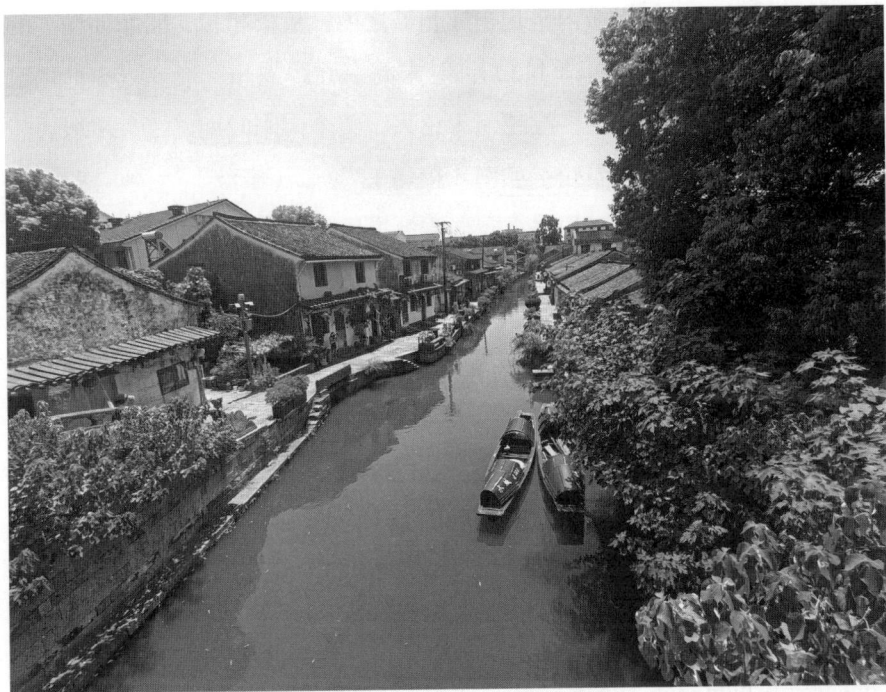
▲ 绍兴城区古运河（胡梦飞摄）

绍兴古城的运河。隋大业六年（610）炀帝开江南河，绍兴段运河与京杭运河相连接。唐元和十年（815），朝廷兴修了从越州沿浙东运河至萧山的运道塘。南宋时期，南宋时以临安（杭州）为都城，大力修正浙东运河，运河工程及管理制度逐渐完备，并实行军事化管理。明永乐九年（1411），开凿上虞十八里河，进一步提升了浙东运河的局部运输能力。清代中期以后，因浙东运河管理设施裁撤较多，绍兴运河运输能力减弱，交通地位下降。

绍兴水网密集、物产丰饶，是典型的江南水乡城市。东晋、南朝时期，绍兴是当时经济最富庶的区域之一，同时也是浙江乃至东南的文化中心。唐代，绍兴的经济更是如日中天，曾任越州刺史的元稹，毫不吝啬地用"会稽天下本无俦"的诗句，来赞美绍兴的繁华。元和十年（815），孟简兴修运道塘后，绍兴城内呈现出"州城之内，樯橹相接，船舶如梭"的繁华景象。南宋建炎四年（1130），时宋高宗驻跸越州，取"绍奕世之宏休，兴百王之丕绪"之意，改越州为绍兴。整个南宋时期，绍兴"堰通江河，津通漕输，航瓯（温州）舶闽（福建），浮鄞（宁波）达吴（江苏）"，水上运输十分繁荣。绍兴的城市布局受河道影响较大，人们在河道两侧或临水筑屋，或临河设街、沿街建屋，逐渐形成有河无街、一河一街、二街夹一河的布局形式。明清时期，绍兴商业繁荣，是江南最富庶的地区之一，拥有著名的丝绸、茶叶等产业。绍兴出产的黄酒更是享誉海内外，成为绍兴当地的特色美食。

绍兴，因运河而生，也因运河而繁荣。运河滋润着绍兴每一寸土地，也滋养着绍兴的经济与人文。绍兴与运河文化遗产主要有浙东运河萧山至绍兴段、八字桥、古纤道、驿亭坝等，它们都是绍兴与大运河深厚渊源的见证者。千百年来，水文化一直是绍兴城市文化的底蕴之一，而绵延千年的运河文化也早已流入这座江南古城灵魂的最深处。

二、大运河最南端的城市：宁波

大运河（宁波段），静静地坐落于中国大运河的最南端，宛如一颗镶嵌在运河末端的璀璨明珠，是中国大运河内河航运通道与外海连接的枢纽城市。自公元9世纪初到19世纪中叶的一千多年中，宁波（古明州）处于独特的地理位置之上，连接中国大运河（浙东段）和"海上丝路"，成为世界闻名的"东方商都"。浙东运河（宁波段）具有自然江河与人工塘河并行结合、复线运行的特点，宛如一幅精心绘制的画卷，形成了灌溉蓄泄、通航水运合一的网络格局。为保证大运河的安全运行，古代曾沿大运河（宁波段）修建了比较完整的国防（海防）军事体系。自隋唐时期开始，宁波各地的河渠以州治为中心呈放射状的"三江六塘河"，内河水网逐渐形成。直至民国时期，内河航运依旧通畅。

▲ 宁波三江口（胡梦飞摄）

宁波段运河通江达海，联内畅外，是古代中外经济文化交融的黄金水道。唐代，州治设于三江口，宁波一跃成为全国四大港口之一。北宋年间，宁波运河成为连通内陆运河航运与海外交通的重要水道，与广州、泉州并称为三大海港。宋人张津在《乾道四明图经》中所说："明之为州，实越之东郊，观舆地图，则僻在一隅，虽非都会乃海道辐辏之地，故南则闽广，东则倭人，北则高句丽，商舶往来，货物丰衍。"城中设有高句丽和波斯等国使馆、市舶提举司、市舶务厅事等，海上贸易的对象有日本、高句丽、占城、安南、苏门答腊、爪哇、暹罗等国。

明代为避讳明朝之"明"字，改明州为宁波，取"海定则波宁"之意，寄托了人们对这片土地安宁繁荣的美好期许。明初，仍将与日本交往的"贡市"地点设在宁波，置市舶司进行管理，因此中日之间的勘合贸易主要是在宁波港进行的。日本船只进入宁波洋面后，在政府官船的导引下，从普陀山、莲花洋、沈家门、定海进入宁波港，签证允许后，换船从宁波出发，循浙东运河，经余姚、绍兴、萧山，越过钱塘江到杭州，再循江南运河，经嘉兴、苏州、常州等地，横渡长江，由大运河到北京，回程再由大运河到宁波起航渡海归去。在明代海禁期间，中外文化交流仍在频繁进行，据统计，在明代大约300年的时间里前往中国的日本僧人数量众多，仅知名的就有110余人。他们都是乘坐特许贸易的船只往返，奔波于宁波—北京间的运河上。清初施行大规模的"迁海"政策，"寸板毋入海，粒米毋越疆"，商贸繁盛、万舸汇集的浙东沿海变得一片荒凉。到康熙二十四年（1685）平定台湾后，又在宁波镇海设立浙海关，使完全中断的海外贸易得以恢复。此时宁波港不仅作为对日贸易的港口，而且与东南亚、欧洲各国也有往来。

明清两代，宁波商业繁华。中国十大商帮之一的"宁波帮"在此诞生，"南走闽粤，北达燕赵，岁得盈余则寄归诸家"，足迹遍布全国。宁波活跃的商业氛围，使得该地商业发展长盛不衰。从事同一经济活动的工商业者通常将店铺开在一起，大量商业性会馆也在此时出现，且多设于三江口地区。《四明谈助》记载："凡番舶商舟停泊，俱在来远亭至三江口一带，帆樯蝟竖，樯端各立风鸟，青红相间，有时夜然樯灯。每遇闽广船初到或初开，邻舟各鸣钲迎送。番货海错俱聚于此。"三江口一带商铺栉比，百货纷杂，许多闽粤等南方商人和天津等地的北方商人都来此处经商，或定居于此，并于此建立会馆、商帮建筑，繁荣了宁波商业。咸丰三年（1853），聚集宁波的舶商在三江口东岸修建庆安会馆，又名"甬东天后宫"，既是祭祀妈祖之处，又是行业聚会的场所。因浙东运河沿线水运交通便利、商业发达、经济繁荣而自然兴起的商业机构，反映了大运河沿线因运河而发展繁荣的贸易和工商业情况，代表了大运河的衍生影响。

千百年来，大运河以水波为曲、桨帆为歌，滋养了广袤大地，积淀了深厚丰富的文化内涵。自河姆渡文化开始，以姚江、慈江为主干的宁波运河水网体系就成为宁波先民赖以生存的根本，也通达培养了浙东人开阔的意识和经世致用的思想。茶叶、瓷器贸易与佛教文化成为唐、宋、元三代宁波对东亚诸国交流的重要媒介。日本的遣唐使多次在明州登陆，如阿倍仲麻吕、学问僧最澄、空海等都曾经在宁波港进出，将中国的文化带到日本或者韩国、朝鲜。宁波还是江、浙两地沿运河城镇地方戏曲的产生和传播地之一，涌现出了甬剧、越剧、姚剧等戏曲艺术并流传至今。

第五章

运河流经百业兴

第一节　大运河与农田水利

大运河沿线的人们，一方面享受着运河舟楫、农田灌溉等便利；另一方面也承受着运河旱涝之灾和修河、运粮等劳役。大运河开挖对农业生产产生了诸多正面的影响，既方便了农田灌溉，也促进了农业生产技术的交流和农产品的流通。但大运河也给农业生产带来了负面影响，给农民造成了沉重负担，如为了修运河，农民服苦役，误了农时；长途运送漕粮，不但耽误农时，而且有生命危险。干旱时运河还与农民争水源，发洪水时官府为了保运堤也可能放水损毁庄稼，这些都会对农业生产造成破坏。

一、陈登兴修淮扬水利

陈登（163—201），字元龙，东汉淮浦（今江苏涟水）人。陈登 25 岁时举孝廉，东阳县长，后为典农校尉，主管农业生产。他亲自考察了徐州的土壤状况，开发水利，发展农田灌溉，使百姓安居乐业。建安二年（197），陈登向曹操献灭吕布之策，被授广陵太守。他贯彻从担任东阳县长、典农校尉以来一直实施的行政理念，推行曹操的屯田制，开发水利，发展灌溉，安抚民众。陈登一生功勋卓著，在水利建设方面成就颇多。

当时广陵境内的邗沟故道，为南北交通要途。系春秋时期吴王夫差所开，南起邗城，引江水北流，经樊良湖东北行入博支湖、射阳湖，由末口入淮河，河道曲折，路途遥远，而且经过一系列湖泊，船只经常遭遇风浪而沉溺。陈登征调民夫，改造邗沟故道，使其由樊良湖直通津湖，由津湖通白马湖，裁弯取直后，不但缩短了两百余里的航程，而且提高了安全性，改善了由长江进入淮河的条件，使邗沟不再绕道射阳湖。改造后的邗沟即后世所称的"邗沟西道",后来成了京杭大运河的主航道。

除了疏浚邗沟,陈登还投身于其他水利工程建设。而他的另一项工程,就是开凿爱敬陂。陈登还主持在仪征境内修建了一条人工水道,后人为了纪念他,将这条贯穿仪扬山区的水道称为"元龙河"(即现在的"龙河")。其实,陈登修筑的水利工程中最著名的要数扬州"五塘",因为它与扬州两千余年的经济、文化以及城市的持续发展密切相关。

"五塘"是指陈公塘、勾城塘、上雷塘、下雷塘和小新塘5个人工湖塘。其中,以其姓命名的陈公塘最大,可灌田千余顷,宛如一座天然宝库,滋养着周边的土地。塘址位于仪征白羊山以南,官塘集、龙河集以北,即使到了今天,塘址遗迹还依稀可见,当地人称其为"龙埂"。传说陈登修此塘是为缓解仪扬山区的干旱灾荒,百姓们"爱其功,敬其事",故而将其命名为"陈公塘",又称"爱敬陂"。宋乐史《太平寰宇记》卷一二三《淮南道》扬州江都县载:"爱敬陂,在县西十五里。魏陈登为广陵太守,初开此陂,百姓爱而敬之,因以为名。亦号陈登塘。"清人顾祖禹《读史方舆纪要》卷二十三《扬州府》中亦记载陈公塘:"(扬州)府西五十里,与仪真县接界。后汉末,陈登为广陵太守,浚塘筑陂,周回九十余里,灌田千余顷,百姓德之,因名。亦曰爱敬陂,陂水散为三十六汊,为利甚溥。"

挖塘筑坝,蓄山洪、积雨水,充分体现了先辈的智慧和远见卓识。时至今日,在仪征的丘陵地区仍有用于农业灌溉的大小塘库数百个。

二、谢安修筑邵伯埭

自有文字记载以来,古镇邵伯就和历史名人结下不解之缘。而1600多年的谢安,就是诸多名人中的第一人。

东晋太傅谢安(320—385),字安石,祖籍河南太康。"永嘉之乱",氏族南迁。因谢安隐居浙江会稽东山,又号谢东山。后来,谢安复出,人称东山再起。这就是成语"东山再起"的由来。他是我国历史杰出的政治家、军事家和文学家。刘禹锡"朱雀桥边野草花,乌衣巷口夕阳斜;旧时王谢堂前燕,飞入寻常百姓家"。其中的"谢"即指谢安为首的名门望族。

在淝水之战中,谢安以八万兵力打败了号称百万兵力的前秦军队,使晋室得以存续。战后因功名太盛而被孝武帝猜忌,朝中掌权的会稽王司马道子,竭力排挤谢安,使谢安不能施展才能。于是谢安向朝廷提出,自己率军出镇广陵(今扬州),一方面是为了防备北方民族的侵袭;另一方面是为了脱离建康这个是非之地以避祸。这样,谢安就与运河名城扬州产生了非常密切的关系。太元十年(385)四月,谢安主动交出手上权力,自请出镇广陵的步丘避祸。孝武帝在西池为谢安设筵饯行,并敬酒赋诗。谢安到了广陵后,于城东北20里修建新城。同时疏浚邗沟,在城北20里筑埭,也就是在今天的扬州市江都区邵伯镇一带筑埭蓄水方便运河通航,这就是历史上有名的"邵伯埭"。

邵伯镇,古名步丘,晋名新城,别名甘棠。它的形成与谢安有着密切的关系。当时这里的地势西高东低,高的地方常常干旱,低的地方常常淹水,老百姓年年流离失所。谢安到广陵后,在步丘修筑新城。这座新城,据李斗的《扬州画舫录》记载:"当在今新城之东北隅",也即今天扬州的东北。谢安在新城中建"甲仗楼",大约是作为瞭望和守卫之用。他又考察地势,了解民情,披星戴月,风餐露宿。谢安在考察中发现步丘一带西面地势高,湖水浅,常为干旱所苦;东面地势低,湖水一涨,就为涝灾所困。于是谢安下令在步丘以北20里处,筑一条南北拦水大堤,当时称为"埭",以调节上下游水位。他在埭的两侧各建一个斜坡,连接邗沟的上下游。当船只过坝时,就在斜坡上敷以泥浆增加润滑,然后用人力或畜力以绞关方式牵引船只过埭。邵伯埭的建造使邗沟保持稳定的水深,既免除了旱涝之忧,又给航运带来了便利。埭筑成后,高地无旱,低地不涝,人民都称颂。从此,渔农聚居者一天比一天多,不久便形成了繁荣的集镇,百业兴旺，贸易繁忙。史书记载："谢安筑埭于新城北，百姓赖之，比之扶周之召伯，故名召伯埭。"正因为老百姓将谢安比为春秋时期辅佐周平王的德行高尚的召虎，"召"通"邵"字，将谢安所筑之埭称为"邵伯埭"，这个地方后来就称作邵伯镇，镇旁的湖也被称为邵伯湖，这充分体现了邵伯人民对谢安的感激之情。

公元389年，邵伯埭建成的那一年，是谢安在邵伯的最后一年，也是他人生的最后一年。谢安积劳成疾，一病不起，死后葬于南京梅山，终年65岁。谢安故去之后，当地人民建甘棠庙、置谢公像、植甘棠树。时至今日，邵伯人仍然用"甘棠"二字来抒发对谢公的感激和怀念。

三、姜师度凿渠灌溉

姜师度（653—723），魏州魏人（今河北魏县人），明经科举人，历任易州、沧州、蒲州、陕州、同州等地刺史和大理卿、司农卿、将作大匠等职，是唐代杰出的治水名臣、水利专家。由他主持兴建的水利工程，有据可考的就达13项之多，工程类型有防洪、排涝、灌溉、航运和军事水障等。

唐中宗神龙初年，姜师度担任河北道巡察兼支度营田使。当时，蓟州（今天津蓟县）面临着契丹入侵的威胁。姜师度深知蓟州的重要性，他果断决策，在蓟州城门之北深挖壕沟，蓄水为渠，以此来阻挡契丹的入侵。后来，他又精心整理曹操所开的旧渠，在海边开挖漕渠，仍称平虏渠。平虏渠与海岸线平行，并且与永济渠北段相通，就像一条坚固的运输线，大量的军粮、物资和军需之物得以源源不断地运往北方前线，有力地保障了边防的需求。神龙三年（707），姜师度又将目光投向了贝州经城县（今河北威县）的张甲河。张甲河原本是屯氏河的分支，随着黄河改道利津，屯氏河逐渐干涸，其河道被漳水占据，成了漳河的支流。由于河道狭窄，每逢洪涝季节，这里便水患频繁，百姓的生活受到了严重影响。姜师度详细调查了张甲河的河道情况后，发动贝州百姓对其进行疏浚。经过大家的努力，张甲河南接漳河，北至景州东光县入永济渠，大大提升了其运输功能，不仅改善了当地的水运条件，也为农业灌溉提供了便利。

唐开元元年（713），为了改善都城长安的水道环境，姜师度决定在城中开凿运渠，希望通过这条运渠将朝堂、坊市连接起来，方便人们的往来。然而，事情并没有想象中那么顺利。运渠的水量难以控制，水多的时候四处涨溢，水少的时候又无法行船，虽然耗费了大量的资财，却没有达到预期的效果。姜师度也因此被贬官。但他并没有灰心丧气，在陕州任上，他同样致力于农田水利设施建设，在华阴县开凿敷水渠以排泄洪水，消除洪涝之灾。在郑县开利俗渠、罗文渠灌溉田地，并筑堤防以捍水害，这些水工设施的修建，对于关中地区农业生产的发展起到了重要的作用。开元七年（719），姜师度调任同州刺史。到任后，他发现附近有大片荒芜的土地，便下定决心改变这一状况。他带领百姓开通灵陂，引洛河、黄河水灌溉这些土地，使得2000余顷农田重新焕发生机，充分利用了土地的潜力。开元十一年（723），这位为水利事业奉献了一生的治水名臣，因病去世，享年70余岁。

四、白居易治理西湖

白居易（722—864），字乐天，唐代太原（今属山西）人。德宗贞元十四年（798），白居易参加礼部考试，凭借出色的才华高中甲科，官授秘书省校书郎，从此开始了他的仕途生涯。

宪宗元和年间，先后担任周至县尉、集贤殿校理、翰林学士、左拾遗，后出任京兆府户曹参军、忠州刺史、司门员外郎、主客郎中、知制诰、中书舍人、杭州刺史、苏州刺史等职。文宗大和二年（828），调任刑部侍郎。武宗会昌间，以刑部尚书辞官归家。宣宗大中元年（847）去世，终年76岁。

穆宗长庆四年（824），白居易出任杭州刺史。杭州，这座美丽的城市，虽然地处江南运河的终点，水资源丰富，但居民的饮用水却一直是个难题。白居易到任后，很快发现了这个问题。他见城内有6口古井（唐代宗大历年间，杭州刺史李泌在钱塘门、涌金门一带所开凿），如今却因年久失修，无法正常使用。白居易立刻行动起来，主持疏浚6口古井，以解决居民饮水问题。后来，白居易又关注到了钱塘湖（今西湖）的状况。当时的钱塘湖已经淤塞，周边的农田干旱缺水，庄稼无法正常生长。白居易深知水利对于农业的重要性，他决定对钱塘湖进行治理，于是开始修堤蓄积湖水，以利灌溉，并作《钱塘湖石记》，将治理湖水的政策、方法与注意事项刻石置于湖边，供后人知晓。

据《钱塘湖石记》记载：钱塘湖，又名"上湖"，周围30里，北面有石函桥闸，南面有笕决湖。凡放水灌溉田地时，湖面水位每降低1寸，可以灌溉15顷之多；每一昼夜，可以灌溉50多顷。灌田之前需要挑选两个官吏，站在农田和湖边，会同本地农户，根据农田的面积，约好放水的时间，算好放水的尺寸，限量放水。如果遭遇旱年，百姓请求放水，必须让他前往州衙递交状纸，刺史立即批给地界，当天放水。杭州这个地方，往往春天多雨，秋天干旱，如果堤防修筑得合乎规格，雨季及时蓄水，旱季及时放水浇田，那么钱塘湖附近的一千多亩农田就不会有荒年了。从钱塘到海宁盐官镇，可依靠运河灌溉农田，必须放湖水入运河，再使运河水入田。按照盐铁转运使的老规矩，又必须首先量好运河水的深浅，等农田灌溉完后，使运河水位还原。如果不够用，就再挖开临平湖，使湖水流入运河，就可以用之有余了。湖中有十几顷无税田，湖水浅了，田地就露出；湖水深了，田地就淹没。田户常常与主管的官员互相勾结，偷偷泄走湖水，以使私田得利。石函桥闸、笕决湖和各小水管出口，在不浇田时，都必须封闭堵严，经常巡视检查，但凡有一点小小的泄漏，就追究主管官员的责任，这样就不会有盗泄湖水的问题。笕决湖南面的岸堤，过去就有缺损，如果遇到洪水暴涨，就要在缺损处泄洪。水位仍然不下降，就要兼用石函桥闸和水管同时泄水，以防溃堤。

《钱塘湖石记》是白居易对杭州水利治理的实践总结，具有很高的价值，对后人治理西湖与协调西湖、运河关系产生了很大影响。他以自己的智慧和担当，守护着西湖的美丽与富饶，成了杭州百姓心中的英雄，他的名字也与西湖一起，永远铭刻在历史的记忆中。

五、王安石治理汴河

王安石（1021—1086），字介甫，北宋抚州临川（今属江西）人。王安石少年时爱好读书，过目不忘，得到欧阳修的欣赏。仁宗时，科举中进士，名列上等，从此踏上了仕途。任签书淮南判官，后调任鄞县（今浙江鄞州）知县、舒州（今安徽安庆）通判、群牧判官、常州（今属江苏）知州、提点江东刑狱、度支判官等职。

王安石一直非常重视水利工程建设。在担任鄞县知县时，他就组织百姓在境内修筑堤堰、浚治陂塘，大大改善了当地的水陆交通状况。神宗熙宁年间，在推行新法的过程中，王安石深知汴河对于国家的重要性。汴河作为首都京师水路物资运输的大动脉，因以黄河为水源，泥沙沉淀较为严重，到神宗时，汴河的淤积已经到了一年中只能半年通航的地步。这严重影响了物资的运输，进而威胁到国家的经济稳定。王安石出于富国强兵的目的，决心首先保障汴河的畅通。

熙宁四年（1071），汴河因淤塞难以通航，王安石果断组织人员开辟家口，每日动用役夫4万，经过长达1个月的艰苦努力，终于完成了这项艰巨的任务。然而，汴河主要依靠黄河为水源，泥沙沉积成为汴河淤塞的重要原因，需要时时加以疏浚。这次组织人员的疏浚，仅仅过了4个月，汴河便因河浅难以通航。于是再开旧口，每天用工1万人，经过4天的疏浚，汴河水方才顺畅。官员应舜臣发现汴河常淤的原因所在，向王安石建议应当在孤柏岭下开新口，当汴河水流之冲，新口可常用无须改变，水大时可用斗门来泄洪，水小时则作为辅渠，让下流的水来补偿。王安石听后眼前一亮，对这个建议极为赞赏，毫不犹豫地采纳了。

熙宁六年（1073）夏，都水监丞侯叔献向王安石请求用汴水灌溉府界闲田，以提供京师粮食供应。王安石觉得此计可行，便让人主持了这一计划。然而，汴河经过几次放水灌田后，部分河段因水少而至断流，官私所用的大船因河水不足难以通航。皇帝听到议论后，让都水司会同三司与府界提点官前往查看。为妥善解决航运与灌溉的矛盾，官员范子奇向王安石建议冬天不要关闭汴口，使汴河水源充足，让外江纲运船通过汴河直入京师，废除此前转运周折的"转般法"，节省汴河航运时间。王安石派汴口官吏前往查看，经过一番考量，最终采纳了这一建议。

熙宁八年（1075）春，王安石第二次担任宰相，再次组织对汴河的大规模疏浚。这次采用加深河底的做法，提高航运水位，从南京（今河南商丘）至泗州的河底挖深 3—5 尺，自虹县（今属安徽）以东，有礓石 30 里余，不可疏浚，就募民开修，短时期内解决了汴河淤积问题。但随着时间的推移，汴河淤塞问题始终得不到根本解决，王安石又组织人力研究引洛水通汴的可行性，并派沈括前往测量，为日后汴河畅通奠定了基础。王安石对汴河有着深厚的感情，晚年曾在《汴水》一诗中感慨："汴水无情日夜流，不肯为我少淹留。相逢故人昨夜去，不知今日到何州。州州人物不相似，处处蝉鸣令客愁。可怜南北意不就，二十起家今白头。"将汴河视为其人生旅程的见证者。元祐元年（1086），王安石去世，终年 66 岁，朝廷追赠为太傅，谥号"文"，配享神宗庙庭。

六、苏轼徐州抗洪

在今徐州市区的故黄河公园内矗立着一座宋式双檐古楼，它占地面积不大，在如今高楼林立的市中心毫不起眼，以至于换不来行人的匆匆一瞥。但它承载了徐州厚重的历史文化，成了一道独特的风景，至今依然向世人诉说着900多年前，苏轼带领徐州军民万众一心抵御洪灾的可歌可泣的壮举。

宋神宗熙宁九年（1076）年底，苏东坡奉诏由密州（今山东诸城）太守调任河中府（今山西运城）任职，但他走到京东陈桥驿（今属河南开封市）时，又接到朝廷命令，改任为徐州太守。

熙宁十年（1077）四月，苏东坡和妻儿、弟弟苏辙到达徐州，兄弟二人到了徐州后诗文唱和，度过了一段快活的日子。那年中秋节，苏东坡写下了"此生此夜不长好，明月明年何处看"的句子。第二天，苏辙便依依不舍地离开了兄长一家，奔赴自己的前程去了。

中秋刚过，黄河的秋汛便涨起来了。徐州地区连续大暴雨，八月二十一日，黄河在距徐州城北50华里处的曹村埽处决口。滔滔黄河水向东泛滥，在黄淮平原横冲直撞，漫延几百里。洪水到达徐州城，直淹东南北三面，而被西面的云龙山挡住，水位不断升高。九月初，徐州城外的水位达到2.89丈（9.6米），比城内平地高出1.09丈（3.6米）。徐州成了一座水城，街道成了河道，造成了"河涨西来失旧烘，孤城浑在水光中，忽然归壑无寻处，千里禾麻一半空"和"夜闻沙岸鸣瓮盎，晓看雪浪浮鹏鸥"的惊险场面。卷入急流洪水中的穷苦老百姓，不计其数。苏轼忧心如焚，派善习水者划船进行打捞，救活者无数。

当时，城中的有钱人家争相出城避水，苏轼心中明白，这样一来势必会导致民心大乱。洪水来时必然徐州不保，看来安抚民心的工作比什么都重要。苏东坡派衙役鸣锣通知全城人民，团结抗洪，有钱出钱、有力出力、有物出物，死看硬守，确保城池万无一失。他派通判以下官佐，分堵把守每一片城堵，哪里出了问题，拿哪里的守堵官员是问。

他组织民夫5000余人，加上城内的数千名兵卒，有的挖土、有的运料、有的筑堤，众志成城、争分夺秒地修筑防水堤坝。苏轼还下令将数百艘公私船只系揽在城下，减轻洪水对城壁的冲击。之后，他干脆在城上搭建了芦苇庵子，挂在旁边的灯笼上还写着一个大大的"苏"字。他日夜巡视，数次过家门而不入，表达了誓与徐州城共存亡的决心。

洪水对东南外墙的威胁最大，苏东坡发动军民将墙加厚，城墙加高在九百八十四丈（3280米）长的防洪堤上，他来回奔波，指挥军民筑堤防洪。九月二十一日，全长984丈、高1丈、宽2丈的防水堤奇迹般地修筑完成。也正是这一天，洪水从最矮的东南面城墙涌入城内，正好遇到新修的防水堤，再次被拒之墙外。

在防洪的同时，他找到当地对水流方向比较熟悉的人一起商量解决洪水围城的办法。应言和尚，德高望重，对徐州水经、地理情况了如指掌，他向苏东坡建议说：只有想办法挖开清冷口，让洪水流入黄河故道，徐州城外的水才可解决。为了实施这一工程，他带领官佐，在应言和尚的导引下，冒着生命危险，来到清冷口，亲自目测规划。十月十五日，黄河水流入了黄河故道，围困徐州城的洪水慢慢退去。被大水包围45天的徐州城彻底解除了危机，苏轼才长长地松了一口气。雨过天晴，徐州城被保全了。

后来，朝廷拨款修筑河南濮阳一带的河堤，却没有拨款给同样受灾严重的徐州。苏轼上书朝廷据理力争，要求增高、加固徐州城垣。他在奏疏中十分动情地写道：不能够让徐州的老百姓再次遭受洪水带来的灾难（不可使徐人重被其患）。朝廷最终同意了苏轼的请求，拨款下来后，苏轼一面调集役夫将城墙加高，一面亲自带领官员仔细察看河道走向，在土堤之外另加木堤，使得徐州城的抗洪能力大大提高。

为了纪念这次抵御洪水的成功，也为了表达徐州人民对苏轼的爱戴，元丰元年（1078）农历八月徐州民众集资在东门城墙上修筑了一座高楼。按五行之说，木、火、土、金、水五种物质相生相克，"水克火，火克金，金克木，木克土，土克水。"因此将新楼粉刷一层黄土，故名"黄楼"。建成后的黄楼高约十丈，堪称当时徐州城最高的建筑，登临黄楼眺望山川，美不胜收。"黄楼赏月"亦成为徐州古"八景"之一。

七、林则徐治水为民

提起林则徐，人们一般会想到他虎门销烟的事迹。其实，这位抵御外敌的民族英雄也是一位廉政爱民的政治家、出色的治水专家。在林则徐漫长的官宦生涯中，治水几乎贯穿全程。他为官40载，宦游13省，从北方的海河，到南方的珠江；从东南的太湖流域，到西北的伊犁河，都留下了他治理水患、兴修水利的足迹。

嘉庆二十五年（1820），林则徐任江南道监察御史。当时，河南仪封黄河南岸大工尚未竣工，急需治河物料，但物料商人却趁机囤积居奇抬高价格，林则徐上奏要求地方官严密整治这些非法商人的居奇行为，平价收购，以应急需。此议很快获准通过。

道光四年（1824）年底，洪泽湖高家堰十三堡决口，湖水外注，下游不少州县被淹。与洪泽湖相连的淮河，是漕运的必经之道，高家堰决口引起淮河水位下降，造成黄强淮弱，直接影响漕运安全，清廷为之震惊。由于南河河道总督张文浩治水不力，道光皇帝将其撤职，并于次年三月下旨，命正在家乡为母亲守丧的林则徐赶赴南河督修。林则徐深知水患危害巨大，立即赴任。身着素服的林则徐，日夜在高家

▲ 林则徐画像（图片来自网络）

堰督修，不间断查验，即便大雨天也坚持到现场查看。数月之后，堰工告竣，决口被堵住了。由于成就斐然，道光十一年（1831），他被晋升为东河河道总督。

当时，河臣经手河务，贪污中饱，已成风气。道光帝很想下力气整饬一番，特意任命非河员出身的林则徐担此重任，希望他能厘剔弊端，不存瞻顾。林则徐接到任命后，立即从扬州勘灾途中赶赴山东，接任河督。到任时，恰逢严冬，山东、河南境内运河冰冻雪阻。为了让来年新漕能畅行无阻，林则徐督促运河两岸各厅汛煞坝挑河，同时命两省黄河地段属员防备黄河积冰冲击堤岸，确保大堤安全。二月上旬，运河挑工完成三分左右，林则徐亲往工地查验，一路从滕汛十字河至汶上汛。在工地查勘过程中，林则徐发现挑挖运河河道泥土，被随意抛于沿河道路，加上冬季天寒地冻，这些泥土很快被逐段冻结，形成一条条的"泥龙"，日渐积累，越来越多，严重影响河夫施工。而且，这些"泥龙"若拖到开春清理，一经春雨，很容易被冲入河心，阻塞运道。于是，林则徐一改从前完工后起除"泥龙"的做法，要求河夫每挑完一段河道，就起除干净一段"泥龙"。那些已挑河道未能除净之处，由官府雇募夫役，予以起除。在查验工程过程中，林则徐细心体察，严格要求工程质量，对办理工程不力的属员严厉处置。

此外，林则徐还高度重视对各厅料垛查验工作。二月下旬，他专程前往河南东部黄河两岸进行查验。当时的河员在准备料垛时，多动手脚，从中贪污作弊，想出很多新花样。如在堤上堆放好的秸料，作为"门垛"，在容易蒙混过关的底层，架井虚空，或用腐朽秸料充塞，作为"滩垛"；更有理旧翻新，名为"并垛"；以新盖旧，名为"戴帽"。他亲自从北岸的曹考厅查起，一直前往黄泌厅，然后至南岸，依次东查，将南北两岸各垛依次查明。在兰仪厅蔡家楼，他发现垛底有潮湿料物，立即将该厅同知于卿保撤职，并赔补损失。林则徐高度负责的态度，深受道光帝嘉许。三月八日，林则徐在上南厅查验时，虞城上汛十六堡底厂存秸56垛失火被烧。火灾非常蹊跷，因为林则徐即将去该汛查验秸垛。林则徐也觉得此事可疑，很有可能是汛员或监守之人作弊试图通过纵火灭迹。对此，他下令相关河员在查验秸垛前将损失料物补齐，不得烧多补少，或借案浮销，同时对监守的委员、兵丁相应处分。在负责黄河两岸河务的过程中，林则徐开始留心黄河治理问题，初步形成改黄河由利津入海，以克服河患的治理方案。他认为，黄河南行，并非出于自然，才导致黄河治理出现屡治屡患的困局。不过，林则徐很快就被调离东河总督之职，此一方案并未获得实行。但十年后，黄河铜瓦厢决口，改由山东入海，验证了林则徐的先见之明。

道光十二年（1832）六月，林则徐接任江苏巡抚。上任后，他留心江苏漕务问题。就此问题，他专折上奏，认为江苏钱谷最为繁重，漕务痼疾已经很深，尤须整顿钱漕事务，特别需要执法者不能姑息怠玩，设法者不能拘于一隅而要放眼全局。他在任江苏巡抚后，与两江总督陶澍共事志同道合，相得无间。他们二人联合南河总督张井一起上奏裁撤丹徒、如皋二县县丞，仪征清江闸闸官以精简机构，提高办事效率。

林则徐在江苏巡抚任上还主持了疏浚刘河、白茆河的工程。道光十五年（1835）正月，林则徐上奏镇江属丹徒、丹阳运河是江浙漕船行经要道，临近大挑之年，请求予以分段大修。奏上，获准实行。

最令人敬佩和感慨的是，林则徐以"罪臣"身份，在流放新疆伊犁途中，奉命参与开封祥符黄河堵口的事迹。道光二十一年（1841），林则徐被发配伊犁。在赴伊犁途中，黄河在河南开封附近祥符决口，水患严峻。林则徐奉旨转赴东河效力"赎罪"。当时大学士王鼎总理河务，但林则徐谙习河南水情，在祥符工地积极襄助王鼎堵筑决口。

林则徐一到祥符，马上到堵口工程第一线督导。经过一番筹划准备，汛期一过，于十月开工堵口。此时，林则徐是戴"罪"之身，但他抛弃个人恩怨，一心扑在堵口上，任劳任怨。57岁的他夜以继日地工作，时常与民夫士卒一起挖泥担土。道光二十二年（1842）二月，祥符堵口大工历时8个月终于完成，两省二十三州民众得到解救。林则徐戴"罪"立功，实为治水英雄。王鼎上奏"林则徐襄办河工，深资得力"，请求皇上让其将功赎罪，免戍伊犁。可正在堵口庆功之时，忽传谕旨："林则徐于合龙后，着仍往伊犁。"王鼎惊骇不能言语，而深知世事的林则徐泰然处之，即日起程。临别时，林则徐赋诗二首安慰王鼎："塞马未堪论得失，相公且莫涕滂沱。""公身幸保千钧重，宝剑还期赐尚方。"林则徐为国为民，以天下为己任，身处逆境亦不失报国之心，身遭厄运仍关心民众。他以获"罪"之身，治理黄河水灾，功绩卓著，实为民族英雄、治河功臣。2019年12月，水利部发布了第一批历史治水名人，其中之一就有林则徐。

第二节　大运河与手工业

运河流域是商品经济最早发展的区域，也是制造技术相对发达的区域，因此，运河流域的手工业在全国发展最快。春秋战国至秦汉时期，运河流域的手工业生产就有了长足进步，造船业、冶铁业、纺织业、造纸业发展都较快。隋唐至明清时期，运河沿线地区都是手工业发展最快的区域。这些手工业有些一直延续至今，成为大运河非物质文化遗产的重要组成部分。

一、林徽因和景泰蓝的不解之缘

很多人都知道，著名建筑家梁思成了为了挽救北京的古城墙而奔走呼号，却最终未能如愿；但是人们却不知道，梁思成夫妇还曾经为了挽救一种国宝级的手工艺而殚精竭虑，最终使之走出了濒危的境地而大放异彩，成为享誉世界的工艺瑰宝，它就是国家级非遗——景泰蓝。

位于北京市景泰桥南的珐琅厂里，坐落着国内唯一的一座景泰蓝艺术博物馆。在这里，人们不仅能够免费参观景泰蓝的制作工艺过程，还能在大师、高级技师的悉心指导下，亲自动手参与景泰蓝掐丝、点蓝工艺的学习互动，沉浸式感受这门传统工艺的独特魅力。漫步于博物馆中，仿佛踏入了一条数百年的历史长廊，每一件工艺珍品都承载着岁月的痕迹。而比这些珍品更令人动容的，是几代大师为挽救、恢复、传承景泰蓝所付出的艰辛努力与动人故事。

景泰蓝，学名"铜胎掐丝珐琅"，它将历史底蕴、文化内涵、艺术价值与独特传统工艺完美融合，制作工艺更是集中国传统绘画、吉祥装饰、金属雕錾、宝石镶嵌以及冶金锻造、玻璃熔炼等技术于一身，堪称中国传统工艺美术的集大成者。

这一工艺自元朝晚期由阿拉伯地区传入中国，很快便进驻"宫廷"。这种以金属与珐琅工艺相结合的手工艺制品，深受皇帝的钟爱，到了明景泰年间，这一工艺更加成熟，加之当时的制品底色多为宝石蓝或孔雀蓝，故此得名"景泰蓝"。由于历代皇帝的推崇，在明朝的"御用监"、清朝的"造办处"都设有制作御用珐琅的作坊或工厂。在中国历史上，不曾有任何一种器物能像景泰蓝一样只供皇室专享。因此，从明到清中期以前，景泰蓝都是官办且为宫廷供奉，直到清朝后期才出现民办珐琅作坊，景泰蓝出口海外，大受欢迎。

20世纪40年代，由于多年战乱，社会动荡不安，民不聊生。景泰蓝原材料价格不断攀升，致使珐琅成本日益提高，再加上海运汇价昂贵，使得珐琅艺人的生活难以为继，从业人员数量锐减，整个景泰蓝行业岌岌可危，濒临灭绝。1949年，北京虽有大小景泰蓝作坊200余家，但规模普遍较小，最大的不过二三十人，小的仅有两三个人，从业人员总数不足千人。当时的景泰蓝生产依旧延续着一家一户的作坊模式，规模极其有限，工人们大多在低矮、昏暗的破旧棚屋内从事手工劳作，这门曾经辉煌一时的手工艺已处于生死存亡的边缘。

为挽救这一民族传统工艺，1950年北京市工业局局长张锦成委派北京特种工艺公司（外贸出口公司，简称"特艺公司"）领导到清华大学聘请梁思成、林徽因做顾问，指导工艺美术创作设计。于是，梁、林二人在清华大学营建系成立了"工艺美术抢救小组"，从此与景泰蓝结下了不解之缘。

林徽因极为钟爱景泰蓝，她描绘景泰蓝有"古玉般温润、锦缎般富丽、宋瓷般自然活泼的特质"，她和她的学生们为了挽救这项民族手工艺开始了不懈的努力。清华大学的景泰蓝抢救小组成员还有钱美华、常沙娜、孙君莲、高庄、莫宗江等人。当时，北京仅存的几家作坊和景泰蓝厂子大都处于倒闭边缘，新老手工艺人青黄不接，图案单调，缺乏创新。而要拯救这一濒临灭绝的民族艺术，最关键的是调整生产结构，全面更新设计，才能起死回生。

当时用于景泰蓝的图案仅有荷花、牡丹花和勾子莲等寥寥几种，几百年来几乎没有变化，然而中国的装饰图案本就是在千变万化中不断发展的。林徽因翻出自己珍藏的历代装饰图案，让小组成员学习研究。随后，她又带领学生多次深入景泰蓝作坊进行调研，从掐丝、点蓝、烧蓝、磨光、镀金，每一道工序都跟着老手工艺人们认真学习，亲身体验，熟悉每一个工艺流程，细心观察各道工序的操作细节，深入了解景泰蓝的工艺特点，进而提出改进方案，设计出全新的纹样和色彩图，并反复修改调整，最后交给工人们试制。

在林徽因的悉心指导下，美术组为景泰蓝设计出一批具有鲜明民族风格的新颖图案，成功突破了以往荷花、牡丹图的单调局限。在梁思成的积极倡导下，特艺公司还在崇文门外喜鹊胡同3号成立了国营特艺实验厂，专门从事景泰蓝的研究与制作，并将许多散落民间的景泰蓝艺人请进厂里参与实验。当时，有几位老师傅因生活所迫改行拉黄包车，被请回厂时激动得热泪盈眶，他们重燃对景泰蓝工艺的热情，为传承这门技艺贡献力量。

1951年5月，北京市特种工艺品公司召开专业大会，林徽因代表清华大学营建系做了题为"景泰蓝新图样设计工作一年总结"的报告，详细阐述了一年来美术小组的工作开展情况、产品设计思路与销售状况，以及景泰蓝艺术的未来发展方向，该报告随后发表在《光明日报》上，引发了广泛关注。

他们的创新设计和抢救工作，得到了国家相关领导的高度关注与重视。当时，北京正在筹备"亚洲及太平洋区域和平会议"和迎接苏联文化代表团访问中国的活动，这两项国际性活动的礼品和大会美工任务都交由美术小组负责。林徽因带着钱美华等人反复斟酌礼品的品种与设计方案，最终确定将景泰蓝台灯、烟具、金漆套盒、花丝胸针、敦煌图案丝巾等作为赠送贵宾的礼品。这些充满中国特色的工艺品深受各国与会代表和来访苏联艺术家的喜爱，也得到了国家领导人的赞扬，郭沫若盛赞"这是新中国第一份国礼"，这些礼品不仅展现了中国传统工艺的魅力，也成了中外文化交流的重要载体。

今天的景泰蓝无论是造型、纹样、色彩等各工序的技艺水平，还是设计理念，都在不断提升，体现出的丰富多彩的艺术风格和多元的艺术品位，超越了任何一个历史时期，足以告慰林徽因先生的在天之灵。它不仅是中国传统工艺的杰出代表，更是中华民族文化传承与创新的生动体现，在世界文化艺术之林中绽放着独特的光彩。

二、"临清的砖，北京的城"

临清，这座与运河相依相伴的城市，建皇窑烧砖进贡的历史已有数百年之久。因其地处运道之侧，又与京师距离较近，在明、清两朝一直肩负着向京城供给营造所用砖瓦的重任，是当时重要的砖瓦烧造地之一。那时，明、清两代修建的故宫各大殿、紫禁城等宏伟建筑所用的砖瓦，其中就有临清烧制的；而北京西郊的十三陵以及清代修建的东陵、西陵所用的寿宫砖，则全部来自临清。当时，朝廷"岁征城砖百万"，由此可见临清砖窑烧制规模之宏大。

据《临清直隶州录》记载，明、清两代的临清砖窑，那可真是星罗棋布。数百座砖窑如同繁星撒落，大多分布在运河两岸。从市区西南部约30里的东西吊马桥，一直延伸到东西白塔窑；市东北部的张窑，再到市东南部的河隈张庄，在这共计六七十里的地段中，都能寻到窑址的踪迹。尤其在东西吊马桥至东西白塔窑这十多里长的地段，砖窑更是稠密得很，每隔几十米，便能瞧见一座砖窑，仿佛是大地精心排列的棋子。《中国运河城市发展史》里说得明白："明、清两代，临清东西吊马桥官窑七十二座；东西白塔窑官窑四十八座，河偃张庄官窑七十二座，共计一百九十二座，每座官窑包括两个窑，共计三百八十四个窑。"数量之大是其他地方都无法比拟的。每窑有作头、把式，加上工人50人左右，总共有烧砖人员9600人，近1万人的烧砖大军齐聚临清一带，场面非常壮观，当时的临清，真可谓独领风骚。另外，每座窑划地40亩，专供取土、盖窑、堆放砖坯和成品砖用。全部砖窑占地7680亩。清康熙时，客居临清的江南文士袁启旭有诗吟咏当时烧砖的情景："秋槐月落银河晓，清渊土里飞枯草。劫灰助尽林泉空，官窑万垛青烟袅。"

临清砖窑在明代，"设工部营缮分司督之"。清代"顺治十八年（1661）裁工部营缮分司，以山东巡抚领之，临办官为东昌府同知，承办官为临清州知州，分管官为临清州吏目、税课局大使、临清仓大使、夏津县巡检、清平县巡检"。乾隆五十年（1785）"专归临清州管理"。

明、清两代，皇窑为何偏偏建在临清呢？其中有两个原因：一是临清一带土质好，细腻而无杂质，许多地方挖一米多，就有一层红、一层白、一层黄的土，俗称"莲花土"。据说用这种土烧制的砖，异常坚硬，敲起来有一种悦耳的铜声。二是临清紧靠运河，交通方便，烧出的砖可直接装船运往京城。"粮运带砖"，从明初开始，逐步发展为定制。据《临清州志》记载，明初"临清砖就漕艘搭解，后逐沿及民船装运。今（乾隆五十年前后）仍复漕船运解通州"。

明、清两代的临清砖窑，有窑户、作头、匠人。窑户，即窑主，是窑场的管理者，有招募、解雇工人的权力。作头，窑场匠人的"头儿"，是生产的组织者，也是直接参与者。匠人，就是窑场中的技术工人。砖窑场中除了这三类人外，还有为数不少干挖土、筛土、滤泥、踩泥、装窑、出窑、搬柴、担水等下手活的普通工人。每座砖窑除窑户外，作头、匠人和普通工人50—70人。作头、匠人和普通工人都是被雇者，他们的生活收入全部依赖窑户。窑户把砖直接卖给朝廷，朝廷则拨款付给窑户。

从现今遗留的青砖上，可以明显地看出制砖的年代、窑户、作头、匠人。如"成化十八年成武县口造""弘治八年辉县造""嘉靖十五年窑户罗凤、匠人郑存仁""万历四年窑户马元造""明崇四年窑户盛口造""临清厂窑户孙岳造、作头于其""清康熙二十八年临清砖窑户刘承恩、作头王加禄""清乾隆年临清砖窑户畅道、作头盛邦现造""清乾隆十二年临清砖窑张有德、作头王禄造""清道光年临清砖程象、作头崔贵造"等印记。这说明明代中期以前，明政府曾指派外县、外省的匠人到临清砖窑服过徭役。

据考证，明朝初年手工业工人都编有匠籍。这些在匠籍的手工业者，每年都要自筹路费、自备吃用，轮流到朝廷指定的地方服徭役。在服役期间，要受严格的管理和约束，私舟逃亡者还要"夹项三月"。明朝后期，由于改行以银代役的政策，手工业劳役制度基本废除，临清砖窑也由单纯的官办变为官督民办，所以此后也就不再有外省外县印记的砖了。

临清砖的制作，非常精细。先将土用不同格的筛子筛好，然后用水滤去其中的沙子，将滤在地面上的土取出，再用脚反复踩匀，然后才能脱砖坯。脱坯时用布做衬，一是为便于倾倒；二是有衬布可保持砖面的平整光滑。砖的种类有城砖、副砖、券砖、斧刃砖、线砖、平身砖、望板砖、方砖。尺寸规格有二尺、尺七、尺五、尺二、尺四等8个，最重的有七八十斤。

脱砖坯是最累也是最关键的一道工序，还是一道细作技术活。具体操作程序是这样的：先在砖模具里铺一层湿衬布，这是为了保证砖面的平滑，也便于脱坯出模；再从踩好的泥堆中取出块七八十斤重的泥团，经过一番精心加工，用力摔入砖模中，这可得讲究技巧，既要保证四角四棱填满填实，又要掌握泥块不多不少。这里的关键，就在于匠人取泥时手上掂其重量的功夫。多了，不好刮，一刮就留下痕迹；少了，不能添，一添就烧不成块。摔好以后，再连泥带模一起端起倒出，一块砖坯就成了。当时各窑场都设专人检查砖坯质量，要求棱角分明、光滑平正。但凡质量不合格的，就得踹烂返工，所以一个工匠每天一般只脱二三百块砖坯，就算是熟练的工匠老手，最多也只能脱上 400 块。

砖坯经晾干后，便可装烧窑。一般砖窑容量在 1000—4000 块之间。烧窑用的燃料多用棉柴和豆秸。据《临清州志》记载：每烧一窑砖，需柴八九万斤。办柴州县除东昌府外，还有东平府、东阿、阳谷、寿张等 18 处，每年领阶办柴送往各砖窑。因为用棉柴和豆秸烧的砖火匀，质量也有保证。烧砖必须由经验丰富的火把式掌握火候，什么时候停火，火把式要去闻砖窑冒出的烟的味道，窑内飘出香喷喷气味时就可停火了。每窑砖一般要烧制半个月，再封窑浇水洇半个月，然后出窑。砖出窑后，还要用桐油浸泡，使之敲击有声。

临清砖窑烧好的砖呈豆青色，经严格检验后，每块再用黄表纸封住，然后用小拱车推到专用码头，装船运走。到天津后，要一一拆封重新检验，然后再次用黄表纸封住运往京城。凡声哑及外形不规整者，一律视为不合格，挑出存于天津西沽场。

那时，朝廷赋予窑户的权力非常大，这些特权确保了烧砖的正常进行。相传，每个窑户都有朝廷赐给的黄马褂，这黄马褂，就象征着窑户的特殊权力。每座窑场门口都划有禁区，在禁区醒目的地方悬挂着虎头牌。同时还悬挂着一根黑红棍，那是木质的，半截儿黑半截儿红，一把粗细，一人来高。至今民间还流传着"打完架上官窑"的说法。意思是打架惹祸跑到官窑，为窑户干活，窑户就可保护你，地方官追赶至窑场禁区，也只能望而兴叹，无可奈何。这些都说明，朝廷为了保证烧砖的正常进行，采取了一系列强有力的措施。

时至今日，那些在金碧辉煌的宫殿墙壁上的临清贡砖，虽历经 500 余年的风雨沧桑，但仍不蚀不碱，还毅然充当着历史的基石。

三、临清哈达：劲舞运河五百年

在大众的认知里，哈达与西藏紧密相连，如同布达拉宫、青藏铁路一般，是人们了解西藏的重要文化符号。然而，鲜有人知晓，地处鲁西一隅的临清，在历史上曾是全国赫赫有名的哈达生产基地。正是运河之上蓬勃发展的丝织业，孕育了临清哈达的繁盛，让这种带有鲜明藏文化特色的织品，在这个佛教信仰并不浓厚的运河城镇，延续了长达500年之久。

临清在历史上曾是全国有名的哈达生产基地，运河上漂来的丝织业孕育了它的繁盛。回溯历史，明代以前，临清的丝织业默默无闻，并不为人所知。但随着会通河的开通，一切都发生了改变。大批江南客商纷至沓来，投身于丝绸和棉布的转贩活动。这些南来北往的商帮，不仅热衷于收购临清本地所产的布帛丝绢，还从丝织业高度发达的江南，带来了精美的丝织品和精湛绝伦的技艺。就这样，在商业交流与技艺传播的双重推动下，临清丝织业应运而生，蓬勃兴起。据记载，明代临清城内聚集和散处的机房估计可达百余家，专门经销丝织品的商号数十家，丝织品种类繁多，主要有首帕、汗巾、帕幔、丝布、丝线、帛货等。"远近人多用之"，从北方的京师、宣府，到南方的河南、开封等地，都有专门经销临清丝织品的店铺，这些店铺与南京苏杭的罗缎铺、山西的潞绸铺、泽州的帕幔铺，在商业舞台上各显神通，相互竞争。到了明末清初，临清丝织业更是迅猛发展，成为"日进斗金"的三大作坊行业之一，在经济领域占据了重要地位。

临清哈达，作为鲁绣的一种，样式丰富多样，做工精巧细致。乾隆十四年《临清州志》记载："帛货，精者火艳、经网、内造、汉府，次则官八宝、佛字等"，讲述了临清哈达的制作工艺和种类。其中佛像哈达制作工艺技术最高。佛像哈达的图案造型采用释迦牟尼、燃灯佛、弥勒佛图像，两头还各有一小喇嘛，提花织就，形态逼真，具有鲜明的民族特色。据当地老人讲，为织成佛像哈达，传说临清西门里有个姓关的织工，装扮成聋哑人到江南的苏州姚家作坊学艺10年，老板见他为人老实肯干，卖命工作，将手艺传给他。后来，他又二次下江南，专门学习哈达上佛像眼睛的技术，最后功成名就。从此以后，临清哈达声誉大振。清初，西藏某官员奉命前往苏杭一带选购哈达，然而挑来选去，始终找不到令他满意的。无奈之下，他只好沿运河北上，沿途四处访选，最终在临清购得了称心如意的哈达。之后又有在清乾隆登基时，达赖七世为清朝统治者献上哈达，为回敬达赖，乾隆还下诏临清机户赶制带有"大清"字样哈达的传说。

临清哈达凭借"南通苏杭，北连皇都，会八方之风雨，通百邑之有无"的漕运咽喉的优势，临清哈达开启了广阔的销售之路。它们经运河北上经天津、北京，运往内蒙古，运河南下运到海岸港口，转运印度、尼泊尔。晋商又通过陆地、驿站经西安、兰州运达西藏、新疆。到清后期，战乱兴起。离战争较远的临清哈达获得了较好的销路，且临清较之江南，距离哈达需求市场——京师及西北各省区道路更近，运输更方便一些，因而，咸丰以后，哈达生产重心由苏州转移到了临清。此时临清哈达发展到鼎盛："临清全境机房七百余，浆房七八处，收庄十余家，织工五千人。其织机有大小之别，出品有净货、浆货之分。净货为佛像、佛字、丈哈达、八宝、通面等，浆货为浇花、浆本、丈绢等，织成走京聚帛货店，贩者达西宁、西藏。"一幅繁荣昌盛的产业画卷跃然眼前。

临清县志记载："自外蒙多事，此业顿衰，现有机房不过数十家，收庄三四家，每年输出货仅六七万元。今昔相差不啻天渊矣。"到民国年间，临清的哈达生产开始衰退。直至中华人民共和国成立前，临清哈达更是几经中断停产，曾经的辉煌逐渐黯淡。

中华人民共和国成立后，临清成立了哈达丝织社，恢复哈达生产，临清哈达曾再次崛起。1954年，临清哈达在北京展出，至今北京雍和宫还有临清哈达。1955年，1200条带有蒙古国国徽的临清哈达销往蒙古，对促进中蒙关系的发展起了积极作用。尤其是1985年进一步提高了生产量和工艺水平，成为国家轻工业部唯一定点生产厂家。"那时浪翠、特级郎尊哈达，图案复杂，薄似蝉翼，洁白如雪，柔软似水，晶莹如玉，是班禅大师特意从临清丝织厂订购的专用品，销量也很大。"回忆起哈达曾经的光辉岁月，刘庆波感慨万千，言语中满是自豪与怀念。

厚重的历史土壤虽然孕育了临清哈达的兴盛，时代的变迁却又让它渐行渐远。由于哈达制作缺乏较高的技术含量，附加值较低，销售人群也有限，加上运输成本过高、江南丝织业的重新崛起和西部经济的发展，临清哈达走向衰落，直至今日在临清已经难觅哈达生产的踪迹。不过，令人欣慰的是，临清哈达生产制作工艺已被列入临清非物质文化遗产，成为当地历史文化的珍贵记忆，承载着往昔的荣耀，等待着新的传承与发展。

四、宫梳名篦：常州梳篦

梳篦，即梳子和篦箕的全称，古称"栉"。梳子齿疏，用以梳理须发；篦箕齿密，用以篦除发垢及蚤、虱等寄生虫。作为常州地方民间手工艺，制作一把木梳需要28道工序，小小的篦箕则需要72道半工序，让人惊叹不已。

常州民谚有："扬州胭脂苏州花，常州梳篦第一家。"梳篦在常州可以说是家喻户晓的民间工艺品。由于封建社会梳篦难登大雅之堂，史籍记载极少。1973年常州东郊古墓出土一批文物，其中有一把"高背半圆形漆雕菊花图案木梳"，经考评是东晋末期的产物，因此人们一般认为常州梳篦的历史始于东晋，迄今有1600余年历史。若从湖北江陵拍马山楚墓出土的刻有"延陵西门"（延陵是常州至今第一个见于文字记载的名称）字样的木梳分析，常州梳篦的历史要往前推进几百年，因为常州民谣中亦有"宫梳名篦，情同伉俪；延陵特产，花开并蒂"的唱词，唱春艺人的传统唱词中也有"梳篦世家延陵地"的说法。这说明"延陵"与常州梳篦有着非常密切的关系。

盛唐时，当地梳篦花色繁多，不胜枚举，大的竟有二尺多长。到了北宋时期，常州梳篦的质地越发显得贵重。金银质地的栉具，在当时颇为流行，成为时尚与奢华的象征。大文豪苏东坡，这位才情横溢的雅士，也曾为梳篦留下美妙的诗吟："山人醉后铁冠落，溪女笑时银栉低。"元代，常州梳篦从运河经长江出海，随着海上丝绸之路传到海外。运河的滔滔流水，成了梳篦走向世界的通途。

随着运河漕运的繁荣发达，梳篦交易日趋兴旺。到明末清初，常州梳篦已然声名远扬，驰名于大江南北，并且被郑重地载入史籍之中。明天启年间，在常州西门外的篦箕巷，卜氏毅然创办了卜恒顺梳篦店。这家店，宛如一颗闪耀的明珠，成为常州现存历史最为悠久的梳篦店，悠悠岁月，至今已走过370多个春秋。据说，卜恒顺梳篦店采用前店后作坊的独特经营模式，一边精心制作，一边热情销售。店门前，有一个由13根檩子搭建而成的过街棚，格外引人注目。这里产出的梳篦产品，制作工艺极为精细，声名远播四方。南来北往的客商，在运河边的大码头一上岸，无论识字与否，都能凭借门前那13根檩子，轻松找到这家声名赫赫的店铺。

清代，常州梳篦的声誉如日中天，梳篦业成为常州的重要支柱产业。自清乾隆五十九年（1794），城内大街王勋如创办王大昌梳篦店以来，后有陈正兴、陈信顺、唐煜昌等陆续开办梳篦作坊。乾隆年间的《常州赋》描述了常州"削竹成篦，朝京门内比户皆为"的盛况。那时，常州西门和南门一带的村庄，几乎家家户户都从事梳篦生产，有数万人之众，大部分是世代相传。清光绪年间，苏州织造府的地方官员每年农历七月，就到常州定制60张象牙梳和黄杨梳、60张梅木梁象牙档高级篦箕，到十月连同6套龙袍、600朵绢花，进贡皇廷作为御品。这也使常州梳篦赢得"宫梳名篦"的美称，成为介乎"俗文化"与"雅文化"之间的传统手工艺品。据

1929 年的《武进工业调查录》记载，常州梳篦"自清康、雍间，漕运盛行，而梳、篦之销流，渐驰声于南北。始以西门外篦箕巷卜恒顺最著，继起者，城内大街之王大昌，今则王之盛，且突过于卜。业此者，全县五十余家，皆集于西城内外"。梳篦的销售以清光绪、宣统年间为最盛，年销额约银币 20 万元。这段记载，宛如一幅生动的画卷，展现出常州梳篦曾经的辉煌。

清末民初，常州梳篦在质量和品类上有提高和改进，特别是生漆胶合篦箕的发明，使其下水不脱，同时采用黄杨、牛骨甚至象牙做梁子，增加在竹梁上刻花、嵌银、上色等工艺，档子改用牛骨，从而改变了原先粗陋的形态，具有向艺术性方向靠拢的趋势。此时，常州从事篦箕业的有 38 户、200 余人，年产量 300 万张。木梳制作业 50 户、从业人员 300 人，年产量 200 万张。除在国内销售外，还试销东南亚诸国，其中以红齿加市竹篦备受欢迎。"1917 年，外销市场扩大，竹篦出口量增加。上海外商销号太平洋、中汇兴、协兴祥、华益、德兴、太生等十余家竞相来常州订购，销地亦扩大。"1910 年以后，梳篦业有较大发展，"从业人员增至 88 户、600 余人，城乡副业加工达数千人，年产木梳 200 万张、篦箕 600 万张"（《常州市志》）。从此，常州梳篦开始参加国内外的商品展览会，并获得金、银质奖章 10 余枚。1910 年，获得南洋劝业会颁发的金奖。1915 年，获得巴拿马国际和平博览会颁发的银奖。1926 年，获得美国费城国际博览会颁发的金奖，等等。这些荣誉，如同璀璨的星光，照亮了常州梳篦的发展之路。

然而，命运的车轮有时也会陷入坎坷。1937 年，抗日战争爆发，战火无情地蔓延开来，常州不幸沦陷。那罪恶的战火，将木梳街、篦箕巷全部吞噬，付之一炬。曾经辉煌一时的卜恒顺、王大昌等大工厂，也在这场灾难中化为灰烬，常州梳篦业遭受了前所未有的重创。

新中国成立后，常州梳篦业获得新生，梳篦生产逐步恢复。到 1956

年，常州梳篦工人发展到 700 多人（加工人员不计在内），梳篦年产近 1800 万—2000 万张，达到产量最高峰。21 世纪的钟声敲响，常州梳篦生产再次转变发展思路，在保留传统技艺的坚实基础上，积极设计制作旅游产品，努力适应新时代的需求。2010 年，常州梳篦厂（白象牌商标）被认定为"中华老字号"企业，这份荣誉的背后，是无数人艰苦维系的心血，是常州梳篦业起死回生的传奇见证，只是其中的艰辛，却少为世人所知。

五、化土成金传匠心：苏州御窑金砖

御窑金砖，这一中国传统窑砖烧制业的瑰宝，自明清以来便备受历代帝王喜爱，专为皇宫建筑打造。在明代永乐年间，明成祖朱棣迁都北京，紫禁城的宏伟建筑群由此崛起。在这场盛大的建设中，苏州香山帮工匠的精湛技艺得到了工部的认可。他们推荐了陆慕砖窑，并由工部决定在苏州启砖，委托 63 家长洲窑户负责烧制。最终，因金砖质量上乘，赢得了永乐皇帝的赞赏，并赐名该窑场为"御窑"。

这里所说的"金砖"，并非真正用金子制成的砖块，而是指由苏州御窑生产的一种规格为二尺二、二尺、一尺七见方的大方砖。之所以被称为"金砖"，主要有三点原因：首先，这些专为皇宫特制的砖块，选料极为严格，质地细腻且密实，敲击时发出的声音如同金石般铿锵有力。其次，这些金砖仅运往京城，专供皇宫使用，因而得名京砖，后取其谐音为金砖。最后，其制作工艺极为复杂，价格不菲，甚至有"一两黄金一块砖"之说，进一步印证了其"金砖"之名。总的来说，这些金砖不仅以其卓越的品质和精湛的工艺闻名于世，更在历史长河中留下了浓墨重彩的一笔。那么，这种看似普通的砖块，究竟有何特别之处，能让人如此称颂呢？

金砖的制作工艺非常繁复，耗时长。从黏土到成品砖烧要经过选泥、练泥、制坯、装窑、烘干、焙烧、窨水、出窑等流程，合计 29 道工序。历时 700 多天。这些工序包括参照明朝工部郎中张问之编著的《造砖图说》

中所述的七转滤晾、晒勒踏等复杂步骤，以及制坯、阴干等环节，每一道都不可或缺。其中选泥 7 道工序历时 4 个月，练泥 6 道工序历时 3 个月，制坯阴干历时 8 个月，焙烧有 4 道工序，每道工序燃料不同，砻糠烧 1 个月，片柴烧 1 个月，棵柴烧 1 个月，后枝柴再烧 40 天，整个流程历时 130 天，尽显工匠之心力与技艺。

金砖的制作有 3 个关键环节：第一，要选取特定黏土层，需历经"掘运晒椎春磨筛" 7 道烦琐工序。之后，炼泥环节不可或缺，或需经过"澄"法，或经雨淋，且需在室内阴干。第二，在阴干过程中，需每日翻转、面面椎打敲击，以调整砖坯形状。此过程漫长，需时 8 个月。每一块砖上，都会印有年号时间，督造部门和官员，以及制砖工人的姓名。如果以后哪块砖出了问题，都能找到对应的负责人，堪称古代的质量监督跟踪系统。

第三个关键工艺是窨水。这一步骤是在砖坯烧制完成后进行的，需要停火并封闭窑门。随后，在窑顶的天池内注入水，让水渗入窑内并充分雾化，从而引发一系列化学反应。经过窨水处理后，窑内的砖块会呈现出独特的青灰色，且质地变得极为坚硬。总的来说，这一工艺体现了"土、火、水"的完美结合。其中，"土"指的是陆慕澄泥，经过长时间的澄沥，泥质变得细腻；"火"则代表着糠柴的相继燃烧和长达 5 个月的窑火，塑造了砖块的筋骨；"水"则通过刚柔相推、水火相济的方式，将普通的泥土转变为珍贵的金砖。最终，经过这番精心制作的金砖，必须达到光洁无瑕、颜色中正、敲击时发出清脆的金石之声，方能被视为上品。

金砖出窑后，还要进行筛选。由于是御用，不合格的金砖会统一收入仓库，妥善看管。合格的金砖，会经过京杭大运河送入京城。入京的金砖用稻草捆绑 9 道，象征着九五之尊。但并不是每次都有专船运输，只有在皇宫需要大修或新建宫殿时才会有专用的砖船来运输。平常小修或补货，会通过漕运普通商船带货入京，带货的商船带金砖可以抵免税费。

金砖在抵达皇宫大殿后，还需历经诸多工艺流程，方能成为宫殿的地砖。金砖入京后，送至皇宫，会有专门的铺墁工匠进行铺墁。铺墁金砖的表面，需经过水磨、钻生泼墨、烫蜡等几个步骤。因此，只要铺墁金砖，就必须进行水磨，这样每一块金砖才能平整，才能油光发亮。

金砖的铺就并非随意，它们有着严格的适用范围，仅限于"紫禁城殿堂、皇家坛庙、宫闱园囿、帝后陵寝、太学金匮和摄政王府"。其中，紫禁城作为明清皇帝的居所与政务处理之地，其宫殿内部均以金砖墁地，彰显皇家的尊贵与威严。此外，坛庙作为帝王祭祀天地及祖先的场所，同样以金砖铺就，表示对天地神明的敬畏。在明清时期，皇帝后妃的居所、皇家园林以及陵寝等地，也都铺设有金砖。这些地方不仅代表着皇家的荣耀与地位，更体现了皇帝们对传统文化的尊重与传承。值得一提的是，慈禧太后晚年居住的仪鸾殿，整个铺设工程历时两年多，共计 3385 块金砖，其规模之宏大、工艺之精湛，无不令人叹为观止。

随着时间的推移，金砖逐渐融入民间生活。晚清和民国时期，在江浙一带的园林宅邸中时常可见，文人雅士或将其作为供博弈、饮茶，或置于书房供习书、展画；手工艺人将金砖雕刻为工艺品，供人们观赏收藏；甚至一些公共场所也出现了使用金砖的建筑。苏州博习医院门诊楼，位于今十梓街东端的北侧之首，是一幢中西合璧的二层建筑，门诊楼的外墙全部用数万块皇家"金砖"砌就，是苏州坊间一座独一无二的"金砖楼"。金砖并没有随王朝的灭亡而退出历史舞台，时间反而赋予了它新的生命。

自明代至晚清时期，陆墓御窑一直是官府指定的皇家砖瓦烧制基地。然而，随着清王朝的衰败，御窑村的烧窑业逐渐从主要产业转变为副业，至民国时期大部分窑厂已歇业。1984 年春天，香港媒体刊文称，海外侨胞目睹故宫坑坑洼洼的地面，以为国内的金砖工艺已失传。时任御窑村支部书记的曹福南随后致书故宫博物院，呼吁抢救金砖制作工艺。此后，北京故宫博物院古建筑部书记兼主任李润德专程赶到苏州，达成重制金砖的意向。1989 年，御窑砖瓦厂为苏州玄妙观成功烧制首批 200 块新砖。1990

年，御窑砖瓦厂为故宫提供样品。此后，御窑金砖因其独特的制作工艺而成为当今修缮古代皇家建筑时唯一的指定用砖。2003年，天安门大规模修缮，选用御窑金砖1.5万余块；天坛的修缮，也选用御窑金砖；故宫主要宫殿每年的修缮，指定采用御窑金砖。2006年，御窑金砖制作技艺成为国家级非物质文化遗产，金砖制作大师金梅泉成为苏州御窑金砖制作技艺第五代代表性传承人。2008年，金梅泉正式收女儿为徒，金瑾成为苏州御窑金砖制作技艺的第六代代表性传承人。2014年，御窑金砖制作技艺第五代、第六代传承人遵循"依据古法，领会古工艺精神"的原则，启动"重制御窑金砖，传承非物质文化遗产"工程，并获得成功。

御窑金砖不仅是一种建筑构件，更承载着传统生产经验与皇权的象征意义。它凝聚了明清工匠的智慧与匠心，体现了中国古代传统工艺的精湛技艺与标准化创新。如今，这些神奇的砖块有了一个专门的展示场所——苏州御窑金砖博物馆。博物馆由著名建筑设计师刘家琨主持设计，由御窑遗址区、博物馆主馆、当代艺术交流中心、金砖生产工坊、文创体验区、御窑文创商店组成。走进博物馆，仿佛穿越时空，回到了那个金砖辉煌的时代。博物馆陈列厅三楼的墙壁上写满了明、清两代制砖匠人的名字。虽然匠人们的生命消逝在历史长河之中，但他们制作的金砖却越发熠熠生辉。

六、《红楼梦》中的苏州绣娘

但凡读过《红楼梦》的人，想必都对书中多处细腻描绘苏州风土人情的内容印象深刻。曹雪芹，这位文学巨匠，以其如椽巨笔，将苏州的诸多方面刻画得入木三分。从人物塑造来看，自开篇至结尾，无论是主要人物还是次要人物，出场的或是未出场的，涉及苏州的人物众多，这无疑是苏州人的骄傲。一部千古流传的传奇小说，竟对一座城市饱含如此深厚的钟爱之情，实在令人感慨。

在该书第五十三回写到了这样一个人物——慧娘，小说原话是这样交代的:"原来绣这璎珞的也是个姑苏女子,名唤慧娘。因她亦是书香宦门之家,她原精于书画,不过偶然绣一两件针线作耍,并非市卖之物。凡这屏上所绣的花卉,皆仿的是唐、宋、元、明各名家的折枝花卉。故其格式配色皆从雅,本来非一味浓艳匠工可比;每一枝花侧皆用古人题此花之旧句,或诗词歌赋不一,皆用黑绒绣出草字来,且字迹勾踢、转折、轻重、连断皆与笔草无异……"这里的故事背景是贾母在荣国府中元宵夜开夜宴,这边贾母的花厅之上共摆了十来席,每一席旁边设一几,几上设炉瓶三事,焚着御赐百合宫香,又有一色皆是紫檀透雕,嵌着大红纱透绣花卉并草字诗词的璎珞。曹雪芹接着对璎珞笔锋一转,用了一大段落为璎珞的创制者慧娘作传,写其出身,写其苏绣技艺,写其名字来历,写其作品之珍奇难得。

我们都知道曹雪芹是清朝人,《红楼梦》成书于清朝中叶,此时正是苏绣繁盛的时候,文学作品取材于现实生活,这段对苏绣的生动描写,以及对苏州绣娘慧娘的刻画,无疑是当时苏绣和苏州绣娘真实状况的直接映射。

苏州得天独厚的地理环境、绚丽多彩的锦缎、五光十色的花线,为苏绣的蓬勃发展创造了极为有利的条件。明清时期,江南已然成为丝织手工业的中心。在绘画艺术领域,以唐寅(伯虎)、沈周为代表的吴门画派横空出世,极大地推动了刺绣艺术的进步。刺绣艺人巧妙地将绘画作品进行二次创作,所绣佳作栩栩如生,笔墨韵味展现得淋漓尽致,因而苏绣素有"以针作画""巧夺天工"的美誉。

到了清代,开始了苏绣的全盛时期,真可谓流派繁衍,名手竞秀。皇室享用的大量刺绣用品,几乎全出于苏绣艺人之手。民间更是丰富多彩,广泛用于服饰、戏衣、被面、枕袋帐幔、靠垫、鞋面、香包、扇袋等方面。这些苏绣生活用品不仅针法多样、绣工精细、配色秀雅,而且图案花纹含有喜庆、长寿、吉祥之意,深受群众喜爱。还有一种"画绣",属于高档欣赏品，称之为"闺阁绣"。史载吴县的钱慧、曹墨琴，吴江的杨卯君、沈关关，无锡的丁佩、薛文华等人的佳作，皆名垂一时。而《红楼梦》中慧娘的苏绣应属于这"闺阁绣"一列，其年方妙龄，尚未出阁，且不仗此技获利，所以虽然她的名声早已满天下，但"得者甚少"，就算是达官贵人家里，也罕有她的作品，物以稀为贵，所以慧娘的作品被人尊称为"慧绣"。

　　清代苏绣已成为苏州地区分布很广的家庭手工业，从事凤冠、霞帔、补子、官服、被面、枕套、鞋面、手帕、扇袋、挂件、荷包、帐帏、椅披、戏剧行头等各种各样绣品的制作。为营销绣品，各种绣庄应运而生，甚至出现了有关刺绣的专业坊巷，如"绣线巷""绣花弄"等，这也便是苏州被称为"绣市"的原因。其时，双面绣开始出现，标志着苏绣有了高度的艺术技巧。在民间除了上面提到的绣娘，还有蔡群秀、沈英、沈立、朱心柏、徐志勤、林抒、赵慧君、杨和、金采兰、江缪贞、潘志玉、张元芷、郭桐先等一大批苏绣艺人脱颖而出，成为当时的著名绣家。而曹雪芹笔下的慧娘虽出身于书香门第，但也可以说是个普通民间女子，她之所以受到巨大的推崇，完全是她绣艺超群、当仁不让所致，"若有一件真'慧纹'之物，价则无限"。因为即便是以"贾府之荣"，所得到的慧娘的作品也不过只有两三件，自从上年献给皇上两件之后，眼下只剩了这么一副璎珞，一共十六扇，"贾母爱如珍宝，不入在请客各色陈设之内，只留在自己这边，高兴摆酒时赏玩。又有各色旧窑小瓶中都点缀着'岁寒三友''玉堂富贵'等鲜花草"。足见这"慧绣"珍贵到何等程度。曹雪芹对于慧娘这一人物的塑造，应当是着眼于当时这一大批卓越的苏州绣娘，以她们作为慧娘的原型来创作的。

　　清代苏州刺绣针法之多，应用之广，莫不超过前朝，山水、亭台、花鸟、人物、配饰，无所不能，无所不工，加上宫廷的大量需要，豪华富丽的绣品层出不穷。苏绣后来吸收上海"顾绣"以及西洋画的特点，创造出光线明暗强烈、富有立体感的风格。苏绣具有图案秀丽、构思巧妙、绣工细致、针法活泼、色彩清雅、形象传神的独特风格，地方特色浓郁。技巧特点可概括为"平、光、齐、匀、和、顺、细、密"八个字。"平"指绣面平展；"光"指光彩夺目、色泽鲜明；"齐"指图案边缘齐整；"匀"指线条精细均匀、疏密一致；"和"指设色适宜；"顺"指丝理圆转；"细"指用针细巧，绣线精细；"密"指线条排列紧凑，不露针迹。慧娘绣的是"璎珞"，那这璎珞究竟为何物呢？璎珞原为古代印度佛像颈间的一种装饰，后来随着佛教一起传入我国，唐代时，被爱美求新的女性所模仿和改进，变成了项饰。它形制比较大，在项饰中最显华贵。比如《红楼梦》里一开头写宝玉出场时，就戴着只"金螭璎珞圈"，璎珞上自然是挂着他的记名锁和"通灵宝玉"，宝钗也有一个金璎珞圈，所缀金锁上是"不离不弃，芳龄永继"的吉谶。那么我们这样便清楚了，慧娘所绣的璎珞即属于配饰一列。

在苏州内城景德路旁的环绣山庄里，曾居住过一位被清末著名学者俞樾誉为"针神"的苏州女子——沈寿，原名沈雪芝。她吸收了西洋画中的明暗原理，十分注重物象的逼真，首创了"仿真绣"，并受到慈禧的尊重，慈禧赐其名"寿"，对苏绣技艺的改进、发展、推广、传播，起到了积极的作用，在我国刺绣史上具有划时代的意义。虽然沈寿与曹公不是同时代人，且是晚于曹公的，但曹公将"针神"的原型放在苏州来写，其可信度就显得更高了。

七、毛颖之技甲天下：浙江湖笔

明代谢在杭在《西吴枝乘》一书中称赞湖笔"毛颖之技甲天下"，这也是对湖笔制作技艺最高的赞誉。

世人皆知大书法家王羲之爱鹅，也因此留下了"书成换白鹅"的千古佳话。然而，鲜有人知的是，王羲之同样对湖笔情有独钟。据说，王羲之为了得到心仪的毛笔，曾亲手写下《求笔帖》。机缘巧合之下，永和四年（348），王羲之来到吴兴（今湖州）担任太守。当时，湖笔制作工艺已经相当精湛，甚至出现了金、银、铜和琉璃、象牙材质的笔杆，尽显奢华。然而，王羲之在撰写的《笔经》中却理性地指出：笔杆越重，反而会对书写发挥产生不利影响。湖州竹子资源丰富，于是，轻灵的竹梗从此成为湖笔笔杆材料的不二之选。三年后，王羲之改任会稽（今绍兴）内史。永和九年暮春之际，王羲之使用从湖州带去的鼠须笔和茧纸，挥毫泼墨，创作出了被誉为天下第一行书的《兰亭序》，这也让湖笔的声名越发远扬。

在湖笔历史上，对改进湖笔技艺贡献卓著的，当推书法家智永禅师。智永是王羲之的七世孙。1300多年前，智永云游四方，归宿善琏，见这里民风悠然，人们精工制笔，便在蒙公祠旁的永欣寺住了下来。智永禅师在善琏的30多个春秋，一边孜孜不倦地临池习书，一边与笔工切磋技艺，使湖笔更适合书家的习书要求。用败的五簏笔头他舍不得扔，将其埋在蒙公祠南的晓园，还在石碣上亲笔提了"退笔冢"三字。其生前还自制大笔一支，圆寂时竟抱笔而终，真可谓爱笔如命。

此后，颜真卿、杜牧、苏东坡等一大批名家相继在湖州为官，他们在施展治郡才华的同时，在绘画艺术上都有相当高的造诣，当然，一个个也是湖笔的"真爱粉"。这股潮流到宋末元初的赵孟𫖯那里达到了极致。"日书万字"的赵孟𫖯非常看重笔的制作方法及质量。稍不如意，就拆裂、折断重制，直到满意为止。他对笔毫的选择也更为严格，往往命笔工在可做数十支的笔毫中选出最好的毛制成一支。

湖笔在文化史上的辉煌，离不开湖州善琏镇上祖祖辈辈以制笔为生的庞大笔工群体。几位传奇笔工的制笔手艺备受一众书家追捧。明初解缙在《笔妙轩》中称道湖州笔工陆文宝时云："闻君制作非寻常，尖齐圆健良有方。"

相传，秦朝大将蒙恬"用枯木为管，鹿毛为柱，羊毛为被"制得毛笔。虽然在蒙恬之前就有了毛笔，但蒙恬作为毛笔制作的改良者，一直受到历代学者的认可。公元前223年，有一天，秦国大将蒙恬在打猎时，看到一只兔子的尾巴在地上拖出了血迹，瞬间灵感迸发。他取下一些兔毛，插在竹管内，尝试用来写字。然而，兔毛表面油光发亮，根本不沾墨。他多次尝试，均以失败告终，无奈之下，随手将那支"兔毛笔"扔进了窗外的石灰坑里。过了两天，蒙恬无意间看到那支被自己扔掉的毛笔，重新捡起来一看，发现兔毛变得柔顺了许多。他试着将兔毛笔往墨盘里一蘸，笔竟然变得十分听话，写起字来流畅自如，蘸一次墨可以连续写好几个字。原来，石灰水无意中对兔毛进行了脱脂。为纪念蒙恬，湖州把绕善琏村而过的小溪改为"蒙溪"，还在村里建了"蒙公祠"。湖笔后来的盛名与这位被湖州笔工奉为"笔祖"的蒙恬有着重要的关系，一方面说明了湖笔的悠久；另一方面也说明了湖笔很早就解决了制笔工艺中的核心技术。

据弘治《湖州府志》记载："元冯应科制笔绝妙天下，时称赵子昂字、钱舜举画、冯应科笔为'吴兴三绝'。"可见，在元代，笔工不仅继承前代制笔方法和经验，还不断探索创新，制造出成名久远的湖笔，同时也为自己赢得很高的地位和声誉，甚至可以和当时顶尖的书画大家齐名。当时人们愿以千金求买冯应科所制毛笔。

明清时期，湖州已成为当时宫廷御用笔的主要制作基地。明代李诩《戒庵老人漫笔》记载："弘治时，吴兴笔工造笔进御，有细刻小标云：'笔匠施阿牛'，孝宗见而鄙其名，易之曰施文用。"这是湖州笔工制笔进御的明确记载，小小笔工还得到了皇帝赐名，一时成为佳话。

清朝康熙和乾隆两位皇帝对湖笔喜爱有加，贺莲青等湖州笔工所制湖笔专供朝廷使用。据史料记载，故宫里至今还保存着两万多支未曾开锋的湖笔。清乾隆四年，湖州有一位姓王的笔工跟随考生一起进京叫卖。大试之日，有位名叫庄有恭的考生因为忘带毛笔，正在考场外焦急万分，王笔工及时向他推荐了一支湖笔。庄有恭在考试中使用这支笔，得心应手，下笔如有神助，最终竟高中状元。从此，读书人竞相购买王笔工的毛笔，并美其名曰"王一品"。直至今日，"王一品"依然是湖笔行业的金字招牌，深受广大书法爱好者的信赖。

制笔业有句行话："笔之所贵在于毫。"唐代诗人白居易在《笔诗》中对毛笔制作的精炼堪称"千万毛中拣一毫"。

时代变迁，气象更迭。今时，湖笔制作工艺显然少了昔日的传奇色彩，也再难见像赵孟頫"一笔不如意，即令拆裂重制"这般对笔有着近乎苛刻要求的大家，但湖笔和善琏小镇依旧保留了那份最传统的工艺精神。

这门手艺在笔工心中举足轻重，拣、浸、梳、落、拨、挑、抖、绞、连、装、择、刻……一支真正的湖笔，从皮毛剥离开始，须经过 7 个步骤 128 道工序。也就是说，你买到的无论是 30 元一支的湖笔，还是 3000 元一支的湖笔，都得走完这些程序，需要数位工人去配合完成，只会部分工艺的一个人是做不成一支湖笔的。

一般来说，所有的动物毛都可以用来做成毛笔。目前市场上湖笔品种以毛料来分主要是羊毫、紫毫、狼毫和兼毫 4 种。羊毫，产自杭嘉湖地区的山羊毛含蛋白质多，又嫩又细带锋颖。听笔工说，一只山羊一般产毛料 150 克，其中带锋颖的只有 30 克，而且全部产自脖颈和腋下。也就是说，一支上等的羊毫笔要用到一到两只山羊的锋颖。锋颖，行话叫"黑子"，指羊毛尖端一段半透明有韧性的毛颖，这段毛颖越长、越透明，毛料越好。紫毫，俗称"兔毫"，以野兔背上的紫黑色毛为最佳。狼毫，则取黄鼠狼尾巴上的毛。兼毫，取软、硬两种毛拼在一起而成。

湖笔以羊毫为主，一来羊全身的毛都可以用来做笔，毛料充足；二来羊毫蓄墨足、弹性好。按毛毫的长短粗细、色泽差异、有锋无锋的，分拣出 40 余种类型笔毛料，以适应传统制作各种规格毛笔或用于笔头不同部位所需。

将分拣好的毛料交给水盆工，其主要工作是在水盆中对毛料进行浸洗、筛选、梳理、整形，把笔毛料加工成半成品笔头。这道水盆工序包含20多道小工序，一个好的笔工一天只能完成两到三个质量上乘的笔头。由于双手长年浸在水里工作，工人往往冬天长冻疮，夏天皮肤烂。一直以来，水盆工都是女子，所以得尊称"水盆娘娘"。

像水盆一样，以生产工具得以命名的制笔工序还有蒲墩——对用作笔管的竹梗原料进行逐根分选、加工和检验。因旧时笔工是坐在一个蒲墩上进行操作的，故而得名。

结头是将水盆工做好的半成品笔头经过晒干，先用丝线将其根部捆扎，然后将松香在油灯上加热，把熔化的松脂涂在笔头底部黏结，防止脱毛。

装套，顾名思义，将笔头和笔杆按规格对号进行装入。笔工称"装得好的笔头从笔杆中拔出时会'嘣嘣'响"。

择笔又称为修笔，对已经正式安装在笔杆中的笔头进行最后的毛毫整理，将笔头中的断毛、杂毛、没有锋颖的毛一根根地剔出。旧时上海、北京等大城市，街头常有湖州笔匠摆个小小笔摊，他们卖笔少，修笔多。一些书画名家慕名而来，请修笔师将秃笔换添毫毛。生意虽不起眼，收费却比买新笔高出两倍。新顾客来买笔，修笔师请顾客在宣纸上写几个字，然后按各人用笔的特点一一加料配好。

湖笔不仅是一种书写工具，更是中国传统文化的象征。其制作技艺凝聚了工匠精神，体现了"精、纯、美"的工艺准则。2006年，湖笔制作技艺被列入第一批国家级非物质文化遗产名录。

第三节 大运河与商业

中国作为传统的农耕文明社会，自古以来政府采取重农抑商的政策，而运河区域却是商业繁荣的特例。大运河的开通，将沿线城镇连为一体，带来了南北经济文化的全方位交流。运河促进了商业的发展，改变了古代中国人"轻商"的观念，带来了实用主义的商业文化。明代至清中期，大运河沿线是最为重要的经济带，是全国商品生产和商品流通的"晴雨表"。大运河成为全国最为重要的南北货物大通道，而根本不是如今有人所说的"民间商船是不能使用运河的"。在这南北货物大通道上，全国各地商帮如徽商、山陕商人、闽粤商人、江浙商人、江西商人等极为活跃，从事食盐、棉布、丝绸、粮食、木材和书籍等大宗商品，以及矿产、颜料、皮毛、果木等土特产品的经营活动。各地商帮在运河沿线的商业活动，内容繁复，多彩多姿，从而营造出丰富璀璨的地域文化，构筑成大运河文化的绚丽篇章。

一、临清运河钞关：阅尽运河城市繁华

在历史的悠悠长河中，朱棣重新疏通会通河的那一幕，宛如一颗投入平静湖面的巨石，激起层层波澜。京杭大运河自此再度成为南北水陆要冲，而临清，也借着这股东风，迅速崛起。它宛如一颗璀璨的星星，在商业的天空中闪耀着夺目的光芒。

据记载，明朝永乐年间，临清晋入全国33座有名的商业城市之列。到明朝隆庆、万历年间，临清进入鼎盛期。那时的临清，繁华得令人惊叹，其热闹程度，不仅远超与它平级的州城，就连府城在它面前也黯然失色。在北方的省城之中，这般繁华景象也是极为罕见的，临清当之无愧地

成为当时名闻全国的北方最大商业都会。到了明末，临清城人口竟达百万之众，其中土著居民约 10 万，堪称一座商业大都会，在明末 15 座大城市中，临清稳稳排在第 12 位。

据记载，明代临清城内店铺的数量在 600 家之上，如果再加上各种类型的作坊店铺、市集商贩，临清极盛时期的大小商业店铺当超过千家。此时的临清，已然成为地方市场的核心，而且和全国各地区域市场紧密相连，宛如一条纽带，将南北各大经济区域紧紧地联结在一起。"临清为南北都会，萃四方货物……东南纨绮，西北裘褐，皆萃于此。"可见，临清当时手工业、商业、服务业等均异常发达。

时光悄然流转到清代，临清的商业发展更是"青出于蓝而胜于蓝"，超越了明代。到清朝乾隆年间，临清城内粮食市场有六七处，粮食店铺多达百余家，年交易量达 500 万—1000 万石之多，成为山东乃至华北最大的粮食贸易中心。

然而，在漫长的封建社会，商业经济的发展之路却布满荆棘。重农抑商的思想，如同一片沉重的乌云，始终笼罩着商业的天空。明清时期，也未能摆脱这种思想的束缚。

明朝第三位皇帝朱棣尤其如此。他说："商税者，国家以抑逐末之民。"意思是说，要通过征税，限制商品经济的发展。于是，在他一手疏通的京杭大运河上，征税关卡如雨后春笋般林立："临清至东昌仅百里，东昌至张秋止 90 里，张秋至济宁仅二百里，层关叠征。"这就有了临清运河钞关。

永乐二十一年（1423），山东巡按陈济上疏说："淮安、济宁、东昌、临清、德州、直沽（大运河沿线城市），商贩所聚。今都北平，百货倍往时，其商税宜遣人监榷一年，以为定额。"意思是说，在这些地方，往来都城的商品比以前多了几倍，应该派遣专人进行监督，按年进行定额纳税。

朱棣采纳了这个意见。但到其孙子朱瞻基继位后，随着军费及皇室费用的增加，明朝宣德四年开始设钞关征税。于是，千里大运河上共设了七处钞关，从南往北依次为：杭州、浒墅、扬州、淮安、临清、河西务、崇文门。这七处钞关与设在长江上的九江钞关合称为"运河八大钞关"。其中，地位最突出的便是临清钞关。

临清钞关设立得最早，明朝宣德四年（1429）设立。明朝宣德十年，朝廷将临清钞关升为户部（相当于现在的财政部）榷税分司。这时的临清钞关，占地达四万多平方米，内有厅堂、仓库、巡栏舍等，建筑规模庞大。在明代，临清钞关通常的"人员编制"为278人，在当时堪称"超级"机关单位了。

临清钞关还有一个显著特点，那就是征税最多。自它建立之后，商船的负担变得异常沉重，却为国家带来了滚滚财富。明朝中前期，每年征税折合白银4万两，到明朝万历年间，临清钞关居全国八大钞关之首，通常

▲ 临清运河钞关（胡梦飞摄）

占全国税收的 1/4。其中，明朝万历六年（1578），临清钞关征税 8.3 万多两，而当年山东省税收只有 8860 两，仅是临清钞关的 1/10 稍多。这足见临清运河钞关在全国税收中的重要地位。

临清钞关为朝廷贡献巨额税收的背后，有着复杂的一面。一方面，它对商船进行着盘剥，给商人带来了巨大压力；另一方面，这也恰恰是当时经济繁盛的一种标志。毕竟，只有商贾有钱可赚，才有能力缴纳如此高额的税款。经济的繁荣，也带动了社会方方面面的快速发展，这从史书的记载中便可见一斑。

名著《金瓶梅》中屡次写到临清钞关，如西门庆的伙计来旺去杭州织造一批衣物，给蔡太师的生辰做贺礼，在经过临清时，要办理纳税。西门庆的伙计韩道国、来保等人多次往南方贩卖丝绸货物，也在临清钞关完税。有学者分析，虚写宋实写明的《金瓶梅》之所以屡次写临清钞关，旨在以临清这个重要的商业都市为背景，全面展现当时社会的商业与经济状况。也就是说，《金瓶梅》中的很多社会风情，即为当时临清社会的写照。

临清钞关，也出现在多位外国人的记载中。其中，我们较为熟悉的一位是利玛窦，意大利传教士，明朝万历年间来到中国居住。1600 年，利玛窦一行人，带着准备进献给皇上的贡物，途经临清，与负责临清征税事务的宦官马堂见了面。马堂为他准备了丰盛的宴席。对此次宴会，利玛窦在其所著《利玛窦中国札记》中写道："场面富丽堂皇，足以与人们所能想象的最高君主相匹敌。"这从一个侧面反映了当时官府的奢靡腐败。据悉，马堂是一名太监，是明神宗的宠臣。他主持临清钞关时，横征暴敛，中饱私囊。因此，还引发了反税监斗争，史称"临清民变"。

据统计，在明、清两朝，仅记录在案的临清钞关主事就有 301 人。其中，最有名的主事当数李养宇，他是马堂的前任。两人一前一后，形成了鲜明的对比。李养宇是明朝万历年间首辅大臣张居中的学生。他主持临清钞关时，展现出了卓越的智慧。他既保证了朝廷的税收又讲究收税的艺术，在征税与避税之间巧妙地找到了一个和谐的平衡点，对繁荣当地经济起到了积极的推动作用。李养宇主张"市行其便，货流其通"，最终取得了"商民生息安市、税吏不愁烦划、国库不忧无本"的良好效果。

当时光列车驶至清朝中后期，曾经浩浩荡荡的大运河，形势急转直下，满河帆影的壮观已不再。此时，政治日益腐败，水利连年失修，大运河淤积严重，运力大大下降。其中，临清段每年一小浚，隔年一大浚。每年疏通河道，耗费大量人力、物力，给沿岸百姓带来沉重负担。

清朝道光四年（1824）冬，黄河决堤，淤积阻塞大运河通航，次年清政府雇用商船海运漕粮。这一漕运方式的重大变化，成为临清钞关的转折点。从此，临清与大运河有关的手工业、商业等一蹶不振，漕运贸易迅速衰落，临清经济大受影响。到清末民初，津浦铁路和京汉铁路相继建成通车，大运河的南北交通大动脉的功能，进一步被边缘化。到民国十九年（1930），临清钞关彻底结束了历史使命，成为最后一个被关闭的钞关。而位列"八大钞关"的其他钞关早已于光绪二十七年（1901）全部关停。

从明朝宣德四年（1429）初设，到民国十九年（1930）关闭，临清钞关走过了500年风风雨雨，它宛如一位沉默的守望者，静静地见证了一座城市的兴衰荣辱，在岁月的长河中，留下了一段令人感慨万千的传奇故事。

二、聊城山陕会馆：见证晋陕商业传奇

明清时期，聊城宛如一颗因运河而璀璨生辉的明珠，成为一座靠运河兴盛起来的繁华商埠。大运河穿城而过，漕运的船只如穿梭的游鱼，往来不绝，两岸商业蓬勃兴旺，似春日繁花，竞相绽放。各地商人闻风而动，纷纷奔赴这片充满商机的热土，开设商号，逐梦财富。一时间，聊城城内江西、苏州、山陕等20多家会馆如雨后春笋般兴建起来，其中规模较大的有八家，号称"八大会馆"。然而，岁月的洪流无情地冲刷着历史的痕

▲ 聊城山陕会馆山门（胡梦飞摄）

迹，在时光的淘洗下，众多会馆纷纷消逝，唯一保存下来的，只有山陕会馆。

探寻聊城山陕会馆的起源，我们得翻开清朝人李弼臣撰写的《旧米市街太汾公所碑》。上面记载着："聊摄为漕运通衢，南来客舶络绎不绝，以吾乡之商贩者云集，而太汾两府尤多。自国初康熙间来者踵相接，桥寓旅社几不能容。议立公所，谋之于众，捐厘酿金，购旧家宅一区，因其址而葺修之，号曰'太汾公所'。"太汾公所便是山陕会馆的前身，当山陕商人多得连太汾公所也不能容纳时，山陕会馆就应运而生了。

乾隆八年（1743），山陕会馆开始兴建，在会馆复殿正堂的脊檩上至今仍保留着"乾隆八年岁次癸亥闰四月初八日卯时上梁大吉"的朱墨文字，南间脊檩上还用朱笔写着山陕工匠的名字——梓匠（即木匠）：赵美玉、常典；泥匠：孙起福；油匠：李正；画匠：霍易升；石匠：李玉兰。

北间脊檩上写着会馆住持张清御和山陕经理18人的名字。会馆的兴建，让漂泊在外的山陕客商们满心欢喜，他们激动地感慨，这里将成为一处"以敦亲睦之谊，以叙桑梓之乐，虽异地宛若同乡"的温暖家园。

会馆最初的建筑规模并不大，历经4年建成的房舍也不多，只有正殿、戏台和一排楼群，南北两面都是空的。然而，浓烈如酒的乡情，让腰缠万贯的山陕商人们毫不吝啬钱财，他们决心将这份对家乡的眷恋融入会馆的每一寸土地。于是，扩建工程持续不断，至清嘉庆十四年（1809）才有了现在的规模。屈指算来，时间延续了66年，而耗费的白银总共有60465两6钱9分。

山陕会馆，承载着山陕商人无尽的乡情。1845年，它第五次重修，聊城知县李正仪为此写了碑文："斯役也，梓匠觅之汾阳，梁栋来自终南，积虑劳心，以有今日。今众聚集其间者，盹然蔼然，如处秦山晋水间矣。"要的就是这份乡情，我们今天在会馆里所能看到的山门、戏台、钟鼓二楼，每个细节都渗透着乡情乡思，有着让人解读不尽的醇厚韵味：画梁雕柱是终南山的木料，巧夺天工的精美构件是汾阳木工的匠心。置身其间犹如来到秦山之下、晋水之滨，让你不由得想起"登华巅而泛汾波"的那份乡情。

山陕会馆俗称"关帝庙"，"祀神明而联桑梓"，联的是乡情，敬的是关公。会馆极盛时期，内外共有各种花灯350盏，每更换一次蜡烛就需要350支，其中大殿供桌前的一对大蜡烛有五尺多高，直径超过一尺。据说，这两个大蜡烛点燃后，可以燃烧一年之久，是山西一位经营蜡烛的商人特意精心制作的。每年临近关帝生日，那位商人便会精心挑选吉日，用一头小毛驴，小心翼翼地驮着两支大蜡烛踏上行程。他一路风餐露宿，只为在关帝生日这一天准时赶到聊城，点上新蜡烛，以表达对关帝最诚挚的尊敬。就这样，年复一年，风雨无阻，从不间断，这份虔诚令人动容。

山陕会馆的戏台是最热闹的戏台，大大小小的戏班纷至沓来，竞相在这里登台献艺，为人们带来一场场视听盛宴。每年春节、端午、中秋三节更要演戏娱神，让老百姓免费观看。但会馆的戏台一般不演关公戏，关公老家的商人们尊关公为"帝君"，认为帝君在殿一切活动都应严肃，不能容忍关帝随便粉墨登场、扮演唱作。当年，有一个驻聊城的军阀，自恃权势，硬要在这里演一场《走麦城》的大戏。结果，锣鼓刚刚敲响，那声音仿佛惊扰了沉睡的神灵，演员还没来得及挑帘出场，大殿内的桌围、布幔却突然"轰"地着起火来，火势迅猛，瞬间把会馆照得通亮，火焰如一条愤怒的火龙，直向坐在台前的军官扑去。那军官当场被吓得昏死倒地，不省人事。自那以后，在这会馆里，再无人敢轻易尝试演关公戏，仿佛那神秘的火焰成了一种无形的警示。

人们敬仰关帝，有了什么善事义举就会往关帝身上联系。会馆二进院内有两株古槐，已经有四五百年。某年盛夏的一日，烈日炎炎，南面的大槐树忽然着起火来。这个槐树从根至顶树心已空，似高大烟囱助火燃烧，人们担水灭火，却无济于事。当人们无可奈何之时，天空电闪雷鸣，倾盆大雨瞬间来到，很快将大火浇灭。至今还可以看到那棵槐树着火的痕迹，人们都说是关帝显灵，救下了这棵槐树。

聊城当地群众却不像山陕商人那样信服关帝。过去山陕会馆对面还有一座当地人修的关帝庙，只有一间房一个门。矮小简陋的小庙和山陕会馆形成鲜明对比，于是庙门上添了一副对联："河东河西两关爷，一穷一富；沟南沟北双眼井，有苦有甜。"下联说的双眼井是聊城清水沟两侧的两眼井，一河之隔却苦甜大异，让人联想到关帝也不能普照天下，穷人与富人还是那样悬殊。

山陕会馆关帝大殿前有两只石狮子，雕琢之精美堪称绝世。关于雕造这两只狮子的花费，会馆南过墙的石碑上有一段非常明晰的记载："石料使银一百六十三两六钱一分，石匠路费使银四十一两，石匠工使银四百二十九两八钱八分。"总算下来，这两只狮子共耗白银634两有余，这在当时，耗资之巨让人大跌眼镜。

山西商人之富，绝非浪得虚名。如此一座规模宏大、气势恢宏的会馆，便是他们实力的有力见证。在那个时代，人们排列富裕商人的名次，最前面的大串名字，基本是山西人。聊城人还传说，不仅干着生意的山西人富裕，当年就是那些宣告歇业、打道回府的商人中，携带钱财最多的也是山西人。山西商人为什么这么富裕？有人将此归结为"持筹握算，善亿屡中"的个人经商才能，有人则认为出于"朴诚勤俭"的经商理念。山陕会馆1807年曾立一《山陕会馆接拔厘头碑记》，碑中可以读到这样的语句："从来可大而不可久者，非良法也；能暂而不能常者，非美意也……"字里行间让人读出了山陕商人坦然从商、目光远大、精于管理、讲究信义的商业素质与人格，这大概是他们成功的最大秘诀。

山西商人在钱财上的大方与义气有口皆碑。在聊城，人们喜欢讲这样一个故事：一个山西商人欠了另一个山西商人千元现洋，最后还不起，债主非常照顾借债人的脸面，就让借债人象征性地还一把斧头和一个箩筐，寓意此事到此了结，哈哈一笑，情谊还在。这种不为眼前小利背信弃义的做法，很自然地让人想到关帝遗风。山陕会馆里题写着许多楹联，说得最简洁也是说得最好的就是"精忠贯日；大义参天"这一副。这是赞誉关公的，也是赞誉山西商人的，当山西商人心里装着"精忠"和"大义"驰骋商场的时候，赢得财富便如"探囊取物"一般。

与山陕会馆建筑相辉映的是会馆过墙边的19块碑碣。这些碑碣，宛如一部部无言的史书，不仅记载了会馆置地、建设、重修所用的银两开支数目，而且在8块石碑的背面不厌其烦地刻上各商号的捐银数目，这些碑石林立而成一片"财务公开栏"，是活生生的商业史料。

山陕会馆规模宏大，据说耗时66年才建成。花费白银6万多两，相当于现在的两个多亿。这些钱，全是由当地的山陕商号捐赠的。可见当年晋商、秦商的实力。从中也可以看出，漕运时期的聊城有多么繁华昌盛。

山陕会馆是运河文化的重要组成部分，也是聊城人们留给我们的宝贵财富。当我们漫步其中，欣赏古建筑精美的"三雕"艺术作品时，仿佛能听到历史的回响，感受到运河文化的独特魅力和历史的厚重沧桑。

三、济宁竹竿巷的前世今生

济宁，这座城市与运河紧密相连，因运河而生，因运河而兴。而竹竿巷，正是伴随着运河的畅通应运而生，它起源于元代，兴盛于明清，历经岁月的洗礼，一直延续至今，已有700多年的悠久历史，无数像老张这样的居民，成了这段漫长历史的见证者与参与者。经历史的沿革和变迁，如今的竹竿巷长街由纸坊街、纸店街、汉石桥街和小竹竿巷四条街组成，西至任城路，南达圣泰桥，全长684米，每一寸土地都承载着岁月的痕迹。

竹竿巷是一处以经营竹编、土产、杂货等为主的济宁著名手工业作坊区，也因竹器产业的经营而闻名于世。光绪年间，竹竿巷有较大竹业店铺作坊37家，民国年间有153家，新中国成立后有170家。改革开放后，竹竿巷经营的商品种类发生了重大变化，由单一经营竹器业发展成为融竹器、木器、杂品、百货、餐饮、休闲娱乐等多品类的经营格局，从业人员达到3000余人。竹竿巷早已不仅仅是一条普通的街巷，它作为济宁城区的代名词，已成为具有地方特色、闻名鲁西南的街巷品牌，静静见证着运河的兴衰沉浮，也见证着济宁城区的发展变迁，宛如一部生动的历史画卷，徐徐展开。

"小桥流水，枕河人家"，江南水乡的独特风格随着时间的推移，在济宁城慢慢浸润、蔓延开来。而竹竿巷，作为济宁手工业最集中、商业最繁荣的地段，无疑成了济宁江南水乡风格的典型代表。随着竹业的不断发展与繁荣，沿街竹业店铺如雨后春笋般向东延伸，折南而行，东端顺河一转，形成了独特的角尺形。纸店街、汉石桥街和纸坊街首尾相接，街道两旁的店铺鳞次栉比，热闹非凡。在这繁华街巷的拐弯处，耸立着金碧辉煌的东大寺，其建筑风格独特，位居全国五大清真寺之首。传说乾隆皇帝曾亲赐玉匾，在这里留下了许多美丽动人的传说，更为竹竿巷增添了一抹神秘而迷人的色彩。潺潺的流水，玲珑的中国古典园林艺术的拱桥，加之南北文化在这里相互交融、碰撞，让济宁城当之无愧地成了"江北小苏州"，散发着独特的魅力。

竹竿巷里的房屋是顺河而筑，街道也是随河而弯曲。沿街西侧的店铺，大都是两层的抬梁硬山式楼房，前出抱厦（卷棚），明柱承托，店后院落布列着居室、作坊、库房、灶房，即所谓"前店后作坊"。房屋节奏紧凑、方便实用，这种门前交易、后门泊船装货的特征在北方怕是不多见的。

在河与街巷之间，分布着诸多与之垂直的小巷，如清宁巷、永丰巷、绳巷、清平巷等，这些小巷全部通到运河岸边的码头。从平面上看，它们参差进退、逶迤蜿蜒；从立体上看，高低错落、跌宕起伏。倘若你从高楼俯瞰，竹竿巷与东大寺一起，构成了一幅栩栩如生的龙形建筑图，当地百姓形象地称之为"老龙戏水"。东大寺恰似龙头，威风凛凛地扎进大运河，形成了"青龙戏水"的壮观景象；而弯曲悠长的竹竿巷则宛如龙身，左右各小巷——清宁巷、永丰巷、打绳巷等，恰似龙爪，张牙舞爪。据说巷深处原有水井，它并非为取水而设，而是作为"水钉"，寓意钉牢这条巨龙，以免其汲水腾空而去，带走一方风脉。若把东大寺看作一颗璀璨夺目的明珠，从东大寺向西、向南两条蜿蜒街道，就像两条矫健的龙体，与东大寺恰恰构成"二龙戏珠"的奇妙景观，充满了神秘的文化韵味。

竹竿巷是济宁悠久历史的见证。竹竿巷是伴随着元代运河的开凿和全线贯通而出现，运河南通余杭，北连京津，给毛竹的运输带来方便，竹业客商赴江、浙、闽、湘、桂山区采购毛竹，沿运河来济宁，在河岸上堆积如山。漕运的畅通带来济宁货畅其流、商贾云集的景象，河上漕船、鲜船、快船、马船、供船、巡船、盐巡船和民间商货船穿梭往来，漕船的锣鼓声、卫丁的叫嚷、纤夫的号子此起彼伏、日夜不息。北方的皮毛、药材，南方的丝、竹、茶叶、陶瓷沿运河而至，鲁冀豫皖上百县盛产的粮、棉、油装船外运，南北商人会聚于此。济宁城内先后有九个省的商户建立了七处会馆，均布局在竹竿巷周围，呈现出"通渠要道、运河两岸、店铺林立"的繁荣景象。

至新中国成立前，济宁的竹业发展到极盛时期，此时的竹竿巷，除了5户较大的竹货行外，还形成了"祥太""顺兴""太茂"等一百多家有名的店号和竹器作坊。然而，在那个兵匪横生、动荡不安的战争年代，苛捐杂税多如牛毛，再加上运输困难、原材料匮乏、销路受阻，不少店铺作坊被迫歇业停产，曾经繁华热闹的竹竿巷陷入了"门前冷落车马稀"的萧条局面。新中国成立后，随着工农业生产的发展及水利设施的不断完善，一些较大的店铺开始用机动泊船拖来大批毛竹。兖济铁路修复后，江南的毛竹沿津浦线转兖州来到济宁，至此，沉寂了多时的竹竿巷又渐渐"苏醒"过来。随着生产和社会发展的需要，从事竹业生产的匠人开始走互助合作的道路。1956年，在小集体互助组（生产组）的基础上，个体经营竹业的店铺作坊联合起来，建立了建新、红光、黎明等竹器生产合作社，后改称为第一、第二、第三竹器合作社。1958年，第一竹器社改名为建新竹藤厂，随后第二、第三竹器社也先后迁出竹竿巷，分别改为锯齿厂、仪表厂。从此，竹竿巷的大批竹器店铺不见了，仅剩他们开设的门市部和个别的小竹器作坊。后来，一大批百货经营商户进驻竹竿巷，促使由单一品类的专业特色街衍变成一条多品类、多业态、多经营方式的综合商业文化特色街，实现了华丽转身。

党的十一届三中全会以后，济宁人积极投身于城市改造的浪潮，将竹竿巷街区内极具文化特色的大街小巷进行了改造拓宽，对纸坊街、纸店街和汉石桥街原本的青石板路进行了改造。近年来，随着文化旅游产业的蓬勃兴起，当地从尊重历史、活跃文化、促进文化经济发展这一思路出发，注册了"运河之都"城市文化品牌，并确立了"济州古城·运河之都"的城市发展定位，对竹竿巷、清平巷、运河南岸街外立面和道路景观进行了改造，让市民和游客重新领略到了它昔日的风采，感受那段源远流长的运河文化。

四、"苏北小上海"：窑湾古镇

在悠悠的大运河流域，有一座神秘而独特的古镇，名叫窑湾古镇。倘若要探寻这座古镇的魅力，就绝绕不开那令人称奇的八大会馆。一个古镇上，竟能同时存在八省会馆，这在大运河流域，堪称独一无二的奇景。这不禁让人满心好奇：为何商帮文化能成为窑湾古镇最为经典的特色文化？窑湾古镇的商帮文化究竟有着怎样的特征？而商帮文化又让窑湾古镇形成了何种别具一格的文化特色？这些问题，宛如一把把神秘的钥匙，是研究窑湾古镇历史文化时，无论如何都无法回避的关键课题。

窑湾古镇，静静坐落于徐州新沂市西南35公里处，恰好处于京杭大运河与骆马湖的交汇处。它自唐朝建置，悠悠岁月流转，至今已有1300余年的历史。不过，要说它成为商贾重镇的缘由，那还得归功于大运河。它处在中运河中段，好似咽喉一般，扼守着南北水路的要津，商业地理价值极其突出，仿若一颗璀璨明珠，被人们称作大运河的"黄金拐点"。在往昔的繁华岁月里，全国各地的货物依托窑湾码头，顺畅地实现了南北流通，有的货物甚至远销南洋、中国台湾、日本等地。那时的窑湾，"日过桅帆千杆，夜泊舟船十里"，水运的兴盛宛如春风化雨，迅速带动了窑湾工商业的蓬勃发展。从清初至民国的鼎盛时期，镇上热闹非凡，设有大清邮局，钱庄、当铺、商铺、工厂、作坊等多达360余家，俨然成了运河商贾中心，享有"黄金水道金三角"和"小上海"的美誉。

随着各地客商如潮水般涌入窑湾，商业经济如烈火烹油般迅猛发展。

此时，维护经济发展环境和秩序的需求越发迫切，商帮便应运而生。各种地域文化和外来文化在窑湾这片土地上激情碰撞、交流融会，逐渐孕育出了独具特色的窑湾商帮文化。这种文化，既有海纳百川的包容性，又有众志成城的统一性；既有强大的凝聚力，又有坚实的向心力。康熙年间，窑湾古镇先后建成了安徽、福建、河南、江西、山东、山西、苏镇扬七个会馆，这一盛举，宛如一座里程碑，标志着窑湾古镇商帮文化特色的正式形成。

由于窑湾古镇位于大运河中段，也是南方和北方的分界点，因此南方和北方的商人都向窑湾聚集，南方有福建、江西、安徽、苏镇扬等地域，北方有山西、河南、河北、山东等地域。康熙年间，窑湾古镇因大运河的贯通，水运和商业迅猛发展，各地商人的聚集数量巨大，为商帮的形成提供了商人群体基础。商业规模巨大，需要稳定的经营环境和秩序，保证商人的经营活动和经济的稳定发展，而商帮的形成，可以最为有效地满足这种经济发展的需求。

在康熙皇帝十年大典期间，下旨大赦天下，全国十多个省的明代旧官员带领族人和乡亲来到地震灾区窑湾经商发展。这些明朝旧官和商人，不仅资金雄厚，而且文化素质高，商业意识强，经验丰富，管理能力强。为了适应窑湾的商业经营环境，为商业经营活动提供可靠的保障，商帮成为他们最为切合实际也最为得心应手的选择。

许多商业城市，虽然商业比较发达，但由于本地商业势力较强，外地商帮很难形成气候。而窑湾古镇在中运河开通前，并不是一个商业城镇，本地没有任何商业强势。中运河开通后，各地商人一拥而入，商业迅速发展。正因为本地没有商业强势，客商们的势力相对均衡，南方和北方各有四大商业势力。这种微妙的均衡，反倒为商帮的发展创造了得天独厚的条件。所以在窑湾古镇，没有所谓的"主帮"，所有客帮在这种均衡的环境下，如百花齐放般实现了均衡发展。

窑湾古镇在明清时期同时存在八大会馆，这是一个独特的商业现象。明清时期，在大运河沿岸，商业城市不计其数，北有德州、沧州、临清、台儿庄等，南有清江、扬州、镇江等，许多城市商业规模巨大，但是商帮文化的特点却远没有窑湾古镇这样鲜明。

会馆林立，为大运河古镇会馆之最。商帮以亲缘和乡谊关系相结而成，会馆不仅是商帮的标志性建筑，也是某一地域商帮形成并成熟的标志。窑湾古镇的八大会馆中，山西会馆、福建会馆、苏镇扬会馆、江西会馆、山东会馆、安徽会馆、河南会馆均初建于康熙年间，只有河北会馆初建于乾隆年间。这表明，早在康熙年间，窑湾古镇的各个商帮都已十分兴盛并发展成熟。位列十大商帮的晋商、徽商、闽商、赣商、苏商、豫商，鲁商均在窑湾建有会馆，在一个古镇同时存在八家会馆，可见商帮在窑湾古镇的兴盛。

各成体系，充分发挥商帮经营优势。商帮利用亲缘乡谊，实现协调经营，规避内部恶性竞争，增强外部竞争力，争取利益最大化。窑湾古镇的商帮，充分利用商帮优势，形成了各自的经营体系，既能充分发挥自身优势，又能给予其他各帮充分的经营空间，维护市场秩序，促进市场繁荣。各商帮之间还相互融合，形成了粮行、盐帮、船行等行帮组织。清光绪三十四年（1908）窑湾还成立了邳宿窑湾商会，协调各商帮之间的关系，处理经济事务，维护窑湾经济的稳定。总之，在商帮的体系下，商人各安其业，维护了古镇的商业繁荣。

各地商帮还形成了极强的凝聚力，能够形成一呼百应之势。乾隆五十三年（1788），窑湾曾经发生过著名的"打蛮船"事件，当时，湖南道运粮官罗恒太押运皇粮进京，他却利欲熏心，不仅贪污官府救灾粮，还趁着山东灾荒，干起了拐卖年轻女性到江南的勾当。当他途经窑湾时，被山东会馆得知了此事。山东会馆义愤填膺，迅速会集安徽会馆、河南会馆的码头工人，大家齐心协力、同仇敌忾，打跑了运粮船贪官，成功救回了良家姐妹。这一事件，充分彰显了商帮强大的凝聚力。后来，这一事件被编成多种曲艺形式，在山东、江苏、河南、安徽等地广泛流传，成了人们口口相传的正义佳话。

五、"富甲天下"的扬州盐商

一提起扬州，相信大家都会瞬间被这个城市一系列的光环所吸引：它是世界遗产城市、世界美食之都、东亚文化之都、国家历史文化名城、中国运河第一城……一个城市，如果能够得到如此之多的美誉，那么，这个城市就必然积淀着一份厚重的历史。而说到扬州的历史，当然就离不开"清朝的盐商"。

那么，扬州的清朝盐商对当时的扬州有着什么样的影响呢？其影响主要表现在三个方面：一是对扬州文人的"雅集"；二是对扬州的饮食文化；三是对扬州的戏曲文化。

自管仲时代起，盐业专营便如同一条坚韧的绳索，紧紧维系着中国历代朝政的经济命脉，清朝也不例外。而盐业专营制度，历经各朝代的不断改革与演变。清朝的盐政制度，基本沿用明朝旧制，而明朝又是在宋代的基础上，进行了一系列大刀阔斧的改革。

宋代时，实行"钞引制"，所谓"钞引"，即相当于我们现在的特许经营，就是商人首先要向官府缴纳一定数量的钱去换取一种凭证，这凭证也叫"交引""盐钞"，然后拿着凭证到指定的机构去取盐，再到指定的地方销售。明朝初期，明太祖朱元璋为了防止蒙古兵卷土重来，所以在北方实行了军队驻扎防护，为了解决军事物资方面的问题，于是对盐业开始实行"开中制"。如果商人要想获得盐引，就必须运粮食和其他的军事物资去北方边疆，以"粮"换"引"，实行"以盐养兵"的政策。由于驻扎军队最密集的地方是山西大同，所以，这便为山西商人带来了得天独厚的交通便利。天时、地利、人和之下，晋商强势崛起。

到了明朝中期，南方的淮河、浙江地区盐场产量逐渐攀升。晋商从北方获取盐钞后，每年从南方换取盐引的数量，竟达到全国发行总盐引数量的一半。此时，盐业几乎完全掌控在晋商手中。

　　弘治五年（1492），淮安籍的户部尚书叶淇实行盐政变法，改"开中制"为"折色制"。从此商人不用再把粮食运到北部的边疆去换盐引了，而是全部在内地的盐运司纳粮换取盐引。这样一来，山西的太原和大同就没有了优势，反而是户部尚书叶淇的家乡淮安城北——扬州，成了淮北纲盐的屯集地。一时间，大批的晋商举家南迁，落户扬州，而因地理位置的优越性，"徽商"崛起。这样一来，扬州虽不产盐，却成了明朝时期最大的海盐集散地，从此，晋商和徽商并肩商界。

　　为了免于他们商帮之间相互争利，明朝政府又实行了"纲盐政策"，即把盐商分为10个纲，按纲登记盐商姓名，然后发给各个盐商作为"窝本"，没有窝本就不能从事盐业生意。"折色制"再加上"纲盐政策"，就构成了官商一体、特许经营的一种早期承包经营制度。

　　清朝时期，为更好地管理盐商，清政府在明朝盐业制度基础上，推出"首总制度"。即从20多位总盐商中选拔出一位"首总"，任期3年，负责协调官员与盐商之间的关系。此人，便成为最为显赫的盐商头目。清朝历任首总中，最负盛名的当数徽州歙县江村的江春。

　　乾隆皇帝第一次下江南时，在码头迎接他的大盐商中，有四位都是徽州歙县人，而领头的首总，正是江春。从此，作为盐商的大本营，这些清朝盐商在成为顶级富豪后，奢侈享乐之风渐盛，各种娱乐方式层出不穷。扬州城也因此成为清朝帝国的金融中心、全国最奢靡的城市、天下最大的"销金窟"。而盐商们的炫富、攀比心理，也在不经意间，进一步推动了扬州文化的多元发展。

　　盐商在崛起以前，苏州一直是全国文化的兴盛之地，"上有天堂，下有苏杭"，这也是人们对苏杭的一种肯定。扬州受苏州文化的影响，其主要原因是清朝时期的扬州人，有许多人是苏州人迁入后的后代。明初，由于战争的原因，扬州原有的居民只有40余户，是朱元璋后来下令大批的苏州人迁入扬州的，所以，扬州的文化本身也渐渐融入了苏州文化。后来因为两淮盐政制度的重大改革，徽商的崛起，这样又使扬州文化在融入了苏州文化以后，又融入了徽州文化特色，从而才有了独具特色的扬州文化。

富有的扬州盐商，为了便于盐业的贸易，选择靠近东、南部的运河一带，建园造房。他们往往聚族而居。地处大运河边的南河下街、北河下街和东关街等地，均成为盐商最密集的聚居之地，这一城市格局保存至今。扬州被选入大运河遗产点的个园、汪鲁门宅、卢绍绪宅、盐宗庙，都与盐商息息相关。

古人评价杭、苏、扬三座繁华城市时曾说："杭州以湖山胜，苏州以市肆胜，扬州以园亭胜。三者鼎盛，不可轩轾。"盐商多风雅之士，品位出众，深谙中国传统文化美学，过着精致优雅的生活。如个园，清代八大盐商之一的黄至筠在明代"寿芝园"的旧址上扩建而成的。个园中最大的特色便是"四季假山"的构思与建筑，在面积不足50亩的园子里，开辟了四个形态逼真的假山区，分别命以春、夏、秋、冬之称。

扬州瘦西湖的营建也跟盐商有关。瘦西湖原为扬州古运河的一条河道，但由于年长日久，湖心淤塞。为了接待乾隆皇帝，盐商不惜重金营建瘦西湖。乾隆二十二年（1757）开凿莲花埂新河，抵平山堂，建莲花桥（五亭桥）。从此，御舟从御码头可直通平山堂脚下。各大盐商不惜糜费千万巨资，在北郊争造园林，以备翠华临幸。乾隆时共建24处景点。

淮扬菜系的形成、发展与扬州盐商也脱不了干系。出于炫耀财力和及时行乐的心理作用，加上商务应酬与附庸风雅的交际活动之需要，盐商对其饮馔极为讲究。每个盐商家中都有自己的"庖厨"，每一顿饭都要备数十种菜。首先食材要鲜，其次要求加工时最大限度地保留原料的本味，在此基础上，更强调细腻和繁复的工艺，将寻常食材精雕细琢，以华丽而雅致的姿态登场。这些为后来的淮扬菜的成熟化、精品化起到了一定的推动作用。

此外，盐商还在扬州兴建书院，资助官府修新城抗倭，与"扬州八怪"来往密切。可以说，盐商在扬州社会发展中扮演了极其重要的角色，从某种意义上讲，没有盐业和盐商，就没有扬州社会经济的发展与繁荣、文化教育事业的昌盛、城市建设规模的扩大，当然也不会摘下今天国家级首批历史文化名城的桂冠。

循着大清盐商的脚步一路走来，曾经的繁华如昙花一现，他们的兴盛与扬州的文化，有着密切的联系。清朝时期，盐商们给扬州带来的是奢侈的文化，但也有其雅致的一面，正是这种雅俗共赏的文化理念，才成就了今天扬州如此厚重的历史文化。

六、盛泽古镇的山东会馆

会馆，作为同乡或同业之人在重要商埠设立的特殊机构，其主要功能是为同乡或同业者提供聚会场所，以便联络乡谊、协调商贸活动等。盛泽，虽并非大城市，却凭借着丝绸业的极度繁盛，吸引了各地绸商纷至沓来，在此采购丝绸，从而摇身一变成为贸易异常繁荣的大商埠。外地绸商为维护自身利益，纷纷在盛泽大兴土木建造会馆，一时间，会馆云集，成为盛泽一道独特而亮丽的风景线。

自清顺治至道光（1644—1850）的 200 年间，先后建成了金陵（南京）、任城（济宁）、山西、济东（济南）、宁绍（宁波、绍兴）、徽宁（徽州、宁国）、华阳（炼染业）、绍兴（绍兴）等八所会馆。这些会馆，不仅是商业活动的重要据点，更是不同地域文化交流融合的汇聚地，见证了盛泽丝绸贸易的辉煌与昌盛。

然而，随着时代的风云变幻，上海开埠之后，丝绸贸易的重心逐渐向上海转移。加之太平天国时期战乱频仍、社会动荡不安，许多会馆在战火的洗礼下惨遭破坏。到了民国初年，昔日辉煌一时的众多会馆，"所存者仅宁绍、徽宁两会馆而已"，曾经鼎盛的会馆文化现象也渐渐归于沉寂，只留下岁月的斑驳痕迹。

山东绸商是盛泽的重要商帮之一，在盛泽建有两所会馆。一所是位于目澜洲西北侧的济宁会馆，亦称任城（济宁古名）会馆，康熙十六年（1677）济宁州商人所建。另一所是位于斜桥河北岸斜桥街上的济东会馆，嘉庆年间济南府商人所建。咸丰十年（1860）太平军进驻盛泽，在济东会馆内设立筹饷总局，济宁会馆亦无人过问，于是一些心怀不轨的奸佞小人见状，觊觎会馆的田产，肆意盗卖，致使济东、济宁两所会馆惨遭严重破坏，昔日的繁华瞬间化为乌有。

光绪三十二年（1906），聚居在上海的山东商人在今自忠路、重庆路口集资，着手建造山东会馆。会馆建成后，因门前缺少石兽镇守，便四处寻觅求购。后来得知盛泽的济宁会馆虽已破败不堪，但门前的一对石狮子却依然保存完好，光彩照人。于是，上海山东商会的王绍坡、赵聘三、原福堂三位会长亲赴盛泽查看。在了解到济宁会馆资产遭恶人盗卖的情况后，他们义愤填膺，随即向吴江县当局提起诉状，竭尽全力设法保存山东商人的公产。经过多次往返奔波，历经重重困难，终于在两年后成功解决问题，"呈领新单存证"。

此时，济宁会馆的房舍已大半坍塌，仅剩下一堆残垣断瓦，一时之间难以修复；济东会馆虽然堂宇还在，但如果不及时进行修葺，也难逃倾颓的命运。于是，在上海山东商会的主持下，众人公议重修济东会馆。民国十三年（1924）夏，修葺工程正式启动，历经数月的精心施工，至冬月终于完工，此次修葺共耗资 6000 余元，将楼、台、厅、户修缮一新。为铭记此次重修的艰辛与不易，还特意作《重修济东会馆记》，并勒石树碑，立于会馆内，以供后人瞻仰。

修复后的济东会馆有墙门、前厅、正厅、东西厢楼、小前楼、跨楼、过楼、后楼、小后楼、厨房、殡舍，前厅与正厅之间有戏台，左右有回廊，房舍众多，设施齐全。济东会馆修葺完毕后，才将济宁会馆门前的一对石狮子移运至上海，安置于上海山东会馆。这对石狮子也仿佛带着盛泽的历史记忆，在新的地方继续守望。

1947年秋，原来暂借绸业公所为校舍的私立盛湖中学迁入了济东会馆。进入大门后，第二进为前厅，由校工居住。第三进为正厅，是学生上体育课、音乐课的教室。前厅与正厅之间的天井中央有一座小小的戏台，学校有庆典活动就以此做讲台，学生演文艺节目也都在这戏台上排练和演出。第四与第五进是楼房，各有上下两个教室。第五进后边的楼房已破旧不堪，楼上则堆放杂物。再后面有一个天井，安装了两副双杠和一副单杠，还有一个供跳远、跳高用的沙坑。第二、第三进的东侧有一排厢房，是教师的办公室。会馆的东面开一侧门，通往潘家湾的篮球场。1952年，盛湖中学在升明桥北堍的山西会馆废址上建新校舍，1953年迁入新址。但在此后的几年里，济东会馆继续归盛湖中学使用。1956年学校改为公立，更名为吴江县盛泽初级中学。

济东会馆因为在民国十三年（1924）大修了一次，因此房舍得以基本完好；又因为用作学校，故而主要建筑得以保存；现在是盛泽唯一幸存的清代会馆。1986年，济东会馆列为吴江市文物保护单位，1989年和2012年两次进行彻底维修，现为苏州市文物保护单位。

如今的济东会馆坐北朝南，面对斜桥河，现存墙门、前厅、正厅三进，均面阔三间，硬山顶，占地面积329.26平方米。正门为砖砌门楼，翘角上扬，如振翅欲飞。门前立四根石柱，每根石柱上蹲一石狮。会馆内布局古朴雅致，前厅原为茶厅，布置简洁，前后皆落地长窗。正厅原为议事厅，装饰华丽，梁枋间遍雕龙凤、仙鹤、花卉，并施彩绘；柱头雀替镂空雕刻人物故事；前檐斗拱上刻游龙飞凤穿行于云朵之中。前厅与正厅之间为天井，两侧有回廊相连，西廊墙上嵌有民国十三年（1924）的《重修济东会馆记》石碑。天井内有一戏台，虽然如今只剩下一片台基，但仍可从中揣度当年绸商的富足与悠闲。天井东、西两侧各有一门，均有门额，东为"瀛洲"，西为"阆苑"。

济东会馆不仅是盛泽镇的文化遗产，更是这座古镇包容与协作精神的象征。它承载着山东商人的智慧与勇气，见证了盛泽丝绸业的辉煌历史。如今它作为盛泽图书馆的分馆，继续为文脉的绵延发挥作用。

七、港通天下的见证：宁波庆安会馆

在浙江省宁波市，有一座古老而庄重的建筑，静静地矗立在时光的长河中，见证着这座城市的兴衰变迁，它就是庆安会馆。这座历经岁月洗礼的建筑，不仅是宁波城市发展的有力见证者，更是宁波乃至中国海洋文化、商业繁荣和民间信仰的交融汇聚之地。庆安会馆以其独特的历史韵味和文化魅力，如同一颗璀璨的明珠，吸引着无数游客纷至沓来，探寻历史的蛛丝马迹，感受文化的深厚熏陶。

庆安会馆，又称"甬东天后宫"，位于宁波三江口畔，是宁波港口城市的一颗璀璨明珠。它的历史可以追溯到清道光三十年（1850），那时，宁波作为"五口通商"的重要口岸之一，海洋商贸活动如火如荼。为了祈求航海平安和商贸繁荣，甬埠九家北号船商齐心协力，慷慨解囊，共同捐资建造了庆安会馆。而南号船商也在其南侧兴建了安澜会馆，两个会馆共同见证了宁波海洋商贸的辉煌历程。

庆安会馆的建筑风格独具特色，巧妙地融合了中国古代建筑的精髓和宁波传统装饰技艺，堪称建筑艺术的杰作。它规模宏大、结构精巧，每一处细节都精雕细琢，彰显着浓郁的地域文化独特魅力。从宫门到后殿，从左右厢房到附属用房，每一部分都布局合理、井然有序、和谐统一，展现出中国传统建筑的对称之美。特别是那两个戏台，前戏台主要用于祭祀妈祖，承载着人们对海神的敬仰和对航海平安的祈愿；后戏台则是为了行业

▲ 宁波庆安会馆（胡梦飞摄）

聚会时的戏剧表演而建，每当庙会或重要节日来临，戏台上便会响起悠扬婉转的戏曲声，吸引了众多市民和游客前来驻足观赏，热闹非凡，成了宁波市民文化生活的重要组成部分。

作为江南地区妈祖信仰的重要圣地，庆安会馆承载着深厚的宗教情感和信仰力量。妈祖，又称天妃、天后，是中国沿海地区民间信仰的重要神祇之一。她以慈悲为怀，庇佑航海平安，深受渔民、船员和商人的敬仰。每年的农历三月二十三（妈祖诞辰）和九月九升天日，庆安会馆都会举行盛大的祭祀仪式。届时，众多信徒和游客从四面八方会聚一堂，他们怀着虔诚的心情，共同祈愿妈祖保佑航海平安、商贸繁荣。庙会期间，庆安会馆内外张灯结彩，热闹非凡，各种传统民俗活动精彩纷呈，成为甬上一道独特而亮丽的风景线，也体现了宁波人民对传统文化的传承和热爱。

除了宗教意义外，庆安会馆还是商船文化交流的中心。在海洋商贸繁荣的黄金时代，各地的船商和商人纷纷会聚于此，他们在这里交流航海经验、探讨商业策略、开展贸易活动。在这里，他们不仅可以畅谈商贸事宜，还可以欣赏到各种精彩绝伦的戏剧表演和丰富多彩的民间艺术展示，增进了彼此之间的了解和合作。这种文化交流不仅有力地促进了宁波海洋商贸的蓬勃发展，也极大地丰富了市民和游客的精神文化生活，推动了宁波文化的繁荣与发展。

值得一提的是，庆安会馆还是中国首家海事民俗博物馆的所在地。1997年，宁波市文化局组织对庆安会馆进行了重新修复，并将其辟为浙东海事民俗博物馆。博物馆内展示了许多近代船只模型以及与宁波江海相关的历史文物和资料。这些珍贵的展品，犹如一把把钥匙，为人们打开了了解宁波海事历史发展脉络的大门，让人们深刻感受到了海洋文化的独特魅力和深厚底蕴。此外，博物馆还定期举办丰富多彩的展览和活动，吸引了众多游客前来参观学习，成了传播海洋文化、弘扬宁波历史的重要窗口。

庆安会馆的存在不仅为宁波城市增添了浓厚的文化底蕴和历史底蕴，也为传承和弘扬中国传统文化、推动中外文化交流互鉴做出了重要贡献。它见证了宁波从一个默默无闻的渔村到成为国际商贸中心的辉煌历程，也见证了宁波人民在海洋文化、商业繁荣和民间信仰等方面的独特贡献。如今，庆安会馆已经成为宁波乃至中国的重要文化遗产之一，它以其独特的魅力，吸引着无数游客前来探寻历史的痕迹、感受文化的熏陶，成了宁波文化的一张闪亮名片，在新时代继续绽放着耀眼的光芒。

第六章

活在运河岸边的
人们

作为流动的、鲜活的国家记忆、民族记忆，大运河记录了中国历史文化写不尽的厚重、壮美和辉煌。它穿越古今，纵贯南北，流淌千年，滋养沿岸百姓，孕育了沿途独特的文化、商贸、建筑、饮食、民俗风情，成为维系人民情感和乡愁的重要载体。作为一种文化纽带、文化符号，更作为一种生活方式，大运河构成沿线民众社会性存在的场景，不断地出现在日常的劳动、交往、消费、娱乐和礼仪之中，成为他们生产、生活的一部分。

第一节 信仰与习俗

大运河不仅是物资的运输通道，也是文化传播和交流的重要渠道。运河畅通后，商业的繁荣及对水运的依赖，促进了金龙四大王、妈祖等水神信仰的广泛传播，使得运河区域的民间信仰呈现出多元化的发展趋势。大运河的畅通，也使得运河区域的民风民俗也发生了显著变化，出现了一系列有悖于这一区域传统习俗的裂变。

一、保漕护运敬水神

生活在大运河两岸的人们，长久以来，一方面尽情享受着运河带来的舟楫之便、丰富水产等诸多恩惠，这些资源滋养着他们的生活，推动了区域经济的发展；另一方面，也不得不承受着运河暴虐、泛滥所带来的苦难，洪水肆虐时，家园被冲毁，生命财产遭受严重威胁。正因如此，运河沿岸的人们对这条与自身生存息息相关的大运河，自然而然地产生了敬畏与崇拜之情。这种情感通过多种形式的祭祀活动得以体现，而这些祭祀活动也代表着与大运河紧密相连的民间信仰。大运河沿线区域，不仅是一条繁荣昌盛的商品经济带，同时也是一条密集的水神祭祀文化带，承载着深厚的历史文化内涵。

在众多的水神中，最有代表性的莫过于对黄河河神和漕运保护神金龙四大王的祭祀和崇拜。金龙四大王名为谢绪，出生于浙江钱塘县北孝女里（今浙江杭州良渚镇安溪），他曾隐居在安溪下溪湾。由于他在家中排行第四，又常于金龙山读书，故而被称为"金龙四大王"。南宋灭亡之际，谢绪毅然赴水殉国。明太祖征战吕梁洪时，据说谢绪的英灵骑着白马，率领

▲ 聊城山陕会馆金龙四大王神像（胡梦飞摄）

潮水前来助阵，助力明军取得胜利，此后他便被封为水神。因其具有护佑漕运、抵御水患的神奇功能，且常常在漕运和河工面临危难之时显灵，故而不断得到明清官方的加封。景泰七年（1456），明朝政府采纳左都御史徐有贞的建议，于沙湾建金龙四大王祠。隆庆六年（1572）六月，派兵部侍郎万恭前往鱼台致祭，正式敕封河神谢绪为"金龙四大王"。天启六年（1626），册封为"护国济运金龙四大王"。清朝建立后，继承明朝的传统，将官方和民间对金龙四大王的崇祀推至顶峰。从清顺治三年（1645）开始，清朝历代皇帝不断给金龙四大王敕加封号。至光绪五年（1879），金龙四大王最后的封号达到了惊人的49字之多——"显佑通济昭灵效顺广利安民惠孚普运护国孚泽绥疆敷仁保康赞翊宣诚灵感辅化襄猷溥靖德庇锡佑国济金龙四大王"，这一连串的封号，充分体现了朝廷对他的高度尊崇和依赖。

明清国家和地方官员的倡导和推动，漕军、水手、船工、渔民、商人等社会群体祈祷和祭祀的需求，使得金龙四大王庙宇遍布京杭运河沿线区域各州县的城镇和乡村。有学者统计，明清时期京杭运河沿线区域有金龙四大王庙宇150余处之多。淮安下属的清河县因地处黄淮运交汇处，水患极为严重，所以弹丸之地居然有17座金龙四大王庙。扬州的江都、宝应、泰州、东台等地也都有金龙四大王庙的分布。江都金龙四大王庙"在

运载千秋：中国大运河传

西门外文峰塔湾"。甘泉县金龙四大王庙在东门外黄金坝西岸。泰州金龙四大王庙在北门外西坝口。东台县金龙四大王庙在县治西门外海道口。民国《铜山县志·建置考》记载，在当时的徐州铜山县境内金龙四大王庙就有三处："一在北门外堤上，一在河东岸，一在房村。"同治《宿迁县志》记载宿迁县金龙四大王庙："在城西南，明知县宋伯华建。康熙二十四年，总河靳辅改建于城西南堤上，有敕祭文。"此外，德州、临清、东昌、兖州、嘉兴、杭州等运河沿岸地区都有金龙四大王庙宇的分布。

妈祖，也称天妃、天后、天后圣母，闽、粤、台海一带呼为"妈祖"，民间俗称"海神娘娘"。这是我国沿海地区从南到北都崇信的一位女性神灵。天妃，名林默，福建莆田湄洲人，相传她不仅能庇佑航海捕鱼之人的平安，让他们在波涛汹涌的大海中免受灾难，而且还兼有送子的职能，为人们带来新生命的希望。南宋绍兴年间敕封她为灵惠夫人，后又晋封为灵惠妃。元代因倚重海运，故官方和民间都进一步尊崇此神，极其重视对此神的祭祀。明初郑和下西洋，也极为重视对天妃的崇祀，永乐七年（1409）加封其为"护国庇民妙灵昭应弘仁普济天妃"。清朝康熙二十三年（1684），加封其为"护国庇民妙灵昭应仁慈天后"，雍正、乾隆、道光、咸丰年间先后10余次对其加封，至同治十一年（1872），天后的封号为"护国庇民妙灵昭应弘仁普济福佑群生诚感咸孚显神赞顺垂慈笃佑安澜利运泽覃海宇恬波宣惠导流衍庆靖洋锡祉恩周德溥卫漕保泰振武绥疆嘉佑天后"，达64字之多。由此可见，明清官方对天妃信仰的重视。

淮安位于京杭大运河中段，明清时期的淮安是黄河、淮河、运河的交会处，为商旅必经的咽喉要道。永乐年间京杭运河重新贯通后，淮安因其处于南北咽喉，成为重要的漕运枢纽。光绪《淮安府志》记载漕运兴盛时的淮安："秋夏之交，西南数省粮艘衔尾入境，皆停泊于城西运河，以待盘验，车挽往来，百货山列，河督开府清江浦，文武厅营星罗棋布，俨然一省会。"数量众多的官员、漕军、客商、船工、水手云集淮安，在淮安黄运沿岸建立起众多祭祀各种水神的庙宇和祠堂，以满足不同社会群体的祭祀要求，其中就有专门祭祀天妃的祠庙。

同治《重修山阳县志》记载当时山阳县境内的天后宫在："城西南隅，宋嘉定间安抚使贾涉建，国朝康熙中漕督施世纶重修。又一庙在察院西，一在新城大北门内。"明代淮安府城天妃庙称灵慈宫，永乐年间内阁大学士杨士奇在其《敕赐灵慈碑记》中记载："永乐初，平江伯陈公瑄奉命率舟师，道海运北京，然道险所致无几……遂作祠于淮之清江浦，以祀天妃之神，盖公素所持敬者。凡淮人及四方公私之人有祈于祠下，亦皆响应。守臣以闻，赐祠额曰'灵慈宫'，命有司岁有春秋祭祀。"清河县天妃庙叫惠济祠，光绪《清河县志》记载惠济祠："在运口，乾隆志云即天妃庙，在新庄闸口，明正德三年建。武宗南巡，驻跸祠下。嘉靖初年，章圣皇太后水殿渡祠，赐黄香白金，额曰惠济。雍正五年，敕赐天后圣母碧霞元君。"乾隆十六年（1751）二月，乾隆皇帝首次南巡，视察惠济闸和高家堰石堤河工，并瞻谒惠济祠，命重加焕饰。同年六月撰写《御制重修惠济祠碑文》，碑文曰："清江浦之涘，神祠曰惠济，鼎新于雍正二年，灵贶孔时，孚应若响，过祠下者，奠醴荐牢，靡敢弗肃。乾隆十有六年，朕巡省南服，瞻谒庭宇，敬惟神功麻佑，宜崇报享。命有司焉鸠工加焕饰焉。"由此可见，正是由于淮安清口在明清治河理漕中的重要性，才使得清口惠济祠得到统治者的高度重视。

明清时期的徐州因黄运交汇，河工频繁，再加上福建商人在此活动，故天妃信仰也很盛行。同治《徐州府志》就记载徐州下辖的沛县竟有天妃行宫10处之多："一在县治东关护城堤内，一在县东五里射箭台上，一在县东十里，一在县北三里吕母冢，一在县西北二十五里刘八店集，一在夏镇新河西岸，一在县西南戚山北，一在县东南十五里，一在县东南三十里里仁集，一在县北三十里庙道口。"宿迁县天妃庙称"天后宫"，民国《宿迁县志》记载："即福建会馆，在新盛街。"福建会馆里面奉祀天后，由此可见福建商人在明清时期天妃信仰传播中的作用。

晏公原本是江西地方性水神，明初因朝廷推崇而成为具有全国性影响的水神。职司平定风浪，保障江海行船，因而在东南沿海和江河湖泊沿岸地区信仰极为盛行。《三教源流搜神大全》记载晏公的生平事迹："公姓晏，名戌仔，江西临江府人也。浓眉虬髯，面如黑漆，平生疾恶如探汤。人少有不善，必曰：'晏公得无知乎？'其为人敬惮如此。大元初以人才应选入官，为文锦局堂长，因病归，登舟即奄然而逝，从人敛具一如礼。未抵家，里人先见其扬驺导于旷野之间，衣冠如故，咸重称之。月余以死至，且骇且愕，语见之日，即其死之日也。启棺视之，一无所有，盖尸解云。父老知其为神，立庙祀之。有灵显于江河湖海，凡遇风波汹涌，商贾叩投所见，水途安妥，舟航稳载，绳缆坚牢，风恬浪静，所谋顺遂也，皇明洪武初诏封显应平浪侯。"明人王士性在其《广志绎》中记载："江湖社伯到处有祀萧公、晏公者，其神皆生于江右……晏公名戌仔，亦临江府之清江镇人也，浓眉虬髯，面如黑漆，生而疾恶太甚，元初以人才应选，入为文锦局堂长，因疾归，登舟遂奄然而逝，乡人先见其驺从归，一月讣至，开棺无所有，立庙祀之。亦云本朝封平浪侯。"

明清时期专门从事漕粮运输的军队被称为漕军，漕军不但要从事繁重的体力劳动，有时还要面临漕船沉溺、漕粮漂没的风险。因晏公有保障行船安全的职能，故得到了众多漕运官兵的崇奉。康熙《通州志》记载通州晏公庙在州东关，明万历六年（1578）建。临清晏公庙有三处，一在会通河闸，一在新闸，一在南板闸。民国《阜宁县新志》记载阜宁县晏公庙在县治射河南岸海墙头，成化间，邑人刘盛与侄刘翰同建。道光《重修仪征县志》记载仪征县晏公庙在巡检司西，洪武间，尚书单安仁建。道光《泰州志》记载泰州晏公庙有四处，一在千户所，一在经武桥，一在获柴巷，一在北门外新桥。乾隆《镇江府志》记载镇江丹徒县境内晏公庙有三处，一在丹徒镇，明初敕封。一在江滨，一在小沙。嘉庆《直隶太仓州志》记载镇洋县晏公堂"在朝阳门内之西，晏公不传名氏，元时护漕，封平浪侯，漕运官军立祠祈赛"。杭州晏公庙："在武林门北夹城巷崇果寺内……明洪武初改奉晏公，相传为水神，故军营漕运之所往往立庙。"

在官方的敕封下，明清黄运沿岸地区还出现了众多"大王"和"将军"。这些生前多为河臣或河工，因为治水或护漕有功，在死后被官方敕封为"大王"或"将军"，其中以黄大王（河南偃师人黄守才）、朱大王（河道总督朱之锡）、栗大王（河道总督栗毓美）、宋大王（明工部尚书宋礼）、白大王（"老人"白英）、陈九龙将军、张将军、柳将军等最为有名。

光绪《淮安府志》记载清河县境内有祭祀河南偃师人黄守才的黄大王庙，有祭祀河道总督栗毓美的栗大王庙，有祭祀宿迁人张襄的张将军庙和祭祀参将卢顺的卢将军庙。民国《宿迁县志》记载在当时的宿迁县境内有张将军庙和镇黄刘王庙，张将军庙："在治南十里小河口，神名襄，明宏（弘）治间行商至伍家营，为舟子所害，夜托梦于母，明日得其尸，告诸官，置舟子于法后，为河神，有功漕运，明时屡遣官祭，封以显号。至国朝护漕有验，加封护国护漕勇南王。"镇黄刘王庙："在西堤上，祀桃源刘真君，敕封静水王，祷雨辄应，同治十三年重修。"

在淮扬运河沿线还有从道教演变而来的"九牛二虎一只鸡"镇水神兽信仰。传说道教始祖老子炼丹得道后，骑一头青牛升天而去。在人间留下九头牛、二只虎和一只鸡，保护着山林湖泊不再遭灾。据传，中国古人认为，牛是大地的象征和载体，自古就有用铁牛镇水的传统；雄鸡，据说可以抵御水患，古人认为洪水属阴，而雄鸡报晓，可以驱鬼除阴；壁虎，也被古人视作驱除水患的神兽。在明代就有刘伯温设"九牛二虎一只鸡"镇洪水的传说。明代初年，扬州东郊的水网地区常闹水灾，民不聊生。明太祖朱元璋派军师刘伯温前往察看。刘伯温来到此处，发现水底隐藏有水蛟兴风作浪，便在此处浇铸了镇水神物——"九牛二虎一只鸡"，最后赶走了水蛟，平定了水灾。据史料记载，"九牛二虎一只鸡"虽然不能阻止水灾的发生，却能作为水位测定的标识，为人们起到预警的作用。铁牛所放的位置都是最可能决堤的地方，人们通过观察水位上涨到铁牛的不同部位，就可以判断水患发生的程度。三百多年来，运河沿线的镇水铁牛成为老百姓祈求平安、避免洪水侵扰的崇拜偶像。

二、不重农桑重经商

大运河沟通黄、淮、海、长江、钱塘江五大水系，跨越燕赵、齐鲁、荆楚、吴越等不同风俗文化区，在漫长的时光里，随着文化的不断交流碰撞，沿运的民俗风情也如同被一双无形的大手，悄然改变着模样。尤其是到了明清时期，那可真是热闹非凡，运河城镇如雨后春笋般崛起，商品经济更是一路高歌猛进，"舳舻转粟三千里，灯火临流一万家"，这句诗生动地描绘出当时的盛景。运河两岸城乡社会现实生活中，商品经济的色彩越发浓烈，反映在民风习尚方面，也随之发生了一系列奇妙的变化。

随着商品经济在运河区域的普遍发展，人们在自觉或不自觉中被工商文化所吸引，引起价值观念的转变——从"民本商末""重义轻利"到"舍本逐末""弃义趋利"。就拿聊城来说，竟然出现了"逐末者多衣冠之族"的奇特现象，这在万历《东昌府志》卷2《地理志·风俗》里可是有记载的呢。再看济宁，一开始"民风朴实""农夫稼穑，不习商贾之事"，可到了乾隆年间，却大变样了，"风俗犹江河也，趋日下矣""四方舟车所辏，奇技淫巧所集，其小人游手逐末非一日矣"，这在乾隆《济宁直隶州志》卷2《舆地·风俗》中也有明确记录。还有苏州，"士大夫家，多以纺织求利"，这可是明代范守己在《曲洧新闻》卷2、文渊阁《四库全书》本里提到的。一般平民，因为"苦田少，不得耕耨而食"，纷纷"商游江南北，以通齐、鲁、燕、豫，随处设肆，博铢于四方"，或者"执技艺，或贩负就食他郡"，这些在《明世宗实录·嘉靖四十四年四月丙戌》卷545以及顾炎武的《天下郡国利病书》卷8、卷19中都能找到踪迹。一时间，运河区域掀起了一股"崇商重利"的热潮,这股热潮,成为明清运河区域社会风俗变化最为突出的特征,仿佛为这片土地注入了一股全新的活力。

明清时期,漕运兴盛,南北人口像潮水般流动,物资周转也极为频繁,商品经济更是发展得如同离弦之箭。在这样的大环境下,运河沿岸的生活方式也悄然发生了转变,从原本的节俭质朴,逐渐变得奢华起来,就像"风俗自淳而趋于薄也,犹江河之走下,而不可返也",明代范濂在《云间据目抄》卷2《记风俗》,清光绪四年上海申报馆仿聚珍版印本里就是这么描述的。江南运河的杭州、嘉兴、苏州及扬州等城镇,这种风气尤为盛行。就说扬州的两淮盐商,他们的生活简直奢侈到了极点,"衣服屋宇穷极华靡,饮食器具备求工巧,俳优伎乐,恒舞酣歌,宴会戏游,殆无虚日",《两淮盐法志》卷首1《制诏》,清嘉庆十一年刊本中对他们的生活有详细记载。商人士绅这般豪奢的生活习气,就像一块投入平静湖面的巨石,激起层层涟漪,间接推动了社会崇尚奢靡之风的兴起。当时的人不禁发出"人情以放荡为快,世风以奢靡相高"的感叹。

而那些向来以勤俭、质朴著称的济宁、张秋、临清等地,也没能抵挡住这股潮流,风气发生了变化。济宁号称"江北小苏州",临清、张秋也获得了"南有苏杭,北有临张"的称誉。《临清州志》记载:临清自元代开通会通河后,"士女嬉游,故户弄珠玑,家称歌舞,饮食燕乐,极耳目之欢";"仆亦绮罗,婢皆翡翠,陈歌设舞,不必缙绅,婚丧之仪越礼制而不顾,骄奢相效,巧成伪风"。从这些描述中,我们仿佛能看到当时人们生活的奢华场景。

千里运河之上,官商船只一艘接着一艘,接踵辐辏,那场面好不热闹。但这也使得情况变得复杂起来,于是镖行应运而生,迅速兴盛。大量武术技艺高强的走镖者,肩负起保障货物和人员安全的重任。他们就像一群无畏的勇士,穿梭在运河两岸。也正是因为他们,激发了沿岸的尚武风气。清末的时候,北京,是全国镖行的中心,有八大镖行。其中,人称

"大刀王五"的沧州人王正谊，就是北京顺源镖局的镖头。沧州，作为走镖要道，镖行兴盛得很，"镖不喊沧州"成为南北镖行同遵的常规，也正因如此，沧州成了著名的武术之乡。沧州的武术还巧妙地融入舞狮风俗之中，舞狮人一手持绣球，一手握着一把明晃晃的钢刀，这独特的场景，在全国舞狮风俗中可是独一份，别处都见不着。还有山东运河边的东昌府，"其俗刚武尚气力""人尚劲捍"，"窦家镖行"在当地那可是独领风骚，威风得很。大运河，就像一位神奇的画师，用它独特的笔触，描绘出了明清时期运河区域丰富多彩的风俗变迁画卷。

三、缘水而成的运河民俗

在时光的长河中，大运河宛如一条灵动的纽带，不仅串起了南北的交通脉络，更为运河两岸的人们编织出了独有的生活图景。人们傍河而栖，以水为脉，祖祖辈辈在运河的波光里劳作、繁衍，逐渐孕育出了沿岸别具一格的生产、生活与节庆习俗。这些习俗，宛如一面镜子，映照出运河两岸的生活百态，又似满载希望的航船，寄托着人们对未来的美好憧憬。大运河是流动的，往来于运河上的人们也多是四方杂处，民情风俗各异。一方面，在长期的物质、文化交流中，异地风情与本土习尚相碰撞，最终促使沿运地区的民俗风情渐渐发生某些新变；另一方面，受乡土文化影响，某些民情风俗又得以部分保留，形成自身的特色。

在运河上，有这样一群特殊的人，渔家与船民，他们世代以捕鱼行船为生，整日与船只、水面相伴。由于生活环境和生产方式的独特性，他们自然而然地形成了与岸上居民截然不同的风俗习惯。

先说生产习俗。在江苏淮安的运河之上，船家与渔民们在行船、捕鱼的过程中，创造出了许多独特的习俗。新造的船只在投产前，会举行一场盛大的下水仪式，俗称"交船头"。这一天，亲朋好友们纷纷前来道贺，欢声笑语回荡在运河之上，对船家而言，这可是一件大喜事。鱼汛来临之前，渔户们准备好了渔具，各船的户主和主要捕鱼劳力会聚在一起，共同享用一顿丰盛的聚餐。大家一边品尝美食，一边热烈地分析渔情，商讨生产计划，交流作业方法。为了预祝丰收，大家开怀畅饮，不醉不归，这场聚会被称为"汛前宴"。此外，渔家在春汛前还会举行"满载会"。此时，船上高高扯起白脚旗，船老大身着长袍、马褂，神情庄重地对着"龙王"上香参拜。一旁的童子（神汉）则拉长声音，高声呼喊着"满载而归"，那声音仿佛带着神奇的力量，在运河上空久久回荡。

再看交易习俗。渔民捕鱼归来，与鱼贩交易时，也有着一套约定俗成的习惯。当渔家捕获颇丰，有鱼可卖时，他们并不会大声吆喝叫卖，而是用篙杆挑起一件衣服，这衣服被称为"物子"，竖在船头，以此向鱼贩们示意有鱼出售。而鱼贩们若有买鱼的需求，便会在船头挑起一个底朝下的篮子当作"物子"，篮底空空朝下，仿佛在无声地呼喊着要买鱼，以此招徕渔家。要是渔家打算卖掉渔船，就会在河边湖中摘取芦荻之类的草秆，在秆顶精心编起一个多角形的草圈，置于船头，买家看到后，便可找船主洽谈购买事宜。这些独特的交易方式，就像运河上的特殊语言，默默地传递着买卖双方的信息。

生活习俗方面，渔家们"靠山吃山，靠水吃水"，终日在运河中穿梭，日常饮食自然以鱼为主，也因此创制出了独特的食鱼方法。比如微山湖的渔民，一条鱼三口就能吃得干干净净；还有更厉害的，一条完整的小鱼入口，随着嘴的轻轻嚅动，眨眼间就能将鱼肉咽尽，然后一根一根的鱼刺从嘴角顺顺溜溜地吐出。淮安的渔民至今还流传着不少吃鱼的顺口溜，像"春鲫夏鲤秋鳜冬鳊"，告诉人们不同季节适合吃不同的鱼；"冬吃头，夏吃尾，春秋两季吃划水"，传授着吃鱼部位的诀窍；"鲢子头，鲤鱼腰，青鱼尾巴耍大刀"，生动描绘出鱼不同部位的特点；"戈子肚，厚子头，鳊鱼肚皮一镏油"，让人对鱼的美味有了更直观的感受。这些顺口溜，不仅是渔家生活智慧的结晶，也是运河饮食文化的独特体现。

语言习俗也别具特色。渔民、船民终年在水上讨生活，面临着诸多风险与灾难，为了祈求吉利，他们尽量避免说那些与灾难谐音的词语，久而久之，便形成了独特的语言禁忌。比如，"帆"与翻船的"翻"同音，于是他们就称"帆"为"篷"；当鱼吃了半边，要将另一半翻过来吃时，不能说"翻"，而是说"转个向""掉个楂""正过来"；盛饭的"盛"与"沉"同音，便改叫"装饭"。这些语言上的小讲究，饱含着他们对平安的渴望，在日常交流中默默地传承着。

节庆习俗更是丰富多彩。渔家、船家以及傍河而居的人家，在沿袭春节、元宵节、端午节等传统节日的同时，也为一些娱乐活动增添了运河文化的独特花样。

元宵节舞龙灯时，运河沿线地区的龙灯与陆路就有所不同。通州，作为京畿漕运要地，漷县镇张庄村龙灯会中的蓝色双龙十分罕见，那蓝色的龙身代表着"水"，仿佛是运河的化身。每年元宵节，微山湖渔民的龙灯都会沿着大运河光顾夏镇街。那20多米长的庞然大物，分载于五六只小船上，穿桥过闸，缓缓前行。船上的人们小心翼翼地舞动着龙灯，引得两岸观众阵阵欢呼，场面热闹非凡。

赛龙舟是端午节的传统娱乐项目，而运河上的赛龙舟更是自成一派特色。解放前，淮安流行运河闹龙舟。端午节午后，船家们驾驶着装饰成龙的渔船，先到洪门外龙王庙烧香敬神，表示对神灵的敬畏。之后，渔船驶往闸口大塘，开启热闹的闹龙舟环节。这闹龙舟分为"丢标""抢标"和"捞标"三个环节。"丢标"人将活鸭、洋钱、鸭蛋壳等"标"物投入水中，"抢标"水手们便如离弦之箭般下水争抢、捞摸，这一过程被形象地称为"放飞鸭""丢洋钱""衔鸭蛋壳"。水手一旦得"标"，船上人员便会立即举起彩旗，欢呼祝贺。同时，得"标"水手需到"丢标"人面前道喜，才能得到茶食、水果甚至衣物等奖赏。一时间，运河上水花四溅，呐喊声、欢呼声交织在一起，热闹得如同沸腾的海洋。

此外，中元节在运河中放河灯的习俗，在通州、天津、德州、滕州、无锡等地一直保留至今。夜幕降临，运河两岸的人们纷纷将一盏盏河灯放入水中，河灯带着人们的思念与祝福，顺流而下，星星点点，宛如银河落入运河，美得如梦如幻。

运河地区还有与漕运相关的仪式及娱乐活动，比如通州的"开漕节"。开漕节定在每年农历四月十五，由京城负责漕运的官员在通州北门外运河码头主持，当地官员和北关码头的主事人都会参加。从南方驶来的数以百计的官商船只，依次停泊在码头上，绵延数十里，场面极为壮观。运河两岸挤满了脚夫、车夫、搬运工以及前来凑热闹的民众，人山人海，热闹非凡。仪式开始时，点燃挂在岸边脚手架上的"万头鞭"，鞭炮声噼里啪啦，震耳欲聋。鞭炮响后，花会表演即"起会"开始，有高跷（分文跷、武跷）、开路狮子、花钹大鼓、中幡（分红、黄、绿）、旱船、竹马等精彩表演。表演队伍从北门外码头出发，沿着运河西岸往南，一直到小圣庙。在河神庙进完香后，整个仪式才宣告结束。"开漕节"原本是由官府主持的颇为严肃的祭祀河神的仪式，随着时间的推移，逐渐演变成了运河人家欢乐的娱乐节日。

大运河，这条流淌着历史与文化的长河，孕育了如此丰富多彩的民俗风情。这些风情，就像一首首动人的歌谣，传唱着运河两岸人们的生活故事，在岁月的长河中久久回荡，永不落幕。

第二节　衣食住行

大运河作为世界文化遗产，不仅为沿岸城市带来了经济的发展，也给居民带来了衣食住行等方面的融合与变化。南北方的服饰文化在大运河的推动下相互融合，形成了多样化的服饰风格。运河沿线的城市成了美食的聚集地，各种风味小吃和特色菜肴在这里交汇融合。大运河沿线的建筑也受到了南北文化的影响，形成了独特的建筑风格。大运河作为重要的水上交通要道，极大地改善了南北交通状况，促进了南北文化的交流与融合。

一、包容创新的运河服饰

大运河作为线性文化遗产，连接古今、沟通南北，因水运交通便利，带动了沿线服饰风尚的变革。在历史长河中，运河服饰犹如一颗璀璨的明珠，闪耀着独特的光芒。

战国秦汉时期，北方的纺织业已初步繁荣，丝织、麻织品成为主要服饰材料。魏晋时期，北方地区受游牧民族影响，汉族服饰吸收胡服元素，如"袴褶"（上衣下裤）与"裲裆"（类似背心）。北方以折领、左衽为主，南方则保留交领右衽的传统，呈现南北差异。北方平民服饰趋向实用，女子多穿窄袖襦衫搭配裙裤，而南方女子服饰更注重交领和宽袖设计。

隋唐时期，运河漕运加速丝绸流通，丝绸服饰从贵族专属逐渐平民化。当时丝织业发达的地区，大多数在通济渠和永济渠沿线。除了大量的普通纺织品外，运河流域也出产高端的丝织品。一等绢产地是通济渠边的宋州（今河南商丘）。唐朝时，南方的纺织业也开始强盛起来，通过大运河的运输，大批的南方丝织品传播到北方。天宝年间，韦坚举办广运潭盛会时，将江南轻货置于上百艘船上展示，其中有广陵郡（今扬州）的锦，丹阳郡（今镇江）的京口绫衫缎，晋陵郡（今常州）的折造官缚绫绣，会稽郡（今绍兴）的罗、吴绫、绛纱，吴郡（今苏州）的方文绫。这些丝织品都是江南的上品，说明唐玄宗时三吴地区的高级丝织品已经赶上当时北方的水平。为满足皇室、官僚的奢侈需求，当时人们对创新丝织品十分重视，"布素豪家定不看，若无文彩入时难"。除了绫纱等精美的高级丝织品，江南运河沿线普通丝织品也很发达，丝绸制品也成为平民的服装面料。

宋代是中国历史上一个经济、文化高度繁荣的时代。这个时期，不仅仅在政治和经济上取得了卓越的成就，在纺织业尤其是丝绸和棉花的生产、加工及其创新上，也达到了前所未有的高度。宋代丝绸种类繁多，质量上乘，其中以"蜀锦""宋锦"最为著名。蜀锦以其色彩艳丽、图案精美闻名于世，而宋锦则以细腻的质地和独特的纹样著称。在面料上，宋代出现了很多新的织造技法，如缂丝、云锦等。这些技法不仅提高了织物的美观性和实用性，也展示了宋代工匠高超的技艺水平。在纹样上，宋代的设计更加多样和精致。花卉纹样尤为盛行，牡丹、莲花、梅花等成为常见图案，寓意富贵、清雅和长寿。同时，宋代还使用大量几何纹样和抽象图案，既简单又不失美感，体现了宋人追求简约而不简单的审美风格。

元代运河区域棉纺织业异军突起，使得棉质衣服开始在民间流传，老百姓开始普遍穿棉衣，盖棉被。棉布的出现，导致麻布的使用逐渐减少，丝织业的比例也迅速下降。当时棉纺织业的中心实在松江（今上海松江区）的乌泥泾。这里是元初棉纺织革新家黄道婆的故乡。黄道婆早年沦落于海南岛，从黎族妇女那里学习到了先进的棉纺织技术。在公元1295年前后，她返回松江，同时带回来了先进的技术和改进的工具。比如她将原来纺纱用的单绽纺车改为三绽纺车；原来弹棉花用小竹弓和手指，她改为"大弓锥击"法；在织染方面，她还通过错纱、配色、综线等方法，织出各种美丽的图案。这些改进，适应了当时棉纺织业发展的需要，推动了松江一带棉纺织业的发展。因此有"松郡棉布，衣被天下"的美誉。

元朝官府注重发展蚕丝生产，丝织业技术也有了显著提高。元朝政府颁布保护桑蚕业的发展政策，将农桑种植业发展作为地方官员业绩考核内容。桑树的普遍种植保证了丝织品的生产。元代丝织物织造机构中有一部分伊斯兰工匠，这些有着精湛织造工艺的东迁伊斯兰织工被组织起来专门为皇家效力，间接丰富了元代装饰纹样题材。著名旅行家马可·波罗在元初进入中国，在他的游记里记载了20多个地方盛产丝绸。《马可·波罗游记》中曾描述杭州地区"大多数人总是浑身绫绢、遍体锦绣"，甚至达官贵人的葬礼中，也要将大量的"金线织成的绸缎"投入火中焚化。

明清时期运河区域的服饰面料发生了较大变化，主要趋势之一就是棉布逐渐取代麻布成为主流的服饰面料。运河畅通在这一重要变化过程中发挥了重要作用。棉布的流行有赖于棉布生产的迅猛发展。棉布生产的飞速发展一方面得益于棉花种植带来的充足原料；另一方面得益于棉布生产的商品化。这两个变化都与运河的畅通有密不可分的关系。

明清时期，江南运河区域纺织工艺发达，出现了众多质优、色艳的棉纺织品。仅印花布就有云布、绒布、药斑布、紫布、丁娘子布、三林标布、稀布、高丽布以及双单印、阴阳印等品种。松江棉布中纹织的色布，更是上等细布，其中有斜纹布、棋花布、整纹布、胜花纹布、高丽布等多种。除此之外，还有松江棉布、毛青布、大布、兼丝布、三梭布等。随着运河的贯通，这些布大量出现在运河区域，丰富了运河区域人们的衣料。

明清时期，商品经济高度发展，市场需求旺盛，为丝织业提供了广阔的发展空间。私营手工业的兴起和市场的扩大，进一步推动了丝织业的发展。明清时期运河区域丝织业的发展达到了鼎盛阶段，主要表现在以下几个方面：一是丝织业中心的兴起。明清时期，南京和苏州成为最著名的丝织业中心。这两个城市设有专门的织造局，专门生产供宫廷消费的丝织品。二是民营丝织业的兴盛。明清时期，民营丝织业逐渐占据了主导地位。明朝中后期，私营手工业超过了官营手工业，成为丝织业的主要力量。三是丝织品种类的繁多。明清时期的丝织品种类繁多，包括妆花缎、金宝地等高档次的丝织品。这些丝织品不仅在工艺上达到了极高的水平，还在市场上占据了重要地位。四是技术进步明显。明清时期的丝织技术达到了新的高度，出现了许多新的织造技术和工具，如花楼机等，这些技术进步极大地提高了丝织品的产量和质量。五是市场影响巨大。明清时期的丝织品不仅在国内市场上占据重要地位，还通过海上丝绸之路出口到国外，成为中国的重要出口商品，极大地促进了中国的经济发展和国际贸易。

明代市情小说《金瓶梅》中有很多关于明代丝织品的记载。如从功能上有服装面料、馈赠礼品、丧葬用品等。按照织造方法有妆花、本色花、织金银等几类。从品种看主要有缎、绢、罗、纱、锦、绫、改机、绸、绒等。特别值得一提的是南京云锦，在元代织金锦的基础上，创造出加金妆花新品种，成为明代丝织工艺高度发展的代表品种。

运河服饰文化的发展史，既是一部南北交融的物质生活史，也是中华文明兼容并蓄的缩影。从丝绸贸易到棉纺普及，运河的商贸、沟通和交流功能始终是服饰材质与技术革新的重要动力。丝绸和棉布在质地和花样上的不断创新，不仅丰富了人们的生活，也展示了工匠们的创造力和智慧。这种创新精神，不仅推动了运河区域纺织业的发展，也为后世留下了宝贵的文化遗产，成为中华文明的重要组成部分。

二、融合南北的饮食文化

大运河沿线物产富饶、经济发达，饮食也十分丰富。在交通不发达的时代，因为缺乏交流，由农耕文明形成的各自地域特色表现得十分明显。生活在运河两岸的人民，在不同的自然环境中形成了各具特色的饮食习惯和风俗，如生活在运河北部京津冀鲁豫地区的人们，对面食和杂粮有着深深的喜爱，那一碗碗热气腾腾的面食，承载着他们对生活的热爱；而运河南部苏、皖、浙一带的人们，则钟情于大米，将其作为主食，每一粒晶莹的大米，都蕴含着江南水乡的温柔。

随着大运河的开通，这条贯穿南北的巨龙，打破了地域之间的隔阂，把南方的稻作区与北方的产麦区紧紧相连。从此，大运河摇身一变，成为饮食文化交流的主要通道。各地逐渐形成了一些共同的饮食文化，成为沿线人民共同的情感寄托，化作萦绕心头的乡愁，悄然影响着人们的饮食行为与习惯。

大运河沿岸，物产丰富，市场繁荣，交通便捷，这得天独厚的条件，孕育出了丰富精美、各具特色的饮食文化。风味名馔如同繁星闪烁，令人目不暇接。北京烤鸭，那酥脆的外皮、鲜嫩的鸭肉，让人回味无穷；天津"狗不理包子"，以其独特的口感，闻名遐迩；德州扒鸡，肉质鲜嫩，香气扑鼻；济宁玉堂酱菜，口味独特，别具风味；淮安长鱼席，菜品丰富，令人垂涎；沛县鼋汁狗肉，味道醇厚，别具一格；扬州"三头宴"，以清炖蟹粉狮子头、拆烩鲢鱼头、扒烧整猪头为代表，尽显扬州美食的魅力；苏州"太湖三白"，白鱼、银鱼、白虾，肉质鲜美，堪称一绝；嘉兴粽子，软糯香甜，是江南美食的代表；西湖醋鱼，酸甜可口，尽显江南水乡的韵味。这些美食，无不享誉海内外，成为大运河饮食文化的璀璨名片。中国四大菜系中的鲁菜与淮扬菜，在形成与发展过程中，运河所起的作用非常明显。

鲁菜，源于"齐鲁之邦"的山东地区。该区域气候宜人，蔬菜水果种类十分丰富，东濒渤海、黄海盛产海鲜，河湖多鱼，这些为烹饪美食提供了丰富的物质基础。鲁菜主要由济南、济宁、胶东风味构成。济南菜取材广泛，菜品繁多，擅长爆炒、烧、炸等技法，以清鲜脆嫩著称；济宁菜选料讲究、制作精细，以烹制河鲜及干鲜品见长；胶东菜习用爆、炸、蒸扒等技法，口味鲜嫩清淡，以善制海鲜驰名。从文化背景看，鲁菜由古运河文化饮食区、齐鲁文化饮食区和海洋文化饮食区组成，而临清、济宁等沿运地区的饮食习惯和文化与其他两个地区有很大差异，运河对鲁菜的形成与地位的确立起到了重要作用。

淮扬菜，也称"维扬菜"，是以扬州、淮安一带为中心形成的菜系。自隋炀帝开通运河后，扬州、淮安逐渐成为南北东西商运船舶汇聚地，经济繁荣，其地的饮食在质量和花样上都很有特点。明中后期，随着一股讲究奢侈饮食风气的兴起，扬州、淮安成为达官贵人、富商大贾享受的中心，特别是"扬州饮食华侈，制度精巧，市肆百品，夸视江表"。到了清代，由于盐商、官僚、文人会聚，扬州饮食业更显繁荣。淮扬菜在烹饪技法上讲究炖、焖、煨、焐的文火烧煨烹调，在造型上讲究色、香、味、形、器五方面俱美。最具代表性的是"扬州三头"，即清炖蟹粉狮子头、拆烩鲢鱼头、扒烧整猪头。以游大运河、扬州瘦西湖而闻名的"船宴"，又使淮扬菜的影响扩大到江南、北方运河沿线。至今，妒林鹅、叫花鸡、松鼠鳜鱼、文思豆腐、平桥豆腐、大煮干丝、镇江肴肉等淮扬菜名闻遐迩。

随着大运河及漕运所带来的发达便利的交通、频繁的商业特色往来，使各地饮食文化广泛交融，不断发生变化。隋唐以前，漕运主要限于北方地区，漕粮品种主要是北方的小麦、粟、豆等。隋唐以后，漕运逐渐发展呈南粮北运的格局，大米成为漕粮的主要品种。北方人特别是刚入主中原的少数民族吃不惯米饭。清代不少八旗兵"不惯食米"，领饷时，军官便常常"领米易钱折给兵丁"；士兵则用钱购买麦面、杂粮"充实"。随着漕米的长期供应，人们也逐渐接受了大米。清代帝王每日的主食都离不了米，既有以粳米、糯米做成的米饭，也有米粥、米粉糕等。

除粮食以外，江南出产的茶叶、果品以及鱼虾鳖蛤等，也随着运河交通的发达逐渐进入北方人的生活之中，南食之风在北地甚为盛行，从而改变了北方原有的饮食结构与习惯。如扬州富商宴席上"饵燕窝、进参汤"；

德州人照样把"燕翅席"作为高档享受；曲阜的孔府宴中招待贵宾宴席为"鱼翅四大件""海参三大件"，故海参、鱼翅、燕窝、鱿鱼、火腿等贵重食品原料充斥于运河的城镇码头，济宁、台儿庄、阳谷、张秋、临清、德州、东昌府（聊城）皆有许多海味行。

同样，北方烹饪技术及风味小吃亦随漕运南下，从而丰富了南方的菜肴式样，并对南方的饮食习俗有所影响与改变。以扬州菜为例，清代扬州一直为漕运中心曹寅诗云："广陵截漕船满河，广陵载酒车接轲。"康熙、乾隆帝多次南巡，扬州一线多次接驾，钦差往返频繁，宫廷庙堂宴飨技艺南流，扬州仿做京菜，办"满汉全席"。经过长期的交流、融会，扬州菜的烹饪技艺不断提高，最终形成了"甜咸适中，南北咸宜"的独特风味，成为美食界的一颗璀璨明珠。

三、丰富多彩的建筑艺术

大运河的贯通极大地促进了运河区域的社会、经济、文化发展。河流影响了人们的聚落，促进了城市的发展，奠定了城市街道的格局。运河城镇形成了独特的居住形式，北方表现为临水高地而居，南方则表现为"枕水人家"居住模式。大运河催生了一座座运河名宅、运河官署、运河名园，成为展示运河文化内涵的重要物质载体。

在中国古代建筑的宏伟殿堂中，宫殿从最初兼具居住、聚会、祭祀等功能，逐渐演变为专供帝王后妃朝会与居住的特殊建筑类型。它在漫长的岁月中不断发展完善，成就非凡，规模也越发宏大。宫殿以其巍峨壮丽的外观、宏大的规模以及严谨整饬的空间格局，淋漓尽致地彰显着帝王的无上权威。明、清两代在北京的皇宫，如今称之为故宫，它无疑是运河地区宫殿建筑的杰出代表，宛如一颗璀璨的明珠，闪耀着我国历史悠久的木结构建筑艺术的辉煌光芒。

北京故宫，这座我国现存规模最大、保存最为完整的古宫殿建筑群，始建于明成祖永乐五年（1407），历经 14 年的精心雕琢，于永乐十八年（1420）正式竣工。当初为了改建北京城，明成祖派遣官员奔赴湖广、江西、浙江和山西等地，不辞辛劳地采办建筑所需的木材和石料。同时，将各地的优秀建筑工匠征召到北京，参与这一伟大的营建工程。故宫占地面积 72 万平方米，内有房屋 9000 多间，外有高达 10 米、周长 15 里的长方形的紫禁城环绕。皇宫分为"前朝"和"后宫"两部分。"前朝"正中自南而北依次是太和、中和、保和三座大殿，殿前均有大理石砌成的三层阶陛，这些阶陛宛如巨龙的脊背，将大殿衬托得格外庄严宏伟。三座大殿之中，最为高大的是太和殿，高达 26.92 米，东西宽 63.96 米，南北深 37.20 米，殿内外共有 84 根大木柱作为支撑，每根高 14.40 米，直径 1.06 米，称为蟠龙柱，全是整材整料的金丝楠木。让人惊叹的是，这些极其粗大的楠木，竟然出产于远离北京的西南地区云、贵、川、湘的深山中。用于铺地的金砖，重如金、明如镜，产自远在江南的苏州；严丝合缝的大青砖，则是从临清运来的。建造北京城所需的数量惊人、规格复杂、质量要求很高的砖材木料，几乎都是通过大运河运输而来，难怪民间有"漂来的北京城"的说法。

故宫的建筑凝聚了不少运河地区才华横溢的建筑大师们的心血和智慧。如负责故宫建筑一切调度的蔡信，江苏武进人；设计宫中殿阁楼榭、回廊曲宇的木工蒯祥，江苏吴县人，有"蒯鲁班"之称；负责粉饰皇宫墙壁、栋梁的瓦工杨青，江苏金山卫（今上海）人，等等。

除了封建帝王日常居住、朝会的皇宫，巡幸地方、临时驻跸的行宫建筑同样飞檐重构、雕梁画栋、金碧辉煌，尽显奢华。隋炀帝为了尽情享受江南的秀丽风光，在运河沿线风景旖旎之地大肆兴建离宫别苑，"自长安至江都，置离宫四十余所"。唐代的离宫别苑也不下 20 处。清康熙、乾隆二帝共 12 次南巡，在运河沿线大规模修建行宫。宿迁皂河镇的乾隆行宫，原名"敕建安澜龙王庙"，始建于顺治年间，于康熙二十三年（1684）改建。乾隆皇帝六次南巡，五次驻跸于此，还建亭立碑，御笔题诗，因此又被称为"乾隆行宫"。经过多次修缮和扩建，如今已形成了占地36亩、三进四院的宫式建筑群，成为全国重点文物保护单位，吸引着无数游客前来探寻历史的足迹。

在运河地区，风格各异的会馆也颇能反映当地的建筑风格和精湛艺术。随着运河地区商品经济的蓬勃发展，以及受明清科举制度的有力推动，会馆如雨后春笋般在大运河沿岸涌现，成为集贸易、娱乐、休闲、联络乡谊于一体的重要场所。

北京建有明代会馆多达40余所，另有公所120余处。济宁则有三省、湖南、浙江、金陵、句容、济阳等六大会馆傍河而建，形成了独具特色的运河会馆和商帮习俗。这些会馆，宛如一颗颗文化的种子，在运河沿岸生根发芽，绽放出独特的魅力。

苏州地处大运河与太湖水域的汇集点，明清时期，为"东南一大都会"，商业经济繁盛，在大运河沿线的城市中占有举足轻重的地位。各地商人往来出没其间，建有大小会馆40余所。在阊门外沿运河一带，除武安会馆外，其余会馆均距河道不远，嘉应会馆、潮州会馆、陕西会馆、山东会馆、岭南会馆、宝安会馆六家更是临河而建，设有河埠码头及水边踏道直通运河。山塘街一带，原为城市外围，后因会馆渐多形成街巷，在紧挨宝安会馆的一条很小的弄堂入口门楣上，现在还留有"会馆弄"三字，可知当时苏州会馆之盛况。商人们为了炫耀自己资本雄厚，树立各地形象，在会馆的建设上往往不惜血本。会馆通常建有高大的门楼，门楼上有精美的砖雕，财力雄厚者还在大门内设照壁、大门前设石狮，气度非凡。今苏州戏曲博物馆古建筑群原为全晋会馆，为山西钱商于乾隆三十年（1765）建于阊门外山塘街半塘桥畔，咸丰十年（1860）毁于兵火，光绪五年（1879）至民国初重建，后迁址至城东张家巷。其规模之大、雕饰之美为苏州城中会馆之最。特别是全晋会馆中精华所在的古戏台，穹窿藻井，大红底色上镶红描黑嵌金，华美绝伦，仿佛是天宫遗落人间的瑰宝。

大运河沿岸的普通百姓大多夹河而居，民宅依河而建，水通运河，水连万家。然而，南北地区在建筑风格上，却存在着明显的差异。

以北京为代表的北方运河城市民居基本上是四合院，正房、倒座、东西厢房四面合围，严密封闭。房屋不向外开窗，外部世界通向宅院的唯一通道是门户。人们还特别注意门户的把守，门内有影壁、设门神，门外挂艾虎、桃符、修石狮，总体上给人的感觉是厚重、质朴。苏州、无锡一带的沿河民居多是粉墙黛瓦，以灰、白、黑三色为主调，质朴中不乏灵动轻柔的江南气息。民居多为一弄堂，这便是经典的"小桥流水人家"这些房屋，有些是店铺，或可逛街上桥；后面一般住人，或有通往运河的码头。白天居家临窗面水，夜晚船家棹声灯影，忽明忽暗的灯光，时清晰时朦胧的长弄，如画如诗的情韵，勾勒出一幅"江南人家尽枕河"的民俗风情画。运河南端的杭州传统住所瓦房向上开天窗，庭院犹如一井，住宅都有石库大门外筑封护墙。建章房时，还在房屋墙脚竖上一块"泰山石敢当"的石刻碑碣，特上梁时写上"姜太公在此，大吉大利"。东西厢房的作用不如北京突出，杭州民谚说："有钱不住东西房，冬不暖来夏不凉。"

园林是我国古代建筑艺术的一项突出成就，也是世界园林化中的经典范式。元明、清时期，运河两岸以水、湖、山而闻名于世的古城名镇，从南到北形成了以园林和庭院为主导的文化环境。杭州、苏州、扬州，以至济宁、聊城、临清、天津、北京等大中型城市中，都有为数众多的皇家园林、私人园林、别墅和亭馆等园林景观。这些园林作为丰厚的历史遗产，不仅在运河文化中展现出华丽多姿的色彩，而且改善和美化了人们的生存环境。北京是政治中心，江南则是经济中心，所以这两个地区的园林建筑无论在数量上还是在建筑水平上居于全国的前列。

北京的园林建筑，无论是规模还是艺术水平，首推皇家园林，如元大都太液池、明故宫御花园、清大内御苑、"三山五园"（圆明园、畅春园、香山静宜园、玉泉山静明园、万寿山清漪园），以及后来晚清时在万寿山清猗园基础上修建的颐和园。由于元明、清三代均为大一统的封建王朝，国势昌盛，为满足封建统治者对奢华生活的追求，能够最大规模地征集全国各地的人力、财力和物力，所以皇家园林建筑荟萃了中国风景式园林的全部形式。

颐和园是北京现保存最为完整的皇家园林，由万寿山和昆明湖两部分组成，面积290公顷，水面约占3/4。林木葱郁的万寿山耸峙于北，澄碧如镜的昆明湖镶嵌于南，山色湖光，风景如画，集中了全国园林艺术的精华。它不仅是中国古典园林艺术的杰出代表，更是一部生动鲜活的历史教科书，每一处亭台楼阁、每一片湖光山色，都诉说着往昔的辉煌与沧桑。

北京还有大量以官僚、贵戚、文人为主流兴建的私家园林，多拥有山、水、建筑之胜，规模可观，颇具华靡雄伟的色彩。明清时期，北京有名的私家园林有定国公园、英国公园、梁园、勺园、清华园、半亩园等。由于北京冬季寒冷，南方的奇花异草在此难以久存，因此园中植物多为北方的乡土花木，建筑材料也多以北京附近出产的为主，具有典型的北方园林特色。

明清时期江浙运河沿线经济繁荣，市镇林立，达官贵人、富商大贾聚集，加之能工巧匠众多、建筑技术精湛，太湖又盛产观赏价值很高的石材，为当地兴建优美的园林建筑提供了良好条件。江浙沿河市镇均有大小不等的官私园林，扬州和苏州更是园林建筑的精华荟萃之地，向有"园林城市"的美称。扬州官私园林数量众多。扬州市西北部的瘦西湖，就是隋炀帝当年在扬州行宫中御花园的遗迹。瘦西湖西北环流蜀冈南麓，东南与京杭大运河相通，全部由人工开渠连接，分支四出，纵横交错。经过隋唐以后一千多年的淤废兴建，相继建造了不少楼、台、亭、阁、桥、塔、苑、池，成为扬州著名的游览胜景。

扬州更是资财雄厚、富甲一方的大盐商们的聚集地。经济的发展与生活奢豪的富商大贾的大量聚集，便催生园林建筑的空前繁盛。扬州的私家园林见于文献著录的非常多，如明末被誉为"江南名园"的扬州望族郑氏兄弟的四座园林——影园、休园、嘉树园、五亩之园；康熙时的王洗马园、卞园、贺园、郑御史园等"扬州八大名园"；清中后期的个园、小盘谷与何园等，无不享有盛名。

苏州河道纵横、水网交织，为典型的水乡城市，景色秀丽，民间早有"上有天堂，下有苏杭"的说法。追求生活享受、附庸风雅的许多官僚士绅、文人商贾定居于此，从而带来了园林建筑的兴盛。苏州附近的洞庭西山是著名的太湖石产地，尧峰山出产上品的黄石，叠石取材也十分方便，因此，苏州园林建筑较之扬州有过之无不及。

苏州园林精巧玲珑，面积大的达四五亩，小的不足一亩，而在布局、层次和结构方面，却往往有独具匠心的设计和选择，在雕梁画栋的厅堂之间，因洼疏池，叠石为山，栽花植树，建阁造榭，缀以长廊幽径，集自然美、建筑美、绘画美于一身，给人一种"不出城廓而获山水之怡身居闹市而有林文泉之致"的惬意感受。苏州园林极盛时有220多处，到清末苏化州有各色园林170多处，现保存完整的有60多处，其中以沧浪亭、狮子林、拙政园、留园最为著名，号称"四大名园"，体现了宋、元、明、清四个历史时代的园林艺术特色。现在，苏州园林已经作为世界文化遗产，成为世界文化宝库中的奇葩。

杭州是"以湖山胜"为特色的运河城市。由于南宋君臣大多耽于逸乐，偏安江南，沉迷于杭州的湖光山色，竞相建造园林。西湖于绿水黛山之间，各类御园、王府、园囿数以百计，其中以聚景园、玉景园、玉壶园最为著名。杭州还有许多私人园林，如张功甫之南湖园，占地上百亩，位于山门内白洋池畔，南为白洋池，北为北园。园内涧渠环绕，可通舟楫，享有"一棹径穿花十里，满城无比好风光"之艳名。漫步在杭州的园林中，仿佛置身于人间仙境，让人陶醉其中，忘却了尘世的喧嚣。

大运河，这条流淌着历史与文化的长河，孕育了无数令人叹为观止的建筑。从雄伟壮丽的宫殿，到风格各异的会馆，再到美轮美奂的园林，每一座建筑都承载着岁月的记忆，诉说着运河的传奇故事。它们宛如一颗颗璀璨的明珠，镶嵌在大运河的两岸，成为人类文明宝库中熠熠生辉的瑰宝。

四、连接南北的运河交通

大运河是中国古代最重要的交通运输要道之一，尽管最初是为了运输军事物资，后来演变为漕运的专用通道。大运河成了人们南北往来的水上交通要道，众多帝王、政府官员、文人墨客、平民百姓以及外国人都沿着这条运河进行各种活动。大运河的开通极大地便利了南北交通，促进了经济文化的交流和发展。

在中国悠久的历史长河中，船只不仅是人们日常出行的工具，更是连接陆地与水域、沟通南北的重要纽带。早在远古时期，智慧的国人便"刳木为舟"，开启了人类征服河流与海洋的篇章。随着历史的发展与文明的演进，船只的制造工艺与科技水平也不断改善和提高，其发挥的功能也日益广泛，逐渐形成了一种独具特色的民族船文化。

明清时期，大运河上的船只以漕船为主，明代漕船数量多达一万至一万二千只，清代则减少至六千至一万只。然而，运河上的船只远不止漕船一种。民船、商船、货船等非官方船只穿梭其间，承载着粮食、水果、棉花、瓷器、丝绸等各类货物，满足了京城市场的需求，也推动了通州、天津、临清、聊城、徐州、淮安、无锡、苏州、杭州等运河城市的兴起与繁荣。这些船只一般由民间自行打造，虽不如漕船运载量庞大，却承担着南北经济、文化交流的重任，成为大运河上不可或缺的一部分。

其他还有预备大黄船，停泊于通州，装饰豪华，制作精美，专门供皇帝巡幸所用。大黄船与小黄船负责皇宫御用物品的采购，如瓷器、海鲜、珍珠等，马快船因速度较快，既可以作为传递官方信息的哨船，又可以作为进宫器物的运输船。其他如捞浅船，专门负责运河的疏浚，红船负责救生，驳船则将大船上的货物或漕粮运往岸边。各种不同的船只具备不同的作用，这既是中国古代造船技术发展演变的结果，同时也是大运河强化了南北方的交通功能所带来的。

两千多年的历史沧桑，使运河两岸留下了众多的交通遗存，既有驿站遗存，也有各类码头、纤道和桥梁，每一处都蕴含着丰富的历史故事和文化内涵，诉说着往昔的辉煌与沧桑。

作为古代朝廷为官员远行途中提供食宿、换马等便利的场所，曾经遍布全国各地。然而，时光的车轮无情地碾压，大部分驿站都已湮灭在历史的尘埃之中，只留下一片荒芜的记忆。唯有高邮的盂城驿幸运地保存了下来。

盂城驿始建于明朝洪武八年，至今已有六百多年的历史，是京杭大运河沿线规模最大的驿站，拥有一百多间厅堂，包括驿站、驿舍、驿丞宅、武官厅、马棚、库房、监房等，尽管部分建筑已在岁月的侵蚀下消失不见，但从其整体布局和风格中，仍能感受到明清时期驿站的独特氛围。踏入盂城驿的遗址，仿佛穿越了时空的隧道，回到了那个车马喧嚣的古代，眼前浮现出官员们行色匆匆、驿卒们忙碌奔波的场景。

盂城驿内有一座蒲松龄先生的半身像，静静地矗立在那里，这是因为蒲松龄曾在盂城驿担任驿务官。他根据驿站的实际情况撰写了《高邮驿站》等文章，对后来创作的《聊斋志异》产生了一定影响。这些文章被收录进了《蒲松龄集》，成了中国文学史上的经典之作。

蒲松龄在担任驿务官期间，不仅尽职尽责地管理着驿站的事务，还通过自己的文章大力宣传盂城驿的重要性。他的文字如同一束光，照亮了盂城驿的历史，让更多的人了解并关注这个古老的驿站。在他的努力下，盂城驿不仅在当时成了重要的交通枢纽，也带动了当地经济和文化的繁荣发展。

盂城驿作为两京邮驿线路上的重要节点，见证了明朝南京定都和北京定都的历史变迁。在两个朝代都是皇家御驿站，承载着皇帝巡游往来的重要使命。盂城驿作为世界遗产的一部分，在1991年被列为全国重点文物保护单位，具有重要的历史和文化价值。

淮安御码头，也称"石码头"，位于淮安大运河文化广场的东南，"南船北马舍舟登陆"碑前。清雍正六年（1728），曾建石级码头，故名"石码头"。

在旧时，清江浦以北的京杭运河，不仅迂缓难行，而且危险很大，断缆沉舟的事经常发生。因此在明清时期商人行旅凡是由南向北的，一般都是到清江浦石码头舍舟登陆，北渡黄河，到王家营换乘车马；而由北向南者，则到王家营弃车马渡黄河，至石码头登舟扬帆。这种方法速度既快，而且安全。所以御码头和王家营为"南船北马"的交汇之地。

御码头的繁荣得益于其重要的交通地位。如果正好逢到会试之年，"南尽岭外、西则豫章，百道并发，朝于上京，而此为交衢"。淮阴历史上，石码头一带，骡马车行、旅馆饭店密布，各种行市繁多，热闹非凡，"一曲笙歌春如海，千门灯火夜如昼"。走在这条街上，品尝着当地的美食，感受着历史的韵味，仿佛能听到当年运河上的船桨声和人们的喧嚣声。

作为淮安明清时期"南船北马"重要交通枢纽地位的象征，有关御码头的历史古迹得到重新修缮和恢复。御码头遗址在2007年被列为淮安市十大历史文化古迹之一，御码头附近修建了"南船北马，舍舟登陆"的石碑。明清时以石码头命名的石码头街也得以修复，目前已经成为淮安著名的美食一条街。

邵伯运河段从六闸子到昭关坝，相距10余公里，其间比较大的码头有土码头（以土坡为码头，开邵仙河时拆除）、大马头（古"马""码"通用）、邵伯驿官码头、盐码头（盐站专用）等近20个。特别是康熙五十三年（1714）、五十四年（1715）和宣统二年（1910），修建石工河堤上的仓巷口、庙巷口、朱家巷口、大马头、竹巷口等一线诸码头，至今保存完好，成为当年水运交通的历史见证。

据史书记载，唐高祖武德二年（616），漕运从扬州至长安，经过邵伯。元朝，大运河沟通了北京和杭州，邵伯成了水上中枢。明清水运，邵伯又是南北货来往的集散地。大马头繁荣景象更是历代不能相比，明隆庆年间仅瓷器年过境就达40万件，淮南盐过境400万大引（一大引为400斤）。此外，国外的使者、上京赶考的书生、派往南方的京官，也要在这里的驿站停歇。沿岸20多座码头，常停靠船只两三百条。

大马头以停靠官船为主，有三官舱、五官舱、七官舱之分。船内布置摆设，如陆上的官府人家一样，有客房、厅房，非常舒适。船只的大小、船位的多少，代表着乘船人的身份。官船进了镇，从远而近吹起了长号，有的两只，有的四只，"呜呜"之声响彻运河两岸，很是威武。乾隆六次南巡都在此过境。道光三年（1823）十二月初五，林则徐由京返江苏，乘官船晚停邵伯，扬州署守黄在厚、甘泉县令朱勃、邵伯司巡检都到大马头迎送。当年，南米市尽头水坝牵引船只的号子声，与码头上船工装卸货物的号子声遥相呼应，此起彼伏，构成了一首充满活力的劳动之歌。由于南来北往客商众多，邵伯街上先后建起了江南、中州等7个会馆。

邵伯运河诸码头是船帮水上运输的装卸点。运河两岸，按船民陆上定居点分布着大小船帮九处。西岸有大河西、小河西、北板厂、朱家墩、昭关坝，东岸有六闸子、孙鸡毛寻、土码头、相家墩，这些大小船帮的货物一般都在诸码头停靠。此外还有散人船数十条，没有固定的码头停泊点，到处可以靠，随时可以雇。更多的是些小划子，在水面穿梭于各码头之间，有时也送客到扬州。所有这些，形成了邵伯运河沿岸繁忙的水上运输网。

咸丰五年（1855），黄河北徙，继而沪宁、京浦铁路通车，大宗货物集散地西迁蚌埠、南移镇江，邵伯航运日衰，只留下这些寂寞的码头。如今，在老牌坊上镌刻的"大马头"三个大字，及"甘棠保障""金堤永固"二处清代石刻，共同见证着古码头的沧桑变迁。古堤上的诸码头，已被江苏省列入物质文化遗产保护名录。

古代靠风力行船，逆风行船时需要拉纤。纤道，也称纤路、纤塘、运道塘、纤道桥，在运河边并与运河（古时也称塘河）平行，属国家水运交通设施，主要由官府出资修建，也有民间捐资协建，故称官道、官塘。

纤道根据其构造又可分为两类，即实体纤道和石墩桥梁型纤道。前者是由石料实砌成，又有河塘（水中纤塘）和岸塘（依岸纤道）之分；后者是由石墩梁桥间以若干座拱桥、梁桥构成的水中长桥。大多纤道都是两种形式的混合型。纤道上的桥称纤桥，有单孔和多孔之分，并有平桥（梁桥）和拱桥之别。纤道也是行人通道，沿途有渡口、凉亭等设施，以方便行人。纤道不但为当地的水上交通提供了极大的便利，还为研究我国的桥梁建筑史提供了丰富的实物资料。

吴江古纤道位于苏州市吴江区，是大运河江南段 400 公里长的河道两侧保存下来唯一的一段古纤道，全长约 1800 米，宽 3 米多。它由巨石垒成，既是纤道又是驿道，始建于唐，兴于宋元，衰于明清，保护于现代，是元朝时期的遗存文物。

在江南水乡的悠悠岁月中，若想探寻吴江古纤道的前世今生，就不得不先走进吴江塘路的故事里。古代，江南的运河有着"河塘"的别称，而"塘路"，便是紧紧依偎在运河之畔的沿河道路，它宛如一条生命线，承载着当地交通的重任，是当之无愧的交通干线。据《吴江地方志》载，自唐宋起，吴江境内的塘路主要有三条：一条是平望至浙江南浔，名荻塘；一条是县南太湖滨至浙江湖州，名湖塘；另一条是县北至浙江嘉兴，名官塘。全塘又分为五段，自南关至彻浦桥这一段是我们现在仍能见到的，因由石头所筑，名为石塘，长约九里，又称"九里石塘"，正是我们如今所熟知的"吴江古纤道"。

回溯到唐代以前，太湖与吴淞江之间，是一片广袤无垠的水域，湖与江首尾相连，浑然一体，江南运河横贯其中。彼时，苏州、松陵、平望三地之间，陆路交通犹如天堑，难以通行，舟船行驶在这片波涛汹涌的水面上，也无法借助纤夫拉纤助力。因波涛汹涌，沉船、翻船的事故频繁发生，给往来的行船带来了极大的危险。唐元和十五年（820），苏州刺史王仲舒"堤松江为路"，一条坚实的道路逐渐成型，松陵至苏州之间终于有了陆路通道，为人们的出行带来了极大的便利。北宋庆历二年（1042）苏州通判李禹卿在松江和太湖之间修筑长堤，横截江流五六十里。太湖东沿自此建成了一条贯通南北、水陆俱利的湖堤。这条湖堤与平望以南的运河塘路和平望以西的顿塘合称"吴江塘路"。"吴江塘路"的诞生意义非凡，它巧妙地将太湖与运河隔开，成了太湖流域至关重要的水利枢纽，守护着这片水乡的安宁与繁荣。

然而，最初用土垒成的堤岸，在湖水日复一日的侵袭下，显得脆弱不堪，极易坍塌。宋治平二年（1066）开始用石料增修塘路。元天历二年（1329），吴江知州孙伯恭率民出资修缮、加固塘路40里，用巨石垒砌成两道石墙，中间填小石块加固塘路，解决塘路濒临江湖，旧石规格小，易被水浪冲毁的问题。并依地势，筑石拱水窦133个，将木桥改建为石桥。元至正六年（1346）达鲁花赤（元代地方长官）那海和吴江知州孙嗣远发现，以前用大石块加固的石塘数量少、工艺简单，仍挡不住湖水冲击，"必厚积之，乃能挡其势"，于是请僧人出面化缘，募集资金，购买3000多块巨石修筑塘岸。这些青石由石工凿成统一尺寸，长为1.8—2.2米，宽为0.6米，厚为0.4—0.5米，并用杉木梢打入土中做路基，路体内外再筑两道石墙，中间填入泥石，另外又增加泄水涵洞3处，元至正七年（1347）建成。它宛如一条钢铁长城，屹立在江南运河之畔，成了江南运河上最坚固、最完整的临水道路，堪称江南古代塘路中的佼佼者。其建造工艺精益求精、

　　　　　　　　　　　　运载千秋：中国大运河传

科学合理，为后来许多塘路的修筑提供了典范，被誉为江南"水上长城"。明永乐年间，频繁的水患如猛兽般肆虐，吴江塘路多次遭受重创。然而，令人惊叹的是，九里石塘只有少数块石出现倾斜，展现出了其顽强的生命力。但随着时间的推移，岁月的侵蚀逐渐显现，到了清雍正年间，由于长期缺乏修缮，石塘路已经大部分废弃，许多巨石无奈地沉入水中，曾经的辉煌渐渐被岁月尘封。

　　20世纪30年代苏州至嘉兴公路建成后，石塘路的命运再次发生转变，它不再承担繁重的交通使命，而是成了单纯的纤道，默默地见证着时代的变迁。1984年，当时吴江县相关部门组织技艺高超的工匠，利用散落在原址的旧青石，进行局部修复，共两段，总长1.66公里。1995年4月，"运河古纤道"被列为省级文物保护单位。2007年由国家文物局公布为"与古运河有关的文物遗址"。2013年，吴江区对运河古纤道现存的1.66公里按原貌进行全程修缮，于次年竣工，并对纤道周边进行环境整治，古老的纤道焕然一新。2014年6月，中国大运河列入《世界遗产名录》，吴江古纤道作为江南运河苏州段遗产点入选其中。2021年，吴江区依托运河古纤道本体、三山桥、南七星桥等建筑，从夜景亮化、风貌协调、文化氛围、配套设施等角度对"运河古纤道"进行多维综合提升，并正式命名为"运河古纤道公园"。如今的"吴江古纤道"作为市民游客休闲游玩的免费公园，漫步在古纤道上，脚下是历经岁月打磨的石板，身旁是悠悠流淌的运河水，人们仿佛穿越时空，与历史对话，一同见证着大运河吴江段的时代变迁和繁华昌盛。

　　"逢山开路，遇水架桥。"今天从南到北的运河上保存最多的建筑便是古桥。从通州的八里桥到杭州的拱宸桥，千里运河上广布着规模不等、形式各异的古桥，是运河建筑文化中最为丰富的部分。大运河可以说是一座活的桥梁博物馆，为中国桥梁史写下了精彩篇章。

　　元代通惠河的起点是大都城内的积水潭，明永乐初年以后，通惠河的起点便移至北京东便门外的大通桥。大通桥原为一座石桥，桥头石柱上刻有石狮，可惜现已不存，难窥其原貌。明人袁宏道的《大通桥泛舟》诗云："闸水高十仞，百斗量珠屑。"可以想见当时大通桥的壮观与漕运的繁盛。通惠河上最为著名的古桥当数八里桥，原名永通桥，因建于距通州之西八里的通惠河上，所以又称"八里桥"。桥为三孔石桥，始建于明正统十一年（1446），是明清两代由通州到北京的陆运通衢，也是北京的东门户。1860年第二次鸦片战争的最后一仗就发生在这里。

大运河上最长、最美、最为壮观的古桥是苏州宝带桥。宝带桥横卧于大运河与澹台湖之间的玳玳河上，是我国现存古桥中最长的多孔联拱桥，有桥洞53个，全长317米，以整块青石雕琢而成，底座刻海浪云龙纹，每级八面，各设佛龛，龛内拥有佛像。桥始建于唐代，相传由当时的苏州刺史王仲舒主持建造。为筹集建桥经费，王仲舒带头将自己身上的宝带捐出来，后来桥的外观便依照王刺史的宝带形状而建，桥也因此而得名。远远望去，整座桥狭长而优美，犹如一条飘逸的宝带轻盈地漂于水面之上。那多孔联翩的桥身，倒映在清澈的河水中，虚实交映，恰似一条苍龙悠然浮水，气势磅礴又不失灵动之美。宝带桥不仅以其精湛的选址、设计、施工等造桥技术，为中国古代建桥史上罕见；而且也因其优美造型，在建筑艺术上独树一帜，为千百年来的文人墨客所吟咏赞叹。

"古宫闲地少，水巷小桥多。"唐朝诗人杜荀鹤的诗句赞美了苏州众多的桥梁。苏州大运河上还有唐代诗人张继吟诵过的枫桥，桥以诗名，诗以水名首《枫桥夜泊》不仅传遍了运河南北，还传到异国他邦，成为千古绝唱。枫桥始建于唐朝，初名"封桥"，现存枫桥为清同治六年（1867）重建之桥，1985年又经重修。枫桥犹如一弯新月，横跨在大运河上，南距寒山寺、江村桥仅百米之遥，东连铁岭关，可遥望寒山寺。在这里，古桥、古运河、古关、古刹、古塔相映成趣。

在苏州那片承载着深厚历史底蕴的土地上，吴门桥静静屹立于仅存的古城遗址之上，它的存在堪称中国建筑史上的独特奇迹，因为它是中国仅有的水陆城门。这座单孔石拱桥始建于南宋理宗绍定年间（1230 年前后），吴门桥与邻近的盘门水陆城门、瑞光塔互相映衬，浑然一体，合称"盘门三景"。

目光转向杭州市余杭区塘栖镇西北，那里有一座大运河上最大、最古老的七孔石桥——广济桥，有着"古运河上第一桥"的美誉。广济桥，又名通济桥、碧天桥，俗称"长桥"。它位于塘栖镇中心偏西的古运河上，为古运河上仅存的一座七孔石拱桥。这座桥的历史十分悠久，始建于唐朝，岁月流转，到了明朝又经历了重建。其整体造型秀丽，宛如一位优雅的女子，亭亭玉立在运河之上。拱券采用纵联并列分节砌置法，水平全长78.7 米，宽 6.12 米，7 个拱洞，上下共有 160 级台阶。桥身南北各有 3 个对称石拱洞，上面雕有许多精美的石刻浮雕图案和对联，工艺精湛，建筑科学，实为罕见，是我国石拱桥建筑史上的一大壮举。

大运河最南端的一座古桥是杭州城北面的拱宸桥。拱宸桥位于大关桥之北，是杭州城古桥中最高、最长的石拱桥，也是古运河终点的标志。拱宸桥，既是古代迎接帝王处，也是杭州的北大门。这座桥朴实无华，却又气势雄伟。站在桥上，俯瞰桥下，仿佛能看到一艘艘满载漕粮的船只，浩浩荡荡地从这里出发，沿着大运河，源源不断地运往北京，为京城带去物资，也带去了江南的繁华与富饶。拱宸桥，见证了杭州的兴衰变迁，承载着历史的记忆，成为杭州这座城市不可或缺的文化符号。

第三节　文学与艺术

大运河作为连接南北的重要水道，不仅促进了经济的繁荣，也为文学创作提供了丰富的素材和灵感。运河城市的交通便利条件、经济和文化的双重繁荣使得运河城市不仅成为商贾名流、文人墨客的荟萃之地，还深刻影响了唐诗、宋词、元曲、明清小说等历代文体的发展和繁荣。从唐代诗人张继的《枫桥夜泊》、白居易的《隋堤柳》、皮日休的《汴河怀古》，到宋代词人王安石的《泊船瓜洲》、苏辙的《高邮别秦观三首》、柳永的《临江仙》，从明代杨士奇的《发淮安》到四大名著，其创作均与运河密切相关。大运河不仅是经济与文化的纽带，更是艺术的沃土。沿着这条河流，留下了无数的艺术瑰宝，涵盖了书法、绘画、音乐、舞蹈、戏剧、曲艺等多个领域。大运河的文学艺术，如同一条绵延千里的文化长河，承载了无数的故事与情感，至今依然在人们的心中激起阵阵涟漪。

一、大运河与古代文学

大运河与古代文学是一个历久弥新的话题。自大运河开凿兴起，它与中国古代的文学发展、传播关系日益密切。因运河而兴起的城市，与唐诗、宋词、元杂剧、宋元话本、明清通俗小说等形成了特殊的关系，甚至影响到它们的生存状态。沿运河地区发达的经济与交通带来了文化的繁荣，咏叹运河历史、描绘运河风情的诗文小说，就是最好的证明。

沿运地区的文学名家如繁星丽天，璀璨夺目，留下的诗文汗牛充栋，各体皆备，其中的优秀篇章更是珠玑满眼，流光溢彩。历代文人士大夫频繁往来于运河地区，在饱览河湖名胜、体察风土人情之际，写下了大量与运河相关的诗文，使人们充分领略到千百年来运河的历史变迁与文化风采。

北宋著名政治家范仲淹（920—1052），苏州吴县人，他的《岳阳楼记》为古代散文传世名篇，其"先天下之忧而忧，后天下之乐而乐"的精神，如同一座灯塔，照亮了古今政治家高风亮节的身影，成为世代楷模。北宋婉约词派的重要作家秦观（1049—110），扬州高邮人，善写优美的抒情词，他的词作品多描绘细腻、深情的女子形象，笔触婉转柔美。通过他的词，词人真挚的情感得以流露，而他也通过艺术的技巧，将情感与技巧巧妙融合，达到了词艺术的一个新高峰。

时光流转至明末清初，江南的吴伟业登场。吴伟业（1609—1672），号梅村，江苏太仓人，有《梅村家藏稿》传世。早期诗善用清丽之笔写青年男女的缠绵之情，在经历明末清初社会动荡之时，结合身世写下许多以重大历史事件为背景的诗篇。如顺治十年（1653）应朝廷征召进京时所作的《过淮阴有感》其一颇能代表一代运河文人的心情："登高怅望八公山，琪树丹崖未可攀。莫想阴符遇黄石，好将鸿宝驻朱颜。浮生所欠止一死，尘世无由识九还。我本淮王旧鸡犬，不随仙去落人间。"

大运河作为一条横贯南北、历经千年的伟大水道，它所承载的诗文浩如烟海。文人笔下的运河，不仅仅是一条通航的通道，更是一个深深埋藏着历史、文化、民生的情感源泉。历代诗文在这条水道上流淌，或咏叹其历史与现实，或描绘沿岸风土人情，或记载开河与通漕的艰辛。或借古讽时，或寄情于景，或直叙于事，分别从不同角度讲述大运河的历史与文化。

大运河既有带给封建王朝的漕运通畅交通发达、贸易兴盛之利，也有带给百姓的挑河筑堤、通船转漕、财赋征调之弊。因此，对南北大运河的始作俑者隋炀帝褒贬不一，诅咒者有之，颂扬者有之，哀叹者亦有之。诗文中既有如唐皮日休《汴河怀古二首》其二云："尽道隋亡为此河，至今千里赖通波。若无水殿龙舟事，共禹论功不较多。"以"共禹论功"来高度评价隋炀帝与运河。亦有如唐罗隐《炀帝陵》云："入郭登桥出郭船，红楼日日柳年年。君王忍把平陈业，只博雷塘数亩田。"哀叹隋炀帝之遭遇的不幸与世人对其评价的不公。既有如唐李敬方《汴河直进船》云："汴水通淮利最多，生人为害亦相和。东南四十三州地，取尽脂膏是此河。"着力批判封建王朝通过运河漕运榨取东南民脂民膏。亦有如宋周紫芝《输粟行》云："天寒村落家家忙，饭牛获稻催涤场。燎薪炊黍呼妇子，夜半舂粟输官仓。大儿拓囊小负橐，扫廪倾囷不须恶。"尽情揭露官府掠夺性的强征漕粮，等等。

历史上大运河是南北交通的主要线路，那些满腹经纶的文人士大夫，常常悠然乘船，穿梭于运河南北，一路之上，沿岸的风土人情如同画卷般在他们眼前徐徐展开，自然而然地成了他们诗文创作的无尽源泉。既有如白居易《渡淮》云："淮水东南阔，无风渡亦难。孤烟生乍直，远树望多圆。春浪棹声急，夕阳帆影残。清流宜吟月，今夜重吟看。"描绘（运河入淮处）淮水壮阔，及夕阳西下时淮河及两岸的自然美景，让人沉醉于这淮水及两岸的自然之美。亦有如明李流芳《闸河舟中文戏效长庆体》云："济河五十闸，闸水不濡轨。十里置一闸，蓄水如蓄髓。一闸走一日，守闸如守鬼……京路三千余，日行十余里。迢迢春明门，何时得到彼。"叙述运河上的船闸密集、船只通行困难的情景，那遥远的春明门，不知何时才能抵达，让人不禁为行船的缓慢而感到无奈。既有如唐王建《寄汴州令狐相公》云："水门向晚茶商闹，桥市通宵酒客行。秋日梁王池阁好，新歌散入管弦声。"描绘清平盛世运河城市汴州商业繁华、经济富庶、管弦之声相闻的情形，让人仿佛看到汴州城灯火辉煌、歌舞升平的热闹场景。亦有如唐李涉《濉阳行》云："黄昏日暮驱羸马，夜宿濉阳烽火下。此地新经杀戮来，墟落无烟空碎瓦。"真实地描写了安史战乱后运河两岸经济残破、汴河"堙废"的景象。

漕运事关历代王朝兴衰的命脉。为保证漕运畅通，运河航道的疏浚与治理也就成为国之大事。而开河筑堤、建闸修堰，均是巨大的土木工程，其间无论是主事的官员，还是被征的河工，无不倍感艰辛，这在诗家文人笔端也多有流露。如明万历年间曾在山东至天津段任工部郎中的谢肇淛在《南旺挑河行》中真实记录了"运河水脊"南旺段河工挑河筑堤的艰辛生活与劳作场景："堤遥遥，河弥弥，分水祠前卒如蚁。鹑衣短发行且僵，尽是六郡良家子。浅水没足泥没骭，五更疾作至夜半。夜半西风天雨霜，十人八九趾欲断。黄绶长官虬赤须，北人骄马南肩舆。伍伯先后恣诃挞，日昃喘汗归篷簰。伍伯诃犹可，里胥怒杀我。无钱水中居，有钱立道左。"清人王士禛《秦邮曲二首》其二云："今年孟冬河水乾，万夫畚锸聚河干。行河使者黄符下，敢道无衣风雪寒？"用平实的语言，寥寥数语，便生动地刻画了官府奴役下的河工们在饥寒交迫中辛苦劳作的悲惨生活，让人不禁对他们的遭遇心生怜悯。

　　运河与元杂剧的关系非常密切。元杂剧最早的四个活动中心，除平阳外，东平、真定、大都三个城市都依偎在运河之畔。元杂剧与运河的内在联系主要体现在以下几个方面：第一，元杂剧作家相对集中的活动区域都是运河城市。相对稳定和繁荣的运河城市为他们提供了展示才华的舞台和市民消费群体。第二，许多脍炙人口的元杂剧故事，也都在运河城市的大街小巷中展开。比如那令人肝肠寸断的《窦娥冤》，故事就发生在运河城市楚州。第三，元杂剧的迅速传播也是依仗运河便利的交通条件。总之，元杂剧与运河、运河城市之间，早已编织出一张紧密相连的关系网，只有深入研究，才能揭开其发展的神秘面纱，看清它的真实面貌。

　　明清时期，城市生活越发丰富，市民文化蓬勃发展，明清小说迎来了属于自己的黄金时代。《红楼梦》《三国演义》《水浒传》《西游记》四大古典文学名著代表了中国古典小说创作的巅峰。令人称奇的是，这四大古典文学名著均诞生于运河地区，其作者、成书背景、内容莫不与运河沿岸的生活和文化密切相关。

先看四大名著的作者们，或"生于斯，长于斯"；或长期在运河地区居住、生活。《水浒传》的作者施耐庵是江苏兴化人，长期隐居在山阳（淮安），据说还曾在淮安西门城内土地祠后居住。他的学生罗贯中，也就是《三国演义》的作者，曾追随他在山阳隐居。两人常常在山阳的萧湖、勺湖、马家荡、蓼儿洼的芦苇沼泽间漫步，与渔民、市民亲切交谈，广泛收集创作素材，甚至还亲自前往水泊梁山实地考察。《西游记》的作者吴承恩，出生于一个由书香门第逐渐没落为小商人的家庭，祖籍江苏涟水，后来迁居到淮安的河下镇打铜巷。而《红楼梦》的作者曹雪芹，是满洲正白旗人，他的父祖都担任江宁织造，负责为宫廷制造和供应绫罗绸缎，经常沿着运河将丝织品从江宁、苏州等地运往京城，对运河沿线的一切了如指掌。曹雪芹从小耳濡目染，对运河商贾文化与市井风情也十分熟悉。

再看四大名著的内容，以《水浒传》与《红楼梦》同运河的关系最为密切，记述也最为丰富，成为今天研究运河历史文化的重要参考资料。《水浒传》所叙宋江起义的故事发生在运河岸边的水泊梁山。当时梁山泊"山排巨浪，水接遥天。乱芦攒万万队刀枪，怪树列千千层剑戟……战船来往，周回埋伏有芦花；深港停藏，四壁下窝盘多草木"。（第11回）"八百里梁山泊"在历代读者心中留下了深刻印象。《红楼梦》通过描绘四大家族的兴衰沉浮，生动地展现出当时运河城市的社会状况和风俗文化。

在运河地区，除了四大名著，还涌现出了许多优秀的小说。《金瓶梅》《三言》《二拍》《聊斋》《老残游记》等精品小说，作者或编辑者大多为运河文人，小说多角度反映了运河丰富多彩的社会生活。《金瓶梅》旧题兰陵笑笑生作，虽然学术界对于作者的身份至今仍争论不休，但大多数认为作者为运河地区人或长期生活在运河地区，因为运河小说中主要人物、事迹多发生在运河城市，书中对运河城市商文业经济、市民生活的描写深入细致。《三言》作者冯梦龙，江化苏长洲（今江苏吴县）人；《二拍》作者凌濛初，浙江乌程（今湖州）人，《三言》《二拍》所收明代拟话本小说，尤其是冯、凌二人的自创小说，比较集中地反映了明代运河的商贾文化。《老残游记》作者刘鹗，清江苏丹徒（今镇江）人。《聊斋》中胭脂的故事发生地点，即在运河城市东昌府（今山东聊城）。

以《红楼梦》等四大名著为代表的明清古典小说，在中国文学史上占有极其重要的地位。它们诞生并兴盛于运河地区并非偶然，这既与作者个人在运河沿岸的生活经历或对运河的了解密切相关，也离不开运河深厚文化氛围的滋养。首先，随着明清时期沿运地区商品经济的迅速发展，市民队伍的不断壮大，人们物质生活水平与精神生活需求的不断提高，为古典小说的兴起创造了良好的氛围；其次，沿运地区繁荣昌盛的文风、多姿多彩的民俗风情、沉淀深厚的故事传说，加上宋元以后各种体裁的市民文艺的兴盛发展，不仅为古典小说的创作提供了丰富鲜活的素材与文化背景，也为古典小说的诞生奠定了坚实的基础；最后，运河水运的四通八达，不仅密切了南北方的政治、经济，也方便了南北方的文化交流，为古典小说的广泛传播提供了条件。因此，我们甚至可以说，以四大名著为代表的古典小说是中国传统文化的熏陶与运河文化滋养下的共同结晶。

二、书法与绘画

大运河文化对书法、绘画的影响是多维度的：它既是艺术传播的通道、创作的灵感源泉，也是经济支撑与文化交融的平台。从隋唐的壁画鼎盛到当代的长卷创新，从"衣带渡江"的书法传承到"运河画派"的崛起，大运河始终是推动书法、绘画艺术演进的重要力量。

隋唐时期，书法艺术和绘画艺术如同两颗璀璨的明珠，在中华文化的天空中闪耀着光辉。科举考试制度的普及，将书法作为基本的应试项目，使得书法学习成为士子们日常生活的一部分。随着大运河的开通，南北之间的文化交流越发频繁，书法艺术得以在更广阔的空间里传播和发展。书法名家层出不穷，隋唐书法史迎来了空前的繁荣。从隋代的智永和尚，到唐代的贺知章、张旭、欧阳询、褚遂良、颜真卿、李邕、徐浩、怀素、孙过庭、柳公权，以及五代的杨凝式等，一代代书法大师如同晨曦中的朝霞，照亮了中国书法的历史长河。盛唐时期，扬州、苏州等地依运河之便，经济发达，文化昌盛，除张旭、怀素外，留名书法界的还有扬州江都的李邕、苏州人孙过庭、泰州人张怀瓘。张怀瓘将中国书法字体分类为十体，是现今将汉字分为真、行、草、隶、篆五体的重要基础。颜真卿曾在运河边的德州平原任太守，故称"颜平原"。

到了宋代，运河区域的书法界中，米芾堪称最为耀眼的"明星"。米芾（1051—1107），初名黻，后改芾，字元章，世居太原（今属山西），幼年随父徙居襄阳（今属湖北），自号海岳外史。曾任校书郎、书画博士、礼部员外郎，与蔡襄、苏轼、黄庭坚合称"宋四家"。他在书法上可谓天赋异禀，篆、隶、楷、行、草等书体皆信手拈来，造诣深厚，临摹古人书法更是达到了以假乱真的地步。主要作品有《张季明帖》《李太师帖》《紫金研帖》《淡墨秋山诗帖》等。所书《蜀素帖》，亦称《拟古诗帖》，是"天下第八行书"，被后人誉为"中华第一美帖"。

元代，运河区域也走出了一位书法大家——赵孟頫。赵孟頫（1254—1322），字子昂，号松雪，松雪道人，吴兴（今浙江湖州）人。元代著名画家，楷书四大家（欧阳询、颜真卿、柳公权、赵孟頫）之一。赵孟頫博学多才，能诗善文，懂经济，工书法，精绘艺，擅金石，通律吕，解鉴赏。尤其是书法和绘画，堪称一绝，开创了元代新画风，被誉为"元人冠冕"。他也善篆、隶、真、行、草书，尤以楷、行书著称于世。传世的楷书名作有《胆巴碑》《湖州妙严寺记》《仇锷碑》等；小楷有《汲黯传》等；行书作品亦有不少，如《洛神赋卷》《赤壁二赋帖》《定武兰亭十三跋》等，每一幅作品都展现出他高超的书法技艺和独特的艺术风格。

隋唐时期，大运河不仅推动了书法艺术的发展，也为绘画艺术注入了新的活力。随着大运河开通，经济繁荣，南北交流日益频繁，绘画艺术迎来了新的发展机遇。在人物画领域，虽然佛教壁画中西域画风仍有一定影响力，但吴道子、周昉等画家的作品，以鲜明的中原画风占据了主导地位，民族风格越发成熟。在山水画方面，展子虔、李思训、王维等人的作品风格各异，或工整富丽，或清新雅逸，成为后世山水画的经典之作。

值得一提的是，首次贯通中国大运河的隋炀帝杨广，虽未留下亲自绘制的画作，却对书画艺术有着浓厚的兴趣，艺术造诣颇深。相传他曾亲自主编《古今艺术图》50卷，"画其形，说其事"，惜今已不存。隋大业元年，隋炀帝沿运河下江都，沿途置离宫40余所。加以当时京洛一带寺院道观建筑杂起，这些宫殿和寺院都需要用绘画装饰，运河沿线壁画蔚然成风。各派绘画大师会集运河地区的东都洛阳，将不同艺术风格的作品展现在世人面前。

唐代成为中国书画史上的一个黄金期，以阎立本、吴道子、周昉等为代表的人物画，以敦煌220窟等初唐壁画为代表的佛教壁画，以王维和大小李将军为代表的山水画，以边鸾为代表的花鸟画，代表当时运河沿线绘画艺术的最高成就。

大运河带来城市经济的发展，极大地推动了以印刷坊刻业为龙头的文化事业的发展，也带动了绘画艺术的长足进步。宋太宗在京城置翰林图画院，召院画家会聚于此，遂使汴京成为全国的绘画书法中心。经南宋到元代，从杭州到大都，大运河地区的绘画艺术始终呈现兴旺发达的繁荣局面。

宋代艺事更兴，名画家、名画作辈出，山水、花鸟、人物，工笔、写意，画种齐全、技法多样，可谓百花齐放，百家争鸣。如著名画家李公麟，好古博学，尤精鉴别。他先后在大运河沿线的南康、长垣、泗州以及汴京任官达30余年，绘画成为他一生的挚爱与寄托。

会通河畔的东平人梁楷是著名画家。宋宁宗嘉泰年间为临安画院待诏。他擅画人物、山水、花鸟，擅白描法，在前人基础上创人物减笔画法，代表作《泼墨仙人图》《李白行吟图》等名垂画史。

北宋后期，风俗画艺术有了新发展，达到了新高度，其代表画家就是山东人张择端。张择端的画作存世不多，代表作是《清明上河图》以及相传为他所作的《金明池争标图》。

山水画在这一时期也取得很大成就。益都营丘（今山东临淄）人李成善画山水，人称"李营丘"。《宣和画谱》云："凡称山水者，必以成为古今第一"；还有号称"董巨"的江南山水画家——江宁（今江苏南京）人巨然，他的画作意境深远，给人以清新爽朗之感；"徒阳运河"是江南运河的雏形之一，镇江成为从京口（现镇江市京口区）到杭州的江南运河的端点。晚年隐居在镇江的书画大咖米芾，书画双精，其与蔡襄、苏轼、黄庭坚在书法史上被合称为"宋四家"。其山水画师法董源，然而别出新意，多以自创的"米点皴"作水墨点染，世称"米氏云山""米氏山水"。

元代，山水画达到了新的高峰。除了书画领军人物赵孟頫，"元四家"的山水画作各有千秋，声名远扬。其中，倪瓒是江南运河畔的无锡人，他的画作多以水墨为主，画风简淡雅逸，题材多为江南的山林、湖泊景象，尤其擅长"三段式构图"，其画品高雅，给人以宁静悠远的艺术享受。

宋元时期，大运河沿线的城市犹如一幅幅绚丽多彩的画卷，开封、杭州、平江（今江苏苏州）、大都（今北京）等地，几乎每一座建筑都被这些生动的壁画所装点，仿佛每一块墙面都在诉说着历史与艺术的故事。在北宋开封，各个宫殿、寺院、道观以及官员府邸，人物、楼台、殿阁、花鸟、山水、鱼龙等题材，都成为壁画的内容。甚至一部分店铺，也出现了惹人注目的壁画。特别是在大相国寺，这座寺庙成为汴京壁画艺术的精华所在。无论是殿阁的廊庑，还是寺内的壁面，都被精美的壁画所装点，人物栩栩如生、场景恢宏大气，仿佛每一笔每一画都在传递着一个个深邃的故事。

由于大运河的沟通，中国绘画与高丽、日本得到了广泛交流。宋熙宁七年（1074），高丽曾遣使赴宋"访求中国图画"。此后，又选画家入宋观摩学习宋画。宋熙宁九年（1076），高丽使臣带画工数人，摹绘汴河岸边的相国寺壁画，归国后将其重绘于高丽兴王寺正殿西侧。日本艺术家也来中国学习绘画，日本还请中国画家赴日传艺。

　　元代山水画的崛起，成为这个时期绘画的主流，而其深远的影响力，尤其在高丽和日本，得到了深刻的体现。高丽与元朝的文化交流密切，其中一个显著的桥梁便是李齐贤。这位高丽大臣与元代画家有着深厚的交情，他曾将元代画家赠送的画作带回高丽，成为两国艺术交流的见证。而高丽国王恭愍王对绘画的热爱，也让这段交流更加深入。他不仅亲自访元，还通过船运带回了大量的书画册和器具。元代绘画艺术的影响不仅局限于高丽，还波及日本。元朝访问日本的僧侣，如雪村友梅，便成为两国文化交流的重要使者。雪村友梅不仅精通汉诗和文人书法，其绘画也别具一格，尤其是他的墨兰作品，深刻体现了宋元时期清雅恬淡的意境。他与另一位入元日僧铁舟德济，曾被元人誉为"书画双奇称绝伦"。他们不仅全面学习宋元的绘画艺术，而且也收集了许多宋元名画书法真迹带回国，推动了日本的绘画艺术发展。

　　明代的绘画艺术伴随着运河水的流淌浸润了大江南北，同时，明代的绘画艺术还呈现出明显的地域特征：大运河北方的绘画艺术构图严谨、笔法苍劲、风格豪放；大运河南方的绘画艺术灵动秀润，体现了南方的灵秀之气。明代文人画盛行，形成了独特的绘画样式，涌现了众多的杰出画家、画派和优秀作品。

　　明代运河区域的绘画艺术以文人卷轴画为主流。从题材上来看，绘画十三科都有不同发展，各自涌现了一批优秀的画家和作品；从技法上来看，工笔、写意各展其长、各有佳妙；从风格流派上来看，无论是山水还是花鸟、人物等，地方流派众多，争奇斗艳。明代书画家多数是或工诗擅书，或书画皆善，或诗书画俱佳。

明早中期的"浙派山水"是明代山水画坛的一个重要流派。因其创始人戴进（1388—1462）为浙江钱塘（今浙江杭州市）人而得名。其另一代表人物是吴伟。吴伟的早年生活充满波折，身世贫寒，曾寄居有"钱青天"之誉的湖广布政使常熟钱昕家中，成名后曾两度奉旨进京，备受明宪宗宠遇，孝宗时被赐为"画状元"。早期，他以工笔细描为主，线条精致，画面写实。然而，随着他艺术思想的成熟，他的山水画逐渐呈现出水墨写意的风格，笔力苍劲，气势磅礴，充满了豪放之气。吴伟的这种艺术风格，使得他成了"浙派山水"的第二代代表人物，并且成为"江夏派"的创始人。传世之作《溪山渔艇图》（又称《渔乐图》，现藏于北京故宫博物院）展现了江南山水景色和渔人生活，表现了对秀丽江南的热爱之情，体现出自由清新的气息。

明代中期的"吴门画派"是活动在运河之畔江南苏州（苏州有"吴门"之称）一带的一批书画家。被认为可与浙派始祖戴进并肩的周臣，可谓"吴门"前辈，唐寅、仇英都出自其门下。代表吴门书画创作最高成就的是被称为"吴门四家"的沈周、唐寅、文徵明、仇英。

生活在明代后期的徐渭一位杰出的大写意画家。作为明代性灵派的一员健将，他无论是诗文，还是书画，或是戏曲，都讲究直抒胸臆，强调真情至性。他的大写意花鸟开创了文人画的新境界，在中国绘画艺术史上留下了浓重的一笔。徐渭的传世之作主要有《墨葡萄》《杂花图卷》《牡丹蕉石图》《榴实图》等。

清代运河绘画作为运河文化重要组成部分，它的成就主要凝聚在传统中国画的绚丽画卷上。特别是江南运河沿线城市对文人画的发展起到积极的促进作用，运河经济繁荣也促进了年画、版画的发展。然而，与这片艺术盛景相对的，是壁画的逐渐衰退。

明清之际，运河区域文人寄情山水思想浓厚，蓝瑛、项圣谟、石涛等人打破常规，立意新奇，笔法恣纵，常往来于扬州、北京、安徽等地。晚年定居扬州的石涛，在清初画坛上熠熠生辉，为画坛"清初四僧"之一，石涛对"扬州八怪"产生了巨大影响。"八怪"之一的扬州人高翔，与石涛结下了一段跨越岁月的深厚情谊。他们的友谊如同运河水般绵长，深深地滋养着那片艺术的沃土，也为运河流域的绘画史写下了浓墨重彩的一笔，成就了一段永不褪色的动人佳话。

清初至嘉庆年间是花鸟画风格多样、各放异彩的时期，其时影响最大的是以恽南田为首的"常州画派"，属于清代花鸟画坛的主流派。而活动于扬州被称为"扬州八怪"的一些画家则与正统画风格格不入，他们继承文人画艺术传统，在创作上重视品格文化书法的修养，继承青藤、八大、石涛传统，突破俗套，强调"师造化、抒个性、用我法、专写意、求神似、端人品、博修养"，成为运河文化艺术史中重要的组成部分。"扬州八怪"的出现与扬州作为历史文化名城以及其时运河经济文化的另一个中心，商业发展快，市民阶层扩大，艺术需求旺盛有关。

康、雍、乾时期运河沿线的浙江人王树合、金古良，江苏吴县人金建等人凭借精湛的白描技法和仕女画，成就了自己的画坛地位。"扬州八怪"中的罗聘、黄慎、闵贞等人的人物画成就也高。罗聘的人物画意趣很高，构思奇特，形象也偏于"怪"；黄慎画人物用笔流畅、功底深厚；闵贞的仙佛、人物均佳。以人物写真肖像为长的蒋骥、丁皋、沈宗骞，从理论上对人物写真的创作方法进行了探讨，蒋骥的《传神秘要》、丁皋的《传真心领》、沈宗骞的《芥舟学画编》都是在前人传神实践基础上提炼的理论研究成果。

三、音乐与舞蹈

在岁月的长河中，传统音乐宛如一颗璀璨的明珠，散发着独特的魅力。它涵盖了民间歌曲、民间器乐曲、舞蹈音乐、戏曲音乐、曲艺音乐以及民间祭祀仪式音乐等丰富多样的形式，深深扎根于民间，通过口口相传的方式延续着生命。与专业音乐创作相比，传统音乐在表现手法、创作风格和艺术特征上，都有着鲜明的个性，宛如一幅质朴而绚丽的民俗画卷，生动展现着民众的生活百态与审美情趣。运河区域的民间音乐是运河非物质文化遗产的重要组成部分，是沿岸民众审美情趣和生活方式的生动体现。那条贯穿南北、历经千年风雨的大运河，不仅是一条交通要道，更是一座音乐文化的桥梁，对中国古代音乐的繁荣发展以及南北音乐文化的交流融合，起到了不可估量的推动作用。

回溯到漕运兴盛的往昔，运河沿岸的每一段水域，都回荡着船工号子那激昂的旋律。经过长时间的演变，融入了各地的风俗人情，成了一种原生态的民间音乐形式。运河船工号子是运河漕运船工的民间音乐，船工号子与漕运船工的劳作紧密伴随。其相关器具众多，包括漕运船及船上桅杆篷布、橹、篙、铁锚、纤绳、定船石等。船工号子是纤夫们为了在拉纤中步调一致、提高劳动效率而自然创作的一种民歌。除起锚号子是大家齐声唱外，其余的号子都是一人领唱众人唱和。船工号子一般节奏急促，领、和呼应紧凑，为呼喊性音调，声调高亢、激昂。

大运河，这条奔腾不息的水上动脉，不仅承载着货物的流转，更在悠悠岁月中成为民间音乐传播的重要纽带，深刻影响着沿线地区的民间乐器、器乐曲以及民歌曲调。如山东聊城八角鼓、临清时调、高唐丝调、运河秧歌、东昌木板大鼓等；天津的梅花大鼓、乐亭大鼓、西河大鼓等曲艺音乐，多根据运河流域方言音律构成唱腔，其唱腔形成一套与本地语言相一致的旋律，虽然是"唱"，但仍保持着许多"说"的成分，有着极富当地特色的审美情趣。以山东琴书为例，早在清乾隆年间，民间便兴起了小曲联唱体。因主要伴奏乐器为扬琴，人们习惯称为"打扬琴的"或"唱扬琴的"。它是一种曲调优美、生活气息浓郁的说唱艺术形式。扬琴受河南、江苏、安徽等地的影响较大，除了地域相邻的因素外，更重要的是这些省份的商人随着漕运和运河交通，在山东运河城镇经商、聚集。再看济宁的唢呐，它起源于波斯阿拉伯一带，元朝时传入我国，在明代顺着运河流入济宁。流入济宁后，唢呐并未"水土不服"，而是积极吸收当地音乐文化的养分，经历了一番改良与创新，最终形成了独具特色的济宁唢呐。在旧社会，唢呐甚至进入了官乐体系。明代王磬所作《喇叭》的曲子有词唱道："喇叭、唢呐，曲儿小，腔大；官船往来乱如麻，全仗你抬身价。"当年运河往来的官船，是有乐队壮声势的，沿岸地方接送官船，也用鼓乐。济宁城内西南隅，有一条小巷，名"鼓手营"，大概就是当年住河道衙门官乐队吹鼓手的地方。这一小小的细节，充分彰显了唢呐与运河之间千丝万缕的紧密联系。

四、戏剧与曲艺

中国古代的文化传播与交通状况密不可分，无论是物质文化还是精神文化，都有赖于交通条件的改善。在传统戏曲界，向来有"水路即戏路"的说法。明清时期京杭大运河沿岸城市是各种戏曲声腔与剧种的吸纳之地，北京、扬州、苏州等城市是全国最重要的戏曲活动中心。苏州和扬州这两座城市，能够在戏曲领域崭露头角，占据举足轻重的地位，在很大程度上，都要归功于京杭大运河这条文化纽带。因为运河的贯通，明、清两代，这两座城市凭借运河得天独厚的交通优势，吸引了大批商人、士绅以及文人纷至沓来。他们在苏州和扬州会聚，形成了一个庞大而多元的文化消费群体，为戏曲的形成和发展提供了素材和土壤，促进了戏曲文化的南北交融，奠定了戏曲繁荣的物质基础。在戏曲的传播和发展过程中，运河的作用功不可没。

明清时期，运河市镇兴起，商业一片繁荣，市民们的生活丰富多彩，为民间曲艺的生根发芽、茁壮成长提供了绝佳的温床。彼时，运河交通极为便利，码头上舟楫往来、熙熙攘攘，各地艺人会聚于此，南北曲艺相汇交融，绽放出别样的光彩。

鲁西、鲁南的运河市镇，向来享有"曲乡艺海"的美誉，北京、天津、扬州、苏州、杭州等地也多有南北曲艺会聚的记载。就拿济宁来说，这里民间曲艺种类多得令人目不暇接，有山东琴书、大鼓、快书、木板小鼓、落子、端鼓腔、渔鼓、渔鼓坠、枣梆、岭调、平调、三弦平调、清音等10余种。在济宁，从事说唱评弹的艺人超过百位，他们的表演充分展现了南北曲艺融合的独特魅力。济宁城区的八角鼓，本是北京清代八旗子弟间流行的一种自弹自唱的娱乐艺术。在清代，它沿着运河自北向南，途经临清、聊城，一路传唱至济宁，与济宁的民间小曲巧妙结合，焕发出全新的生机。微山湖的端鼓腔，则由洪泽湖渔家艺人沿运河北上传。山东梆子，又称"高调"，由西北的晋陕地区传入。

扬州和天津，都是曲艺之乡。运河经济的繁华，河工河民的需要，作为码头的特殊位置，刺激着运河沿岸这两座城市成为说唱艺术的荟萃之地。以清代形成全国说书中心的扬州评话为代表，扬州形成了扬州弹词、扬州道情、扬州鼓书、扬州香火、唱梨膏糖、唱麒麟组合的曲艺方阵；而在天津，以源自运河船夫哼唱的歌谣小调发展而成的天津时调挂帅，加上相声、单弦、京韵大鼓、连珠快书、铁片大鼓、西城板、雷琴拉戏，也是摇曳多姿、门类齐全，给世代社会底层的民众带来精神快乐。在运河沿岸的市镇里，曲艺的旋律回荡在大街小巷，为人们的生活增添了无数的色彩和乐趣，成了那个时代独特的文化记忆，也为后世留下了宝贵的文化遗产。

第七章

大运河上的
外国人

作为古代中国的交通大动脉，大运河不仅直接活跃了中国区域间的物流与人际交往，同时也影响到古代中国与世界的外交往来。古代海外诸国来中国大多走水路，大运河成为古代东方世界主要国际交通路线的组成部分，大运河最东端从明州港（宁波）通过海上丝绸之路串连海外诸国，最西端则从洛阳西出以衔接横贯亚洲内陆的陆上丝绸之路，大运河成为陆海丝绸之路的连接线，也成为中华文明与外国文明交流互鉴的纽带。

第一节　唐宋大运河上的日本僧人

中国和日本"一衣带水",有着两千多年友好往来的历史,早在东汉光武帝时期,中国就通过朝鲜半岛与当时的倭国互有使节往来。唐宋时期,中国和日本的关系有了新的发展,大量日僧渡海来中国求法、学习。其中,最有代表性的当数圆仁的《入唐求法巡礼行记》和成寻的《参天台五台山记》。这两本书生动详细地描述了唐宋运河沿岸的景致和社会经济状况,为后人研究运河,研究中日文化交流史保存了珍贵的史料。

一、圆仁笔下的唐代运河

圆仁(793—864),日本僧人,俗姓"壬生",下野都贺郡(今日本栃木)人。命运似乎早早便为他铺就了一条与佛结缘的道路,年幼时,他便失去了父亲,在9岁那年拜入大慈寺广智和尚门下,自此踏上了修行的旅程。15岁,圆仁怀着对佛法更深的向往,登上了比睿山日枝山寺,再投于最澄法师座下。21岁在东大寺鉴真生前弘法之所受具足戒。唐文宗开成三年(838),他以"请益僧"的身份,跟随遣唐使团队,踏上了渡海远航的征程,目的地是那令无数日本僧人向往的大唐。到达中国后,他在扬州开元寺学梵语、研习佛法。然而,归国途中,命运给圆仁开了一个意想不到的玩笑。一场突如其来的风浪,将他们的船只吹到了山东文登境内。但这看似意外的波折,却成了圆仁修行路上的又一次宝贵机遇。圆仁得机登临五台山朝拜,并在大华严寺、竹林寺等佛教名刹跟从名僧志远等人修行天台教义。后入长安,长居资圣寺,结识名僧知玄等佛学大师,与其探讨佛法、精进修为,长达近十年。唐宣宗大中元年(847),圆仁携大量佛教经疏、仪轨、法器等物归国。回到日本后，他深受天皇的信任，又承最澄遗业，在比睿山旧时修行之地设台建院，弘扬佛法，传播天台教义。在延历寺，圆仁一弘法就是十余年，使日本天台宗获得长足发展。圆寂后，清和天皇赐其"慈觉大师"谥号。圆仁一生，著作近百余部，以《入唐求法巡礼行记》四卷最为著名。

在浩渺的历史长河中，中国与日本虽隔海相望，却似一衣带水的邻邦，早在秦汉时期，两国便已悄然开启了交往的篇章。隋唐时期，日本多次派遣使者来华学习先进文化。当时日本前来唐朝的路线有三条：北路，使者们需先经朝鲜半岛，而后西渡波涛汹涌的黄海，最终在登州上岸，沿着青、济、汴州一路前行，最终抵达洛阳与长安；中路，则是从日本出发，漂洋过海，一路西行，最终在长江口岸及苏北沿海地区登陆，踏入扬州、楚州，再借助邗沟和通济渠这两条古老而又神奇的水道，继续行船，经汴州、洛阳一路向西，最终抵达心中的圣地——长安；南路，由日本横越广阔无垠的东海，南下至明州（今浙江宁波）及浙江一带登岸，随后沿着钱塘江或浙东运河，经过越州（今浙江绍兴）进入杭州，再顺着江南运河一路前行，抵达繁华的扬州，而后循邗沟、通济渠，向着长安进发。中路和南路两条线路都要经过大运河，而唐中期后，日本人来中国的脚步仿佛受到了大运河的召唤，大多选择走中路或南路，沿大运河进入中国内地和京城。

在《入唐求法巡礼行记》中，圆仁的记述涉及唐王朝皇室、宦官和士大夫之间的政治矛盾，节日、祭祀、饮食、禁忌等民风民俗与风土人情，水陆交通路线以及沿途所经地区的人口、物产及消费水平，以及新罗商人的贸易活动与生活状况，等等。其中对唐代大运河亦多有描述，尤其是对扬州、楚州（今江苏淮安）等地的运河记载颇为详细。

唐文宗开成四年（839），圆仁自日本远涉重洋，历经风浪，终于抵达了大唐的土地——扬州海陵县（今属江苏扬州）桑田乡东梁丰村。圆仁一行到了东丰村后改乘小船，顺着那悠悠流淌的运河，缓缓向西而行。经如皋、海陇、宜陇、禅智寺前桥而抵扬州府。圆仁对运河沿岸所见所闻均做了详细记载，如物产、沿河城镇、风景等。但受自身知识所限，对运河的认识也有不少错误。如运盐河始凿于西汉吴王刘濞，西起茱萸湾（今江苏扬州湾头）、东通海陵仓（今属江苏泰州）及如皋蟠溪用以运盐，故名。从掘港亭西去如皋镇的河道，本是当地运盐河，但《行记》中却记载："从水路（指掘港至如皋的水路）向州（指扬州）去，水牛两头，以系二十余舫，或编三艘为一船，或编两只为一船，以缧续之，前后之程难闻相唤。掘沟宽二丈余，直流无曲，此即隋炀帝所掘矣。"圆仁在这里显然是把泰州境内的"运盐河"当成了"大运河"。

圆仁对运河运输食盐的场景有详细记载，如淮南镇大江口，盐官大使派遣差人送去文条，进行细致的联络沟通，不多时，盐官判官便充行存，乘坐着小巧的船只，匆匆赶来慰问。那急切的神情与动作，足见对盐运之事的重视；记载延海乡延海村半夜发行盐船的情景："盐官船积盐，或三四船，或四五船，双结续编，不绝数十里，相随而行。"宏大的场面，让初见的圆仁惊叹不已，不禁感慨"乍见难记，甚为大奇"。除关注运河中盐船外，圆仁对运河中其他船只也有记载。如从禅智桥西行不久到扬州府，"江中充满大舫船、积芦船、小船等，不可胜计"，寥寥数语，却生动地勾勒出运河之上船只往来如织、一片繁忙的景象。

圆仁在扬州驻足停留了半年有余，而后又继续踏上了巡礼的征程。他用了3个半月的时间坐船从扬州到了楚州，《行记》中也做了详细记载。如航船驶离"出（扬州）开元寺，往平桥馆候船""未时，出东郭水门……诸船到禅智寺东边停住，便入寺巡礼"。在航行的过程中，圆仁的《行记》细致地记录下每一个停歇的地点。"亥时，到路巾驿宿住""辰时，高邮县暂驻。北去楚州，宝应县界五十五里，南去江阳县界卅三里"。其中，"开元寺""禅智寺"是唐代名刹，"东郭水门"是扬州罗城东门，"路巾驿"即江都境内的露筋驿，这对于研究运河交通史及沿线地名文化具有重要意义。

历经 3 个半月的漫长航行，圆仁终于抵达了楚州。然而，按照当时的规定，正式使节由地方官接待，居住在驿馆中，而圆仁等随行的求法僧人则被安排在寺庙居住。圆仁刚开始住在开元寺，这座开元寺，有着悠久的历史，原名胜因寺，始建于东晋义熙年间，在岁月的洗礼中，它默默见证了朝代的更迭与变迁。唐开元五年（717），因唐玄宗李隆基赐匾"开元寺"而易名。后来，圆仁又搬到了龙兴寺居住。龙兴寺的历史更为久远，始建于西晋永嘉二年（308），由当时镇守山阳的将军庾希为印度高僧竺法护译经说法而建，因其在此翻译《法华经》，因此该庙取名为"正法华院"。其后，唐代初年，西域高僧僧伽来华，曾在这里说法，故唐中宗御赐改名为"龙兴万寿禅寺"。当时的楚州境内新罗人非常多，官府甚至专门设立"勾当新罗所"管理新罗人事务，其负责人称"押衙"，通常由新罗人充任。日本朝圣者的事宜就由押衙来安排。在楚州，圆仁结识了新罗人刘慎言。刘慎言不仅为圆仁担任译语（翻译），在语言交流上为他提供了极大的帮助，还不辞辛劳，尽心尽力地给日本使团以支持。圆仁对刘慎言的帮助心怀感激，将"沙金大二两、大阪腰带一"送给刘慎言。

　　圆仁在楚州的时光里，满心渴望着前往天台山，深入研习佛法的精妙。他多次郑重地向朝廷上书，言辞恳切地表达自己的请求，但仍未获批准。无奈之下的圆仁把在日本精心拟定、准备向天台山高僧请教解惑的 30 个问题，托付给了圆载和尚，希望他能代为求解。同时，圆仁还将日本延历寺座主馈赠给天台宗方丈的一件袈裟，郑重地交给圆载，拜托他转交给天台山国清寺方丈。一心留在唐朝学习佛法的圆仁在 3 月底离开楚州后，随使团北上，然而对佛教圣地五台山的向往，让他在山东半岛毅然做出了私自脱团的决定。他独自一人秘密朝着五台山进发。在历经无数艰难险阻后，终于辗转抵达长安，开始了五年佛学经历。

　　会昌五年（845），唐朝朝堂风云突变。崇信道教的唐武宗下达了一道震撼全国的"灭佛"诏令。一时间，除了极少数寺庙侥幸得以保留，全国范围内的佛教寺院纷纷遭受毁禁，僧侣们也被勒令还俗。身处长安的圆仁，瞬间陷入了困境，无奈之下，只能选择逃离。五月，他匆匆离开长安，沿着汴河南下，一路奔波，抵达了泗州。最初，他不敢贸然继续水路前往楚州，而是选择从陆路，经盱眙，一路艰难地直达扬州。然而，扬州城也并非他的避风港，在走投无路之下，七月初，圆仁又硬着头皮来到了楚州。没想到圆仁第二次来到楚州后，立即受到了楚州新罗坊总管薛诠和新罗语翻译刘慎言的热情接待，并住在楚州新罗坊内。此时，正处于"会昌灭佛"的高峰期，刘慎言冒着相当大的风险将圆仁随身携带的佛像、僧服、功德帧等证明其和尚身份的四笼物件藏起来，又给了些盘缠给圆仁，派人护送其于十月初八离开楚州新罗坊，准备前往登州（今山东蓬莱）想办法出海回国。

会昌六年（846）三月，命运的齿轮再次转动。唐武宗驾崩，宣宗即位，大赦天下并敕令恢复佛教。此时滞留在山东的圆仁，目睹唐朝政局的反复动荡，再加上自己已经离开日本多年，对故土的思念如潮水般涌来，于是，他下定决心，要返回日本。可是，茫茫大海，波涛汹涌，回国之路谈何容易。次年，即大中元年（847）三月，圆仁决定向南去明州（今浙江宁波）搭乘日本船只回国。这一年的六月五日，圆仁第三次来到楚州，再一次受到老朋友刘慎言的热烈欢迎。然而，圆仁在楚州打听到，明州的日本船早已离开。希望瞬间破灭，他满心无奈，只能再次拜托刘慎言帮忙想办法。幸运的是，后来圆仁得到朋友的口信，得知有一条回日本的船只正从苏州北上，预计月底会到达山东半岛，他可以搭乘此船回国。六月十八日，圆仁带上存放在刘慎言家的佛像、僧服、功德帧等四笼物件，乘船离开楚州，自运河入淮河，再出海北上，于七月二十日到达乳山长淮浦，同那艘日本船会合。登船前圆仁特地剃头，再披缁服（僧服），踏上了那条朝思暮想的回乡之路。

圆仁所写的《入唐求法巡礼行记》和唐代高僧玄奘撰写的《大唐西域

记》、意大利人马可·波罗（Marco Polo，1254—1324）的《马可·波罗行记》被人们誉为"东方三大旅行记"，《入唐求法巡礼行记》不仅是中日文化邦交史上一部闪烁着耀眼光芒的历史文献，也是世界文化交流史上一部彪炳千秋的不朽丰碑。《入唐求法巡礼行记》中留下了众多有关隋唐大运河最生动、直观的记载和描述，为我们了解唐代淮扬运河一带的政治、经济、文化提供了第一手资料，对于研究唐代运河交通史、城市史和社会史具有重要价值。

二、成寻眼中的宋代运河

在日本平安时代中期，有一位名叫成寻的天台宗僧人，他的一生因一次跨洋求法之旅，与中国大运河结下了不解之缘。成寻（1011—1081），俗姓藤原氏，日本平安时代中期天台宗僧人。7岁时便踏入岩仓大云寺的佛门，自此沉浸于佛法的世界，后出任该寺主持。神宗熙宁五年（1072），成寻前往中国求法。他原本规划了一条充满理想色彩的求法路线：先巡礼五台山这一佛教圣地，随后返回天台山，用三年时间精研《法华经》，接着再度前往五台山，最后荣归日本。但按照宋朝的规定，外国僧人来华学法，需经枢密院批准。所以，当他到达台州（今属浙江）后，台州地方官即以其所请呈报枢密院。神宗得到呈报，很快颁发圣旨，令台州派人护送成寻一行到达汴京。于是成寻由台州乘船而上，经运河走水路到达京师。十月，成寻一行乘船走汴河到达洛阳，在洛阳和汴京先后巡礼了大相国寺、太平兴国寺、启肇禅院、显圣寺、感慈塔、开宝寺、福圣院等著名寺院。十一月初，成寻去五台山巡礼，返回洛阳后，由于神宗的一再挽留，又在洛阳居住近一年。直到次年（1073）六月，成寻返回天台山，继续修行。同年，受神宗赐号"善惠大师"，担任译场监事。元丰四年（1081），成寻圆寂于开封开宝寺。

成寻根据其入宋经历，撰有《参天台五台山记》一书，时间自熙宁五年（1072）三月至熙宁六年（1073）六月，约16个月。书中共收录了468

篇日记，这些日记犹如一幅徐徐展开的历史画卷，记载了成寻从日本登上宋船，一直到次年在宁波辞别归国弟子这一路上的旅行见闻。其中就有众多涉及运河交通状况、名胜古迹及市井风情的记载和描述，为后世留下了许多珍贵的史料。

熙宁五年（1072）四月五日，成寻在明州（今宁波）靠岸后，首先抵达杭州，而后经浙东运河前往台州天台山。在这段旅程中，他留下了许多关于浙东运河交通状况和水利设施的宝贵记载。

钱清堰位于萧山县与山阴县交界处浙东运河穿越钱清江的两岸，设有北、南两堰。钱清江原是一条小河，至北宋成为浦阳江的下游后，始变成河面宽阔的溜淄大江。因此建在南北两岸的钱清堰，最迟在北宋中期以前已经存在。由于钱清江下游江面宽阔，距杭州湾海面又近，因此涨潮退潮之间，江面的水位差很大，故宋人对此有记载说："运河半贯其中，高于江水（注：指钱清江）丈余，故南北皆筑堰，上水别设浮桥渡行旅。大舟例剥载，小舟则拖堰而过。"

熙宁五年（1072）五月六日，成寻一行由杭州前往台州途中抵达钱清堰，"自五云门过五十里，未时至钱清堰，以牛轮绳越船，最希有也。左右各以牛二头卷上船陆地，船人多从浮桥渡，以小船十艘造浮船，大河一町许。过三里，有山阴县，有大石桥，通前五大石桥也。过二里，至钱堰。从堰过五十里，戌时，至府迎恩门止，水门闭了。"由此可知，钱清堰也是牛埭，而且设有绞盘。同年八月十九日，成寻沿运河前往东京，再次经过钱清堰。"廿日，雨下。卯时，以水牛八头付辘轳绳，大船越堰，船长十丈，屋形高八尺，广一丈二尺也。"这些细致入微的记载，让我们仿佛能看到当年钱清堰繁忙的运输场景。

都泗堰，也称"都赐堰"，位于会稽城东的都赐门。该堰是用以控制鉴湖水泄入浙东运河的重要门户，因当时浙东运河是从会稽的迎恩门（位于城西北角的水城门）入城，穿城而过，通至都赐门（位于城东面的水城门）出城，并与鉴湖相通。因此可知当年的都泗堰，就建筑在通过都赐门的运河上，故其所处的位置十分重要。该堰也系牛埭，并设有堰营，驻兵戍守。成寻对都泗堰也做了详细记载："五月六日……戌时至府（注：会稽）迎恩门止，水门闭了，宿下。七日，天晴，卯时，以杭州令见官人，令开门，入船……过都督大殿，如杭州府。过五里，有都泗门，以牛二头令牵过船。都泗二阶，门楼五间，如迎恩门。"从他的描述中，我们可以想象出都泗堰在当时水利运输中的重要地位。

曹娥堰位于会稽东南七十二里的曹娥江西岸，六朝时设置。曹娥江系潮汐河流，故是堰为控制江潮对浙东运河影响而设。并设有堰营，驻有堰兵戍守。成寻一行于五月七日至曹娥堰宿："八日，天晴，晨一点，潮满。先以水牛二头引上船陆，次以四头牛引越入大河，名曹娥河。向南上河，河北大海也。"可知曹娥堰也是牛埭，并设堰营以驻兵。

成寻访五台山时，从杭州出发沿江南运河北上，次年又沿运河返回南方，其中先后两次取道海宁长安镇，对长安镇的闸、坝均有详细记录。熙宁五年（1072），成寻从杭州出发，开启了前往五台山的巡礼之行。他乘船沿着上塘河缓缓前行，抵达海宁长安镇，又转道崇长港（下河）彼时的长安镇。成寻在此见证了一项独特的水利设施——长安闸。根据成寻的描述，从上河前往下河，采取"过闸"的形式：过船时先开启两道水闸，即上闸与中闸，过中闸后，再开启下闸，进入下河段。通过其记载，我们可以清晰地了解到，在那个时候的长安闸就已经是复式船闸了。第二年（1073），结束五台山寻访的成寻，踏上了返回杭州的归程。这次，他的路线与来时相反，乘船走崇长港，再次途经长安镇。然而，从下河前往上河的方式却大不相同，成寻目睹了"翻坝"这一独特场景：闸的左右两边各有7头牛，用牛牵动辘轳转动，从而牵拉着船只越过长安坝。这是由于"过闸"的方式不适用于自下而上的航行中，因而采取"翻坝"的形式。

对于长安闸以北至润州（今江苏镇江）的江南运河，成寻在其《参天台五台山记》中亦做了详细描述。由长安堰再向北，距秀州北六里有杉青堰，亦有闸，有两道闸门如同忠诚的卫士，守护着运河的水运秩序；苏州以北的望亭堰，虽水门及绞盘显得陈旧失修，但依然顽强地承担着越堰过船的重任，见证着岁月的沧桑变迁。常州运河自南而北横穿城中，有南北两水门；再北有奔牛堰，有五个辘轳，用16头水牛（左右各8头）拖船过堰；润州可由水门入城，穿城至城西北的京口堰，越堰用14头牛拖船，下游涨潮时始有水，堰外另有一道闸门；过闸北一里，又有一道闸通长江。

熙宁六年（1073），成寻结束了在五台山、东京等地的参谒，申请回天台山国清寺修行，并得到宋神宗的批准。四月十五日，他怀着对未来修行的期许，离开东京（今河南开封），沿汴河踏上了南下的水路。五天后进入了泗州临淮县境内。随后，在二十二日时，成寻告别了泗州城，驶入淮河之中。当天顺风到达"鸿泽"，即楚州淮阴县洪泽镇。二十三日，成寻的船只依然由楚州城北的船闸入运河，因为楚州南门外的运河船闸未开，所以在楚州逗留了几日。二十五日，成寻的船依然没能过运河船闸。随行官员一番打听后，用汉字告知成寻缘由：原来，楚州往扬州去的运河上，各处船闸的开闭由江淮发运使统一指挥。按照规定，每次需聚齐一百艘船才能开闸，如果三日内凑不齐一百艘船，那就第三天开闸通行。就这样，成寻在焦急的等待中，一直等到二十六日早上，船只才顺利过闸。当天，成寻留宿"平河桥"，即今天的平桥镇。随后，成寻继续沿运河南下，行至明州（今浙江宁波），在这里，他遇到了正要启程回国的日本僧人赖缘等5人。成寻将宋神宗的亲笔文书、赠送的礼物，以及新译佛经、佛像等郑重地交给他们，为这次旅程画上了一个特殊的句号。

成寻在《参天台五台山记》中有关宋代大运河的记载和描述，大多都是他自己的亲身经历，其内容翔实、叙述客观、语句生动，相比于同一时期宋人的游记、笔记等具有更高的史料价值，是我们研究宋代运河交通状况及沿线地区社会风情必不可少的珍贵史料。

第二节 元代大运河上的西方来客

蒙古铁骑通过战争打通了东西方的重要陆上交通，彻底疏通了西方来华的要道，欧洲人、阿拉伯人开始源源不断进入中国，他们对京杭大运河开始有了更为准确的了解和认识，这期间最著名的人物便是马可·波罗、鄂多立克和伊本·白图泰三人，他们在各自游记中留下相关记载和描述，使得西方人对大运河的了解达到了一个新的高度。

一、马可·波罗的运河之旅

马可·波罗，13世纪意大利著名的旅行家。马可·波罗从1275年至1291年在中国游历、生活了17年，其所口述的《马可·波罗行纪》主要

▲ 马可·波罗画像（图片来自网络）

记载了他在中国的旅行纪实，首次向欧洲人全面地展示了中国先进的物质文明和精神文明，向世界展示了幅员辽阔、物产丰富、文化发达的中国形象。在马可·波罗的游记中，也留下了关于京杭运河及其沿岸城市的诸多记述。

自隋炀帝修凿大运河以来，大运河即以中原地区为中心，对当时长江下游和黄河流域的物质、文化交流起到了重要作用。但至元初，由于南北对峙已久，运河淤积严重。且元朝定

都大都，"去江南极远，而百司庶府之繁，卫士编民之众，无不仰于江南"。因此，隋唐以来的旧运河已经不再满足元朝政府的需要，如今的首要之举便是开凿一条从大都至江南的大运河以取代旧运河。至元十二年（1275）到至元二十年（1283）元朝开挖了济州河。至元二十六年（1289），开挖了接通济州河的会通运河。至元二十八年（1291），疏通了通惠河。至此，整个京杭大运河便全线贯通了。此后，"江淮、湖广、四川、海外诸番土贡粮运、商旅懋迁，毕达京师。"

大运河对于南北地区的交通联系有着极为重要的作用，不同程度地带动了大批城市、市镇的兴起与发展，在马可·波罗的游记中能够看到他对大运河及其沿岸城市的大量记载。马可·波罗在大运河的终点——大都生活多年，对大都了解很深，南下游历时，又经过运河至会通河上的临清、济南、东平，江淮运河上的淮安，江南运河上的南京、镇江、扬州、苏州、杭州、泉州等城市和地区，并详细记述了运河区域的物产、风俗等情况。

马可·波罗记述了大都的城市建筑，他记载元世祖所居宫殿："君等应知此宫之大，向所未见。宫上无楼，建于平地。惟台基高出地面十掌。宫顶甚高，宫墙及房壁满涂金银，并绘龙、兽、鸟形象及其他数物于其上。屋顶之天花板，亦除金银及绘画外别无他物。大殿宽广，足容六千人聚食而有余。房屋之多，可谓奇观。此宫壮丽富赡，世人布置之良，诚无逾于此者。"作为一个商人，大都最能吸引马可·波罗的自然还是它的富饶繁盛及商业的发达。他认为大都人口众多，十分繁华，商旅往来不绝，物品臻集："应知汗八里城内外人户繁多，有若干城门即有若干附郭……郭中所居者，有各地来往之外国人，或来入贡方物，或来售货宫中。所以城内外皆有华屋巨室，而数众之显贵邸舍，尚未计焉。""外国巨价异物及百物之输入此城者，世界诸城无能与比。盖各人自各地携物而至，或以献君主，或以献宫廷，或以供此广大之城市，或以献众多男爵骑尉，或以供屯驻附近之大军。百物输入之众，有如川流之不息。"

马可·波罗南下游历路过哈寒府（今河北正定）时，注意到"居民是偶像教徒，人死焚其尸，使用纸币，恃工商为生。饶有丝，以织金锦丝罗，其额甚巨"。"有一大河流经此城，转运不少商货至于汗八里城，盖有不少运河沟渠通都城也。"尽管河北正定距离京杭运河稍远，但仍受到运河交通水系的影响，被纳入以大都为中心的商贸网络中。

临清自京杭大运河南北贯通后，即成为运河上的一座重要城市。马可·波罗也观察到了运河对临清的影响："强格里是契丹向南之一城，隶属大汗，居民是偶像教徒，使用纸币。此城附近有一宽大之河，其运赴上下流之商货，有丝及香料不少，并有其他物产及贵重货品甚多。"至东平路，他惊讶于大运河的运输货物的能力："骑行此三日毕，抵一贵城名称新舟马头，颇富丽，工商茂盛。居民是偶像教徒，为大汗臣民，使用纸币。有一河流，彼等因获大利，予请言其故。此河来自南方，流至此信州马头城，城民析此河流为二，半东流，半西流，使其一注蛮子之地，一注契丹之地。此城船舶之众，未闻未见者，绝不信其有之，此种船舶运载货物往契丹、蛮子之地，运载之多，竟至不可思议，及其归也，载货而来，由是此二河流来往货物之众可以惊人。"

马可·波罗还依次记述了临州（今徐州利国驿）、邳州、西州（今江苏宿迁）、淮安、南京、瓜州、镇江、苏州等城市。如他认为临州"位置于上述之河上（运河），河中有船舶甚众，船身大于前章所著录者，所载贵重货物甚多"。淮安是京杭运河贯通后兴起的一个重要商业城市，马可·波罗对它也表示出浓厚的兴趣："此城为府治所在，故有货物甚众，辐辏于此。缘此城位置此河之上，有不少城市运货来此，由此运往不少城市，惟意所欲。"在此，马可·波罗敏锐地指出了淮安城兴起的原因是运河交通的发达。抵泰州时，马可·波罗认为泰州的贸易繁盛乃是因为其位于运河沿岸之故，并称真州（今江苏仪征）城市规模甚大。其实，早在宋朝之时，真州的地位便已经直逼扬州，取代其成了与长江相接的重要运河口岸。在元代时，其仍然是"南北商旅聚集去处"，办课总额都保持在一万锭以上。真州与杭州及其他两地一道，成了享誉全国之最。马可·波罗在扬州曾做了三年多的官，因此对扬州可谓是极为熟知。虽然"扬州为南北之要冲，达官显人往来无虚日，富商大贾居积货财之渊薮"，可惜马可·波罗对扬州的着墨却不多，也许是太过于熟悉而不欲下笔。

瓜洲是物资运往大都的集散地，汇集着大量的粮食和其他物品。大部分物品经过京杭运河运往大都，是元代运河的交通枢纽。马可·波罗对运河的开通很是赞赏："此城屯聚有谷稻甚多，预备运往汗八里城以做大汗朝廷之用，盖朝中必需之谷，乃自此地用船由川湖运输，不由海道。大汗曾将内河及湖沼连接，自此城达于汗八里，凡川与川间，湖与湖间，皆掘有大沟，其水宽而且深，如同大河，以为连接之用。由是满载之大船，可从此瓜洲城航行至于汗八里大城。"而在记述瓜洲对岸的镇江及常州、苏州等城市时，他曾提及镇江有三个基督教教堂，常州盛产丝织品，苏州更是如天堂一般。

马可·波罗着重描绘了大运河的南端最重要城市杭州。他认为杭州"为世界上最富丽名贵之城，良非伪语"。杭州街道宽广，运河宽阔，除了不计其数的店铺，还有许多广场、市场。由于大运河的开通，使得运输畅通无阻。为了存放货物，还在运河沿岸建筑容量达百万石的石头仓库，以提供给外国商人存储货物、居住之用："邻市渠岸有石健大厦，乃印度等国商人挈其行李商货顿止之所，利其近市也。"每个星期有三天时间为市集贸易之日，四五万人携带着自己的货物来此贸易。市场上充斥着众多种类的商品。马可·波罗还描述了杭州的宫殿建筑、社会风俗等。

马可·波罗在其游记中对元代运河交通运输、城镇风貌、风俗民情、经济状况等内容进行了细致的记载和描述，不仅是我们研究运河历史必不可少的重要史料，而且对于研究中西交通、文化交流亦具有重要价值，从其记载我们亦可以看出当时运河区域的繁盛景象。

二、鄂多立克的运河见闻

鄂多立克（Friar Odoric，1286—1331），意大利方济各会会士，是继马可·波罗之后，来到中国的著名旅行者。鄂多立克生于意大利小公国弗尤里的珀德农，少时即入圣方济各会，在乌迪内教堂内修道。他是中世纪著名的旅行家，大约于1314年从威尼斯起航开始了其东方之旅。经君士坦丁堡、特拉比松、埃尔兹伦、大不里士、孙丹尼牙、喀山、耶兹特、百世玻里、设拉子、巴格达等国家，经广州入中国，游历泉州、福州、明州、杭州、金陵、扬州、北京等地旅行，取道西藏回国。后在病榻上口述东游经历，由他人笔录成书《鄂多立克东游录》。该书记载了鄂多立克从广州经福建、浙江到达大运河，后又到达北京的行程。

鄂多立克在他的游记中详细地介绍了杭州，以充满赞美的口吻描述了杭州："我来到了杭州城，此城的名称有一个优美含义：天堂之城。若不是因为我曾在威尼斯见过一些到达过那里的人，我是惶惶不敢妄谈这座全世界最大的城市的。杭州城四周足有百英里，且人口稠密，一派车水马龙之象。那里建造着许多客栈，每一个客栈都有十或十二间客舍不等。与此同时，杭州城也存在着大的郊区，但是郊区的人口甚至要多于城市。它有十二座大门，并且每一座大门都要比威尼斯或是岜都亚（今帕多瓦）大上不少。城镇从每个大门开始，都可以向外延伸八英里之远。因此，虽然你旅行了六七天的时间，但看上去你不过只走了很短的一段路程。杭州城立于静水的礁石上，同威尼斯一般，运河在其中穿行而过。其城内建造了一万两千多座桥，且每座桥上都有卫士驻扎，为大汗护卫着这座城池。城池旁边流经一条河，城在河边类似于波河畔费腊腊的建设，它的长度是大于它的宽度的。我竭力打听有关这座城池的信息，向基督教、撒刺逊人、偶像教徒以及其他所有可能的人进行询问，他们都认为城的周围有一百

　　　　　　　　　　　　　运载千秋：中国大运河传

英里。"

鄂多立克谈到扬州时说："当我在这条塔剌伊河上旅行时，我经过很多城镇，并且来到一座叫作扬州的城市，吾人小级僧侣在那里有所房屋。这里也有聂思脱里派的教堂。这是座雄壮的城市，有实足的四十八到五十八土绵的火户，每土绵为一万。此城内有基督徒赖以生活的各种大量物品。城守仅从盐一项上就获得五百土绵巴里失的岁入；而一巴里失值一个半佛洛林，这样，一土绵可换五万佛洛林。"鄂多立克特别谈到扬州人待客的热情，说扬州人如果请客，一定要在专设的酒店里预订丰盛的筵席，还会提前向老板告知此次花销的预算，而"老板一如他吩咐的那样做，客人们受到的招待比在主人自己家里还要好"。

鄂多立克还提到了一个名叫"MENZU"的城市，这也是《马可·波罗行纪》中所没有的。鄂多立克这样写道："离此城（指扬州）十英里远，在那条塔剌伊河出口处，有另一座叫作（MENZU）的城市。此城的船只恐怕比世上任何其他城的都要好要多。船白如雪，用石灰涂刷。船上有厅室和旅舍，以及其他设施，尽可能地美观和整洁。确实，当你听闻乃至眼见那些地区的大量船舶时，有些事简直难以置信。"这里的"MENZU"很有可能指的是"明州"，即现在的宁波。

对临清等运河城市，鄂多立克亦做了记载："离开该城，沿澄清的水道旅行，我经过很多市镇，八天后我抵达一座叫作临清（LENZIN）的城市，它在叫作哈剌沐涟（CARAMORAN）的河上。此河流经契丹中部，当它决堤时给该邦带来极大祸害，一如费腊腊城畔波河之危害。我沿该河向东旅行，又经过若干城镇，这时我来到一个叫作索家马头（SUNZUMATU）的城市，它也许比世上任何其他地方都生产更多的丝，因为那里的丝在最贵时，你仍花不了八银币就能买到四十磅。该地还有大量各类商货，尚有面食和酒，及其他种种好东西。"

鄂多立克和马可·波罗、伊本·白图泰（IbanBatuta，1304—1377）、尼可罗·康提一同被称为"中世纪四大旅行家"。《鄂多立克东游录》一书在欧洲广为流传，成为当时西方人了解中国的重要来源。该书涉及范围广泛，对研究中外交通史、中亚史、蒙元史等都有一定的参考价值，其对大运河城市的记载，可与《马可·波罗行纪》相互参照，对于我们了解元代运河城市的发展变迁具有重要价值。由于鄂多立克为中西文化交流做出了巨大贡献，1881年，国际地理学会在威尼斯为他建立了一尊铜像，表达了敬仰之意。

三、伊本·白图泰的运河游

伊本·白图泰，摩洛哥人，中世纪著名旅行家。白图泰在弱冠之年，便怀揣着对未知世界的无限憧憬，毅然决然地离开家乡，踏上了远游伊斯兰各国的征程。1333年，他抵达印度德里，在这片神秘的土地上留居了9年之久，深入了解了印度的风土人情与文化底蕴。随后，在1345年，他的脚步开始迈向更为遥远的东方，游历了广州、杭州等地，1347年又折返印度，1349年回到摩洛哥。然而，他的冒险之旅并未就此停歇，之后又前往西班牙和中西非继续探索。1354年，他最终定居非斯。在漫长的旅途中，他将自己的所见所闻，通过口述的方式，由他人笔录成书，这便是举世闻名的《伊本·白图泰游记》。这本书对北非、中亚、南亚以及东亚各国的风土人情进行了细致的叙述，其中就包含有关中国的民俗景象。作者文笔生动，内容刻画引人入胜，在世界多国都存有译本，是一部名副其实的世界著作，得到世代读者的认可与尊崇，同时也对研究中国和阿拉伯人民之间的和谐友好合作关系有着重要的参考价值。

1342年，白图泰被印度德里苏丹任命为印度使臣，肩负着使命奉命出使中国。这一路上，他历经坎坷磨难，中途甚至被恶人所俘虏。直到1346年的4月份，才终于到达了他口中的"宰桐—橄榄城"，即如今的福建泉州，当时被称作"宰桐"。白图泰所走过的路线，宛如一条蜿蜒曲折的丝带，从印度出发，依次经过斯里兰卡、孟加拉国、爪哇、苏门答腊、马来西亚以及菲律宾，最终抵达泉州。至泉州之后，"他曾经三次经过宰桐、南下穗城（广州）、北上行在（杭州）①与汗八里克（元大都）。"一路上，他如同一位细心的记录者，将有关中国风土人情、社会现实及史实的点点滴滴，都记录在了自己的行程之中。

白图泰从被誉为"世界最大港口之一"的福建泉州，踏入了元朝的广袤疆域。他首先奔赴广州进行访问，随后马不停蹄地到达镇江和杭州，而后又沿着大运河，一路向北，朝着大都进发。在他的眼中，中国宛如一片宁静祥和的乐土，他不禁赞叹道："在中国旅行是最安全不过的。中国是世界上最安定的国度。旅行者即使身怀巨款，单身行程九个月，也不会担惊受怕。那是因为在中国处处设有驿站。"针对中国严格的驿站管理制度，白图泰进行了细致的讲述，"驿站有驿令、骑兵和步卒驻防。每到傍晚或晚饭时分，驿令和录事便来到驿站客栈，将所有旅客登记造册，并加盖印章，然后将客栈大门关闭。翌晨，驿令和录事复来清点，按花名册点名，记下详情。然后派人将他们送至下一站。下一站的驿令出具文书，证明名单上的人皆已抵达。如下一站的驿令不这么做的话，前一站的驿令可向他要人。从中国的穗城到汗八里克，站站如此。"他有关驿站制度的记载，成了史书中相关内容的生动补充，丰富了人们对于元朝历史的认识。"在每个驿站里，旅客所需之食品，样样具备，鸡鹅尤多，只是羊肉不多。"驿站不可或缺的作用贯穿在了他的整个大运河旅途之中。由此可见，当时的驿站应当是分布在包括大运河沿线的全国各个区域。

白图泰接到元帝准许其前往大都的诏书时，其正居住在泉州。元帝在诏书中对他说："如你愿走水路，就乘船来，否则可走陆路。"由此可知，大运河是准许像他这样的外国友人所使用的。"我选定水路。于是，他们

---

① 如今的杭州，曾是已经灭亡的南宋的都城，时称临安。"行在"这个阿拉伯人的惯用称呼，仿佛带着历史的厚重感，指的正是天子的所在地。

为我准备了一条专供王公们乘坐的渡船。""一路上我们备受款待，这村设午宴，那乡备晚餐。晓行夜宿，十天后到达坚阜城①。""这是一座漂亮的城市，位于广阔的平原中间。花园环绕，甚似大马士革的'姑塔'。"在这里，白图泰得到了主人家的热情款待。"我们一到，推事、教长、商贾庇众出城迎接。只见彩旗飘扬处，成群结队的欢迎群众在鼓乐声中向我们走来。他们为我们备下了骏马。我们骑上后，推事和伊斯兰教教长与我们并辔西行，其他人前呼后拥徒步簇拥着我们。知府与衙役等出城相接。在他们那里，素丹的客人是备受尊敬的。"对于这座城市，他描写道："该城有四道城墙，一、二道城墙之间由素丹的更夫、卫士们驻守，叫白斯瓦南；二、三道城墙之间由骑兵和地方长官驻守；第三道墙内住的是穆斯林。我们进城后就住在这里一位叫祖海尔·古尔俩尼教长家里。中国人住在第四道城墙内。这道城墙是四道城墙中最壮观的一道，每两个城门之间的距离约三四阿拉伯里。每家都有花园、庭院和田地。"

经过 17 天漫长而又充满期待的长途跋涉，伊本·白图泰终于来到了行在。白图泰惊讶于杭州城规模之大："在地球上我到过的城市中，这座城市是最大的，旅行者晓行夜宿要三天才能走完全城。"对于杭州这座运河城市，白图泰着墨颇多。他描述杭州坐落于"大江之滨"，城内包含着六座城池，每座城池外都建有坚固的城墙，除此之外，还有一道巍峨的大城墙将六座城池全部牢牢包裹在内，当真可谓"固若金汤"。

当他来到第一座城池时，知府亲自前来迎接，当晚便邀请他留宿在了知府官邸内。据他询问，这座城池有着 1.2 万名军队守卫，彰显出其重要的战略地位。随后，他前往了第二座城池。这座城的城门被叫作犹太门，"城内居住的是犹太人、基督教徒和崇拜太阳神的突厥人，人数很多。"这天，他住在了统领的衙内。第三座城池独具特色，其内居住的全是穆斯

---

① 一说此地为"镇江府"。

林。这座城池宛如一座精美的伊斯兰花园，非常漂亮，其市场也是按照伊斯兰国家的市场布局进行规划的。城内建造有许多的清真寺，还有很多宣理礼员，在这里，他仿佛回到了熟悉的伊斯兰世界。"我们住了十五天，每天都赴宴，菜肴日日变。"白图泰回忆道。来到第四座城池，就来到了王爷府的所在之处。"此城专供国王的仆人及奴隶们居住。这是六座城池中最好的一座，有三条河流穿城而过。一条大河由此入海，形成一个海湾，小船可以由此入城，出售食品和燃料。还有游览船也从这里驶入。"杭州城地处钱塘江与杭州湾处，伊本·白图泰这一段的描写，精准地契合了其地理位置，仿佛一幅细腻的地图展现在读者眼前。王爷府建造在城的中央，其周围全是宫殿围绕。杭州作为全国手工业中心，其宫殿中随处可见的任务房内，都有着许多技艺精湛的能工巧匠，他们在里面织造上等的衣料以及打造军械。据了解，这里一共有着1600名工匠，甚至每个人还都拥有着三四个徒弟。这些人都是可汗的家奴，可以看到他们双足上的镣铐。他们居住在宫外，虽然可以在集市活动，但是并没有出城门的权利。他们每天都要按时向王爷进行报到，每百人为一伍，一旦少一个人，那么伍长就需要承担责任。通常按照惯例，家奴服役期为10年，一旦期满，他们就可以取下镣铐。这个时候，他们就面临着两种选择：不戴镣铐继续服役；或是在元朝疆域内谋生。若是年龄到了50岁，就可以免除劳役，还会给予赡养费。甚至到了60岁时，就同儿童一样，可以不受法律的制裁。在这里，白图泰还欣赏了魔术《偷桃》，然而，其中血腥的内容却如同一把利刃，深深刺激到了他，主人家见状，不得不喂他服用镇静药。第六座城池，"这里的居民是水手、渔民、剃头匠和木匠。他们称弓弩手为大德卡兰或伊斯巴希耶，叫步兵为乡勇，这些人都是素丹的奴隶。他们自居一处，为数众多。"元朝的等级划分有两种，一是按照种族划分，如蒙古人、色目人、契丹人或南人；二是按照身份划分，如军队、王公贵族、工匠。同时，他们的居住地也进行了划分，杭州城的情况便是这最真实全面的反映，宛如一面镜子，映照出元朝社会的复杂结构。

　　伊本·白图泰被《简明不列颠百科全书》誉为"在蒸汽机时代以前无人超过的旅行家"，在许多人眼中，他的成就远远大于马可·波罗。有人甚至形象地比喻说，马可·波罗是"矮子"，而白图泰则是当之无愧的"巨人"。白图泰在书中称赞道："伟大民族中国人，陶瓷制糖出真丝。""中国地大物博，水果、五谷、黄金、白银应有尽有，世上任何地区都不能与之媲美。""中国人是最伟大的民族。他们的工业品以其精致、细巧而驰名于世。人们在谈及中国人时，无不赞叹不已。"伊本·白图泰的许多记录都和中国的史书及文物形成了佐证，并且还弥补了一些史书的空白，其对运河水路和沿岸城市更是做了极为细致的观察和描述，在研究元代运河交通史和城市史方面具有极为重要的价值，为后人揭开了元代中国那神秘而又迷人的面纱。

第三节 明代大运河上的外国人

明朝建立之后，除了对元朝残余势力积极防御，不时发生战事外，对周边国家大都奉行睦邻友好政策。永乐年间迁都北京之后，京杭大运河的地位日渐重要，运河沿岸城镇也随之崛起。北上或南下的外国使团大多在此参观游览或进行贸易，大运河成为中外文化交流的桥梁。其中，又以来自朝鲜和日本的使节最具有代表性。明代中后期，随着天主教在中国的广泛传播，运河沿岸地区也成为西方传教士活动的重要区域。

一、日僧笑云的入明经历

笑云瑞欣（一写作"䜣"），这位日本临济宗梦窗派的僧侣，仿若从历史迷雾中走来的神秘行者，史料中关于他的出生地和俗姓均无记载。日本宝德三年（1451），他跟随日本外交正使东洋允澎，远渡重洋来到明朝，开启了一段奇妙的东方之旅。明景泰五年（1454）六月，他带着满满的收获和回忆回到日本。日本康正二年（1456）春，他被任命为山城等持寺首座，在任期结束后，又荣任等持寺住持。日本宽正元年（1460），他住进了山城宇治模岛钓月庵，享受着片刻的宁静与修行的乐趣。日本文明四年（1472）十一月，他肩负重任，住持经历应仁之乱后满目疮痍、被荒废的相国寺，后来又住持南禅寺。日本文明七年（1475），他再次回到之前任职过的山城等持寺，继续传播佛法，而他具体的圆寂时间，却如同历史的谜团，淹没在岁月的长河中。

日本宝德三年（明景泰二年，1451），由东洋允澎担任正使的遣明使团浩浩荡荡地踏上了入明的征程。该使团规模宏大，共有九艘船，人数多达1200余人，堪称明代日本规模最大的一次遣明使团，就像一支庞大的文化交流舰队，驶向东方的文明古国。遣明的点点滴滴，都被笑云瑞欣以日记的形式精心记载下来，这本日记名为《笑云入明记》（又名《允澎入唐记》），它宛如一把钥匙，为后人打开了一扇了解那段历史的窗户。日记始于景泰二年十月正使东洋允澎离开京都，结束于景泰五年（日本宝德六年，1454）七月遣明船抵达日本长门赤间关。使团一行于景泰四年（1453）四月二十日登陆宁波，这片陌生而又充满魅力的土地，让他们满怀期待。八月六日，他们从宁波出发北上，顺着京杭大运河；八月十一日抵达杭州，这座如诗如画的城市，让他们流连忘返；九月二十六日，他们终于抵达京城，怀着崇敬的心情拜谒景泰帝，完成了此次出使的重要使命。完成朝贡任务后，于景泰五年（1454）二月二十八日，他们离开北京，继续沿运河南下，五月十四日再次回到杭州，这座熟悉的城市依旧散发着独特的魅力；五月三十日，他们抵达宁波，准备踏上归程。在这漫长的旅程中，大运河成为使团往来南北的主要通道，笑云也在其日记中留下了众多有关运河交通状况、名胜古迹和物产风俗的珍贵记载和生动描述，这些文字，犹如璀璨的明珠，对于研究明代运河交通史和城市史具有不可估量的重要价值。

笑云瑞欣在其旅行日记中详细记载，他们一行人于景泰四年（1453）八月六日由宁波四明驿乘船出发，一路风景如画，路经余姚、绍兴、萧山，渡过钱塘江后，率先到达杭州，这座"人间天堂"的美景让他们陶醉；后顺着京杭大运河一路前行，经过嘉兴、苏州、镇江，又渡过长江，那波澜壮阔的长江水，让他们心生敬畏；再途经扬州、淮安、徐州、济宁、聊城、德州、沧州等地后，最终抵达通州的通津驿，完成了这一段精彩的旅程。归程时，除因收回货款取道南京外，其余所经地方与去程几乎一致。笑云一行几乎走完了运河全程，就像一位资深的探险家，深入探索了运河的每一处角落，故其在日记中留下了众多有关运河交通状况的宝贵记载。

景泰四年八月十一日，笑云一行抵达萧山县西兴驿，并由此渡过钱塘江，抵达杭州。《笑云入明记》记载："朝至萧山县西兴县驿，午渡钱塘江，江广十八里，东岸曰浙东，乃越地也；西岸曰浙西，乃吴地也，晚入杭州武林驿。"《水陆路程便览》卷三记载："杭州府武林驿二十五里（至）浙江水驿，属钱塘县，渡浙江，广十八里，至西兴驿。"这里的"浙江"指的就是"钱塘江"，"江广十八里"，这与笑云的描述无疑极为吻合。

景泰四年（1453）八月二十三日，笑云一行抵达镇江府丹阳县。八月二十四日，遣明船渡长江。《笑云入明记》记载："江广四十里，南岸有楼，额'江南律观楼'，北岸有楼，揭'江淮胜概楼'。乃扬州也，有驿额曰'广陵驿'，驿楼重重，檐楹飞舞，驿前江淮等处马、快、红、站诸船，舳舻相衔。中流有二山，谓金山、焦山也。"扬州自古以来就是南北交通的枢纽，境内亦有许多重要的驿馆。广陵驿建在扬州府城南门的外面，是其中规模较大的驿站之一。笑云在日记中记下的"马船"，最开始用来运输从西南、外藩等地进贡的马匹，后来用于运输军队物资。"快船"，即"快速船"；"红船""站船"则是只服务于官府公务的船只。从笑云的记载可以看出，当时的广陵驿可谓十分繁忙。

虽然河运较以往海运安全许多，但限于当时交通条件，内河运输仍然存在许多风险，就像一场充满未知的冒险。特别是汴河与泗河交汇处徐州吕梁洪、百步洪，是经淮河入黄河的必经之处，地势险峻、水流湍急，历来是两处险滩，仿佛是大自然设置的两道难关。"三洪之险，闻于天下"，指的就是徐州的秦梁洪、吕梁洪和百步洪。吕梁洪位于徐州城东南吕梁山下，因处在古吕城南，且水中有石梁，故称"吕梁洪"，分为上下二洪，绵延 7 里多，那汹涌的河水，让人望而生畏；百步洪，又名"徐州洪"，在今徐州市东南，为泗水所经，有激流险滩，凡百余步，故称"百步洪"，它就像一个隐藏在水中的陷阱，随时可能吞噬过往的船只。两处都由于为两侧山地所限，河道狭窄，水流极为湍急，稍有不慎便翻覆沉溺，无数的船只在这里折戟沉沙。

景泰四年（1453）九月三日，日本遣明使团从淮安出发，经过吕梁洪、百步洪，到达徐州。《笑云入明记》记载："吕梁洪，汴泗支（应为交）流处，水太急，使七八牛牵船一只，百步洪是也。吕梁上闸，牛牵船与洪同。徐州闸，州以铁铰牵船。"从其记载我们可以看出，过百步洪时可谓极为艰难，要靠牛牵船，七八头牛的力量才能牵动一只船；想要过闸则更为困难，需要用到铁链牵引，才能成功过闸。次年三月二十四日，遣明使从北京返回时，又经过二洪，恰逢夜雨，笑云在其《入明记》中记载："吕梁上闸，船多水少，次于房村驿。""廿五日，又有夜雨，午过吕梁、百步洪，水多船少，泊于双洪。"

遣明使入明后，观光游历是必不可少的活动。抵达宁波后，日本遣明使团在此地停留数月，等待朝廷下发允许其进京的旨令，在获得准许后，笑云一行才沿京杭大运河北上；完成朝贡任务后，日本遣明使团在回程途中，去到南京、杭州等地观光游玩，然后回到宁波。遣明使活动的区域主要在运河沿线地区，因此，在遣明使的记录中，对运河区域名胜古迹的描绘着墨颇多。

在笑云的记录里，他们一行人在宁波停留了三个半月的时间才又出发北上，路过杭州时也停留了七天。回程时，又在杭州和宁波驻足，分别花费十一天和半个月的时间来游览杭州和宁波的名胜古迹，每一处景点，都留下了他们的足迹和回忆。在宁波时，景泰四年（1453）四月十九日，"出定海县，见一塔巍然，通事卢氏曰：'这个是宁波府十三重大塔也。'"此处的佛塔指的应是宁波的"天封塔"。《宁波简要志》卷五《寺观志·塔亭》记载天封塔在府治东南，"唐登封通天中建，因名，六角七层，高一十八丈，规制之巧甲天下。"四月二十四日，"游于（宁波）府学，先生引到咏帰亭、泮宫、大成之门、明伦堂，遂至湖心寺，入四明驿。驿前有贺知章祠堂、安塑像、前有牌，曰'唐秘监、太子宾客、集贤院太学士、赠礼部尚书贺公之神'，凡诸像、影像之前皆有碑。"笑云对四明驿内部形制的描述，对于考证该驿的历史变迁无疑具有价值。

宁波城内佛寺众多，古刹林立，仿佛是一座佛教的圣地。在宁波停留期间，笑云大多前去探访，感受着佛教的博大精深。四月二十七日，"游天宁寺，门揭妙庄海。又过海会寺，去城可二里，外门颜华藏世界，祖堂有牌，曰开山和尚中峰本禅师。"五月七日，"历游府中诸刹，白衣寺、境清寺、延庆寺、寿昌寺、万寿寺、水月庵。"五月十四日，笑云一行赴育王山参观阿育王寺："山去驿半日程，外门额玉机，山门揭育王寺，住山清源本和尚鸣钟鼓率众出迎门外，引接于大雄宝殿，高唱药师如来号，就茶堂茶饭。饭罢，入妙胜宝殿，诵大悲咒，开三十三重舍利塔，入其塔中手，捧小塔而出，其大七八寸，所谓阿育王天竺所掷者是也。祖堂多牌，一曰开山宣密居素禅师，一曰当山三十三代无准和尚，方丈、承恩阁阁上有牌，曰释教宗主。"笑云对该寺建筑形制和传承谱系的记载和描述，对于研究阿育王寺的历史变迁无疑具有重要价值，就像一部生动的史书，记录了阿育王寺的兴衰荣辱。

八月七日，笑云一行由宁波四明驿踏上北上进贡的旅程。在途经浙东运河时，对沿岸风物做了详细记载和描述，仿佛是在绘制一幅运河沿岸的风情画卷。如八月七日至慈溪县车厩驿："驿有越王勾践像。晚泊于余姚县姚江驿，有寺曰'大龙泉寺'，寺后绝顶大高，唐方干诗所谓'未明先见海底日'，诚哉！"九日，至上虞县曹娥驿："驿前白壁墨书曰：'至杭州府二百二十里，至宁波府二百廿二里。'午至会稽县，陆地行船一里许。予出船步行，过东关驿四三里，诣曹娥庙，读'八字碑'，蔡邕所谓碑已折为二，宋元祐中，蔡卞书而立之。"十日晚，至绍兴府山阴县："城中有山，乃越王台旧址，半山有高阁，额曰'越山胜绝暾'，其下有鉴湖、剡溪、曲水。"

八月十一日晚，笑云一行抵达杭州武林驿，这座古老的驿站仿佛在欢迎他们的到来。在杭州停留期间，笑云一行亦拜访了多处名山古刹，感受着杭州的佛教文化。八月十三日，笑云一行来到了杭州，本想要一览孤山景色，但遇大雨，只能放弃，那被雨水笼罩的孤山，仿佛增添了几分神秘；雨停天晴后，他们决定到梵天寺一游，"祠堂有苏子瞻像，牌曰当山土地东坡居士护法明王。"八月十四日，笑云从涌金门出发，到南屏山下，游览了净慈寺。《笑云入明记》记载："十四日，出涌金门，至南屏山下，入净慈寺，南山外门额'西湖畔清净慈门'，三门、千佛阁（门左）、宗镜堂（法堂）、永明室（方丈）、一湖轩（书院）、应真文殿（五百罗汉堂）。"净慈寺，最初是由五代时期吴越国王钱弘俶为高僧永明禅师修建，当时建成后名为"慧日永明院"。到南宋时期，才改名为"净慈寺"，后来的历史中，净慈寺曾经历多次损毁与重修，它就像一位饱经沧桑的老人，见证了岁月的变迁。这里的"三门"指的应是佛寺的正门。日记中记录的"千佛阁""宗镜堂""永明室"等处，是当时寺内的布局。笑云拜访净慈寺方丈，与其讲揲香、揲茶之礼后，绕西湖，经六桥，来到他早有耳闻的苏堤。笑云曾听闻苏堤的两岸杨柳拂地，但他所见的苏堤却与传闻中的不同，于是不禁感叹"所谓苏公堤无柳一株"，那失望的心情，仿佛能穿越时空，感染着后人。后笑云又至第四座桥，北入山路五六里到灵隐寺留宿，并与住持僧空镜和尚对床夜话，那宁静的夜晚，充满了禅意。

八月十九日，笑云等人抵达皂林驿，并在当天先后游览了桐乡万寿寺和嘉兴的三塔寺。八月二十日，笑云一行先后抵达吴江和苏州。《笑云入明记》载："吴江长桥七十二洞，一洞乃一间也。苏州府西门额曰'胥门'，晚泊于枫桥。到寒山寺，佛殿左有碑曰'旧名枫桥寺'，又曰'江林寺'云云。后殿寒山、拾得为本尊，门前有二井，曰寒山井、拾得井。去枫桥二十里，有虎丘寺。"景泰五年（1453）五月十二日回程时记载："吴江县宝带桥五十三洞，垂虹桥七十二洞，桥半有垂虹亭，从此泛太湖。"

八月二十一日，笑云一行抵达常州府无锡县。"此县有寺，南禅、北禅、花藏、松山、惠山。予游惠山寺，寺有泉，额曰'天下第二泉'。"八月二十二日，抵达常州毗陵驿。"驿有苏公遗像，牌曰'宋文忠公东坡居士之神'。"二十三日，抵达镇江府丹阳县。"南水关、北水关、甘露寺有高楼，额曰多景楼。"景泰五年（1454）五月三日回程时，从南京出发，再次经过镇江："午过金山、焦山，晚次于北固山下。"

景泰五年（1454）三月二十三日回程时，至徐州彭城驿，"驿前汴泗交汇，船为桥，城北有山，旧名云龙，今曰石佛。西有戏马台旧址，西北有楼，所谓黄楼云。城外有汉高庙，庙里汉高及萧、曹等遗像俨然。"笑云在这里看到的"浮桥"，很有可能是位于徐州城东北的"万会桥"。嘉靖《徐州志》卷四《地理志上·山川》记载："城东北有万会桥，元以石建，洪武十八年，比舟为桥；正统间，架木为梁，寻复联舟。"同书卷四《地理志上·山川》记载："城南二里曰'云龙山'，山有云气蜿蜒如龙，东岩有石刻大佛，故又称'石佛山'。"笑云所记云龙山在徐州"城北"，疑似有误。

除运河交通状况及名胜古迹外，笑云对运河沿岸的物产及风俗亦颇为留意。如景泰四年（1453）四月十七日，"一潮到定海县，县令赠以米二担，酒二瓶、笋干、樱桃、鹅、鸡等。"四月二十二日，"（陈）大人又就勤政堂，延居座、土官等，猪、羊、鹅、鸡、面筋、笋干、酱瓜、糟茄共十六盘，大列于前。"一场丰盛的宴席，将当地的饮食风俗体现得淋漓尽致。五月二十九日，"天旱月余，有命浙东僧众皆集天宁寺祈雨。"八月二十二日记载：江苏常州武进县奔牛坝"民食蛙、蛇"。九月一日，抵达徐州下邳驿："市店挂干龙（蛇），长丈五"。九月九日，是我国的传统节日重阳节，当天，日本遣明使团行至山东兖州鱼台县，见到鱼台县的"土女皆头戴菊花"。九月十二日，到达东平州安山水驿，"积水湖，有渔船百余艘，船上皆载鹤"。九月十三日，至东阿县荆门水驿，"冬瓜甚大且多"。

九月十五日，笑云一行抵达临清清源驿，"甘草多，一斤代八文"。

景泰五年（1454）返程时，笑云一行于三月十日抵达德州安德驿，"城里城外之富，不减临清、淮安"。十一日，抵景州故城县梁家庄驿，"科举门多"。四月一日，"桃源县桃源驿泊船，土俗制蒲葵扇壳之。"四月八日，至扬州广陵驿，"城中百万家盛赏红药，蔡繁卿曾为'万花会'，宜矣。"五月七日，至常州毗陵驿，"北来诸船到此皆倒桅杆，盖以吴越多过桥下也。"五月十日，入苏州府，见"花席、茶碗太多"。

以东洋允澎为正使的遣明使团为明代中日交往史上规模最大、来华人数最多的一次遣明使团。由《笑云入明记》我们可以看出，当时的遣明船往来于运河之上，所见运河交通极为顺畅，马船、快船、红船等络绎不绝。运河区域丰富的人文景观和自然景观更是给笑云留下深刻印象。尤其是对寺庙建筑的记载，对于探讨明代运河区域佛教文化具有重要意义。对于运河沿岸地区物产及风俗，笑云亦颇为留意和关注，为我们留下了极为珍贵的史料。虽然与嘉靖年间策彦周良的《入明记》相比，《笑云入明记》的记载较为简略，但其史料价值仍极为突出。通过对明代运河风情的记载和描述，《笑云入明记》为我们展现了一幅多姿多彩的明代社会生活画卷，也为深化运河交通史和城市史研究提供了重要视角。

二、朝鲜人崔溥的运河漂流

崔溥，字渊渊，号锦南，生于 1454 年。他自幼聪慧好学，在成化十三年（1477，朝鲜成宗八年）中进士，此后仕途顺遂，相继担任校书馆著作、博士，军资监主簿，成均馆典籍，司宪府监察，弘文馆副修撰、修撰等职。他还曾出任弘文馆副校理、龙骧卫司果、副司直，官至五品，并以推刷敬差官的身份前往济州赴任。然而，命运的转折总是突如其来。弘治元年（1488，朝鲜成宗十九年），崔溥的父亲病逝，他怀着悲痛的心情，于闰正月初三渡海奔丧。谁能想到，这一次的旅程，竟会成为他人生中一段难忘的经历。崔溥于闰正月初三渡海奔丧，所乘船只在海上遇到风浪，整船的人无奈在海上漂流了 14 天，最终漂到我国浙江台州府临海县界内，被救援上岸。当时，东南沿海倭寇肆虐，海禁极为严格。当地官员对崔溥及船上人员进行了严格的审查，在确认他们并非倭寇后，崔溥才被允许继续前行。为了回到朝鲜，崔溥被当地官员派人护送，先从台州走陆路到杭州。一路上，他看到了中国的山川地貌，感受到了不同地区的风土人情。到达杭州后，他又从这里沿京杭大运河走水路北上。崔溥坐在船上，看着两岸的风景不断变化，心中充满了好奇和感慨。经过 44 天的漫长旅程，崔溥终于抵达了北京。在京城，他稍做停留后，继续前行，经过鸭绿江，最终回到了朝鲜。这一趟充满艰辛的旅程，让崔溥成了明朝时期第一个走过京杭大运河全程的朝鲜人。

崔溥回到朝鲜之后，朝鲜国王命他用汉字将在中国的经历记录下来。于是，崔溥用日记体的形式记录了他的这段经历，并将其命名为《漂海录》。该书共有 5.4 万字，详细记载了明朝弘治初年的政治、军事、经济、文化、交通以及沿运地区的风土人情，内容包罗万象，文字简练生动，是研究中朝关系及明代中国社会的重要历史文献。

崔溥沿大运河一路北上，所见事地人物皆属新鲜，留心观察，详细记录。崔溥对中国文化有极深的研究，他每到达一处地方，便会联想到与当地有关的名人事迹。当他抵达浙江绍兴，看到兰亭，便知道此处是书法家王羲之临水宴会的地方；过淮安府时，见码头城门外的漂母祠和胯下桥，就说这是韩信早年寄食受辱之地。与此同时，崔溥的地理知识十分扎实，在他行进过程中所经过的城市，他都可以对其进行细致的描述，甚至城市之间的乡镇或者更小的地名，他都记录了下来。因此，《漂海录》中记载了大量没有被前人记录下来的运河沿线地区的驿站、急递铺、浅铺、递运所、巡检司以及堤、闸、堰、坝等运河交通设施。《漂海录》所记运河一线各种地名多达 600 余个，其中驿站 56 处、铺 160 余处、闸 51 座、递运所 14 处、巡检司 15 处、桥梁 60 余座。

洪武元年（1368），明政府要求在全国各地设置水马站、急递铺。洪武九年（1376），改水马站为水马驿。崔溥一行人沿运河北上时，经过的驿站都被他逐个记录下来。浙江驿、武林驿、吴山驿……这些驿站，就像一个个坐标，串联起了他的运河之旅。他详细地描述了每个驿站的位置、规模和功能，让我们仿佛能看到当时驿站的繁忙景象。除了驿站，崔溥对设在运河线上的急递铺也做了详细记录。这些急递铺，是当时信息传递的重要通道，崔溥的记录为我们了解明代运河沿线急递铺的设置情况提供了重要史料。

对于运河沿线调节水量以利漕运的船闸和递运所，崔溥在《漂海录》中也做了详细记载。明人杨士奇在他的旅行日记中对京杭大运河上的船闸也有记载，但是数量要少很多，而且记录简单。而崔溥遇闸必记，并多细节描述。杉青闸、吕城闸、减水闸……多达 51 座船闸，在他的笔下栩栩如生。他描述船闸的结构、功能以及使用情况，让我们对明代运河的水利设施有了更深入的了解。崔溥所记的 14 处递运所，也为我们研究明代运河的物资运输提供了重要线索。

徐州百步洪、吕梁洪为运河上险段，崔溥对过洪经历亦做了详细记载。三月初二，崔溥过了新安驿等地，"又过金龙显圣庙至吕梁小洪。以竹索纤舟而上"。又经过房村驿至吕梁大洪，"洪在吕梁山之间。洪之两旁，水底乱石峻岩峭立，有起而高耸者，有伏而森列者。河流盘折至此开岸，豁然奔放，怒气喷风，声如万雷，过者心悸神怖，间有覆舟之患。东岸筑石堤，凿龃龉以决水势。虽鼻居舟必用竹绚，须十牛之力，然后可挽而上"。次日又经过有名的徐州附近的百步洪，"泗、洙、济、汶、沛水合流自东北，汴、睢二水合流自西北，至徐州城北，泗清汴浊合流，南注于是洪。洪之湍急处虽不及吕梁之远，其险峻尤甚。乱石错杂，磊砢如虎头鹿角，人呼为翻船石。水势奔突，转折壅遏，激为惊湍，涌为急溜，轰震霆，喷霰雹，冲决倒泻，舟行甚难"。此两洪之险，过者视为畏途，但很少见到有如崔溥描写这般形象者。

此外，《漂海录》还记录了负责管理京杭大运河沿线地区社会治安工作的巡缉机构——巡检司。松青巡检司、望高巡检司、高桥巡检司……这些巡检司，是维护运河治安的重要力量。在崔溥之前的旅行者并没有人记录运河沿岸的巡检司，直到嘉靖年间，才有旅行日记对此进行记载。崔溥的记录，填补了这一历史空白。

明代中后期，运河沿岸城镇特别是江南运河沿岸城镇，是当时中国商品经济和社会文化最为发达的地区。崔溥《漂海录》所记载的内容，比前人和同时代的人的作品中更加系统、详细、生动地展示出运河沿线城市的面貌和运河经济文化交流的繁忙景象，具有极高的史料价值。如崔溥记杭州："接屋连廊，连衽成帷，市积金银，人拥锦绣，蛮樯海舶，栉立街衢，酒帘歌楼，咫尺相望，四时有不谢之花，八节有常绿之景，真所谓别作天地也。"这对杭州城内的样貌做了细致的描述。再如，记吴江县城的建筑样式："屋伟壮丽，下铺础砌"，极少作品对此有记述。还有崔溥记录的位于镇江城北的西津渡和高邮州城，都是对之前史料记载的丰富和补充。崔溥记录济宁的城市格局，"水皆从济宁中分，城之东畔河，西畔济河，二河萦抱，合流于城南底"，可谓极为形象。对于当时华北地区重要的交通、商品转运枢纽——临清，崔溥描述为"楼台之密，货财之富，船舶之集，虽不及苏杭，亦甲于山东，名于天下矣"，不仅贴切描述了明中期临清经济发展之繁荣景象，还对其做出了准确定位。崔溥记述他们一行在途中所见盗贼劫夺船筏，相与搏击，就是对当时运河社会治安情况的真实记载。

崔溥在他的《漂海录》中，不仅对运河沿线城镇进行各自的描述，还从总体上对南北方不同的运河风情进行评论。他描述长江以南地区，"间阎扑地，市肆夹路，楼台相望，舳舻接缆，珠玉金银之产，农副产品之富甲于天下。"而长江以北"若扬州、淮安，及淮河以北，若徐州、济宁、临清，繁华丰阜，无异江南，临清为盛也。其他若官府所治之城，则亦间有富盛繁伙者，若镇、若寨、若驿、若铺、若里、若集、若嘴、若厂、若湾、若坞、若坝、若闸、若迁之间，人烟不甚繁盛，里闬萧条"。对南北运河城镇的区别，崔溥做了极为精准的概括。

作为明代第一个走完京杭大运河全程的朝鲜人，崔溥在其《漂海录》中生动、细致地为我们展现出明代中后期京杭大运河的交通情况和运河沿线城市的面貌。在综合性、系统性和整体性上，《漂海录》不但时代最早，而且在明代的同类著述中也是唯一的，对于我们了解明代大运河及沿线区域社会的基本状况具有重要价值。

三、策彦周良的运河日记

▲ 策彦周良画像（现藏京都天龙寺妙智院）

策彦周良（1501—1579），号怡斋、谦斋，日本京都嵯峨天龙寺塔头妙智院第三世和尚。18 岁那年，他在天龙寺剃度，师事鹿苑寺和尚心翁等安，自此踏上了研习佛学的道路。凭借着过人的天赋和不懈的努力，他在佛学领域造诣高深。同时，他精通道学、儒学，擅长诗文，成了日本五山文学后期的代表人物。

嘉靖十七年（1538），策彦周良被委以重任，作为日本勘合使团副使前往明朝朝贡。

次年五月，他抵达宁波，这座充满生机与活力的城市，成了他在中国的第一站。十月十九日，他自宁波出发，乘坐着船只，沿着运河缓缓前行。经过漫长的航行，次年二月底，他终于到达张家湾，随后起陆前往京城。在京城完成朝贡使命后，他离京南返，五月十七日自张家湾登船，九月十二日回到宁波。这一趟旅程，他在运河上航行达8个多月时间，沿途的所见所闻，都深深地烙印在他的心中。嘉靖二十六年（1547），策彦周良再次肩负使命，作为正使率日本勘合使团入明朝贡。次年十月六日，他自宁波乘船北上，再次踏上了运河之旅。四月十五日，他到达张家湾；离京南返时，八月九日自张家湾乘船，九月三十日到达济宁。在这趟旅程中，他在运河上航行的时间大概也有八九个月。他逐日记下沿途见闻，写成《策彦和尚初渡集》《策彦和尚再渡集》《谦斋南游集》等日记体游记及诗文等，经后人整理，定名《入明记》。其内容涉及运河沿线城市村镇、古刹名寺、楼台建筑、驿站里程、闸坝分布山川胜景、土产特产、商品贸易、生活习俗及策彦周良与中国政府官员、学者交往来情况等各方面，留下了许多关于中日贡使贸易的珍贵资料，对于研究明代后期中国运河区域自然环境、经济贸易、社会生活等，也有十分重要的价值。

嘉靖十八年（1539）十月十七日，策彦周良自宁波盐仓门登船北上。他沿途记载了眼中所见的明代驿站运转情况以及运河上的交通状况，这些记录，大致反映出明代当时的运河管理运营状况及通航状况。他将沿途所经驿站名称一一记录，那些驿站，如同一个个跳动的音符，串联起了他的运河之旅。安远驿、四明驿、车厩驿、姚江驿……这些驿站的名字，在他的笔下变得生动起来。回程时，他又沿着原路南下，再次经过那些熟悉的驿站，潞河驿、和合驿、河西水驿……每一个驿站，都见证了他的来来往往，也见证了运河上的繁华与喧嚣。嘉靖二十六年（1547）第二次出使，策彦周良再次踏上了运河之旅。这一次，他的行程更加详细，他的记录也更加丰富。十月六日，他自宁波东渡门出发，经车厩驿、姚江驿、曹娥驿等，一路向北。回程时，他沿原路南下，到济宁南城水马驿搁笔。

大运河作为沟通南北方的唯一航道，在元代终于全线贯通，有明一代，对于会通河的疏浚，对于河道的深挖拓宽及对于黄淮的治理，运河更为畅通，尤其是在明中后期，大运河中的商品流通量已远超其漕运量，实际上已经成为南北物资交流的大动脉。大运河的浚通同时也大大促进了沿线城镇的发展，原本就已富庶的江南诸城越发繁荣，江北则崛起一批诸如临清、济宁、东昌等运河城市。由于明朝严禁民间自发对日贸易，中日间的贸易多以走私形式来进行，通过正规合法手段的中日贸易少之又少，其中最为大宗的应该就是明日间的朝贡贸易，策彦周良的《初渡集》与《再渡集》便是运河途中的贸易及商业情况的集中反映。

策彦周良沿途记载的招幌将近百个，这些招幌，就像一个个小小的广告牌，展示着明代商业的繁荣。主要有饮食类、日用品类及生活设施类，涵盖各种店面20余种，包括药店、帽店、酒家、笔店、书行、针店、果品点、饼店、混堂等。其中酒家的招幌记录最多。关于明代招幌记载的史料并不太多，尤其是像策彦周良这样以日记形式加以详细记载的史料更是少之又少，对于研究明代商业文化具有重要价值。

沿着策彦周良的足迹，我们仿佛穿越时空，来到了明代嘉靖年间的运河城市，感受到了浓浓的市井气息。他初到宁波，在其住处嘉宾堂外，看到有人家帘铭"加味五香酒"或"清香美酒"，那酒香仿佛透过文字飘了出来。之后在拜谒知县途中，又见到名为"沈氏药室"，牌以"杏林春意"的买药人家；看到旗上书"凉帽"的裁帽家；还有帘上铭有"清香老酒"或者"钓诗钩""禹恶"之类的酒家不可胜数。在绣衣街，他看到了买卖人家的各种贴铭，"马尾出卖""藏糟出卖""棉花子出卖""演易决疑""中山毛颖""装印经书文籍"等，这些贴铭，展示了当时的商业活动和人们的生活需求。又见有帘书"新酒出卖""莲花白酒""行客闻香下马，行人知味停车"的酒屋数家。在制扇者家中，他看到贴牌无数，"自造时样各色奇巧扇""各色泥金扇面""发卖诸般扇面"等，这些贴牌，体现了制扇者的技艺和创意。外出之时，他偶有看到编竹为遮日之具者，上书"遮阳"二大字，简单的两个字，却满足了人们的生活需求。临行之际，他又记下几处，帘铭"上上烧酒""钓诗钩"的酒屋；榜"精制妙笔"的笔工之家；揭"精致裹金"的卖簿人。

在绍兴境内，记有帘铭为"佳酿""酒海""时新清酒"的酒家。萧山县有，帘铭为"洞庭春色""时新美酒"的酒家与铭曰"发卖诸般果品"的卖果店以及书以"任氏帽铺"的卖帽家。经杭州西门入城，帘铭有"河清老酒""金华老酒""短水白酒""罗浮春""洞庭春色""上色清香高酒""瑶池玉液""紫府琼浆"。此类酒家不可胜数。此外还有各种其他店铺，刻牌为"郑氏凉伞铺"的卖伞家，清油细伞铺、帽铺、红铺、银铺等。还有以木造饼形，书以"大白雪饼"的卖饼店；牌书"家常大饭"的卖饭家。于苏州府城见揭"针魁"的卖针之家。在无锡县锡山驿，记酒家数座，帘铭有"造成春夏秋冬酒，卖与东西南北人""按景香醪，应时高酒""刘伶才上马，李白又登门""味招云外客，香引洞中仙"。在丹徒芝山精舍旁，记有酒家帘铭"欢伯醉佳""迎仙驻鹤酒馆""江南第一夺魁酒馆""朱方集滨酒馆"，其中酒店壁间有书"发誓不赊"四字。安平驿腰站，亦记有酒家数座，帘铭有："异常酒肆""闻香下马""过客停骖""四时佳酿"。淮安府城中有帘铭为"仙家风味""醉乡深处""福泉酒海"的各座酒家，其中一酒家外纸障上题有："勒马问樵夫，前村有酒无"。清口驿记有"长春酒馆"。钟吾驿楚王祠附近卖酒家多多，帘铭不可胜数，其中有"味招云外三山客，香引蓬莱八洞仙""消万斛愁怀，壮三军胆略""神仙留玉佩，卿相解金貂""任意零沽，零卖应时"。在济宁府城记有混堂的字招，门左右有"香水混堂"四字，浴室额揭"香汤池"三字。清源驿观音阁见一酒家，帘铭为"李白闻香乘月饮，洞宾知味驾云沽"。沧州集善禅寺外有帘铭"菊花高酒"。

策彦周良凭借细致的观察，通过翔实的记载，将明代运河两岸的风俗及特产留在了自己的作品当中。例如《谦斋南游集》中有关于浙江土人观潮的记载："八月十七日之晚，驻轿于浙江驿。土人云'明日十八，当县候潮之辰也'，因幸之一宿于兹。翌日斋后将日众而赴，观潮塘，坡老诗'八月十八潮，壮观天下无'之句，今日熟于目者也。"并且专为赋诗一首"雪作山耶云作花，崔嵬白浪及天涯。势风沙矣声雷霆，肠断钱塘十里家"。在徐州下邳驿登览羊山寺时"又见竞马，十岁许儿十七八岁妇女方辔"策彦周良在宁波撰写的《驿程录》中也有关于习俗及特产的不少记载，例如，习俗方面：扬州"城中百万家，盛赏江菜"；淮安府桃源县"土俗栽蒲葵扇"；下邳"小儿小女能驭马"。特产方面：云阳驿的"甘草多"；仪真驿"茶碗皿等多"；扬州古"砚、香炉、铁索、烛火等多"；济宁州鲁桥驿"铜磬铙钹多，桃实多"；东平州汶上县开河水驿"蒲桃梨子多，莲花多"；东平州阳谷县荆门驿"水瓜花红多"；东昌府聊城县崇武水驿"西瓜大角豆多"；东昌府清平县清阳驿"竦蓼多"；临清县清源水马驿"铤多，甘草多"；德州县良店驿"有鱼树平波花"；河间府交河县"花红桃实多"。

策彦周良一行身为日本贡使，所经行各地衙署，一般都会有所拜访，所以经常出入其中。时间充裕或者高兴之余则会对衙署的布局、陈设、匾额、楹联等进行一番描述。由于明代衙署的建置整齐划一，其实除去匾额、楹联的不同，其他的部分也都大同小异，并不具备太突出的特点，所以策彦周良对此类记载并不甚详细，当然其久居之地宁波自当例外，策彦周良对于宁波各类衙署的记载可谓是面面俱到。

对于运河沿岸的佛寺，策彦周良更是做了浓墨重彩的描述。早在策彦周良幼年研读汉诗之时，便对中国的许多风景名胜魂牵梦绕。例如凭借张继之诗《枫桥夜泊》而闻名的姑苏寒山寺，策彦周良在一番渡明北上之时，四日内接连两度拜访，并赋诗留念。记载无锡南禅寺："总门横揭'南禅寺'三大字，第二门横颜'南山福地'四大字……右畔有七重大塔，塔前横揭'妙光宝塔'四大字。"记载惠山寺："总门横揭'惠山寺'……

次有楼门横揭'惠泉福地'四大字，此门左畔有小门，横揭'观泉'二大字，石云陈淮书。又次有小门，横揭'天下第二泉'五大字，赵孟頫书，子昂也。"策彦周良还记载了寺庙中的一些特殊的铭、牌。如宁波延庆寺佛堂有牌"皇帝万万岁"；苏州殊胜寺大雄宝殿柱书"祝大明一统皇图河清海晏"；苏州寒山寺也有"皇图永固""皇帝万万岁"之铭、牌；镇江金山寺，大雄宝殿中有"皇帝万万岁""皇后齐年""太子千秋"等牌，这些也能反映出明代佛教对于国家政权的依附关系。

策彦周良的《入明记》是研究明代大运河的重要文献，尤其是书中对途经运河全线的驿站和巡检司、各地官署的外观仪容、沿途的名胜古迹（特别是佛寺）、商业活动和商品流通的状况、沿运地区的人文风貌都做了十分详细具体的记载，这些内容有效地弥补了中文典籍的不足，对于我们研究运河交通和区域社会变迁具有重要价值。

四、利玛窦的两次运河之旅

利玛窦（Matteo Ricci，1552—1610），字西泰，意大利耶稣会传教士与学者，万历十年（1582），他肩负使命被派至澳门，次年九月，与同伴罗明坚一同踏入中国内地这片陌生而充满魅力的土地传教，先后在肇庆、韶州、南昌、南京等地小心翼翼地播撒着天主教的种子，建立起一个个天主教驻地，并用中文和罗明坚草拟了《祖传天主十诫》一文，随后又陆续创作并出版《天主实义》《天主教要》和《二十五言》等著作。

万历二十六年（1598），利玛窦怀揣着发展传教事业的梦想，自南京乘船启程，顺着长江缓缓前行，而后进入了大运河，向着北京进发，以期朝觐万历皇帝，开启传教的新征程。然而，当时的中国正值抗击倭寇的紧张时期，明朝官员们如同警惕的哨兵，对外国人充满了警惕。廷臣与宦官之间的争斗如同暗流涌动，局势微妙而复杂，没有人敢轻易接待这位来自异国的客人。利玛窦不得不无奈地返回南京。

尽管这次进京未能如愿，但利玛窦却第一次亲身感受到了大运河的独特魅力与复杂状况。在他眼中，大运河宛如一条维系皇家粮食供应的生命线，沿线繁忙而热闹，却又带着一丝混乱。他听闻，上万条船只在运河上穿梭往来，每年都肩负着向皇帝进贡大米和谷物的重任。然而，大运河的河道并不宽阔，难以容纳。于是，船与船之间常常相互拥挤，造成交通堵塞。为了保证给皇帝运粮的船只能够顺利通行，政府不得不禁止从长江上来的私商船只进入运河，以保证给皇帝运粮的船能够相对顺畅通行。

　　运河的水量问题，也给利玛窦的旅程带来了诸多困扰。利玛窦这一路不断地在闸口前面排队等待。只有当水流升到一定高度，船只才能过闸，而借助两个闸之间的高差所带来的流力运行。利玛窦称这种等待为——冗长无味的耽搁。有时候，除了耽搁，还得担心。闸的出入口经常还会波涛翻涌，稍不留神就会船只倾倒，船上的人被淹死。为了确保船只前行，政府还雇用了大量的纤夫，在岸上牵拉河道里的船只前行。他还听说，每年光是花费在维持运河通行上的费用，就达到了一百万两白银。

　　第一次经由运河的旅程，让利玛窦对这条南北运道的存在与维系问题陷入了深深的思考。目睹了如此艰辛的旅行，听闻了如此庞大的开销，他心中充满了疑惑。在他看来，这对欧洲人来说似乎不可思议，因为从地图上看，完全可以选择一条既近又花费少的海运路线。"所有这些对欧洲人来说似乎都是非常奇怪的，他们可以从地图上判断，人们可以采取一条既近而花费又少的从海上到北京的路线。这可能确实是真的，但害怕海洋和侵扰海岸的海盗，在中国人的心里是如此之根深蒂固，以致他们认为从海路向朝廷运送供应品会更危险得多。"

　　利玛窦对沿途经过的各个城市十分好奇，毕竟这应该是当时中国最为繁荣热闹的一段路程。沿岸有许多城镇和乡村，"到处都住满了人"，而且"不缺乏任何供应……价格都非常便宜"。这些运送贡品的船称为"马快船"，由太监指挥，行驶迅速。为了保证进京食物保鲜，沿途还设了许多冰库，每到一处，马快船都会换上新的冰块，保证食物的冷藏。

利玛窦在日记中对大运河的运输状况和技术也有自己的评价："从扬子江来的私商，是不允许进入这些运河的，但居住在北面运河的人们除外。通过这项法律，是为了防止大量船只阻碍航运，以便运往皇城的货物不致糟蹋。然而，船的数量是如此之多，经常由于互相拥挤而在运输中损失许多时日，特别是运河水浅的时候。为了防止这种情况，就在固定的地点设置木闸来节制水流，木闸还可以作为桥来使用。当河水在闸后升到最高度时，就开放木闸，船只就借所产生的流力运行。"

然而，对于北京这座城市，利玛窦却有着复杂的观感。他看到，为了保证皇城的供应，耗费了如此众多的人力、物力，心中不禁有些不以为然，甚至称北京为"贫瘠的北京"。他亲眼看见运河上运送木料的船只，数以千计的人非常吃力地拉着把梁木捆在一起的巨大木排。就因为皇宫烧毁之后要重建，所以从遥远的四川运来大量的木料，要两三年的时间才能走完整条路线。他揶揄道："北京什么也不生产，但什么也不缺少。"

万历二十八年（1600），利玛窦得以再次启程进京。这次他做了更为周到的准备，好好准备了进献给皇帝的礼物，其中最重要的，是那座能自己报时的小钟。他把这座钟装在一个特别的雕花涂金的"礼盒"里。钟面上标上"子丑寅卯"等汉字，一只雄鹰炯炯有神，鹰嘴对准的位置就是时间刻度。钟顶则是拱形，配有花叶纹饰，还刻了一条龙，象征着只有天子才能使用。一切就绪之后，利玛窦的一位官员朋友介绍他搭上了一名赴北京的太监的船队。这一次，他的旅程如同顺风航行的船只，每到一个地方，都受到高规格的接待。与上次那些"冗长无味的耽搁"不同，他们的船只畅通无阻。

很快，船队到了济宁。在这里，利玛窦见到了南京的老朋友，中国历史上赫赫有名的特立独行的人物——李贽。后者又将济宁的河道总督刘东星引荐给利玛窦。几人在刘东星家里一起进餐，甚至还包括刘总督的孩子们，让利玛窦找回了久违的在欧洲家里的感觉。利玛窦在日记中是这样描述当时的情形的："总督要看我在南京撰写的准备晋见皇帝时上呈的文书，其中有些话刘东星不喜欢，因此刘东星认真地另写一份，命私人书手整齐地重抄一遍。此外，刘东星还给他熟识的北京神父们写信，让我带上，到北京之后交给他们。这些比我在南京接待过的北京来人给我的帮助有用得多，作用也大得多。"席间，刘东星告诉利玛窦："济宁以南的运河面宽水丰，堰闸甚少，环节也就少，行走自然方便。济宁向北，特别是山东境内的会通河段，是整条运河地势最高的河段，完全依靠人工闸翻越过去，加上水源金贵，航行就很难了。"

拜谢总督后，利玛窦接着登船北上。正如刘东星所言，利玛窦所坐的船只遇到了一些状况，在南旺段柳林闸处受阻，几经波折后又于临清闸前再次受阻，利玛窦再拿出刘总督的信已经不好使了。利玛窦经过临清时，正值明神宗派亲信太监到全国重要商业城市做税监，以助他搜刮钱财。明万历二十四年（1596），朝廷委派天津税使马堂兼任临清税使。马堂是个雁过拔毛的贪官，地方官对他既恨又怕。由于利玛窦不愿将进献给皇帝的贡品悉数交给马堂，惹怒了马堂。一路爪牙将利玛窦强行抓走，关押到天津运河边的一个府宅中，携带的礼品也被搬走。时任临清道的钟万禄是利玛窦在广东肇庆结识的朋友，后来在他的帮助下，利玛窦才得以脱身，随后抵达北京，觐见明神宗。

利玛窦所写日记用的是意大利文，后来比利时耶稣会士金尼阁（Nicolas Trigault）将其用拉丁文整理、翻译并出版，1615 年出版时名为《基督教远征中国史》（汉译后称《利玛窦中国札记》）。该书介绍了中国的名称与版图，中国的政治制度、科学文化和风俗习惯等内容，对于研究明朝中西关系史，尤其是耶稣会士在华传教史具有重要价值，同时也成为当时欧洲了解中国的必读书籍和重要依据。其有关大运河交通及漕运的记载，为我们探讨明代大运河的功能及影响提供了重要视角。

第四节　西方来华使团眼中的大运河

清代中外文化交流相比前代更为频繁。清朝政府在鸦片战争之前基本上采取"闭关锁国"政策，并未能阻挡中外交流的势头。这一时期，基于通商贸易、建立外交关系等目的，荷兰、英国等西方国家相继派出来华使团。其中，以荷兰的约翰·尼霍夫使团以及英国的马戛尔尼和阿美士德使团最具有代表性。使团成员留下了众多有关运河沿岸风物的记载和描述，为欧洲国家了解中国运河提供了重要来源。

一、荷兰使节初访运河

约翰·尼霍夫（Joannem Nienhavinm，又译作约翰·纽霍夫，1618—1672），是一位充满传奇色彩的荷兰探险家。1618 年，他出生于德国伯爵领地本德海姆的余尔森市。早年，他投身水手生涯，在茫茫大海上开启了自己的冒险之旅。他不仅擅长诗歌、绘画和音乐，有着优秀的艺术才情，后来还进入荷兰的东印度公司工作。约翰·尼霍夫自 1640 年离开家乡后，仅在 1658年和 1671 年短暂回乡停留，其一生几乎都在异国他乡漂泊，仿佛是被命运的丝线牵引着，在世界的各个角落

▲ 约翰·尼霍夫画像（引自庄国土《〈荷使初访中国记〉研究》）

留下足迹。荷兰人占领印度马拉巴尔海岸后，他在 1663 年作为大使驻扎在奎隆（位于印度喀拉拉邦南部）。在那里，他为了和当地部落建立贸易关系，不辞辛劳地拜访了多个部落首领，积极拓展着商业交流的版图。之后，他接受了一个位于锡兰（今斯里兰卡）的职位，并在 1663—1667 年都驻扎在那里。后因参与非法的珍珠交易，约翰·尼霍夫受到惩处，被囚禁七个月之久。出狱后，他被派送到了巴达维亚（今印度尼西亚雅加达）地区。1672 年，约翰·尼霍夫在马达加斯加岛为同伴寻找水源时，不幸失踪，他那充满冒险与探索的一生，就此画上了一个神秘的句号。

约翰·尼霍夫于清顺治十二年（1655）跟随以彼得·候叶尔（Peter de Goyer）和雅克布·凯赛尔（Jacob de Keyser）为首的荷兰使团来到中国，作为荷兰第一个访华使团的管事，对沿途所经之地的风景、地貌做了细致观察，对各地的河川、城墙、寺庙、宝塔和奇特的建筑物等都做了详细的记载，写下了《荷使初访中国记》这本书。1665 年，阿姆斯特丹书商梅尔斯率先出版了《荷使初访中国记》的荷文版和法文版，引起轰动。约翰·尼霍夫沿途细致的描写和朴实的插图为西方世界展现了一幅真实的中国形象，以致在相当长的一段时间中，《荷使初访中国记》成为欧洲了解中国的重要知识来源。让遥远的欧洲大陆对神秘的东方国度有了更直观的认知。

荷兰使团进京的路线即是广州通北京的传统贡道。荷兰使团的旅程从广州出发，先是抵达三水，而后溯北江而上，到达南雄。在南雄，他们下船，由地方官征集夫役，将所带礼物背过大庾岭。这一段翻山越岭的经历，充满了艰辛与挑战。翻越大庾岭后，使团进入江西省境内，在南安府上船。此后，他们沿着赣江顺流而下，经吴城镇入鄱阳湖，再由鄱阳湖入长江。江水悠悠，两岸的景色如诗如画，使团成员们在船上欣赏着沿途的风景，感受着中国江河的壮丽。然后经长江北岸的仪征县到达扬州。荷兰使团于顺治十三年（1656）五月二十一日从扬州开始沿运河北上，途经扬州、高邮、宝应、淮安、宿迁、济宁、南旺、张秋、东昌、临清、武城、故城、德州、东光、沧县、青县、静海、天津、河西务、通州等众多运河城镇，七月十二日在张家湾下船，然后由陆路到达北京，故《荷使初访中国记》中对运河城镇风情和名胜古迹的记载尤为详细。

扬州因运河流经此地，再加上地处南北交通要道，两淮盐商聚集，商品经济极为繁荣，"为东南一大都会"。顺治十三年（1656）五月二十一日，荷兰使团一行来到扬州。《荷使初访中国记》记载："该城位于运河左岸，距仪征六十里，呈四方形，建有高墙堡垒，方圆步行约三个小时，运河右岸有一片漂亮的郊区，商业也十分繁荣……税关前面的运河上横跨着一座七艘船组成的浮桥，我们通过这座桥，再过三个城门才进入城内。城内所有街道都非常笔直，路面用砖头铺就。沿着进城道路的左侧郊区，矗立着一座六层宝塔。在上面可以俯瞰整个郊区。城西有一道小河，斜穿该城而过，河上有几座高大漂亮的石拱桥。"

在扬州运河沿岸的邵伯镇，他们邂逅了当地居民热闹非凡的端午节赛龙舟风俗。"这里的中国人正在庆祝他们的'新月'节。我们看见这里有很多奇怪的船只，其中有两条中国人称之为龙船的小艇正不断穿行，来往于其他船只之间，以博得众人的高兴。上面所说的小艇用桨划动，船身就像长满青草活动着的水蛇。船尾有奇怪的杠竿，上面钉着宽铁片和束旌，铁片上系着色彩缤纷的一束束丝带，这些丝带婀娜多姿地摆动着。船尾的拱起之处吊着一个少年，在水面和水里玩着各种把戏。"

《荷使初访中国记》对宝应、淮安、清江浦等苏北运河沿岸城镇的发展情况也做了较为详细的记载："该城（宝应县城）位于运河右岸，距高邮州八十里，以前曾是个繁荣的大城，我们从许多破旧并被战火毁坏的精美的房舍，尚可看出当年的风采。城北的城墙外有一座异教的庙宇，其外观内部都相当漂亮。这条皇家运河流到此处笔直得犹如一束光线，有几个地方还建有水闸，可以引水灌溉，从而保持稻田的肥沃。"淮安，作为明清漕运总督驻地，其繁华程度让使团惊叹。秋夏之交，西南数省粮艘衔尾入境，停泊于城西运河等待盘验，车挽往来，百货山列，宛如一个热闹非凡的省会。而清江浦，这座因运河而兴起的集镇，商业发达，造船业繁荣，宝塔壮丽，房舍美观，成了运河上一颗璀璨的明珠。《荷使初访中国记》记载："当天（五月二十六日）我们到达淮安。该城位于运河右岸的一片平坦的沼泽地上，距离宝应县一百二十里，有一道城墙横贯该城，并建有坚固的城楼。郊区人烟稠密，房舍美观，延伸有三荷里。"淮安清江浦原为清河码头至山阳淮城之间的运河名，后在附近形成集镇，因运河流经，商品经济也极为繁荣，由于明清两代在此设立清江船厂等机构，清江浦的造船业较为发达。《荷使初访中国记》记载淮安清江浦镇："这个镇分布在河两岸，房舍美观，宝塔壮丽，位于运河和黄河的连接之处，方圆有一华里。该城商业发达，居民富裕，还有很多船坞，制造各种船只出售。"

山东运河沿线的济宁、张秋、临清、德州等城镇，在运河及漕运的滋养下，商业发达，人口众多。《荷使初访中国记》描述运河沿岸的济宁："这个城房舍叠栉邻比，并有二座高塔。河两岸的郊区一望无际，人烟稠密。此处还有两道大水闸，闸水时水深达六尺。所有的客栈和茶馆都有自己的戏旦来取悦观众，顾客只需付六七文日本钱就可坐着整天看戏。而这么富有情趣、衣着华丽的男女戏子竟也能依靠客人所给得如此微薄的钱生活，真是不可思议。"而渔民使用鸬鹚捕鱼的场景，更是让他们大开眼界，那些训练有素的鸬鹚，在渔夫的指挥下，熟练地捕捉着鱼儿，展现出了劳动人民的智慧。《荷使初访中国记》中写道："他们有一种两边都架着竹竿的小船，用桨划动，上述的鸟就停歇在竹竿上。他们把小船划到湖里，把那些鸟放出，那些鸟就立刻潜到水里寻鱼。而中国的船夫们则继续划桨前行，而这些鸟就以同等速度跟着船游动寻鱼。这些鸟的嗉囊用圆环勒住，以防它们捕到鱼后囫囵吞下。而这些鸬鹚在水里一叨到鱼，就立刻浮出水面，先把鱼咽到嗉囊里，飞到船上，渔夫就使劲掰开它的嘴巴，从嗉囊里熟练地掏出那条鱼来。如果鸬鹚不再潜入水中捕更多的鱼，中国渔夫就用棍子或竹板将他们的鸬鹚打得羽毛横飞，这真是一件莫名其妙的事情。"

张秋镇，历史上曾称安平镇、景德镇，位于济宁和临清之间，为南北及东西交通枢纽。《荷使初访中国记》记载："六月十九日，使臣阁下来到张秋城。此地距济宁一百六十里，位于皇家运河两岸。该城入口处两旁都建有坚固的防护城楼。城区为正方形，方圆步行约一个小时，有土墙和石造城垛。城里有很多漂亮的房屋，但因人口稀少，大部分房子没人住，而且非常颓坏。城中心靠岸边的地方有一座寺庙叫大王庙，非常漂亮。"

临清地处江北大运河中段，会通河和卫河在此交汇，为南来北往漕船必经之地，"每届漕运时期，帆樯如林，百货山积"。《荷使初访中国记》记载："六月二十日，二位使臣在著名的城市临清停泊。该城距东昌城一百二十里，坐落在皇家运河的两岸，有两座城堡互相守卫着，河心还建有两个坚固的水闸。城北有一座由九条渡船搭成的浮桥，人们可以经浮桥来往于河两岸的城区。我们还在这里看到河两岸各有一门小铁炮，设置的位置很恰当。该城位于一片沙质的地面上，建有土质城墙，城里有许多漂亮的房舍和庙宇。城墙上有一个石造的城楼，北门城墙有十五个岗楼，二个圆堡。该城的布局呈不等边三角形，城区的幅员步行约一个半小时。我们在此地买到许多罕见的水果，其中有个大味美的梨，这种梨可以存放很久。从该城北门向北京方向航行，约半个小时后，可看见靠河之处有一座异教的庙宇，里面有很多奇异的东西。在庙里最后的殿中，有一尊三十尺高的女偶像，塑造得很精巧，装扮也很华丽。"

德州位于山东省的西北部，黄河和京杭大运河穿境而过，自古就有"九达天衢，神京门户"之称。运河全线贯通后，德州成为水陆交通要道，商品经济逐渐繁荣。六月二十八日，荷兰使团到达德州。"该城距故城县七十里，城区呈四方形，位于上述河流的右岸，城墙高大漂亮，上面有很多垛堞和圆堡。城郊人口众多，商业繁盛。此地停泊着很多戎克船和其他各种船只，我们费了很大力气才得以通过。鞑靼人常常在此处买酒，因为当地汉人所酿的酒较外地酒好，价格便宜、味道醇美，储久不坏。"

直隶境内的沧州、天津、通州等城镇，也在使团的记录中展现出了独特的魅力。七月二日，使团一行抵达沧州。《荷使初访中国记》记载沧州："该城离东光二百二十里，位于该河右岸稍向内陆的地方。该城有几个大郊区，分布在河流两岸，人烟非常稠密。但我们在此没有看到多少富裕的中国人。我们向东行，穿过五座牌坊，来到一堵高墙前，沿台阶而上，爬上墙想看看城内的情况。但在鞑靼人所建的这堵高墙上，无法看到城中心的内墙。"

天津自元代开始成为漕粮海运的重要码头，明清时期更是漕粮转运的重要枢纽和必经之地。《荷使初访中国记》记载："七月四日，我们在著名的城市天津城前抛次锚泊船，以便在那里过夜，并准备以后的行程。该城距静海县一百二十里，城区呈四方形，比巴达维亚城稍大些，有一道二十五尺高的城墙。城墙上有垛堞，垛堞后的通道宽达八步，但没有炮台。郊区非常大，从城区向四面八方呈放射形展开，建有漂亮的房舍。我们在这里看到前往高丽、日本和其他地方的戎克船和其他大船，这些船舶给这个城市带来了生意兴隆的盛名。城市附近还有空旷的沼泽地，在多雨雪的冬天里，地上大多积水。有几条河流在此处汇合，形成一个三叉交汇处，城堡就建在这个三叉交汇处。"

通州位于京杭大运河北端，明清两朝中央政府不但在通州设重兵守护粮仓，而且设置仓场侍郎、坐粮厅、通惠河郎中等官员负责疏浚河道、修筑闸坝、催攒漕船、收支税粮等事务。沿途的田野赏心悦目，人群熙熙攘攘，一派繁荣景象。七月十七日，使团抵达通州："该城距张家湾三十五里。位于一处低洼而又崎岖不平的地方，在通向北京的大路右侧，却又在运河的左岸。该城防卫严密，城中心有一道城墙横贯而过，但没有铺石的街道。我们离开通州城，沿途经过几处房舍美观、商业繁荣的乡镇……沿途的田野令人赏心悦目，一路上拥挤着来往于北京的人群。"同日，荷兰使团经通州由陆路抵达北京郊区，历时 57 天的运河行程宣告结束。

荷兰使团于顺治十三年（1656）五月二十一日由扬州沿运河北上，途经运河沿岸众多城镇，于同年七月十七日到达北京。约翰·尼霍夫在《荷使初访中国记》中对这些城镇的名胜古迹、风土民情等做了大量的记载和描述，对清初战乱给运河沿岸城镇造成的破坏也有一定的涉及，给我们留下了有关清朝初年京杭大运河最直观而生动的印象。对比同一时期的相关著作，《荷使初访中国记》无疑记载得更为详细，为我们了解当时运河沿线城镇的变迁和社会风俗提供了重要史料。荷兰使团的这段运河之旅，不仅是一次地理上的行程，更是一次文化的交流与碰撞。

二、马戛尔尼使团的运河见闻

乔治·马戛尔尼（George Macartney，1737—1806），这位出身于苏格兰贵族家庭的杰出人物，1759 年毕业于都柏林的基督教会学院，随后进入伦敦坦普尔大学进修，不断磨砺自己的学识与见识。1792 年，他被加封为"马戛尔尼伯爵"，肩负着英国的外交使命，作为特使派往中国。1794 年，他跟随英国访华使团返回英国。马戛尔尼使团作为英国第一个派到中国访问的外交使团，见证了清廷与英国之间早期的一次重要交往，这次交往在历史的脉络中刻下了深刻的印记，具有举足轻重的历史意义。记载此次出使经过的主要有

▲ 马戛尔尼画像（图片来自网络）

《马戛尔尼使团使华观感》《英使谒见乾隆纪实》等书，其中以使团副使乔治·斯当东的《英使谒见乾隆纪实》最为生动翔实，宛如一把细腻的刻刀，雕琢出那段历史的细节。

乔治·斯当东（George Staunton，1737—1801），身为英国皇家学会院士，曾受雇于不列颠东印度公司。1793年，他作为英国使团的副使，为庆祝清乾隆帝的八十大寿踏上了中国的土地。在漫长的旅途中，他将自己的所见所闻、所思所感一一记录下来，写成《英使谒见乾隆纪实》（以下简称《纪实》）一书。这本书犹如一座宝库，留下了大量有关京杭运河沿岸城镇、民风民俗、水利设施和名胜古迹的珍贵记载，为后人打开了一扇了解当时中国运河风貌的窗户。

英国使团往返途中，两次经过京杭大运河。去程时，取道海上到达大沽后，沿河而到天津停留，8月11日继续从天津三岔口乘船，16日在通州北关闸上岸，前往北京。回程时，从北京返回，10月8日在通州北关闸上船，11月9日抵达杭州。

使团于10月22日船抵临清州，城外那座九层舍利塔瞬间吸引了众人的目光。临清的舍利塔，宛如一位沉默的巨人，静静矗立在临清城北的卫运河东岸。它由砖垒建而成，却巧妙地仿造木质结构楼阁，最早在明万历三十九年（1611）就已建成，历经岁月的洗礼，依然散发着独特的魅力。舍利塔平面看起来是八角形，层高为九，从远处来看，塔雄浑高峻、巍峨壮观，"整个高度是塔底直径的四倍到五倍。一般总是单数，五层、七层或九层，越到上层越小，塔底面积最大"。这座舍利塔没有建在高耸的山上，而是坐落在运河畔的平地上，独特的选址让使团成员们充满了浓厚的兴趣。

京杭大运河上，星罗棋布地建造了许多水闸，这些水闸宛如运河的"守护者"，调控着河道内的水量、水位，以确保船只能够顺利通航。英国访华使团敏锐地注意到了这些运河沿岸的水闸。《纪实》记载："御河和运河两个河床之间汇流的地方，为了降低御河的水流入运河速度过猛，当中

▲ 临清舍利塔（胡梦飞摄）

挖深三十尺。御河的水倾入运河之后，为了防止水流太急，又在运河上认为需要的地方安了几道水闸，有的相距不到一里，这在其他地方是没有的。同欧洲的水闸不一样，运河水闸没有高低水门。它的水门构造非常简单，容易控制，修理起来也不需要很多费用。它只是几块大木板，上下相接安在桥砧或石堤的两边沟槽里，当中留出开口来足够大船航行。因为水位不平，运河航线上有些水闸主要是为调节水量的。船只通过水闸时须有相当技巧。一个水手拿着一个大桨站在船头指挥，船上客人俱都站在船旁护板两边。护板是用兽皮做的，当中塞进头发，避免船只碰到石头上的震动。"《纪实》还记载了运河水闸的具体操作情况："水闸只在每天固定时间开，聚集的船只通过时须交一点通行税，这项通行税专门用在修理水闸和河堤。每次开闸所消耗的水量不大，水位只下降几寸，很快可以从同运河合流的水补充起来。在水流急、水闸与水闸距离大的地方，开闸的时候，水位可能降低一二尺深。运河是沿着旧河道挖的，因此它的深度不一致，河道弯曲，河面宽。再往南走，两岸地带通过水门沟适当调节倾入或放出运河的水，使其不太大也不过小，水闸的需要就不大了，一般一天航行经过不到六个以上水闸。"

明朝永乐年间，工部尚书宋礼采纳"老人"白英"南旺导汶"的奇思妙想，在山东东平县东修筑戴村坝。这一伟大工程，成功拦截大汶河水使其南趋，注入南旺。南旺，作为南北水脊，巧妙地将汶水分成两道，六成向北流入临清，四成南流泗水，至此，南北运河畅通无阻，水运能力大幅提升。《纪实》对此亦做了形象记载："10 月 25 日，船抵运河的最高部分，是运河全长的五分之二。汶河的水在这里流入运河，汶河河道和运河成直角交叉，是供给运河水源的最大一条河。两条河汇流的地方，水流很急，在这里运河的西岸建了一个坚固的石堡。汶河的水以很强的力量向石堡冲击，从此分开，一条向南流，一条向北流。有一个未经解释的说法：在这里抛一束棍棒在水面上，棍棒也随着水流分成南北两个方向，这确是一种奇异的现象。"

在运河上，船只的航行离不开纤夫们的辛勤劳作。为了增加船只航行速度，运河沿岸征发了大量当地百姓充当纤夫。然而，他们的生活却充满了艰辛与困苦，虽然从事的是繁重的体力劳动，却只付给他们很少的报酬。《纪实》详细记载了纤夫的悲惨生活："这里水流的方向是东北，船是逆水行舟，走得非常之慢。使节团人员有充足时间上岸游览。我们看到中国官员强迫附近居民来做拉船纤夫，但给他们很少报酬。这些纤夫每天所赚的钱还不够他们一天吃的，因此他们遇到机会就逃走。有的时候夜里逃走了一些人，但又有一些新人换上。有一个监督人员，手里拿着一根鞭子，在纤夫后面来回走，喊他们加快拉并防止他们逃走，情况同西印度群岛的黑人监工完全相似。"这些纤夫的遭遇，无疑是当时社会底层人民生活的真实写照，也让我们看到了运河繁荣背后的艰辛付出。

京杭大运河不仅促进了沿岸城市的发展，更深刻影响了沿线区域的民风民俗，形成了独具特色的运河民俗文化。10 月 15 日恰逢中国传统节日中秋节，运河沿岸居民欢庆节日的热闹场景给英国使团留下了深刻印象。从午夜到天亮，爆竹声、锣鼓声、烧香拜神等仪式彻夜不停，展现出浓厚的节日氛围和独特的民俗风情。而微山湖渔民的捕鱼风俗更是新奇有趣："从高地上早晨看微山湖边上的木头房子、后面的塔和湖面上来往交错用竿子、用桨或用帆驾驶的形形色色的船只，风景非常有趣。湖边居民主要以打鱼为生。打鱼的方法很多，最普通的是用网捉鱼。在这里看到一种新奇捉鱼方法，在船的一边按上一个漆成白色的木板和船成四十五度的角度，向水中倾斜，在明月之夜，月光射在这块白漆板上反映在水面，好似水的波动。鱼以为是食料，纷纷往木板上跳，渔民用绳把木板拉上来把鱼扔在船里。"

由于京杭大运河靠近黄河的河段时常面临意外状况，船工和水手们为了祈求平安，形成了祭祀河神的传统习俗。《纪实》中记载："使节团船只穿过黄河的地方水流很急，为了保证行船的安全，来往船只都在这里祭供河神。使节船长在一群水手包围之中，手里拿一个公鸡，走到前甲板，把鸡头割下抛到水里，然后用鸡血滴在船的甲板、桅杆、锚和房舱门口并在上面插上几根鸡毛，船头甲板上摆上几碗肉类菜肴，摆成单行，前面又摆上酒、茶、油、盐各一杯。船长跪下来，磕了三个头，两手高举，口中念念有词，似乎在祷告神灵。水手们同时大声敲锣、放鞭炮、烧纸烧香，船长在船头奠酒，依次把酒、茶、油、盐等一一抛到河里。仪礼完毕之后，水手们围坐在甲板上，把祭神的肉食大家痛快吃一顿。等到船只平安渡过对岸，船长还要出来在原处磕三个头答谢河神。上述的祷告仪礼是在经过险地或遇到逆风的时候祈祷神灵用的。除此而外，中国船上还在房舱左边设立一个祭坛，每天都要上供和祷告。前甲板上敬神的地方，船上人员除非万不得已不在那里来回乱走。"

在历史的长河中，京杭大运河宛如一条纽带，将中国与其他国家紧密联结在一起。其他国家的人可以通过京杭大运河及其沿线区域社会了解到中国物质文明和地域文化。1793 年英使来华，运河沿线的民风民俗、水利设施和名胜古迹给使团成员们留下了深刻的印象。英使带着新奇的眼光观察京杭大运河，通过他们的记载和描述，我们可以看到中西文化的碰撞和交流，使团成员撰写的旅行日记也成为向外传播中国文化的重要载体。

三、阿美士德使团的运河日志

第一次鸦片战争爆发前，英国曾两次派遣外交使节团来中国访问，一次是 1793 年的马戛尔尼使团，另一次就是 1816 年的阿美士德使团。阿美士德使团的这次出访，本应是一次增进了解与交流的契机，然而，在觐见嘉庆皇帝的礼仪问题上，双方产生了分歧。这一分歧，如同一块巨石，横亘在使团与清政府之间，最终导致清政府取消了阿美士德使团的觐见。不过，使团沿大运河南下旅行至广州，由澳门乘船返回国内。使团于 1816 年 8 月 9 日由天津塘沽进入北运河，至 10 月 20 日，由仪征进入长江主航道，共在运河沿线区域停留达 70 余天之久，这段经历，也成了他们人生中一段独特的记忆。

有关此次出使的经历和见闻，现在可以看到的主要有使团成员亨利·埃利斯（Henry Ellis，1788—1855）和克拉克·阿裨尔（Clarke Abel，1780—1826）二人所撰写的旅行日志。亨利·埃利斯，这位英国外交官，作为阿美士德的秘书以及使团副使出使中国。回国后，他将私人日志出版，这本书成了向英国人介绍中国的早期著作之一，宛如一扇窗，让英国人透过它，看到了遥远中国的一角。克拉克·阿裨尔，身为英国外科医生、博物学家，是使团的首席医官。他详细记录了历时两年的出使行程，最终形成了《中国旅行记》一书。这两本书均已出版发行，它们对于我们研究运河城市史和区域社会史具有重要价值，犹如两把钥匙，打开了通往那段历史的大门。

1816年9月8日，使团成员离开天津，乘船进入御河。经过十几天的航行，于9月22日抵达临清。临清舍利塔，这座位于临清市城北约5公里处的运河东岸的古老建筑，是山东运河沿岸最具代表性的古迹之一。亨利·埃利斯在其日志中用大量篇幅对临清舍利塔的形制和外观做了详细记载："（9月22日）12点的时候，我看到了临清州的宝塔，大约在15里以外。我和其他一些人在离塔最近的地方上了岸，没费多少力气就进到塔里，并且登上了塔顶。塔为八角形，9层高，越向上越小。塔的基础和一层的大部分由斑状花岗岩修筑，其余部分用砖砌成，砖的表面上了釉。塔的外面刻着4个汉字，意思是佛的遗骨。由此来看，这座塔是祭祀佛的，名字叫'舍利宝塔'。我们沿着一个环形楼梯拾级而上，一共有183阶。楼梯和墙角都是斑状花岗岩的，十分光亮。还有几块石板也是同样的石头，有人说它们是大理石，上了釉的砖也被称为陶瓷。除了某些楼层的平台以外，这座建筑维护得很好，是此种建筑形式中一个引人入胜的样本。每层的屋顶探出去将近两英尺，用雕花的木结构装潢得十分华丽，整体覆盖着铸铁或者钟铜。我估计塔的高度有140英尺，我们在塔顶上将整个临清城尽收眼底……宝塔附近有一座庙，里面有一尊镀金的巨大塑像。如果不是邻近的宝塔使之黯然失色的话，还是值得一游的。宝塔本身也有两尊塑像，一尊在一层，另一尊在最高一层，后者是用泥土烧制的。第三层的块石板上镌刻着铭文，说明宝塔是在明朝万历三十八年（1584）修建的。从塔顶上看，城墙距这里似乎有两英里远。"

离开临清后，9月24日，使团到达东昌府（今山东聊城）。亨利·埃利斯在其日志中记载："我们晚饭时到达了东昌府城，运河弯曲着从城郊穿过。我觉得这里的房子比我们见过的其他任何城市都更加规整，修建得也更好。我注意到庙宇的屋顶有些不同，拱起得更高，装饰也更多一些……在这里，运河的堤岸矮下去了不少。当穿过城郊的水闸时，我们很好地看到了这座城分别向西面和北面伸展的两个侧面的面貌。城市矗立在运河左岸城墙维护得很好，每隔一段就有一个很高的瞭望塔。有两幢圆锥形的多层建筑，或许是宝塔，和临清州的宝塔相比，它们的直径和高度比更大一些。城郊建立在一块高起的地方，这种微小的不同使得它不像一般的中国城镇那样无趣。运河的某些河段林木茂密，中间夹杂着一些庙宇和房子，确实十分漂亮……东昌府是个第一等级的城市，人口众多，从各方面的记载来看，应该还是很值得一看的。"克拉克·阿裸尔在其旅行日记中记载："（9月24日）傍晚，船队停泊在东昌府城外，这个城市以其高大的城门、方形塔以及城区面积大而著称。"他们的描述，让我们看到了东昌府独特的城市风貌，感受到了它的古朴与典雅。

在山东运河沿岸，地势犹如起伏的乐章，高低悬殊，水流方向也复杂多变。为了保障运河的畅通，人们巧妙地设置了大量水闸，因此，山东运河又被赋予了"闸河"这一独特称谓。而一段来自使团日志的记载，宛如时光的探针，精准地捕捉到了山东运河水闸与分水枢纽工程的神秘面纱，让我们得以穿越时空，一窥其貌。9月27日晚上，使团成员在前往济宁的途中，亨利·埃利斯看到了运河水闸的工作方式："把一些两头都系着绳子的木梁一根根地放到闸墩的凹槽里，后一根放在前一根的上面。然后，在摞起来的木梁两头分别竖着安放一根木柱，上面系着一根绳子，绳子绕在一个轮轴上，轮轴安放在固定于闸墩中心两侧的弯曲石头或者木柱上。然后，由短棍来转动轮轴，竖直的木梁通过轮轴和绳子被放倒，摞在水平放置的木梁上，最终两根原木竖直的木梁非常紧密地结合在一起，抵抗河水的冲力。然后，用交叉的木棒把轮轴上的绳子缠绕起来，一头固定在地上，由此保持整个体系的稳定。轮轴也被用来把每根平放木柱的一头安放到凹槽里，只要把一端的绳子系到对面闸墩上，就可以将木梁拉进它的位置。当放开闸门让河水自然流走时，木梁就放在闸墩旁边。整个设计十分原始，操作时也很不安全，在固定竖立木柱时木桩有可能歪倒，支持它们的绳子也有可能被拉断。竖立的木柱越往下越粗，提供了一定的安全性，

　　　　　　　　　　　　运载千秋：中国大运河传

以防止它们歪倒。运河过了开河镇以后有一段比较浅，所以需要水闸将河水升高。"

9 月 28 日，使团一行抵达汶上南旺镇。南旺镇，这个地处汶河与运河交汇处的特殊之地，犹如一颗璀璨的明珠，在京杭运河的历史长河中闪耀着独特的光芒。它是整个京杭运河的制高点，素有"水脊"之称。为了解决大运河水源问题，确保船只能够顺利通航，明代永乐年间，宋礼、白英两位水利大师在此修建了南旺分水枢纽工程。他们在戴村筑起堤坝，拦截汶河水，让其流入小汶河，然后西行，最终从南旺注入运河，为运河补充了充足的水量，宛如为这条古老的运河注入了源源不断的生命力。亨利·埃利斯在其日志中对南旺分水枢纽工程做了详细记载："过了开河镇 6 英里后，我们到了汶河与运河的汇合处。这个汇合处据说是运河的最高点，河水在这里分别流向两个方向。河的两侧尤其是东侧的田野全都被水覆盖着，在某种程度上可以称为一个湖，汶河据说就从这一片田野中穿过。在接近汇合处的地方，汶河的河岸明显地可以看到人工修筑的痕迹，我一点也不怀疑它的河道曾经改变过。运河面向汶河一面的堤岸，表面用石头砌成，以抵抗河水的冲击。在河中间几乎看不出水在流动，但在靠近两边堤岸的地方，就可以看出河水流向不同的方向了。"

济宁位于山东省西南部，北依黄河，南临微山湖，京杭大运河穿境而过。9 月 29 日，使团一行抵达济宁。亨利·埃利斯在其日志中记载："旅程的第一段是穿过济宁州的城郊。城市本身在运河东岸，城墙维护得很好，有瞭望塔保护着圆形大门。城郊的商店装饰着雕刻和镀金的图案，十分漂亮。有一些不错的住宅，庙宇屋顶上铺着彩色的瓦，使城郊有着城市的面貌。"这天晚上，使团一行在南阳镇停泊过夜。"这是一个有一些修建得不错的房子的小镇，屋顶的装饰物比直隶更多。"

明清时期的淮安黄、淮、运在此交汇，由于黄强运弱，船只渡黄成为当时面临的一道难题。10 月 6 日，使团一行到达淮安杨家庄，并在此渡过黄河。亨利·埃利斯在其日志中记载了渡黄的经过："有一根纤绳牢牢地系在前甲板上，然后由一个绞盘固定在堤岸上，直到船只全部通过为止。河中间的水流流速至少每小时5英里，但岸边的水流如果不是反方向有一小股水流流过的话，水就是静止不动的了。在靠近闸墩的几个地方，河水打着漩涡，漩涡深度超过2英尺。我估计，从运河穿过黄河的通道宽度有23英里，从湖里流入的河水宽度有半英里。我们沿着从湖里流来的那条河前进了大约2英里，到达了码头，停泊在那里……横渡黄河被中国人当成件危险的事，我能够想象得到，当在这里汇合的几条河水因为下雨而上涨的时候，一定会比较危险，但是我们渡河的情况是绝对安全的。"

10月8日，使团一行到达淮安清江浦。清江浦，这座横跨河两岸的市镇，给使团成员带来了全新的视觉冲击。亨利·埃利斯在其日志中对清江浦城做了详细记载："清江浦横跨河的两岸，是一个相当大的市镇。在这里，我们通过一个水闸进入了一条河道，它可以认为是运河的继续，名字叫里河，向东方流去。在西北方向一个突出的小角上有一道水闸，不过看上去并不像是通向另一条河道。镇子里有许多庙宇和好房子，从闸墩上看过去景色还算不错，远处可以看到一座桥。负责照料使团行程的官员人数大为增加，这在很大程度上要归之于地方官府的好意。镇子附近的河水流速大大减慢，有一些十分坚固的堤坝……清江浦和淮安府之间尽管是一马平川，但到处都是耕地，有些地方林木茂盛，所以看上去也很令人赏心悦目。我们顺流而下，走得却很慢，因为是顶风前进。大一些的船都被绑在一起，由船侧拉向水流较急的地方。12点时，我们经过了一处房屋，房屋前面建有木头柱廊，据说是负责征收关税的钦差的官邸和住宅。"克拉克·阿裨尔在其旅行日记中对清江浦城亦做了详细描述，并着重记载了清江闸旁的御碑亭："（10月）8日，使团经过一个叫清江浦的大城市。在城市中心附近有一座大水闸，在闸墩的一侧有一座亭子。亭子的门楣上有中文字，马礼逊先生说是'御诗亭'三字，他猜想很有可能是乾隆在江南巡行时写的诗被刻在石头上保存在里面。现在，亭子被用来做仓库，保存修理水闸所用的绳子。"

淮安清口惠济祠在新庄闸河口，始建于明正德年间，初为碧霞元君行祠，后逐渐演变成为祭祀天妃的庙宇。因惠济祠所处清口为治河、行运关键之所在，故在清代备受统治者的崇敬和重视。亨利·埃利斯在其日志中用大量篇幅对淮安清口惠济祠进行了描述："枯河村附近有一座大庙，庙由好几栋建筑组成，屋顶上覆盖着黄色的瓦。据说，这座庙不是由皇帝的母亲修建的就是为了纪念她而修建的，它的名字叫'娘娘庙'……和其他庙宇一样，它由一些院子组成。这里一共有 4 个院落，里面的两个供僧侣们居住。第一个院子里有两座方形的亭子，亭子的屋顶装饰极其华丽，几个角上有一些不大的动物雕像，檐壁看上去像是绿色琉璃，十分漂亮，屋顶上覆盖着亮黄色的瓦。这些亭子里有一些竖直安放在基座里的大石板，上面刻有文字，两侧的走廊里有常见的文武官员的塑像。"

阿美士德使团的旅行日志，犹如时光的剪影，为我们留存下了那段历史中运河沿岸节庆和习俗的珍贵记忆。

山东段运河由于闸坝众多，在过闸或过坝过程中，稍不留神就会导致船只损毁，故当时的船工和水手大都有祭祀河神的习俗。亨利·埃利斯在其日志中对船夫祭祀河神的行为做了详细记载："我们的船夫们在进入闸河时做了一次祭祀，不是献给船的保护神就是献给河神。早上一大早就杀了一只公鸡，将鸡血洒在船头上。这只鸡后来被烧熟，和其他一些食物，包括煮熟的猪肉、色拉和酱菜，一起摆放在前甲板上一张彩纸的前面。这些食物附近放着一罐烧酒和两个酒杯、一双筷子。船主的儿子担任司祭。祭礼包括向船外抛洒两杯白酒和一些食物，然后烧一些金纸，放两串鞭炮。剩下的食物被拿走吃了。当祭礼进行的时候，妇女在船前部甲板上的一尊塑像前烧纸燃香，这尊塑像平时总是放在船尾部的一个神龛里。"

10 月 15 日晚间，使团一行抵达宿迁众兴集。这一天是中国传统节日中秋节。这个团圆的节日，在运河上也有着别样的氛围。因为亨利·埃利斯在这里看到了船夫祭祀神灵的场景："所有船只都立即开始准备过中秋节。像平常一样，在神前面摆上食物和酒，用酒来祭奠神灵。仪式最后的时候，燃放爆竹并且烧了纸。献祭之后便是宴席了，祭拜的人们享用着剩余的食物。在这种场合，也给邪恶的神灵进行献祭。不过，我看不出他们供奉的不同神明间有什么区别。一些比较复杂比较重要的仪式好像是在岸上进行，因为我们看到两名士兵返回站岗的房子时，身上穿的衣服缀满了铜扣子，以模仿盔甲的样子。"

10月9日，在宝应前往扬州的途中，亨利·埃利斯又有了新的发现——渔民们用于捕鱼的鱼鹰（鸬鹚）。他饶有兴致地记录下这一独特的捕鱼场景："就在吃晚饭之前，我们有机会看到了捉鱼的鸟，叫作鱼鹰或者鱼雁。每条船上的木柱上都有几只这种鸟，它们从柱子上飞入水中。这些鸟潜水自然是为了捉鱼，同时它们已经被训练得能够把鱼带回到船上。我看到一只鸟的喉咙处有一个硬项圈，以防止它把鱼吞进肚里。好像是通过敲击木柱来让它们潜入水中。它们和俄国鸭子差不多大，外表很像鲣鸟，尤其是它们的喙。"

明清时期的京杭大运河是沟通南北的交通大动脉，也是中外文化交流的重要通道。阿美士德使团是鸦片战争爆发前西方国家来华的最后一个使团，虽然其最后结局不太理想，但这次交流却在历史的长河中留下了深刻的印记，成为中西文化交流史上的一篇独特篇章。虽然使团来华的目的并不单纯，其对运河沿线地区的记载和描述也更多地带有搜集情报、刺探虚实的目的，但其对运河风貌和沿线社会翔实的记载和描述仍对我们研究运河水利史、城市史具有重要价值和意义。

第五节　近代外国人眼中的大运河

近代以来，随着国门的打开，中外文化交流更为频繁。随着摄影摄像技术的发展，关于大运河的域外书写不再局限于单纯的文字描述，而有了图像、照片等佐证材料。众多旅行家、传教士、商人等来到中国，或游历，或传教，或经商，在他们眼中，大运河宛如一幅绚丽多彩的画卷，展现出丰富多样的风貌。他们在记录大运河外在景观的同时，对其认识和理解也相较于以往更加深刻。其中，较有代表性的主要有日本汉学家内藤湖南、美国旅行家威廉·盖洛、德国地理学家李希霍芬、法国传教士卫德骥等人。不同文化背景和身份使得他们对运河的记载和描述各有特色，态度也千差万别，运河成为这一时期中外关系与文化交流的"晴雨表"和风向标。

一、内藤湖南的江南运河旅行

内藤湖南（1866—1934），原名虎次郎，字炳卿，号湖南，日本近代中国学的重要学者，日本中国学京都学派创始人之一。内藤家原是日本德川时代后期南部藩（相当于现今岩手县中北部及青森县东部）的武士，他的祖父和父亲汉学素养很高。在这样的家庭环境熏陶下，内藤湖南自幼便与中华优秀传统文化结下了不解之缘。幼年时，他便能认识拼音汉字，深入习读经典图书，九岁左右便展现出了卓越的文学天赋，能够作诗填词。在故乡，他的文学才华和写作能力早已声名远扬。在念完师范院校后，他回到故乡的小学任教。然而，他的才华并未被局限在这一方小小的天地。1887 年，他毅然前往东京，开启了记者生涯。凭借着自幼对中国悠久历史与灿烂文化的深入了解，以及自身深厚的文学功底，他在新闻媒体圈迅速崭露头角，声名大噪。他于 1893 年离开东京到了大阪，成了大阪的《朝日新闻》的重要执笔者。1897 年内藤担任《台湾日报》主笔，为此 4 月前往当时沦为日本殖民地的台湾赴任，仅仅一年便辞职，回到日本后成为《万朝报》记者。1899 年，内藤湖南迎来了他人生中的重要时刻——第一次踏上中国内陆的土地。翌年回国后，便出版了这次旅游的见闻录《燕山楚水》。

1899 年 10 月 17 日，内藤湖南从上海启程，开启了他在中国的旅程。两天后，他顺利抵达日本驻杭领事馆。20 日，他漫步于西湖之畔，沉醉于这自古以来便被高人雅士广泛歌咏的自然美景之中。23 日，赶赴灵隐寺。翌日登临吴山，之后便动身离开了杭州。

西湖之所以是内藤湖南此次旅游的第一选择，是因为这里自古以来都是高人雅士广泛歌咏的一处自然景致。当整个西湖赫然在目，内藤看见的是"山峦连绵参差，围绕着西湖，纵横各一里有余的湖面平静得如同烫过一般。山影倒映在湖水里，湖中舟船稀疏"。他以为"虽不能说水色清澈见底，但能透过水面看到下边的荇藻，在这个国家已是颇为难得"。"白堤、苏堤，杨柳如烟"，然而，"往来于堤上的人们的辫发胡服，让人觉得和眼前的风景格格不入。"

游历到岳王庙时，内藤湖南对庙中供奉的抗金名将岳飞像产生了独特的看法。他认为，岳王庙中供奉的抗金名将"岳飞像好像戏里的造型，看着很别扭"，难以将其与心目中的英雄形象相契合。同时，他对秦桧夫妇铸像遭受万人嘲骂的情景感到难以置信，认为中国人对于恩仇纠葛的执念过深，仿佛陷入了一种无法释怀的情感旋涡。他在参观完苏小小墓，附言："休提也。苏小小、冯小青皆是乌有美人，其墓亦不过好事者假托，使西湖入于诗有情有色，毕竟子虚乌有。"至雷峰塔，他看到"红砖构成的奇异塔型非常醒目""原来的重檐飞栋被火烧毁后仅剩下砖瓦砌成的部分，在风吹雨打下残破不堪，上边爬满了藤萝，以前的窗口只留下八面黑乎乎的空洞"。

又至灵隐寺，"寺院坐落在苍翠欲滴、矗立当空的北高峰下。山势周匝环绕，保护着灵区。"洞窟内有百余座佛教造像，"其中很多佛像似乎在明末到清代之间经过了拙劣的修改，面部表情毫无生气。而看起来是当年作品原封未动的，则面相怪异且身态丰润，和居庸关的佛像出于同样的手法"。罗汉堂内的五百罗汉像，"看起来是明末的作品，和我国（日本）宇治的黄檗山十八罗汉属于同一式样，只是稍微笨拙了一点儿，不过比北京碧云寺的要好看"。内藤湖南频繁地比较北京、日本与灵隐寺内景物的异同，又摘录《武林旧事》作具体阐述。

多数日本人对中国及其文化的再认识，始于甲午中日战争之后。内藤湖南在这个特殊的时期前来游历访问，自然秉持着深入思考与探索的态度，以理智平静的头脑来剖析中国。当他审视中国国情，探寻其失败、衰亡的缘由时，必然要对中国国民性进行考察。对于苏小小墓，他嗤之以鼻，认为一切不过是有目的而创作出来的子虚乌有的东西。至于秦桧等人铸像之类，则使他难以理解中国人的千古恩仇，认为中国人有耿耿于怀之性。然而，他或许没有意识到，诸多名胜古迹实际上反映了中国人的某些审美追求及社会价值观。如果不是当时中国国弱民穷、杭州亦破败不堪，他或许能为这些美景好生吟诗作赋一番，沉醉于中华传统文化的魅力之中。然而在那个年代，他思考与分析的全是战后中、日两国的关系问题，映入眼帘的皆是仍未修葺的残垣断壁，也能感受到他的遗憾与痛惜。内藤对于西湖的描绘，是"山翠参差绕湖""平稳如熨"，美色如故，但倦色亦是难掩。好比雷峰塔，塔状诡秘，日晒雨打，林木笼罩；东坡碑破损不堪等。登览吴山，内藤湖南极目远眺，"左西湖，右浙江，北为杭州城万家，粉壁鳞次，壮观无比。"由此可见，内藤对于美丽的山水景色，是不吝于称赞的，然而他也会因为无财力整修显出衰颓之态的人造设施而扼腕叹息。他也许唏嘘不已，书里所写绝美景色如今毫无生机，凋敝至此，让人不禁感叹世事的无常。

离开杭州后，内藤湖南行至拱宸桥，乘坐汽船，沿着运河北进。一路跋涉，他终于抵达了苏州。在苏州，他先后游览了宝带桥、虎丘、寒山寺、留园、灵岩山、吴门桥、承天寺、北寺塔、沧浪亭等众多著名旅游景点，每一处都留下了他的足迹和思考。

内藤此行的主要交通工具就是游船，他乘舟采莲、举目眺望，时而寓情于景、抒情言志，仿佛是一位浪漫的诗人，在运河的怀抱中寻找着灵感。譬如他从吴门桥坐船行至虎丘："二十七日，画舫在吴门桥下解缆，先去虎丘。画舫沿着位于城墙西南、紧挨城墙外侧流过的大运河行进，河中船舶穿行不息……过了胥门、阊门这些雅致名字的城门外，向左拐，进入稍微狭窄的水路……到了虎丘山麓，民家稍微稀疏了一些。我们把船系在柳荫下上山。"由此看来，内藤湖南的顺利出行游玩离不开运河、内水互通这一得天独厚的条件，运河仿佛是一条连接着各个景点的丝带，将他的旅程串联成了一幅美丽的画卷。

唐代诗人张继曾写过一首《枫桥夜泊》，使诗中所提寒山寺与枫桥声名远扬，甚至成为日本人都耳熟能详的风景名胜，是他们游华的必去景点。然而内藤湖南却对此有不一样的看法，他在游历此地之后的最大感受就是失望。当他来到寺院门口时，大门紧闭，仿佛是一座被历史遗忘的孤岛。之后，一位看起来生活潦草的小僧打开了寺门，寺内的景象更是让他大失所望："寺堂全无，佛像安置在一座龌龊的庵里，只有一个僧人默然枯坐"，地上还有一幅刻有明崇祯年号和"寒拾遗迹"四字的额匾。

内藤湖南是一位十分了解中国的专业学者，他所撰写的有关苏州的纪行内容十分翔实、行文流畅、语言凝练。在参观游历的同时，他也在对相关历史记载考辨，例如对于宝带桥的描写，当时英国访华的马戛尔尼使团仅仅直白地记述了有几个桥洞，而内藤湖南是这样表述的："过了平望镇，再往北走，从旁边路过一座叫作宝带桥的大桥。桥下共有五十三个眼镜形状的孔洞，中间的三个洞比较大一些，说它如'长虹横空'也不为虚构。

《大清一统志》说此桥长一千二百丈，过于夸大，我觉得大约有七八町（1町约 109.09 米）。桥位于澹台湖口，是运道的所经之处，自汉代已经开通，因为唐代的王仲舒捐出宝带铸成，所以有了这个名字。据传宋、明两代都曾重修。"

在内藤湖南的游记中，十分具体地记载了虎丘景区的相关资料，包括其名字由来及云岩寺塔、剑池等地的结构特征、文史掌故。他极目远眺，写道："但见沟渠纵横、绿树阴郁，时而夹杂着红黄的颜色，错综于黄熟的稻田之间，可知这个地方富庶的程度。"但"从虎丘到枫桥的水路从田野间通过，所以往来的船只稀疏，两岸的芦苇使水道变窄，几乎要触到舫上。红树映带，落叶点水，处处可见的古坟寂寞地起伏在杂草间"。

内藤湖南对于沧浪亭的描述亦是显示着博大精深的中华文明："亭为池所绕，池中满是败荷，有亭榭树石。虽然不像常常修治的样子，但很是洁净，是个宜于游览的地方。沧浪亭在小山上边，但不知文衡山隶书的额是否牧仲记中的东西。但亭的引人之处，比起它实际的景胜更令人难以割舍的是远有苏子美、欧阳文忠、梅圣俞的遗迹，近有宋中丞搜集王阮亭、尤悔庵、朱竹、邵青门以下名士词人的题咏，成一时风流，表彰胜迹。"

近代以来至 20 世纪二三十年代，外国人来华游记数量众多，其中就包括日本学者撰写的游记。内藤湖南所撰写的旅行见闻以多个角度展示了中国近代社会的变迁，可以同国内的相关历史文献互为补充，进行参考对照。其对运河沿岸城市人文景观和风土民情的描述，对于我们了解近代运河城市的变迁亦具有重要价值。

二、威廉·盖洛眼中的运河城市

威廉·埃德加·盖洛（William Edgar Geil），这位 20 世纪前期美国杰出的环球旅行家、英国皇家地理学会会员，1865 年出生于美国宾夕法尼亚州的多伊尔斯顿城。1890 年，他毕业于拉斐特学院。六年后，他以传道士的身份，在旅游的同时进行传教，足迹遍布非洲大陆、太平洋岛屿、澳大利亚与亚欧大陆地区，仿佛是一位勇敢的探险家，在世界的各个角落留下了自己的印记。盖洛学习过严苛、全面的地理学科知识，尤其痴迷于中国的悠久历史与灿烂文化。1903 年，他第一次踏上中国的土地，乘船对长江流域的自然地理、人文历史进行了深入考察。这次旅行结束后，他将自己的所见所闻整理成书，撰成著作《扬子江上的美国人》。该书一经出版，便引起了西方读者的热烈反响，仿佛是一颗石子投入了平静的湖面，激起了层层涟漪。在这之后，盖洛又先后三次到中国游学，访遍中原大地、名山胜水，相继出版发行了《中国长城》《中国十八省府》《中国五岳》等书，为西方世界打开了一扇了解中国的窗户。1925 年，他在威尼斯病逝，结束了他传奇的一生，但他留下的著作，却成了后人了解中国的珍贵资料。

威廉·盖洛对清朝的 18 个省份进行了细致深入的考察，著成《中国十八省府》一书。他依照南方、扬子江、黄河的游览次序，分三章列述了对中国 18 省府所进行的广泛细致的考察经历。书中收录了盖洛每到一处拍摄的当地自然景色以及人文景观的照片 130 余张，这些照片仿佛是一个个时光的切片，勾勒出一个正处于新旧交替、历史关头的中国，真实地反映了清政府崩溃之际的病态社会。同时，他还广泛查找、整理各府志、州志、县志等历史文献，记述其珍闻逸事、风物掌故等内容，继而与西方的城市建设、发展与价值相互比较。此书涉及的内容十分丰富，角度新颖、立意深刻，具有深远

▲ 威廉·盖洛（引自《外国人眼中的大运河》）

的历史文献意义，仿佛是一部关于中国晚清社会的百科全书。

威廉·盖洛对运河的描写主要集中于该书第一部分（南方的省府）的"杭州"和第二部分（扬子江流域的省府）的"苏州"两章中。在书中，盖洛首先对其看到的杭州钱塘潮景象做了详细描述："在与新奥尔良处在同一纬度上的中国东海岸有一个宽阔的海湾，其喇叭口骤然变窄之后便转向了南面。每逢潮汐季节，当来自太平洋、宽达 60 英里的海浪迅即变成了 10 英里宽时，浪头便层层叠叠，达 10 英尺高。一条为防护陆地被潮水淹没而修筑的海堤更是起了推波助澜的作用。从海堤上反弹回去的浪头在第一道水墙之后又形成了第二道水墙，甚至比前者还要高出 5—15 英尺。这两道巨大的水墙以每小时 13 英里的速度从海湾向西推进，潮水发出的咆哮堪与尼亚加拉瀑布下的雷鸣声相媲美。假如古埃及的法老将其所有的军队在沙漠上摆开阵势，其战车的'隆隆'声恐怕也比不上这儿潮水的轰鸣。"

他对杭州城内的运河印象深刻，并对此做了详细记载："杭州的水系十分发达，有五个城门的名称跟水有关：清波门、候朝门、望江门、钱塘门和涌金门。荷兰的运河被用来排泄低洼地的积水，而杭州的运河则为灌溉提供了水源。而且这里的运河没有被用作排污的下水道，因为农民太珍惜肥料的价值，经常疏通河道，用河泥来肥沃农田。在运河里洗澡的人并不多，但淘米和洗衣服都是在这儿进行的。"他接着写道："中国人对于运河水的喜爱远甚于雨水，但在运河水和西湖水（后者因寺庙众多而掺有香灰）孰优孰劣的问题上仍存有意见分歧。运河还盛产鱼，而河面上漂浮的菱角则为人们提供了茶点。船闸在这里并不为人所知，当需要把一条船转移到另一个水平面不同的河道去时，就用泥泞的滑道充数。在乡间甚至还可以看到水牛推磨——这怪异而悲哀的动物。城里有许多石桥横跨水面，关于它们还有许多迷信：如桥下有船时，妇女不准过桥；还有在穿过某些哑桥的桥洞时，谁也不许说话等。"他的笔触细致入微，将杭州运河的特色与背后的人文故事一一呈现。

除了杭州的运河和水系，盖洛还注意到了杭州独具特色的街道和桥梁。他在书中这样记载："御街的两端都是村落，它穿越整个大城市，是城里旱路的主动脉。最近的一次大火烧毁了一些店铺。于是当局命令，凡是要在这条街新造房子的，街面都必须拓宽一半，这正是一个最明智和及时的法令。中国人不喜欢过于笔直的街道和运河，弯弯曲曲的道路和运河要吉利一点儿，因为这样，水鬼和恶魔便更容易迷路。我们在御街上只穿过了一个相当大的桥，桥上有一个财神爷的神龛。附近还有其他的两座桥，更重要的那座桥名为众安桥。在朝拜财神爷之前，我们来到了位于保佑坊的清真寺。它建于 7 世纪的唐朝，是城里的三个清真寺之一，也是被太平军放过的仅有的两个寺庙之一，因为在那儿找不到任何偶像。"

　　太平军曾于 1861 年占领杭州，威廉·埃德加·盖洛对太平天国战乱对杭州造成的影响，亦做了详细记载："杭州整个城市的面貌因 1861 年的太平军而发生了变化，这些人因不满清朝的专制和无能而于 11 年前揭竿而起。使他们团结在一起的是一种新的宗教，它糅合了基督教的某些教义，但却将太平军首领视为天王和主。在让居民们虚惊两次之后，这些反清的汉人终于攻下了杭州城，但却未攻克与之相连的清军的堡垒。太平军撤退之后，清兵洗劫了不幸的市民。第二次围城导致杭州的再次陷落。守城的八旗兵在 47 响爆炸声中自尽，太平军占领了整个城市。他们奇怪的礼拜方式，以及头上的长发和辫子的缺失，都使杭州人感到惊愕，而太平军对可怜的本地居民所表现的怜悯更是出乎他们的意料。"

　　在《中国十八省府》对苏州城内运河的记载中，盖洛同样不遗余力。"在主要运河干线，我们雇用了'安妮·巴尔号'这艘以一位英勇的女传教士名字命名的住家船。而另一艘没有顶棚的手划船则将我们带入了狭窄的水巷之中，那儿只有靠划桨和撑竹篙的平底船才能够行进。在水坝处，收缴的船费被投进挂在一根长竹竿尽头的一个口袋里，就像是在大教堂募捐用的口袋一样。在这儿自然会有些耽搁，但这也使我们有机会观察那些用鸬鹚来捕鱼的渔船。这些鱼鹰生来就有一个喉囊来放置它们捕获的鱼，人们巧妙地在鱼鹰颈脖上套了一个圆环，以防止鱼偶尔滑入鱼鹰的肚子里。它们双排绕船站立着，直到被渔民用竹竿将它们赶入水中；当鸬鹚发现鱼时，会将其眼睛啄瞎，再装入自己的喉囊之中。若是鱼太大的话，它就招来其他伙伴，一起将任何不超过 11 磅的鱼举出水面。"

盖洛还注意到苏州城内的下水道系统，对此做了详细描述："令人惊奇的是，沿着这些运河有一套独立和官方的下水道系统。有一名官员专门负责视察这套系统，这似乎明显是一个多余的差使。他采取了找人替代的省心方法，即将一人在下水道的一端放下去，然后就走到下水道的另一端，等那人出来之后听他的汇报。确实，在下水道里很少有人能像地面上坐在轿子里的视察官员走得那么快。但在等待一段时间之后，一个满身污垢的劳工就会适时地从下水道口爬出来，并向官员讲述他在下面的冒险经历。当然，从另一端钻进下水道的跟眼前这位总是同一个人——只是下水道里的污垢和行走不便会使他在外貌和形象上发生巨大的变化……也许如果视察官让从下水道一端下去的人带着或者在皮肤上刻上什么记号，他可能得等许久才能等到那带着同一记号的人出现在下水道的另一端。"这段记载不仅让我们了解到苏州当时的城市基础设施状况，还通过有趣的细节展现了社会管理中的一些现象，充满了生活的真实感。

运河河道除用来航运外，在乡间也常被农民用来灌溉，或用作他途。盖洛在其书中写道："苏州主要的运河河道分布十分规则，与那些作为城界线的宽阔护城河平行。然而，所有这些运河自然也有其死胡同和后院。它们是被设计用来运输的，在乡间也被用作灌溉，偶尔它们也被用作其他各种用途。各种垃圾都倒在运河里面，洗衣服、清洗食物、养鱼，就连饮用水也是从这儿获取的。为了对当地居民公平起见，必须说明这些水总是放在铜壶里面烧开并沏成茶之后才加以饮用的。所以说，这些运河不仅提供肉食品，也提供饮料；因为在河里可以轻易地捕得鱼、蟹和小虾。"

威廉·盖洛在其《中国十八省府》一书中详细记载了杭州、苏州两座城市的运河，从运河沿岸人们特有的生活方式和生产活动，到运河上的桥梁，再到运河沿岸的街道和庙宇都做了细致入微的描述，这些记载在现在看来仍弥足珍贵，令人印象深刻，具有相当高的史料价值，为我们了解晚清时期运河的功能和作用提供了重要视角。透过这些文字，我们仿佛能够穿越时空，感受那个时代运河城市的独特魅力与社会风貌。

三、李希霍芬的运河旅行日记

费迪南德·冯·李希霍芬（Ferdinand von Richthofen，1833—1905），德国地理学家、地质学家。1833 年 5 月 5 日，生于卡尔斯鲁厄。1905 年 10 月 6 日卒于柏林。1850 年，入布雷斯劳大学学习地质学。1852 年，转入柏林大学；1856 年，获博士学位，后在欧洲从事区域地质调查工作。1860 年，前往东亚考察，历经今斯里兰卡、日本、菲律宾、马来西亚、印度尼西亚、泰国和缅甸等国，后到美国加利福尼亚州研究火山和金矿分布。1868—1872 年间，在加利福尼亚银行和上海西商会支助下多次到中国考察旅行，游历中国绝大多数省区，调查了地质、矿藏、黄土、海岸性质等情况。历任波恩大学地质学教授（1875—1883）、莱比锡大学地理学教授（1883—1886）、柏林大学地理学教授（1886—1905），同时也担任过柏林大学校长。1905 年 10 月 6 日辞世。他的学生将其在中国游

▲ 李希霍芬照片（图片来自网络）

历时所写的日记、主要作品手稿和个人信函（主要是家书），归纳整理成了《李希霍芬旅行日记》一书。该书详细记载了他在中国的旅行见闻、经历和感受及其对中国城市、乡村、交通、风土人情的评价，对于研究晚清中国社会经济、文化具有重要价值。

1868 年 12 月 1 日，李希霍芬从宁波出发，乘船沿运河前往镇江。这是一段充满未知与惊喜的旅程，他怀揣着对中国运河文化的好奇与期待，踏上了这条古老而神秘的水上通道。在接下来的 15 天里，他沿着运河一路前行，领略着两岸的自然风光和人文景观。12 月 15 日，他终于抵达了镇江，完成了这段意义非凡的旅程。次年 3 月 17 日，李希霍芬又从镇江出发，乘船沿运河北上。在这段旅程中，他再次与运河亲密接触，记录下了许多有关晚清运河沿线地区交通水利设施、城镇商业、名胜古迹和风土民情的珍贵资料。

李希霍芬从宁波乘船沿运河北上，至淮安王家营下船陆行，先后经过浙东运河和京杭大运河南段。浙东运河西起杭州市滨江区西兴街道，途经萧山区、柯桥区、绍兴城区、上虞区，之后汇入姚江，进入余姚后分成侯青、中舜、最良三条支流穿城而过，出城后又分慈江和姚江进入宁波江北境内。余姚县，这座位于运河之畔的城镇，成了李希霍芬离开宁波之后到达的第一个运河城镇。

在李希霍芬的日记中，详细记载了他在余姚过坝的情景。12 月 4 日夜里，他的船停靠在运河上，随后经历的过坝过程，让他深刻体会到了晚清时期运河交通的艰辛："（12 月 4 日）夜里我们的船就停靠在运河上，之后经历的事情两次极大地考验了我的忍耐力，因为我们必须过两道水坝，整个过程发生了很多莫名其妙的事情。程序非常复杂，人们不停地交涉、吵闹，还有看热闹的，就是没人干点儿实事。后来我不得不鼓起勇气催促了一次，才有人把六头水牛拴在我们的船上，大概有 50 个苦力，他们有的拽绳子，有的推船——怕船翻了。他们开始喊号子，但是因为用力不均，没有成功。人们又开始吵嚷起来，我们的船摇摇晃晃地一下子陷到淤泥里。于是又从头开始，这么反反复复几次，船终于被推高起来。但是岸边的斜面非常的滑腻，缺少摩擦力。苦力们拼尽了力气才把船推上去，半道上，拴绳子的柱子又歪了，我们的船几乎就要重新退回水里，万幸没发生事故。于是人们再次鼓起劲来，还好在如此危急的时刻，潮水帮了一把忙，终于成功了。"从这段记载中，我们仿佛能看到那紧张而又艰难的过坝场景，感受到当时人力和畜力在运河交通中的重要作用。

西兴镇，这座历史上曾北濒临钱塘江的小镇，随着时间的推移，江面变窄，逐渐远离了大江，小镇与江面之间淤积形成大片泥沼地。直到清朝末年，往来的民众仍需雇牛车才能通过这片泥泞之地。李希霍芬在日记中记载："河道在又老旧又航脏的西兴镇终结。为了去杭州府，不得不渡过钱塘江。这里的河水浅，南岸非常平……河面只有1公里半那么宽。人们通常在北岸登陆，穿过一条两侧都是房屋的小巷进入城中。这段的交通十分拥挤。从西兴镇开始，河道中拥挤着很多货船和客船。大概有20多架水牛车在干拉船的活儿，每架车都得有大概12个苦力掌握。"

邵伯镇地处江淮地区的交通要道，为运河沿岸重镇。邵伯湖在邵伯镇北，是由天然和受人为导淮入江影响而形成的一个湖泊。邵伯湖上承高邮湖来水，西纳丘陵冈地及沿湖圩区之水，东为京杭运河西堤，南出六闸，下注归江河道入江，位置十分险要。万历二十八年（1600），为避免湖面的风浪影响漕运，在邵伯湖东侧修建堤坝，使大运河的主航道与邵伯湖彻底分开，成为独立的航道。李希霍芬在其日记中，对邵伯镇的运河堤坝做了详细记载："在邵伯，运河拐弯的地方，浪头明显大多了……这段大坝延伸很长，设计得也很壮观，有点儿模仿北京的城墙，也有突出的排水管子。这座坝看起来有点儿像一座防御工事，当然它也承担着保护城市的作用……此处的石墙几乎都是新垒的，还在不断被延长。当代人花这么大力气维护古时候建起的坝体，这是我在中国比较少见的。可见这座位于运河南面的大坝对其后方的城市是何等重要。"

高邮湖是江苏省第三大湖，它的前身是首尾相连的许多小湖，后来受漕运和人工导淮、治淮的影响，形成今日的高邮湖。李希霍芬描述了他眼中的高邮湖及沿湖堤坝："（高邮湖）东边的大坝还在延伸，上部大约宽9米，下部则有30米宽。坝体肯定在挖掘运河的时候就已经设计好了，但是现在因为挖掘草地而使地面下降，显得大坝更高了……运河的西面是一个相当大的湖盆地，南北延伸长至10—15公里。很显然，湖的面积以前肯定更大，将整个东部地区全部覆盖，因为现在东边那些田地的高度要低于湖水的最低水位。建造大坝的目的就是拦截湖水以使坝东边的土地不受淹……以前湖水和运河是通过水闸来控制的，但是现在堤坝上很多处已经被破坏了，那些地方的湖水也就和运河连在了一起。"从李希霍芬的记载可以看出，这一时期的高邮湖湖泊面积相较之前已经大幅缩小，这很有可能是由于1855年黄河改道的缘故，导致里下河地区入湖水量减少。此外，由于长期的战乱，使得沿湖的水闸、堤坝年久失修，也导致部分地方湖水和运河相连。

淮安王家营在明清时为淮北巨镇，在清河县治北五里。《续纂淮关统志》卷四《乡镇》记载王家营镇："距大关十五里，与清江浦分河为界，陆路入京此为孔道。"王家营渡"凡南来起旱北去者必至此渡黄、雇车上站，实为为淮属要津"。然而，清咸丰五年（1855），河南兰考铜瓦厢发生了罕见的决口，洪水淹没了5府20余州县，先流向西北，后折转东北，夺山东大清河入渤海。大运河被拦腰截断，无法全线通航。因此，李希霍芬在大运河的旅行到淮安清江浦就不得不结束了。3月25日，李希霍芬在王家营雇车陆行，并由此踏上去往山东的路程。

大运河的流经，犹如一条生命的纽带，带动了运河沿线地区的繁荣与发展。即使在运河逐渐衰落的近代，这些地区依然是当时社会经济较为发达的区域。李希霍芬从宁波乘船到镇江，再从镇江到淮安，沿途所经的江浙一带，更是当时运河沿线最为富庶的地区。然而，我们也不能忽视，由于受太平天国战乱的影响，曾经繁华无比的苏州、杭州等运河城市，在这一时期也呈现出了衰败的景象。

余姚地处宁绍平原中部，沟通绍兴与宁波两地，境内的姚江为浙东运河的重要组成部分，西边分南、北两线自上虞汇入姚江，东行入余姚城区，分为候青、中舜、最良三江拱卫双城，最后于丈亭三江口分慈江和姚江流至宁波境内。李希霍芬在其日记中描述了余姚县城的城市面貌："余姚是一座分布比较散的县城，破败的城墙环绕的是现在没有多少人居住的位于河岸南边的老城。新城则在河北岸，有新城墙，和更北边的郊外村落连在一起。以前这里无疑非常美丽，那众多雕刻着精美花纹的石门似乎在提醒人们记住这里的辉煌时期。在庙宇和桥梁上我们也经常看到如此美丽的雕刻。但是现在这些石门大都倒塌了，随处可见的都是不怎么美的景象，如同中国很多别的地方一样，满眼都是贫穷和脏乱。"

大运河与绍兴关系密切，得益于运河及其航运，绍兴城市商业和城市规模都有显著发展。李希霍芬在其日记中记载："此处人烟稠密，房屋拥挤，河道交错……绍兴府是一座非常大的城市，大概有一百万人口，但是太平天国起义也重创了这座城市。尽管如此，这个地方也比宁波更大更重要，一条河道穿城而过。"

杭州地处京杭大运河南端，是运河沿岸重要的商业都会，受运河的影响极为深刻，但在太平天国战乱中，杭州城也遭到了严重的破坏。李希霍芬在其日记中写道："据我看来，杭州城比柏林面积要大……但是这座城市在太平天国的时候也遭到了严重的破坏。据说起义之前杭州大概有200万人口，现在只有20万—30万。这种说法有些夸张，但是起义带来的损失确实巨大。只在很少的街道上可以看到买卖人。"

苏州是与杭州并称的城市，历史上有"上有天堂，下有苏杭"的美誉。与杭州一样，太平天国战乱对其也造成了一定影响。李希霍芬在日记中对此也做了描写："像杭州一样，苏州城也有一条围绕城墙的护城河。我在城外停留了一会儿，然后往城墙靠近。我只看了一眼就明白了，这座以美丽著称的城市，如今也是破败不堪。虽然城外的房屋看起来零零星星的，但是比杭州城外的情况还好些。较宽的河道里挤着不少船只，有些看起来规模还挺大的。"

无锡是江南运河沿岸的重要城市，历史上就是繁华富庶之地，运河对无锡城市的发展更是产生了举足轻重的影响。李希霍芬在日记中写道："无锡的地理位置十分重要，面积也大，在其他省都足够作为省城了。但是在当地方圆 30 公里以外的人恐怕都不知道还有这么个城市。大运河无锡段非常规整，笔直的 200 里，方向是从东南向西北，沿河无山……这段河道被挖得很深，而且河底的泥沙还被推向两岸，形成了很多堤坝。"12月 16 日，李希霍芬到达丹阳和镇江，并由此结束在江南运河的行程。

次年 3 月 17 日，李希霍芬乘船从镇江出发，踏上去山东的行程，途中经过扬州，对于运河名城扬州，李希霍芬做了详细记载和描述："运河经过的扬州府，自古以来是个重要的地方。城墙仿佛一眼看不到头，都是青砖建成的，而且保护得很好。在城外也有一些房屋散落，但是并不像其他城市那样，看来这些屋子里并没有住人。"

明清时期淮安境内黄、淮、运在此交汇，再加上东邻两淮盐场，曾是运河沿岸重要的漕运枢纽、商业都会和盐运要冲。晚清以后，由于运河的淤塞以及战乱的破坏，淮安逐渐走向衰落。光绪《淮安府志》记载："自纲盐改票，昔之巨商甲族夷为编氓；河决铜瓦厢，云帆转海，河运单微，贸易衰而物价滋；皖寇陷清江浦，河员裁而帑金绌，向之铜山金穴湮为土灰，百事罢废，生计萧然。"李希霍芬在其日记中记载："中午我们路过了淮安府，一个看起来并不像府的地方。在运河上就能看到城外的房屋，多是泥巴垒的。这里的人也穿得很是破烂，和我们一路看到的没什么两样。我第一次看到了货车，以往只看到些马匹或是驴子拉东西。从扬州府到这里只看到些小船，在此处还有一些大的帆船。"

清江浦于永乐十三年（1415）开辟为商埠，自明清以来，一直是贸易发达的商业都市、地位独特的咽喉要道，是十分繁荣的运河重镇。《续纂淮关统志》卷三《川原·形胜附》记载清江浦："旧属山阳，今属清河，明平江伯陈瑄开凿运渠，建堤置闸，以司蓄泄，两岸沿堤居民数万户，舳舻丛聚，为南北之咽喉。"随着运河的淤塞，清江浦也不可避免地走向衰落。对于运河重镇清江浦，李希霍芬在其日记中也做了详细记载："上午我们到了清江浦，一个比较重要的城市，外城建有一道泥墙，内城则是砖墙围绕。我听很多人说过这个地方作为贸易集散地，但是对于它为什么如此重要我却搞不明白。以前可能是因为它正好位于从南来的大运河第一次靠近黄河边的地方，所以这里自然就成了黄河流域和山东东南部的商船下水的地方，但是山东西部的贸易显然更依赖大运河的北段。城里的店铺里都是些不值钱的华丽玩意儿，城外则像匈牙利的小城一样又脏又穷。"

作为一名地理学家，出于职业习惯和对世界的好奇，运河沿岸地区的自然风光、物产资源以及民众的精神面貌同样成为李希霍芬关注的焦点。在其日记中，留下了许多与之相关的精彩记载和描述。

1868年12月1日晚上，李希霍芬离开宁波，经杭州前往镇江。一路上，他以地理学家独特的视角，留意观察运河沿岸的自然风光和建筑景观。浙东运河沿岸有很多古桥，这些古桥宛如历史的见证者，承载着岁月的记忆。李希霍芬对此也做了记载："我们的船从无数的桥下穿过，大多是用方形石头造的，一部分是带柱子的拱形桥，造型精巧。它们都是古代建造的，寺庙的数量也很多。"

西湖是杭州的名片，在外国人中的知名度很高，马可·波罗等西方旅行家都曾对其美景进行过描述，李希霍芬也不例外。李希霍芬对西湖的描写细致入微，宛如一位技艺精湛的画师，用文字勾勒出了一幅绝美的山水画卷，给人一种身临其境的感觉："距离西湖还有大概5公里，到达之后我乘坐一艘小船在湖上游览。马可·波罗将这里描绘得如天堂一般……山顶上处处可见楼台亭阁，整个岛屿看来如同一个大公园……西湖是座人工湖，大概有3—4英尺深。水质比较清，湖底生长着很多水生植物。东面开放，一部分被杭州城的城墙环绕。三面环山，西侧的山峰高达300米。西湖的西南方可通往三道山谷，我往北边那道山谷攀登，拜访那里的一座有名的庙宇。此庙四周环绕峻峭的山壁，绿树成荫。上山的路大概有7公里，铺着石块。庙前有很多商铺和客栈，连和尚也做生意，卖些烧纸燃香之类的东西。"在他的笔下，西湖的山水相依、人文与自然交融，让人不禁心生向往。

当他乘船经过太湖时，更是被这片广袤的水域所吸引。除了对太湖的自然风光进行细腻描写外，他还着重观察了当地的建筑风貌和植物资源："太湖呈椭圆形，东南端距西北端40公里，西南至东北25—30公里，深度大概不会超过1.5米。岸边地势平坦，长满了芦苇，尤其是东南边。湖上散落几座岛屿，岛上多山。看起来上面都有人住，即使是最小的岛上也建有房屋。除了渔业外，当地还有很多人从事丝织业。房屋都是石头的，屋顶铺着黑色的砖……整个村子呈现灰暗的色调，如同废墟一般。"

相较《马可·波罗行纪》《漂海录》《入明记》等近代以前的外国人来华作品，李希霍芬的旅行日记更加严谨扎实，史料价值也更为突出。从李希霍芬的旅行日记我们也可以看出，虽然他乘船所经大多为曾经繁华富庶的江南之地，但这一时期的江南地区由于受到太平天国战乱的破坏，呈现出一幅衰败景象，这让我们对晚清运河的衰落有了更加直观和深刻的认识，对于研究近代大运河的历史变迁具有重要价值。

四、毕晓普笔下的运河

伊莎贝拉·伯德·毕晓普（Isabella Bird Bishop；1831—1904），这位在旅行史上留下深刻印记的传奇女性，于1831年10月15日出生在英国

▲ 伊莎贝拉·伯德·毕晓普照片［引自《成都传（下册）》］

约克郡这片充满诗意的土地上。她的童年时光，却被病痛的阴霾所笼罩，脊柱上的纤维瘤如同恶魔一般纠缠着她。尽管 19 岁时成功切除了肿瘤，但头疼和失眠的困扰依旧如影随形。医生建议她多进行户外活动，旅行便由此走进了她的生活，成为她对抗病痛、探索世界的有力武器。

22 岁那年，伊莎贝拉·伯德·毕晓普毅然踏上了自己的旅行之路。她翻山越岭，横穿北美洲地区，领略着落基山的壮丽巍峨，感受着不同地域的风土人情。然而，她心中真正向往的远方，是神秘而古老的亚洲。在随后的 25 年中，她的行迹遍布波斯、库尔德斯坦、朝鲜、中国和日本。每到一处，她都以敏锐的观察力和细腻的笔触，详细描述着当地独特的服饰、习俗、社会风情以及人文观念，仿佛一位文化的使者，在不同的文明之间架起了沟通的桥梁。1898 年，因为她在旅行考察方面的杰出贡献，毕晓普成为英国首个皇家地理协会的女性会员。1901 年，毕晓普 70 岁的时候，她骑马越过摩洛哥，穿越阿特拉斯山脉，行程达 1600 公里。两年后，返回爱丁堡，1904 年 10 月 7 日去世。

1879 年起，毕晓普陆续来到中国东南、东北、中西部地区游玩。她深入这片古老土地的每一个角落，感受着中国的风土人情。后来，她将自己的所见所闻撰写成了《通向金色半岛的路》一书，为西方世界打开了一扇了解中国的新窗户。1898 年前后，毕晓普从上海乘船，经九江至汉口、沙市、宜昌，接着从宜昌乘帆船，穿过三峡到万县，接着走陆路抵达成都，又从灌县经汶川（威州）、理县（杂谷脑）到达马尔康的梭磨，又重回成都，沿岷江抵达重庆，又回到上海。这次旅行历时15个月，全程5000多英里。回到英国后，她根据旅行途中所写日记和随笔写了《1898：一个英国女人眼中的中国》一书，并将沿途拍摄的照片附于书内，计有113张。全书图文并茂，记叙了沿途的风光古迹、民风民俗，反映了晚清社会在经济、政治和文化等诸多方面的情况，成为当时西方了解中国的重要文献。

1898年春天，为看望在杭州的朋友，毕晓普乘船由上海来到杭州。在该书第三节《杭州》中，她用较长篇幅对杭州运河的相关情况做了详尽描述。她首先介绍了运河的历史和重要性，并着重描述了当时运河上的航运状况："大运河是项伟大的工程，即使处于破败状况也令人惊叹，它连着杭州与天津；它的这一部分，连接着帝国的杭州和长江上繁荣的港口镇江……例如镇江，满载的船队一望无际，却只有一条狭窄水巷可供通行；从通州到天津，我的船竟花了两天的时间，而一半时间是在开路，穿过大批密集停泊几乎塞满河道的客、货船。大运河的邻近区域，在太平天国时遭受了可怕的苦难，现在已经恢复了元气，再次获得大米和丝绸的大丰收。大平原物产殷富，已经抹掉了浩劫的痕迹。1851年黄河泛滥造成的荒废使大运河通航的价值远不如昔，尽管如此，它仍然作为各大省之间商品流通的重要命脉。"

由于运河河道拥挤不畅，使得毕晓普浪费了大半时间在开路上。到达杭州时，她租赁了一艘竹篷船在城内航行。在书中，她记录了在运河上所见到的不同船只："走一段150英里的旅程去看望杭州古城的朋友，没有做其他的准备，只是租了一条船和预定了仆人，因为仆人明显不诚实，迫使我几天后将他解雇了。在1897年，中国人就拥有并驾驶着1755艘汽船，拖曳7889条客船，载着605个外国人和1.25万个本地乘客，通行于杭州、上海和苏州之间。每天晚上，这些汽船会拖着长串的本地船，离开英国领事馆下面的苏州河，驶往新近在1896年开放的通商口岸。我乘坐的小竹篷船，在里面仅能直立。这船依照中国第四阶级的想象做了许多俗丽的装饰，透过这些东西，挡不住的风来得正欢。我的船处于九节帆船和住家船最后面粗劣的接合处，帆船造得精巧别致，住家船是一艘刷过清漆的高尾巴、双层、有许多窗户的平底船，它们排成一行，蜿蜒地蠕动，拖在发出噪声、喘着粗气的拖驳后面。"

江南运河上有数量众多的住家船，这些船民在岸上并无房屋和土地，他们以水为生，以船为家，船就是他们生活的全部。毕晓普在书中详细描述了这些船民的日常生活："整天我能看到前面那艘两层敞船尾上的生活：船上住了三代人，总计九口，在祖母的统治之下，他们很早就起来，生火、点香、向神龛里的镀金偶像磕头、供奉一小碗饭，然后煮食早餐。做饭的气味成天飘进我的船来。男人坐在船头抽烟和做鞋。祖母既享清福又有权威。妻子是一个秀丽、健壮、宽肩膀的女人，缠过脚，成天干活和吸烟，而她俯身于灶火之上或洗木桶的时候，总得把沉重的舵柄夹在臂下，抵在下巴上，或者用膝盖顶着设法掌舵。四个小孩在又高又宽的搁板上过着平静的生活，他们从那里被抱下来吃饭，一个十三岁的小姑娘帮助她母亲干轻活。他们整日就是煮饭、洗菜、缝补、吃饭，已远不及我看他们那么有趣地观看我们的住处，夜晚磕头和上香，点起鸦片烟灯，男人进入他的福地乐土；他们把自己裹在棉被里，一直睡到太阳升起。"

对运河上设置的闸坝设施以及船只过坝所运用的原理，毕晓普在书中亦做了详细记载："离开上海的第二天早晨，汽船在狭窄的运河口抛掉了拖带的尾巴，那儿有个由树木架成的绿色拱门，我的船静静上行，直到'水闸'，通过这里时，我们爬上了宽阔的水道，径直向杭州而行。杭州三面环水，与其他可以通航的运河相连，美丽如画的石桥跨越河上，进入市内的大部分地区，十分方便。我称为'水闸'的东西，正确说法叫'坝'或者叫'拖越'，是一种独创性发明，通过这种设施，可以坐在船里通过不同高度的水面，'跨越障碍'的困难被巧妙地解决了……发明的实质部分一如这里所示：一块从较高水面到较低水面的石板滑道，非常光滑，中间厚厚地涂上稀泥，两根坚实的高立柱，两台粗糙的木制绞盘，装有坚牢铁钩的结实竹缆。在上升过程中，由许多操作绞盘的人将船绞上较高的水面，而下行时，则将船拖拉到水边，让船身倾斜，靠它自身的推动力以极快的速度下滑；船尾那条起抑制作用的缆索，几乎没有起到减缓入水的猛烈冲击的作用；船头朝下冲入下面的水中，当那些未被固定的物品突然抛起，水沫溅起在惊骇不已的旅客脚下时，船已通过水坝。只收不多的几个钱。"

杭州所在的运河区域是著名的鱼米之乡，在历史上以生产丝绸而著名，量多质佳，畅销全国乃至欧美各国。毕晓普亦用大量篇幅对杭州丝绸业发展的历史及织造工艺做了记载："杭州作为浙江这个富饶而人口稠密的大省的首府，作为主要丝绸产地和最佳丝绸加工中心，作为皇家丝织贡品的唯一源泉，作为大运河南端的终点，还作为伟大的中国文化和文学的中心，当然是最重要的城市了……杭州是近百个城市主要的贸易中心，多数在上海和宁波销售的茶叶和丝绸要经过这里。城市和周边的一切使人想到丝绸，在附近所有的乡村里，桑树无所不在：溪流旁、山脊上分散的地块里、耕地里，每个可能的地方都种上了；大片桑田一望无际，村庄附近有苗圃，每个苗圃就有数千枝树苗，期盼着这项主要产品的需求大大增加。杭州有 7000 台手工织机用于丝绸纺织，雇用约 2.8 万人，其中 360 台是在钦差的监督下专为宫廷生产。有些丝绸铺同上海老开福竞争。其中有华丽的自染丝绸，有华丽色彩和精致的图案，各种浓淡的靛青染色工艺，还有雅致的紫红色和浅灰色，织成洗丝绸；每洗一次就变得更有光彩；厚实宽大的缎子，有素色的和织锦的；我尤其赞赏的是色彩斑斓、底色深玄，绣有图案卖与中国男子穿的厚实丝绸，其中有象征意义的蝙蝠、蜜蜂、蜘蛛、牡鹿头、官袍中的龙和表示福、寿的装饰性文字，极为精妙。"

杭州西湖美景举世闻名，不少来杭的外国人都被西湖的美景所吸引，毕晓普也不例外。她在书中写道："杭州的地形是美丽的，一条清澈的沙带把明丽的钱塘江水分割开来。西南部分建筑在山上，从那里可以望见大海的浩渺微光；西南城墙之外就是驰名全中国的西湖了，那是一片可爱的湖水，由迷人的乡村房舍、庙宇、圣祠所环绕，树木葱郁的岛屿点缀其间，岛屿由古朴壮丽的堤道相连，岛的顶部盖有装饰性的亭台，其中有皇家园林，则是中国尽善尽美的园林艺术。就拿美丽的皇家图书馆来说，有簇生的蕨、假山、幽雅的池塘、鲜花盛开的灌木。这可爱的西湖，它的幽深，林木苍翠的河口和水湾，森林覆盖的山丘和沟壑，欢乐的游船和小舟，理想的完美湖岸，我一遍又一遍地玩赏中国之春的宜人美景，它镜子似的水面倒映出美丽如画的群山，清风吹拂；在紧靠城市的一段显眼位置上，一座极其古老的宝塔巍然而立；而较低的山坡上遍布松柏、丛竹、桃李、樱桃、樟树、杜鹃花、铁线莲、玫瑰、忍冬、枫树。西湖的附近有条深长的幽谷，它的峭壁上造有凹坑以供刻石造像，此处有几处著名的寺庙，一座'五百罗汉'的庙宇，宽敞的走廊装塑着比真人还大的塑像。这美丽幽谷中的寺庙和神祠每天都有来自杭州的人群参拜，它有神异而灵验的名声，每年要吸引10万香客。"对于杭州钱塘潮这一奇观，毕晓普在书中亦做了记载："杭州还因'钱塘怒潮'的奇观而闻名，以季风的变化为最佳看点，那时候有一拨巨大的潮水，突然与江水对抗，掀起波涛，巨浪被举到15—20英尺的高度，夹裹着雷鸣般的咆哮和可怕的力量疯狂地扑向狭窄的水道，迅如飞马疾驰，给上海的观光客带来了赏心乐事。"

毕晓普在其《1898：一个英国女人眼中的中国》一书中始终以冷静、理性、客观的态度看待和记叙沿途的风光古迹、民风民俗，书中介绍了众多社会现实状况，包括清末的政治制度、经济社会、民众信仰、出行状况、风俗文化等内容，真实地反映了清末中国人生存的社会现状。其对杭州运河航运状况、民众生活、城市面貌的记载和描述，对于研究近代以来江南运河城市的变迁具有重要意义。

结　语

大运河自春秋时期开凿，至隋唐贯通南北，其核心使命始终围绕"国家治理"展开。隋炀帝以运河为工具，试图打破南北地理隔阂、强化中央集权，通过漕运实现"天下粮仓"的调配，既促进了经济繁荣，也埋下了地方势力崛起的隐患。运河的贯通使北方政治中心与南方经济重镇紧密相连，形成了一条"水上高速公路"，不仅加速了物资流动，更成为历代王朝巩固统治的命脉。这种政治与经济的双重驱动，既体现了古代中国的治理智慧，也揭示了中央与地方博弈的复杂历史图景。

大运河的工程技术体现了古人"天人合一"的智慧。面对复杂地形，工匠们通过"引水入渠"解决丘陵地带的通航难题，利用闸门和水坝调节水位，构建了长达3200公里的水利网络。从隋唐、宋元再到明清时期的运河水利管理技术更成为古代水工科技的典范。这些成就不仅被世界遗产委员会誉为"人类创造力的杰出范例"，更展现了中华文明对自然规律的深刻理解与适应性改造，为现代生态治理提供了历史镜鉴。

大运河作为"流动的文化"，超越了地理界限，成为南北文化交融的催化剂。丝绸、贡砖等工艺通过运河流通至宫廷，京杭菜系的形成则见证了南北饮食文化的碰撞与创新。运河沿岸的诗词歌赋、书法绘画与古典小说，无不彰显其文化传播功能。更值得关注的是，运河还塑造了吴越文化、中原文化等地域文化的独特性，形成"江河文化"与"海河文化"的共生体系。这种文化流动性，使大运河成为中华文明包容性与创新性的鲜活例证。

大运河的当代意义已从历史遗产升华为文化自信的符号。习近平总书记提出"让古老大运河焕发时代新风貌",强调其作为中华优秀传统文化载体的重要性。当前,通过建设大运河文化带、推动文旅融合,运河文化正在实现创造性转化。政府机关与公众参与的协同保护机制,更凸显了文化遗产保护中"共建共享"的现代治理理念。这种活化实践,不仅唤醒民族集体记忆,更成为展示中国形象、增强国际话语权的文化名片。

大运河的千年历程启示我们:文明的生命力在于流动与开放。它不仅是物资和人员的运输通道,更是文化和精神的传递纽带——从古代漕工的坚韧到现代建设者的创新,从帝王将相的雄心壮志到普通百姓的日常生活,运河精神始终贯穿着中华民族的"传承与拼搏"。面对全球化时代的文化激荡,大运河的包容性与创新性为文明互鉴提供了历史范本,激励我们在悉心守护传统的同时,要以更加开放的姿态拥抱未来。它提醒我们:文化遗产的保护不仅是回溯过去,更是为未来注入生生不息的文化基因。

参考文献

一、著作

傅崇兰：《中国运河城市发展史》，四川人民出版社，1985 年。

潘镛：《隋唐时期的运河和漕运》，三秦出版社，1986 年。

岳国芳：《中国大运河》，山东友谊书社，1989 年。

邹宝山、何凡能、何为刚：《京杭运河治理与开发》，水利电力出版社，1990 年。

庄辉明：《大运河》，上海古籍出版社，1995 年。

彭云鹤：《明清漕运史》，首都师范大学出版社，1995 年。

姚汉源：《京杭运河史》，中国水利水电出版社，1998 年。

吴琦：《漕运与中国社会》，华中师范大学出版社，1999 年。

傅崇兰：《运河史话》，中国大百科全书出版社，2000 年。

陈峰：《漕运与古代社会》，陕西人民教育出版社，2000 年。

安作璋主编：《中国运河文化史》（上、中、下），山东教育出版社，2001 年。

江太新、苏金玉：《漕运史话》，中国大百科全书出版社，2000 年。

夏坚勇：《旷世风华：大运河传》，东方出版中心，2002 年。

周良等主编：《大运河的传说》，文化艺术出版社，2004 年。

傅崇兰：《中国运河传》，山西人民出版社，2005 年。

王云：《明清山东运河区域社会变迁》，人民出版社，2006 年。

李泉、王云：《山东运河文化研究》，齐鲁书社，2006 年。

高建军：《山东运河民俗》，济南出版社，2006年。

蔡桂林：《千古大运河》，文化艺术出版社，2007年。

马恒宝主编：《扬州盐商建筑》，广陵书社，2007年。

赵维平：《明清小说与运河文化》，上海三联书店，2007年。

刘士林、耿波、李正爱等：《中国脐带：大运河城市群叙事》，辽宁人民出版社，2008年。

董文虎等：《京杭大运河的历史与未来》，社会科学文献出版社，2008年。

汪林、张骥：《大运河的传说》，黄河出版社，2009年。

桑希臣：《龙脉：千里大运河》，黄山书社，2009年。

山东运河航运史编纂委员会编：《山东运河航运史》，山东人民出版社，2011年。

张从军主编：《山东运河》，山东美术出版社，2013年。

陈清义：《聊城运河文化研究》，山东画报出版社，2013年。

李泉：《中国文化课本：运河文化》，山东大学出版社，2013年。

徐吉军：《杭州运河史话》，杭州出版社，2013年。

单霁翔：《大运河遗产保护》，天津大学出版社，2013年。

张环宙、沈旭炜：《外国人眼中的大运河》，杭州出版社，2013年。

荀德麟、刘志平、李想等：《京杭大运河非物质文化遗产》，电子工业出版社，2014年。

王克胜主编：《扬州地名掌故》，南京师范大学出版社，2014年。

林国良主编：《妈祖文化简明读本》，海风出版社，2014年。

胡其伟、周晨、姜浩：《阅读运河》，上海交通大学出版社，2014年。

顾建国：《运河名物与区域文化考论》，上海三联书店，2014年。

吴顺鸣：《大运河》，黄山书社，2014年。

谢安良主编：《行走大运河》，宁波出版社，2015年。

郑民德：《明清京杭运河沿线漕运仓储系统研究》，中国社会科学出版社，2015年。

李存修：《大运河文化巡礼》，群言出版社，2017年。

朱偰：《大运河的变迁》，江苏人民出版社，2017年。

郑孝芬、刘九伟、王娜：《话说漕运》，中国矿业大学出版社，2017年。

王宪贞：《运河史话》，线装书局，2018年。

杨良志、杨家毅：《走读大运河》，北京出版社，2018年。

夏坚勇：《大运河传》，江苏凤凰文艺出版社，2018年。

胡梦飞：《明清时期京杭运河区域水神信仰研究》，江苏凤凰科学技术出版社，2018年。

胡梦飞：《中国运河水神》，山东大学出版社，2018年。

张翠英：《大运河文化》，首都经济贸易大学出版社，2019年。

胡梦飞：《明清时期山东运河区域民间信仰研究》，社会科学文献出版社，2019年。

胡梦飞：《徐州运河史话》，黄河水利出版社，2019年。

李德楠：《大运河》，江苏凤凰美术出版社，2019年。

姜师立：《中国大运河文化》，中国建材工业出版社，2019年。

吕娟主编：《中国运河志·河道工程与管理》，江苏凤凰科学技术出版社，2019年。

倪玉平主编：《中国运河志·通运》，江苏凤凰科学技术出版社，2019年。

吴滔主编：《中国运河志·城镇》，江苏凤凰科学技术出版社，2019年。

王云主编：《中国运河志·人物》，江苏凤凰科学技术出版社，2019年。

张士闪主编：《中国运河志·社会文化》，江苏凤凰科学技术出版社，2019年。

胡梦飞：《中国运河文化遗产概论》，黄河水利出版社，2020年。

嵇果煌：《中国运河三千年》，上海科学技术出版社，2020年。

郑民德：《明清运河漕运仓储与区域社会研究》，人民出版社，2020年。

姜师立：《大运河文化的传承与创新》，江苏凤凰科学技术出版社，2021年。

王越：《走读大运河》，中国工人出版社，2021年。

姜师立：《活在大运河——大运河如何影响老百姓的生活》，中国地图出版社，2021年。

石永民编：《中国大运河：石永民镜头下的世界遗产》，西泠印社出版社，2021年。

周竞风、谢世诚：《大运河传奇：京杭大运河与中华优秀传统文化》，上海科学技术文献出版社，2021年。

胡梦飞：《山东运河文化遗产保护、传承与利用研究》，中国社会科学出版社，2021年。

胡梦飞：《聊城运河文化遗产概论》，中国海洋大学出版社，2021年。

燕海鸣：《大运河画传》，江苏凤凰科学技术出版社，2021年。

张伟兵、耿庆斋：《大运河》，中国水利水电出版社，2021年。

胡梦飞：《重开明清大运河实干家：宋礼》，南京出版社，2022年。

姜师立：《传奇中国：大运河》，中国轻工业出版社，2022年。

彭伟：《大运河文化的影像建构与国际化传播》，江苏凤凰美术出版社，2022年。

李良、王长松主编：《北京大运河故事》，北京出版社，2022年。

胡梦飞：《山东运河区域非物质文化遗产调查与研究》，中国海洋大学出版社，2022年。

姜师立、杨青：《中国大运河人物》，中国建材工业出版社，2022年。

汶上县干部政德教育中心编：《中国大运河文化》，中国海洋大学出版社，2022年。

运载千秋：中国大运河传

姜传岗：《山东大运河新考》，山东大学出版社，2022年。

佟东、马雨晴、刘晶：《京杭大运河上的古城古镇：走读京杭大运河》，研究出版社，2022年。

王玉朋：《明清山东运河区域社会生态变迁研究》，中国社会科学出版社，2022年。

荀德麟：《声律大运河》，江苏凤凰文艺出版社，2022年。

冯并：《千里走运河：运河城镇笔记》，中国民主法制出版社，2022年。

高元杰：《大运河图志》，世界图书出版西安有限公司，2023年。

艾绍强：《大运河：流淌的文明》，中国科学技术出版社，2023年。

艾蓉：《大运河文化遗产保护与旅游开发》，中国铁道出版社有限公司，2023年。

姜师立、潘娟：《中国大运河旅游》，中国建材工业出版社，2023年。

贺晏然：《文人日记中的大运河》，江苏凤凰文艺出版社，2023年。

尹文：《诗词里的大运河》，广陵书社，2023年。

王磊：《流变之景：艺术史视域中的大运河》，人民美术出版社，2023年。

顾建国：《大运河地名故事》，江苏凤凰文艺出版社，2023年。

沈小玲：《运河2500年》，浙江人民美术出版社，2024年。

丁延峰主编：《山东省大运河国家文化公园建设与发展研究》，黄山书社，2024年。

孙汝：《中国大运河文化传承研究》，中国华侨出版社，2024年。

姜师立、肖剑锋：《中国大运河艺术》，中国建材工业出版社，2024年。

姜师立：《中国大运河科技》，中国建材工业出版社，2024年。

周江洧、丁延峰总编纂，周广骞、谢文博、魏巍等校注：《聊城运河文献校注》，中国社会科学出版社，2024年。

邵万宽、吕新河主编:《江苏大运河地区饮食文化》,中国轻工业出版社,2024年。

陈举、蔡桂林:《大运千年:古运河历史文化钩沉》,河南大学出版社,2024年。

胡梦飞:《大运河山东段文旅融合发展路径与策略研究》,中国社会科学出版社,2024年。

李德楠:《帆樯之影:明清时期的黄河水文与运河漕运》,高等教育出版社,2024年。

郑民德:《明清山东运河河政、河工与区域社会研究》,人民出版社,2024年。

胡梦飞:《大运河上的旅行者》,江苏凤凰科学技术出版社,2025年。

二、论文

蒿炎培:《明代漕运与会通河的疏浚》,《山东师范大学学报(哲学社会科学版)》1979年第6期。

王质彬:《潘季驯的治河思想及其实践》,《人民黄河》1981年第4期。

李鸿彬:《清代治黄名臣——靳辅》,《中国水利》1982年第3期。

何本方:《靳辅与陈潢治河》,《文史知识》1982年第5期。

付志方:《刘晏与唐代漕运》,《学术月刊》1982年第6期。

汪家伦、蒋锡良:《古代绍兴三江闸述略》,《中国水利》1983年第3期。

张芳:《唐代水利家姜师度》,《中国水利》1985年第5期。

贾祖华:《颍塘今昔谈》,《中国水利》1986年第6期。

余春水:《潘季驯——明代杰出的治河专家》,《治淮》1992年第3期。

李平:《神妙绝技,巧夺天工:治运专家宋礼、白英考评》,《济宁师专学报》1995年第1期。

吴绪刚:《历经沧桑的明代建筑——戴村坝》,《百科知识》1996年第

4 期。

周魁一：《潘季驯"束水攻沙"治河思想历史地位辨析》，《水利学报》1996 年第 8 期。

茅焕华：《丹阳练湖的兴衰》，《江苏水利》1998 年第 3 期。

谢永刚：《马之贞与会通河》，《济宁师范专科学校学报》1998 年第 5 期。

钱光华：《靳辅治河方略及其实践》，《江苏水利》1999 年第 9 期。

高建军：《运河民俗的文化蕴义及其对当代的影响》，《济宁师专学报》2001 年第 2 期。

李育民：《陶澍改革漕运》，《学习导报》2001 年第 3 期。

廖高明：《陈瑄——明代治理京杭运河的水利名臣》，《水利天地》2003 年第 1 期。

盛鸿郎：《鉴湖兴衰》，《文史知识》2004 年第 9 期。

王云：《明清临清贡砖生产及其社会影响》，《故宫博物院院刊》2006 年第 6 期。

谢剑荣：《郭守敬与京杭大运河的建造》，《河北学刊》2007 年第 4 期。

倪玉平：《陶澍与清代"东南三大政"》，《江苏社会科学》2008 年第 1 期。

李泉：《中国运河文化的形成及其演进》，《东岳论丛》2008 年第 3 期。

吕卓民：《运河文化遗产的保护与开发》，《西北大学学报（哲学社会科学版）》2008 年第 3 期。

胡忙全：《谈吴仲重修通惠河对通州繁荣发展的历史意义》，《北京水务》2008 年第 6 期。

陈文娟：《明代首任漕运总兵官——陈瑄》，《聊城大学学报（社会科学版）》2009 年第 2 期。

王元林、褚福楼：《国家祭祀视野下的金龙四大王信仰》，《暨南学报（哲学社会科学版）》2009 年第 2 期。

王元林、孟昭锋：《元明清时期引汶济运及其影响》,《人民黄河》2009年第 4 期。

孟宪霞：《临清哈达业史话》,《兰台世界》2009 年第 9 期。

徐林正、李石营：《临清贡砖：大运河流出的传奇》,《中华遗产》2009年第 11 期。

武翠：《试析近代以来山东运河的衰落及其原因》,《济宁学院学报》2010 年第 2 期。

华红安：《明代漕运制度的创立人——陈瑄》,《水利天地》2010 年第 2 期。

杨文衡：《靳辅的治河理论和实践研究》,《淮阴工学院学报》2010 年第 2 期。

张庆正：《明清之际的运河与济宁》,《西安社会科学》2010 年第 3 期。

陈陆：《姜师度：盛唐繁华背后的治水良吏》,《中国三峡》2010 年第 4 期。

李云鹏、谭徐明、刘建刚：《三江闸及其在浙东运河工程体系中的地位》,《中国水利水电科学研究院学报》2011 年第 2 期。

冀洪雪：《苏州御窑金砖及其制作技艺》,《江苏地方志》2012 年第 4 期。

钱汉江：《潘季驯——明代河工第一人》,《中国减灾》2012 年第 14 期。

陈健：《清代治河名臣靳辅》,《沧桑》2013 年第 4 期。

胡梦飞：《西方来华使团视野中的清代京杭大运河》,《濮阳职业技术学院学报》2013 年第 5 期。

林莉：《儒生贺循与萧绍运河》,《华章》2013 年第 8 期。

杨凤阁：《论唐代刘晏漕运改革的始末及影响》,《兰台世界》2013 年第 27 期。

袁飞、任博：《清代漕运河道考述》,《中国农史》2014 年第 2 期。

荀德麟：《大运河清口水利枢纽遗产及其特点》,《江苏地方志》2014

年第 4 期。

陈诗越、吴金甲：《运河水柜：南四湖与北五湖的历史与变迁》,《聊城大学学报（社会科学版）》2014 年第 4 期。

谢志伟：《潘季驯：治黄保运功天下》,《海峡通讯》2014 年第 6 期。

张燕：《临清贡砖：撑起京城 500 年》,《神州（上旬刊）》2014 年第 8 期。

崔建利、王欣妮：《运河功臣郭守敬》,《兰台世界》2014 年第 36 期。

顾维红：《情牵千年古纤道》,《苏州杂志》2015 年第 1 期。

许大海：《略论明代运河区域丝织品生产与工艺——兼谈〈金瓶梅〉中的丝织品》,《浙江纺织服装职业技术学院学报》2015 年第 1 期。

张俊飞：《唐朝以来练湖的兴衰与漕运兴废之关系探析》,《华北水利水电大学学报（社会科学版）》2015 年第 1 期。

卢勇、刘启振：《明初大运河南旺分水枢纽水工技术考》,《安徽史学》2015 年第 2 期。

贾胜楠：《林徽因拯救濒危景泰蓝》,《文史精华》2015 年第 14 期。

王雪芃：《聆听运河之心的脉动——寻访泰安戴村坝》,《走向世界》2015 年第 41 期。

蔡彦：《绍兴三江闸历史考证》,《浙江水利水电学院学报》2016 年第 1 期。

胡梦飞：《〈荷使初访中国记〉中的清代京杭大运河》,《湖北职业技术学院学报》2016 年第 1 期。

钟行明：《明清山东运河水柜管理运作》,《建筑与文化》2016 年第 6 期。

竺小恩：《由〈金瓶梅〉看明代运河流域丝绸文化的繁荣》,《浙江纺织服装职业技术学院学报》2017 年第 2 期。

郭书俊、王少华：《中国大运河（沧州段）——世界文化遗产》,《河北水利电力学院学报》2019 年第 2 期。

胡梦飞：《漫谈南旺分水龙王庙》，《寻根》2019年第4期。

杨诗琪：《日僧圆仁视野中的唐代扬州》，《开封教育学院学报》2019年第4期。

侯林：《近代以来南运河航运与沧州社会经济的发展》，《晋中学院学报》2019年第6期。

胡梦飞：《明清时期运河水利人格神的建构及传播——以宋礼、白英为中心》，《江南大学学报（人文社会科学版）》2019年第6期。

卢海鸣：《陈瑄与明代大运河的复兴》，《档案与建设》2019年第10期。

贺云翱、干有成：《中国大运河江苏段的历史演变及其深远影响》，《江苏地方志》2020年第3期。

连冬花：《大运河工程精神探析》，《自然辩证法研究》2020年第4期。

张德玮：《捷地减河闸坝工程历史变迁及原因探析》，《河北北方学院学报（社会科学版）》2020年第5期。

胡梦飞：《英国阿美士德使团眼中的清代江苏运河》，《档案与建设》2020年第6期。

徐灿：《试析清代靳辅的治河思想》，《农业考古》2020年第6期。

向明、郝宝平：《宋代大运河镇江段的水源管控》，《档案与建设》2020年第7期。

郑民德、岳广燕：《明代朝鲜人崔溥眼中的江苏运河风物》，《档案与建设》2020年第8期。

吴永祥：《两岸晓风颐塘绿》，《文化交流》2020年第11期。

王元：《漕运的发展与中国大运河的变迁》，《档案与建设》2020年第12期。

汪毅：《明代水利家汤绍恩》，《文史杂志》2021年第1期。

胡梦飞：《策彦周良〈入明记〉中的明代江苏运河城镇》，《档案与建设》2021年第1期。

邢春生、沈伟坚、吴琼等:《绍兴鉴湖之父——马臻的价值与影响探讨》,《长江丛刊》2021年第2期。

吴鹏、王旭辉:《万里江海通,九州天地宽——刘晏与唐代漕运改革》,《中国三峡》2021年第2期。

孙洪军、李英姿:《科学技术视角下江南运河镇江段的开凿》,《镇江高专学报》2021年第4期。

胡梦飞:《日本遣明使眼中的明代浙东运河——基于策彦周良〈入明记〉文本研究的视角》,《浙江水利水电学院学报》2021年第5期。

孙洁:《清代漕运总督施世纶生平政绩考述——〈施公案〉主人公原型研究》,《档案与建设》2021年第5期。

许大海:《基于运河输送视阈的山东临清哈达生产历史、工艺考辨》,《齐鲁艺苑》2021年第5期。

杜丽画:《何以临清:清代临清哈达发展动因研究》,《装饰》2021年第6期。

陈梦玲、郭昭昭:《明代大运河淮扬段水利工程的系统治理》,《档案与建设》2021年第11期。

杨义堂:《"千古治黄第一人"潘季驯》,《春秋》2022年第1期。

吕娟:《中国大运河河道变迁基本脉络及历史作用》,《河北水利电力学院学报》2022年第2期。

王建革:《清代中后期水环境变迁以及引黄济运和灌塘济运》,《江南大学学报(人文社会科学版)》2022年第2期。

罗志:《试述北宋日僧成寻笔下的淮安大运河——以域外史籍和地方史志材料为中心》,《地域文化研究》2022年第2期。

李芳菲、姚伟钧:《明清山东运河区域饮食文化的嬗变》,《美食研究》2022年第3期。

卢勇、尚家乐:《元代以来引汶济运水利工程变迁研究》,《农业考古》

2022 年第 3 期。

童志洪：《绍兴古纤道沿革及建筑考》，《浙江水利水电学院学报》2022 年第 3 期。

顾建国：《山阳湾与清江浦》，《江苏地方志》2022 年第 5 期。

胡梦飞：《日本遣明使团眼中的明代大运河——以〈笑云入明记〉为中心》，《临沂大学学报》2022 年第 5 期。

姜师立：《中国大运河与五大自然水系相交技术研究》，《中国名城》2022 年第 9 期。

嵇立平：《大运河工程里的科技智慧》，《中国科技财富》2022 年第 11 期。

张婧文：《南旺分水 穿越运河的"脊梁"》，《中华遗产》2022 年第 7 期。

胡梦飞：《英国阿美士德使团眼中的大运河》，《寻根》2023 年第 1 期。

窦德伟、郑民德：《泉域社会：明清山东漕泉州县的官民信仰与利益博弈》，《济宁学院学报》2023 年第 3 期。

侯全亮：《靳辅治河疏漕运》，《文史天地》2023 年第 4 期。

唐震、史叶云：《中国大运河文化研究的演进历程与体系构建》，《水利经济》2023 年第 5 期。

张桂香：《明清运河商品流通对山东运河沿岸区域的影响——以服饰面料的演变为例》，《西部学刊》2023 年第 16 期。

毛子锐、单进：《明清时期苏北鲁南段大运河历史变迁及影响》，《江苏地方志》2024 年第 2 期。

孙洪军、周楚悦、袁玮：《论大运河镇江段的科学用水》，《常州工学院学报（社科版）》2024 年第 4 期。

郑民德、赵玉：《元代郭守敬京畿水利规划与实践研究》，《邢台学院学报》2024 年第 4 期。

卞文志：《苏州御窑金砖：历史上的"活文物"》，《华人时刊》2024 年第 9 期。

贾江:《清代山东运河区域的饮食生活变迁》,《文化产业》2024 年第 18 期。

胡梦飞:《南神北上：明清京杭运河区域妈祖信仰的建构与传播》,《中国宗教》2024 年第 5—6 期。

胡梦飞、程明亮:《清代越南燕行使阮辉莹的大运河书写》,《德州学院学报》2025 年第 1 期。

后 记

大运河，这条蜿蜒在中华大地上的碧波巨龙，不仅是地理上的奇观，更是中华文明史上一条流淌不息的文化血脉。它不仅是古代中国南北交通的咽喉要道，更是经济繁荣与文化交融的桥梁。南方的细腻温婉与北方的粗犷豪迈，在这条运河的滋养下，交织出了一幅幅绚丽多彩的历史画卷。在历史的长河中，大运河如同一位慈祥的母亲，用她那宽广的胸怀和无私的爱，滋养着沿岸的百姓与文明。她见证了中华文明的繁荣与衰落，也见证了中华民族的坚韧与不屈。如今，当我们再次漫步在运河之畔，仍能感受到那份穿越时空的温暖与力量。

我的家乡是山东临沂南部的一个小村庄，这里并不靠运河。小的时候，除了书本上的大运河外，对贯通南北的大运河并没有什么直观印象。2009 年 9 月本科毕业后，我考入徐州师范大学历史文化与旅游学院，跟随杨绪敏教授攻读中国古代史硕士学位。在杨老师的指导和帮助下，选择明清时期的徐州运河作为自己硕士学位论文的研究对象，从此与运河结下不解之缘。2012 年 9 月，我考入南京大学历史学院，跟随著名明清史专家范金民教授攻读博士学位。经过一年多的认真考虑，在与范老师仔细商讨之后，最终决定将明清时期京杭运河沿线水神信仰作为自己博士学位的研究对象。三年的时间里，基于论文写作的需要，我先后去过运河沿岸的北京、天津、聊城、徐州、宿迁、淮安、扬州、杭州、绍兴等地，对历史悠久、博大精深的运河文化有了更为深刻的认识。

2015 年 7 月博士毕业后，我直接来到聊城大学运河学研究院工作。聊城大学运河学研究院成立于 2012 年 6 月，是国内首家以运河及其区域社会

　　　　　　　　　　　运载千秋：中国大运河传

为研究对象的高校科研单位，有着扎实的研究团队和深厚的学术积淀。研究院秉持延续多年的学术传统，每年都会组织多次田野考察。2015年10月中旬，刚刚入职仅几个月的我就跟随研究院领导和同事前往考察河南、安徽境内的隋唐大运河。2017年9月，我们又集体考察了北京、天津和河北境内的北运河和南运河。2023年8月，又前往苏北运河和浙东运河进行考察。小型的田野考察更是不胜枚举。在考察过程中，看到那些历经沧桑的运河历史遗迹，对运河文化也有了更多的感悟。2014年6月，中国大运河成功申遗，从那时起，我就想写一本有关运河文化的通俗性著作，但由于种种原因，一直没能如愿，没想到这个愿望最终在十余年后得以实现。

本书最终得以完成不仅仅是我个人的努力，同时也得到了很多人的支持与帮助。首先，感谢新华出版社的各位领导和老师能够给予我这样的机会，让我得以撰写这本介绍大运河的通俗性著作。其次，要感谢聊城大学运河学研究院领导和同事们的帮助。研究院办公条件优越、科研时间充沛、学术氛围浓厚，各位领导和同事对我关怀有加，彼此相处也极为融洽，这为本书的写作提供了良好的条件。郑民德、胡克诚、高元杰、裴一璞、王玉朋等领导和老师为本书提供了大量资料，我的研究生甄思辰、韩鸿霞两位同学也为本书做了大量工作，此外，书中还参考了众多学者的研究成果，在此一并向他们表示感谢。本书从选题、编校到出版，离不开新华出版社张程老师的辛苦付出，在此也向张老师表达深深的谢意。

最后，还要感谢我的家人。首先要感谢我的岳父王富春先生和岳母王焕清女士。他们任劳任怨，承担起做饭、接送孩子等家务，为我和妻子解除生活上的后顾之忧。要特别感谢我的妻子王双双博士，她与我同在聊城大学工作，为了让我能够安心写作，她牺牲了自己很多宝贵的时间和精力，为我创造了一个良好的写作环境。每当看到她忙碌的身影，内心总是感到无比愧疚和自责。女儿若楠、儿子铭泽活泼可爱，为我的写作过程增添了许多乐趣，也将此书当作送给他们的礼物，希望他们在以后的日子里

后 记

能够健康、快乐地成长。还要感谢远在故乡的父亲和哥哥，是他们的鼓励和支持伴随我不断前行。不知不觉已到不惑之年，在此也向所有在我学术成长道路上关心和帮助过的人表示感谢。因为时间仓促，再加上能力和水平有限，书中难免有诸多问题和不足，还望方家和读者给予批评指正。

胡梦飞

2025 年 3 月于聊城